Thomas Brüsemeister

Bildungssoziologie

Soziologische Theorie

Hrsg. von
Thomas Kron

Editorial Board:

Matthias Junge
Andrea Maurer
Uwe Schimank
Johannes Weyer

Theorien sind, in der Metapher des „soziologischen Werkzeugkastens" formuliert, Werkzeuge zur Problemlösung. Die Reihe „Soziologische Theorie" soll die Frage beantworten: Mit welchen soziologischen Werkzeugen kann man welche Probleme lösen und – noch wichtiger! – welche Probleme kann man nicht lösen?
Ziel dieser Reihe ist die Einrichtung eines handhabbaren, „gut sortierten Werkzeugkastens" für die soziologische Theorie.
Zielpublikum der Reihe sind Studienanfänger (besonders auch der neuen Bachelor-Studiengänge) sowie an der soziologischen Theorie Interessierte.

Thomas Brüsemeister

Bildungs-soziologie

Einführung in Perspektiven und Probleme

Mit Beiträgen von
Sebastian Göppert und Tim Unger

VS VERLAG FÜR SOZIALWISSENSCHAFTEN

Bibliografische Information Der Deutschen Nationalbibliothek
Die Deutsche Nationalbibliothek verzeichnet diese Publikation in der
Deutschen Nationalbibliografie; detaillierte bibliografische Daten sind im Internet über
<http://dnb.d-nb.de> abrufbar.

1. Auflage 2008

Alle Rechte vorbehalten
© VS Verlag für Sozialwissenschaften | GWV Fachverlage GmbH, Wiesbaden 2008

Lektorat: Frank Engelhardt

Der VS Verlag für Sozialwissenschaften ist ein Unternehmen von Springer Science+Business Media.
www.vs-verlag.de

 Das Werk einschließlich aller seiner Teile ist urheberrechtlich geschützt. Jede Verwertung außerhalb der engen Grenzen des Urheberrechtsgesetzes ist ohne Zustimmung des Verlags unzulässig und strafbar. Das gilt insbesondere für Vervielfältigungen, Übersetzungen, Mikroverfilmungen und die Einspeicherung und Verarbeitung in elektronischen Systemen.

Die Wiedergabe von Gebrauchsnamen, Handelsnamen, Warenbezeichnungen usw. in diesem Werk berechtigt auch ohne besondere Kennzeichnung nicht zu der Annahme, dass solche Namen im Sinne der Warenzeichen- und Markenschutz-Gesetzgebung als frei zu betrachten wären und daher von jedermann benutzt werden dürften.

Umschlaggestaltung: KünkelLopka Medienentwicklung, Heidelberg
Druck und buchbinderische Verarbeitung: Krips b.v., Meppel
Gedruckt auf säurefreiem und chlorfrei gebleichtem Papier
Printed in the Netherlands

ISBN 978-3-531-15193-9

Inhaltsverzeichnis

1. Einleitung: Perspektiven der Bildungssoziologie 7

2. Was erklärt die Bildungssoziologie?
   (Zum Makro-Mikro-Makro-Problem) 11
   2.1 Essers Modell der soziologischen Erklärung 13
   2.2 Fends Angebots-Nutzungsmodell 17
   2.3 Überblick der vorgestellten Theorien 19

3. Makroebene der Gesellschaft 23
   3.1 Institutionentheoretische Perspektive 23
       3.1.1 Esser: Allgemeine Bestimmungen 24
       3.1.2 Lepsius/Faust: Kampf um Leitideen 29
       3.1.3 Berger/Luckmann: Prozess der Institutionalisierung 34
       3.1.4 Funktionalistische Erklärungen von Bildungsinstitutionen 42
       3.1.5 Luhmann; Veith: Neuere Diskussionen zum Wandel von Institutionen 47
       3.1.6 Fazit 53

   3.2 Sozialisationstheoretische Perspektive 55
       3.2.1 Parsons: Rollentheorie 56
       3.2.2 Problemaufriss zur sozialisatorischen Interaktion 61
       3.2.3 Claessens: Soziabilisierung und Enkulturation 63
       3.2.4 Mead: Gesten, Sprache, Aufmerksamkeit 67
       3.2.5 Oevermann: Sozialisatorische Interaktion 72
       3.2.6 Fazit 77

   3.3 Ungleichheitstheoretische Perspektive 80
       3.3.1 Bourdieu: Bildung und Klassen 85
       3.3.2 Bernstein/Kaesler: Sprachliche Sozialisation 98
       3.3.3 B. Hurrelmann: Lesesozialisation 106
       3.3.5 Fazit 115

3.4 Differenzierungstheoretische Perspektive/Inklusion 116
    3.4.1 Marshall, Parsons, Luhmann: Schulische Inklusion aus Sicht des Systems und des Inputs 120
    3.4.2 Münch: Inklusion aus Sicht des Systems und des Outputs . . 132
    3.4.3 Gerhards: Schulische Inklusion aus Sicht von Akteuren und des Inputs 135
    3.4.4 Bourdieu: Schulische Inklusion aus Sicht von Akteuren und des Outputs 137
    3.4.5 Fazit: Vier Bausteine des Inklusionsverständnisses 141

4. Mikroebene der Individuen 145

4.1 Boudon: entscheidungstheoretische Perspektive 146
4.2 Schütz: phänomenologische Perspektive 151
4.3 Cicourel, Garfinkel: ethnomethodologische Perspektive 157

5. Mesoebene der Organisationen 163

5.1 Effekte und Wirkungen von Bildungsorganisationen 164
    5.1.1 Clark; Bourdieu/Passeron: Abkühlung und Illusion; klassentheoretische Perspektive 164
    5.1.2 Mackert u.a., Flam: Institutionelle Diskriminierung; konflikttheoretische Perspektive 170
5.2 Theorien zu Eigenarten von Bildungsorganisationen 178
    5.2.1 Theoriespektrum: Zwischen Expertenorganisation und Soziologischem Neo-Institutionalismus 179
    5.2.2 Educational Governance 191

6. Zum Schluss: Wissen und soziale Ungleichheiten 201

Literaturverzeichnis 209

1. Einleitung: Perspektiven der Bildungssoziologie

Das Buch gibt einen Überblick über verschiedene Ansätze der Bildungssoziologie. In den 1960er und Folgejahren wurde der Bildungssoziologie eine relativ große Bedeutung zuerkannt; es gab viel zu erforschen, insbesondere weil einerseits unter der Programmatik der Chancengleichheit massiv neue Bildungsprogramme aufgebaut wurden, die andererseits eben nicht jenes Maß an Chancengleichheit realisierten, das man erwartete. Die Ursachen dafür versuchte man in Ungleichheitsstrukturen der Gesellschaft zu finden; die Bildungssoziologie war mithin federführend bei dem Versuch, die Frage zu beantworten, wie sich gesellschaftliche Strukturen auf Bildung auswirken. Unter Anderem wurden der schichtspezifische Sozialisationsansatz, der Funktionalismus und die Rollentheorie von Parsons rezipiert. In den darauf folgenden Jahrzehnten sank das Interesse der Öffentlichkeit an der Auseinandersetzung mit Fragen der Bildungsungleichheit. Für die Schule gesehen ist jedoch nach PISA[1] das Interesse an den bildungssoziologischen Beiträgen zur Erklärung von Ungleichheitsdimensionen deutlich gestiegen. Die Perspektiven der Bildungssoziologie wurden jedoch schon weitaus früher entfaltet; teilweise können die in den 1970er Jahren entwickelten Modelle – z.B. das „cooling out" von Burton R. Clark – immer noch Relevanz beanspruchen. Teilweise sind die Ansätze der Bildungssoziologie in der Zwischenzeit deutlich erweitert worden bzw. es sind neue Ansätze dazu gekommen.

Institutionen- und sozialisationstheoretische, ungleichheits- und differenzierungstheoretische, entscheidungstheoretische, phänomenologische und organisationsbezogene Konzepte stehen heute als Perspektiven der Bildungssoziologie zur Verfügung. Diese Breite der Perspektiven erscheint relativ neu, denn Bildungssoziologie verstand man bislang vor allem als Beschreibung und Erklärung von Bildungsungleichheiten. Sie werden im vorliegenden Buch behandelt, jedoch dürfen auch die anderen Theorieteile der Bildungssoziologie nicht zu kurz kommen, insbesondere weil sie sich vielleicht künftig für die Erklärung von Ungleichheiten stärker verwenden lassen; teilweise wurde dies von den Theorieansätzen noch nicht deutlich genug herausgearbeitet. Kurz: Nicht alles, was

---

1 Das „Programme for International Student Assessment (PISA)" untersucht Kompetenzen von gut fünfzehnjährigen Schülerinnen und Schülern im internationalen Vergleich, um den an der Untersuchung teilnehmenden Staaten Informationen über ihren Stand in der Wissensgesellschaft zu geben (Deutsches PISA-Konsortium 2001, 32).

in diesem Buch an Bildungssoziologie vorgestellt wird, hat gleich einen direkten Bezug zur Erforschung von Bildungsungleichheiten. Das Stichwort der Forschung aufgreifend muss ebenfalls verdeutlicht werden, vor welcher Situation sich die Bildungssoziologie im deutschsprachigen Raum heute befindet. Sie lautet kurz gesagt: Es gibt zu wenige bildungssoziologische ForscherInnen; es gibt zu wenig Universitäten mit Lehrstühlen für Bildungssoziologie (obwohl gerade in jüngster Zeit einige dazu gekommen sind); und es gibt eine große Zahl von ungelösten Forschungsfragen. Diesbezüglich wird in dem vorliegenden Buch darauf geachtet, gerade die Breite der Zugänge zu zeigen, wobei deutlich wird, dass zwischen den verschiedenen Perspektiven keinesfalls schon befriedigende Verbindungen hergestellt wurden. Dies betrifft z.B. die ungleichheits- und die differenzierungstheoretische Perspektive. Sie repräsentieren die beiden „großen" Soziologien, die seit den Klassikern relativ getrennt voneinander entfaltet wurden (vgl. Schimank 1998). Eine derartige Spezialisierung der Diskussion lässt sich im Übrigen auch für andere wissenschaftliche Disziplinen bemerken. In diesem Kontext kann von einem einzigen Einführungsbuch nur bedingt erwartet werden, Integrationsdefizite einer gesamten Disziplin wettzumachen. Dennoch wurde so weit wie möglich als eine Klammer der verschiedenen Ansätze der Bezug zu Bildungsungleichheiten herangezogen, auch wenn dieser Fokus nicht immer stringent durchgehalten werden kann.

Damit komme ich zu Kriterien, die beim Schreiben dieses Buches berücksichtigt sind:

(1) Bildungssoziologie ist eine Forschungsdisziplin: Es wird der Tatsache Rechnung getragen, dass die Bildungssoziologie heute einfach als Bestandteil der Empirischen Bildungsforschung gerechnet wird.[2] Die Probleme im Bildungsbereich sind (nicht nur nach meiner Auffassung) heute zu groß geworden, als dass man sich mit Fragen disziplinärer Grenzen herumschlagen kann. Dennoch: Im Studium muss man die Eigenarten einer Disziplin kennen lernen. Das vorliegende Buch möchte dazu einen kleinen Beitrag leisten.

(2) Bildungssoziologie ist eine Perspektive – die auch andere Disziplinen verwenden: Dieser Blickwinkel mag erstaunen. Aber es ist eine Tatsache – und entspricht der funktional differenzierten Gesellschaft –, dass Bildungssoziologie natürlich nicht nur die ausgebildete Bildungssoziologin oder der Bildungssoziologe betreiben kann oder betreiben darf. Die vielleicht wichtigsten Schübe für die bildungssoziologische Perspektive kommen heute aus den Erziehungswissenschaften, so z.B. die „Neue Theorie der Schule" von Fend (2006a), der explizit

---

2 Zur empirischen Bildungsforschung lassen sich des Weiteren rechnen die Erziehungswissenschaft, die Pädagogische Psychologie und die Psychologie.

differenzierungs- und akteurtheoretische Mittel der Soziologie verwendet. Also: Es geht im vorliegenden Buch um Perspektiven der Bildungssoziologie. Sie werden auch von anderen Disziplinen verwendet, insbesondere von der Erziehungswissenschaft. Perspektiven der Bildungssoziologie sind also nicht unbedingt etwas, was von der Soziologie selbst verkörpert werden muss. Ich erlaube mir zudem, in einigen Themen und Texten, die von anderen Disziplinen stammen, Perspektiven der Bildungssoziologie zu entdecken.

(3) Ein Buch alleine reicht nicht aus: Es kann für die Studiensituation, für die dieses Einführungsbuch geschrieben ist – gedacht ist auch an Lehramtsstudiengänge, die bildungssoziologische Perspektiven nutzen wollen –, nicht davon ausgegangen werden, dass ein einziges Buch hinreichend ist für die Wiedergabe von Theorien. Teilweise gibt es für bestimmte Themenbereiche bereits gute Schriften, wie z.B. für die Klassiker der Bildungssoziologie oder für die Medienthematik die gute Einführung von Martina Löw (2006). Es wird empfohlen, dieses Buch parallel zu lesen.

(4) Die Kapitel des vorliegenden Buches steigen vergleichsweise eng in die Wiedergabe vorhandener bildungssoziologischer Texte ein. Durch diese Darstellung eng am Text möchte ich den Studierenden diese Texte empfehlen – und herausfordern, im Original eigene Lesarten zu finden. Die Texte erstrecken sich zwischen Klassikern bis zu neuesten Forschungsansätzen und -fragen (z.B. Ansätze der Diskriminierung, Sprach- und Lesesozialisation, Educational Governance). Dieses Spektrum soll zeigen, dass Bildungssoziologie nicht nur aus den soziologischen Ahnherren besteht, wie es in manchen Einführungsbüchern der Erziehungswissenschaft scheint. Trotzdem kommen auch im vorliegenden Buch „Ahnherren" – wie Mead, Parsons, Claessens, Schütz, Berger und Luckmann – nicht zu kurz.

(5) Der Schwerpunkt wird auf das Schulsystem gelegt. Perspektiven der Bildungssoziologie erstrecken sich nicht nur auf die Schule, sondern es finden sich ebenfalls Analysen zum Hochschulwesen, zur beruflichen und zur Erwachsenenbildung und zur Medienbildung – um nur einige Bereiche zu nennen. Die hier vorgenommene Konzentration auf das Schulwesen folgt pragmatisch den Erkenntnisinteressen des Autors – für andere Felder der Bildung müssen andere Einführungsbücher herangezogen werden, z.B. wiederum das von Martina Löw.

Nun folgen mit den Punkten 6 und 7 noch zwei mehr wissenschaftstheoretische Hinweise:

(6) Bildungssoziologie und allgemeine Soziologie gehören zusammen. Die Theorieteile der Bildungssoziologie haben immer schon eine enge Verbindung zur Soziologie aufgewiesen und tun dies heute noch. Da teilweise die Erklärungskraft der Elemente der Bildungssoziologie nicht ausreicht, um Bildungs-

phänomene zu erklären, muss die Bildungssoziologie teilweise auf Elemente der allgemeinen Soziologie zurückgreifen. Entsprechendes wird an den jeweiligen Stellen kenntlich gemacht.

(7) Mehrdimensionale Erklärungen: Von verschiedenen Theorieteilen der Bildungssoziologie auszugehen beinhaltet die Erkenntnis, dass ForscherInnen wegen der Komplexität der heutigen zu erklärenden Probleme für gewöhnlich ein einziger Theorieansatz nicht ausreicht. Es sind multi- oder mehrdimensionale Erklärungen notwendig, wobei jedes Theorieteil – nach seiner Stärke – ein bestimmtes Element eines Prozesses erklären kann; welches Element das ist, kann nur am einzelnen Forschungsgegenstand gezeigt werden, was in diesem Buch nicht möglich ist. Was jedoch möglich ist, ist einen Überblick über die verschiedenen Theorieteile zu geben, wobei eine Auswahl vorgenommen werden musste.

Die verschiedenen Theorieelemente werden dabei gesondert für die *Makro-*, die *Mikro-* und *Mesoebene* vorgestellt. Diese Unterscheidung von Ebenen ist jedoch nur eine Heuristik, um Theorieelemente besser charakterisieren zu können.

Bevor die Gliederung des Buches in Abschnitt 2.3 genauer überblickt wird, springe ich mit Kapitel 2 zunächst in das vielleicht schwierigste Problem der bildungssoziologischen Forschung im Speziellen sowie der Bildungsforschung im Allgemeinen hinein, nämlich wie verschiedene Befunde, die man für die drei genannten Ebenen erhält, zueinander integriert werden können.

2. Was erklärt die Bildungssoziologie? (Zum Makro-Mikro-Makro-Problem)

Wissenschaftliche Theorien sind Werkzeuge für die Beschreibung und Erklärung von Sachverhalten. Für die Erfassung von Sachverhalten reicht für gewöhnlich ein einziger wissenschaftlicher Ansatz nicht aus, da die Probleme zu komplex sind.

Die Erziehungswissenschaft und die Soziologie sind als Sozialwissenschaften dem gleichen wissenschaftlichen Erklärungsansatz verpflichtet, in der Regel dem Kritischen Rationalismus.[3] Dieser zielt darauf, wissenschaftliche Theorieaussagen durch empirische Überprüfung einer Bewährung auszusetzen und/oder die Theorieaussagen durch empirische Befunde zu spezifizieren oder zu erweitern.

Erziehungswissenschaft und Soziologie sowie die Bildungsforschung generell beobachten Bildungsprozesse auf verschiedenen Ebenen: auf der Makroebene der Gesellschaft, auf der Mesoebene der Organisationen, und auf der Mikroebene der Interaktionen; davon wird in diesem Buch noch hinreichend die Rede sein. Aufmerksam gemacht werden soll, dass eines der größten Probleme der Bildungsforschung darin besteht, wie sich Befunde zu einzelnen Ebenen (Makro, Meso, Mikro) einander anbinden lassen. Dieses Problem taucht in allen Forschungsansätzen der Bildungswissenschaften auf,

- zum Beispiel in der Institutionentheorie: Hier lassen sich Ansätze unterscheiden, die Institutionen als mehr oder weniger dem Handeln vorgegeben auffassen, als eine äußere Gewalt; andere Ansätze betonen eher, wie Institutionen im Handeln aufgebaut werden. In Frage steht also, ob man die Analyse von Institutionen auf die Makroebene begrenzt, und/oder ob man die Mikroebene dazu nimmt oder sogar als primär ansieht; damit steht in Frage, wie sich Befunde zur Makro- und zur Mikroebene verbinden lassen;
- beispielsweise in der Sozialisationsforschung als Ich/Umwelt-Problem: Wie vermitteln sich innerpsychische Prozesse eines aktiv handelnden Subjekts, ohne dass man davon ausgehen muss, dass das Subjekt einfach von der Umwelt geprägt oder überwältigt wird, aber auch so, dass trotzdem eine Vergesellschaftung im Zuge der innerpsychischen Prozesse erkennbar wird?

---

3 Vgl. Kromrey 2006, Kap. 1. Zu anderen Auffassungen der Wissenschaftstheorie siehe z.B. Lakatos 1968.

(Tillmann 2004a, 30) Psychologisch orientierte Sozialisationstheorien geben hierauf Antworten, die die psychische, die Subjektseite innerhalb der Ich/Umwelt-Beziehung hervorheben; soziologisch orientierte Sozialisationstheorien heben für die Ich/Umwelt-Beziehung eher die Seite der gesellschaftlichen Umwelt hervor; auch hier besteht das Problem der Integration von Befunden zur Umwelt (Makro) und zu Subjektstrukturen (Mikro);

- beispielsweise in Ungleichheitstheorien: Wenn man wie Bourdieu kulturelles Kapital in der Gesellschaft ungleich verteilt sieht und Familienzusammenhänge die Kapitalverteilung reproduzieren: wie stellen sich die objektiven, auf der Makroebene der Gesellschaft vorfindbaren Ungleichheiten im einzelnen Handeln der Kinder wieder her? Wie verläuft die Vererbung von objektiven Strukturen in subjektive? Erneut: wie werden die Makro- und die Mikroebene verbunden?

- Beispielsweise in Ansätzen der Steuerung und der Educational Governance: wie lässt sich ermöglichen, dass eine Bildungsreform, die auf der Makroebene (von der Bildungspolitik) entworfen wird, auf der Mesoebene, d.h. in den einzelnen Bildungseinrichtungen sowie auf der Mikroebene im Handeln der einzelnen Akteure angenommen wird?

Es handelt sich dabei gleichsam um das Problem der „absteigenden Verankerung auf der Mikroebene": d.h. verkürzt gefragt: Wie wandert eine auf der Makroebene verortete Maßnahme zur Mikroebene hinunter? Dieses Problem stellt sich ähnlich bei der Frage, wie sich kulturelles Kapital vererbt. Das umgekehrte Problem ist die „aufsteigende Generalisierung": Wenn, wie es z.B. die heutigen Sozialisationstheorien zeigen (vgl. Tillmann 2004a), das einzelne Handeln so individuell ist, wie können sich dann gesellschaftliche Strukturen reproduzieren? Wie können sich Logiken des einzelnen Handelns generalisieren? Derartige Probleme der Verbindung zwischen der Makro- und der Mikroebene (sowie der Mesoebene) durchziehen, wie gesagt, die gesamte Bildungsforschung – und die gefundenen Antworten sind bis heute nicht hinreichend befriedigend. Die Bildungssoziologie versucht ihren Anteil zur Klärung dieser Probleme zu leisten, und sie hat natürlich nicht den alleinigen Schlüssel.

Der Soziologie wird – richtigerweise – unterstellt, dass sie für die Beschreibung und Erklärung gesellschaftlicher Strukturen/Kollektivphänomene/Systeme/ auf der Makroebene zuständig ist – wie immer die Begriffe der soziologischen Theorien sind, um über psychische Prozesse oder die Beschreibung eines Einzelnen hinauszugehen.[4] Die Orientierung der Soziologie und Bildungssoziologie

---

4 Auch die qualitative Forschung, deren Instrumentarien gemeinhin auf der Mikroebene verortet werden, ist an der Erklärung von Strukturen interessiert, siehe z.B. Strauss, Oevermann oder die Ethnomethodologen (vgl. Brüsemeister 2000).

vor allem an Kollektivphänomenen unterscheidet diese Disziplinen von erziehungswissenschaftlichen und psychologischen Ansätzen.

2.1 Essers Modell der soziologischen Erklärung[5]

Es wird nun dargestellt, wie Soziologie und die Bildungssoziologie versuchen, die oben genannten Vermittlungsprobleme zwischen der Makro-, Meso- und Mikroebene anzugehen. Die Soziologie diskutiert dies unter dem Begriff der „Makro-Mikro-Makro-Erklärung" oder auch ‚Modell der soziologischen Erklärung'. Das zuerst genannte „Makro" steht für das Interesse der Soziologie und Bildungssoziologie für Kollektivphänomene. Das „Mikro" steht dafür, dass dieses Erklärungsproblem durch einen methodologischen Umweg gelöst wird, nämlich über die Mikroebene und in der Untersuchung des einzelnen Handelns. Die Annahmen, die man für diese Ebene macht, versetzen ForscherInnen in die Lage, ergebnisorientierte Aussagen für die Makroebene zu treffen; dafür steht das zweite „Makro".

Etwas ausführlicher lässt sich die „Makro-Mikro-Makro-Erklärung" wie folgt darlegen: Der allgemeinste Gegenstand der Bildungssoziologie ist ein kollektiver Gegenstand (ein Aggregationsphänomen, ein System, eine Struktur), da es um gesellschaftliche Leistungen, Produkte, Systeme, Strukturen, Aggregationen geht, an denen viele (unterschiedliche) Akteuren beteiligt sind. Entsprechend wird zunächst nicht gefragt: Wie denkt, urteilt oder empfindet jemand? Sondern: Was tut eine bestimmte Gruppe? Wie wirkt Bildung auf ein bestimmtes Milieu? Welche typischen Bildungsstrategien verfolgen welche Gruppen? Wie „handeln" Systeme? Welchen Änderungen unterliegen Bildungseinrichtungen? Welche Macht geht von ihnen aus? Welche ungewollten Effekte – z.B. der Entwertung von Bildungstiteln – spielen sich (kollektiv) hinter dem Rücken der Akteure ab? Wie können Bildungsinstitutionen (dennoch) gestaltet werden?

Der besondere Bezugspunkt der Soziologie, inklusive der Bildungssoziologie, stellt also erstens auf Kollektivphänomene ab, die in ihrem Zustandekommen ursächlich erklärt werden müssen. Im Orchester der Sozialwissenschaften tragen vor allem Soziologie und Bildungssoziologie die Erklärungslast für Kollektivphänomene.

Bei der Erklärung der Ursachen kann die Soziologie hierbei nicht auf erklärende Zusammenhänge kollektiver Art zurückgreifen, da es diese nicht gibt. In der Geschichte der Soziologie wurde versucht, allgemeine Makro-Gesetze zu finden, die aber mehr oder weniger ohne Erklärungswert blieben (vgl. Esser

---

5   Die folgenden Erörterungen orientieren sich an Kussau/Brüsemeister 2007a, 98ff.

2000a, 7). Zur Erklärung kollektiver Phänomene bleibt deshalb – zweitens – nur der „ganz normale Weg" aller Sozialwissenschaften, nämlich der Rekurs auf das einzelne Handeln. Bildlich gesehen steigt die Soziologie damit in den Mikrobereich des soziologischen Erklärens hinab, um Veränderungen eines sozialen Systems auf der Makroebene zu erklären, die sich zwischen den Zeitpunkten t_1 und t_2 ereignen. Daraus ergibt sich das typische Erklärungsproblem der Soziologie, das im ‚Modell der soziologischen Erklärung' festgehalten ist (auch ‚Badewannenmodell der soziologischen Erklärung'; vgl. Esser 1999a, 93ff., der sich auf Überlegungen von David C. McClelland, James Coleman und Siegwart Lindenberg stützt und diese weiter entwickelt). Hierbei wird zunächst auf die „Logik der Situation", anschließend auf die „Logik der Selektion" sowie sodann auf die „Logik der Aggregation" abgestellt (vgl. Übersicht 1):

Übersicht 1: Modell der soziologischen Erklärung nach Esser

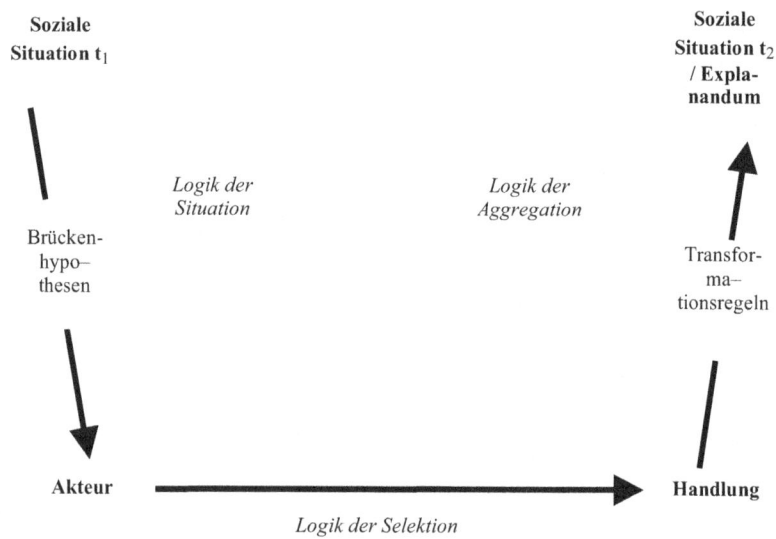

In der „Logik der Situation" wird rekonstruiert, in welchen Situationen sich die Akteure befinden bzw. wie sie Situationen wahrnehmen. Es wird davon ausgegangen, dass jeder Akteur eine Situation anders wahrnimmt, da jeder über andere interne Schemata verfügt, die sich aufgrund von Erziehung, Erfahrungen, Ein-

2.1 Essers Modell der soziologischen Erklärung 15

stellungen und Werten im Laufe seines Lebens gebildet haben.[6] Im Zuge einer Orientierung zwischen diesen Einflussgrößen erfolgt eine subjektive Definition der Situation aus Sicht des einzelnen Akteurs und im Anschluss daran das eigentliche Handeln (Esser 1999b, 166). Um eine Verbindung zwischen der objektiven Situation und den subjektiven Motiven der Akteure herstellen zu können, sind so genannte Brückenhypothesen notwendig. Sie sind eine Form, um den Übergang zwischen der Makro- und der Mikroebene herzustellen, während Transformationsregeln den Übergang von der Mikro- zur Makroebene anzugeben versuchen.

Da die Logik einer wahrgenommenen Situation die Wahl einer einzelnen Handlung motiviert, schließt sich nun dieser zweite Erklärungsschritt an, die analytische Betrachtung einer „Logik der Selektion". Dabei werden in analytischer Hinsicht die wahrgenommenen Situationen im Rahmen einer Wert-Erwartungstheorie – das ist die von Esser verwendete, allgemein gehaltene Handlungstheorie – gewichtet, d.h. die Selektion einer Handlung folgt den individuellen Nutzeneinschätzungen eines Akteurs.[7] Mit der „Logik der Selektion" wird deutlich, wie der einzelne Akteur handelt, welche Alternative er wählt oder nicht wählt, welche Interessen er verfolgt. Das individuelle Handeln verändert die Situation erneut (a.a.O., 168).[8]

Das mit Hilfe der „Logik der Situation" sowie der „Logik der Selektion" erklärte Ergebnis des Handelns der Akteure wird auch als individueller Effekt bezeichnet, der noch nicht das zu erklärendes kollektive Ereignis ist. Um dies zu erfassen, wird eine weitere Logik des ‚Badewannenmodells der soziologischen

---

6   Dies bedeutet jedoch keine individuelle Beliebigkeit, da die Schemata wiederum sozial strukturiert sind. Anders gesagt: Das ‚Badewannenmodell' unternimmt mit der Kennzeichnung einer sozialen Situation t_1 (bzw. hier mit der Logik der Situation) einen analytischen Ausschnitt einer Handlungskette (t_1 bis t_2), der realiter frühere Handlungsketten und Strukturierungen ($t_{1'}$ bis $t_{2'}$) vorangegangen sind.

7   Die Gewichtung erfolgt „aus den Bewertungen der Folgen des Handelns und den Erwartungen, dass das Handeln die betreffenden Folgen habe. Die Folgen sind teils erwünscht, teils unerwünscht, teils erwartet, teils unerwartet. Für das aktuell zu wählende Handeln zählen stets nur die – irgendwie – vom Akteur, auch unbewusst, erwarteten Folgen." (Esser 1999b, 252) Diese analytische Sicht einer Folgeneinschätzung kann weiter differenziert werden, mit Hilfe soziologischer Akteurmodelle (Schimank 2000). Hierbei werden vier Arten von Erwartungen und Folgeneinschätzungen der Akteure unterschieden, ausgerichtet an einer sozialen Normbefolgung (Homo Sociologicus), Nutzenbefolgung (Homo Oeconomicus), Identitätsbehauptung oder am Ausleben von Emotionen.

8   Hierbei wird davon ausgegangen, dass für das momentane Handeln die gegebenen subjektiven Ansichten maßgeblich sind und nicht „objektiv" vorliegende situationale Verhältnisse. So kann es auch geschehen, dass zunächst „objektiv falsche", jedoch „subjektiv richtige" Ansichten über eine Situation sich als real herausstellen. Auf solchen Prozessen beruht z.B. auch die These der Self-fulfilling Prophecy (Esser 1999b, 2f.).

Erklärung' benötigt, die „Logik der Aggregation".[9] An dieser Stelle geht man nicht mehr vom Handeln eines einzelnen Akteurs aus, sondern vom Handeln mehrerer, d.h. aggregierten Folgen bzw. Akteurkonstellationen (vgl. auch Schimank 2000, 169-344). Eine Akteurkonstellation oder Aggregation ist dabei gerade nicht die einfache Aufsummierung einzelner Handlungsbeiträge. Vielmehr zeigen sich Prozessdimensionen mit eigenen Dynamiken.

Ein Beispiel dafür ist, dass eine ursprüngliche Problemlösung, die zwei Akteure beim gemeinsamen Feuermachen gefunden haben, erst zwanglos wiederholt wird, weil sie sich bewährt – sobald jedoch Dritte dazu kommen, wird behauptet, dass man genau so, nur auf diese Weise Feuer machen muss. Nach Art einer sich selbst erfüllenden Prophezeiung müssen die beiden Akteure spätestens, wenn ein dritter dazu kommt, selbst an die Regel glauben, die sie zunächst beiläufig erfunden hatten (siehe zu diesem Beispiel das Kapitel 3.1 „Institutionentheoretische Perspektive"). Das Beispiel deutet an, dass aus den absichtsvollen Handlungsbeiträgen der Einzelnen anderes hervorgeht: soziale Aggregationen oder Akteurkonstellationen, die Mechanismen mit eigenständigen Prozessdynamiken beinhalten.

Bildungsleistungen, aber auch Bildungsungleichheiten, werden in diesem Kontext so verstanden, dass sie sich grundsätzlich durch Handlungsbeiträge Einzelner erklären lassen. Oder anders gesagt, entlang des Modells der soziologischen Erklärung: Wie sich ein System, eine Struktur, eine Aggregation, ein Kollektiv zwischen den Zeitpunkten t_1 und t_2 verändert, wird untersuchbar durch die Rekonstruktion von mikro-logischen Prozessen (Wahrnehmung der Situation, Selektion, dann Aggregation). Weil die Erklärung gleichsam von den zwei Zuständen am oberen Rand der ‚Badewanne der soziologischen Erklärung' in die mikrosoziale Tiefe hinabsteigt – und sich mit der Logik der Situation, Selektion und Aggregation beschäftigt –, spricht man auch von einer soziologischen Tiefenerklärung. Sie wird für den Bildungsbereich und ebenfalls für viele andere gesellschaftliche Themenfelder verwendet.

Für die Bildungsforschung steht ein Zusammenführen der Bausteine der drei Logiken in ein zusammenfassendes Modell der Tiefenerklärung erst noch bevor. Dennoch wird das Modell der soziologischen Erklärung seit Längerem für die Erklärung von Bildungsungleichheiten verwendet (McClelland 1967; Boudon 1974; Coleman 1986; Hedström/Swedberg 1998; Esser 1999b), wie insbesondere eines der derzeit wichtigsten Bücher zur soziologischen Analyse von Bildungsungleichheiten zeigt (Becker/Lauterbach 2006 (Hg.)). Die Stärke des

---

9   Anhand von Transformationsregeln wird angegeben, unter welchen Bedingungen bestimmte individuelle Effekte bestimmte kollektive Sachverhalte erzeugen können (vgl. Esser 1999b, 16).

Modells basiert weniger auf der – derzeit eben nicht hinreichenden – Zusammenführung verschieden-ner Befunde der Ungleichheitsforschung, als vielmehr auf der Kennzeichnung der noch zu leistenden Forschungsaufgaben. Angesprochen sind insbesondere folgende Fragen:

- Wie werden Faktoren auf der Makroebene der Gesellschaft und der Mesoebene der Organisationen des Bildungswesens mittels *situationaler Mechanismen*, d.h. auf der Ebene der einzelnen Akteure auf der Mikroebene aufgegriffen und bedeutsam gemacht? (Becker/Lauterbach 2006, 23)
- Im Zuge welcher *transformierender Mechanismen* stellen sich Verbindungen zwischen der Mikro- und der Makroebene her, d.h. wie verwandeln sich die Bildungsentscheidungen der einzelnen in das kollektive Phänomen soziale Ungleichheit? (A.a.O., 23) Oder anders gesagt: Welche ‚handlungsformierenden Mechanismen' (a.a.O.) auf der Individualebene gibt es, d.h. in welcher Art und Weise wirken z.b. die Schichtzugehörigkeit des Elternhauses und die individuellen Bildungsaspirationen und -entscheidungen zusammen?

2.2 Fends Angebots-Nutzungsmodell

Zusammenhänge zwischen der Makro- und Mikroebene (sowie der Mesoebene) berühren zentrale Fragen der Bildungsforschung generell. Um diese Fragen noch einmal in einer anderen Formulierung zu wiederholen, geht es erstens um die „absteigende" Frage, wie Bildungsangebote ihre NutzerInnen erreichen, oder wie sie sich mittels *situationaler Mechanismen* zur Ebene der einzelnen Akteure verschränken. Zweitens wird der gleiche Sachverhalt auch in umgekehrter, „aufsteigender" Beobachtungsrichtung erfasst: Es wird gefragt, wie sich Bildungsentscheidungen der Einzelnen zu kollektiven Phänomenen aggregieren und damit den mehr oder weniger großen – mit bestimmten Ungleichheiten versehen – Erfolg der Bildungsabsichten, z.B. bei einer Kohorte oder bei einer Gruppe von NutzerInnen, bestimmen (und damit auch die mehr oder weniger große Wirksamkeit einer Bildungseinrichtung oder einer Bildungsorganisation). Kurz gesagt lässt sich die Frage für die Ebenen Makro, Meso und Mikro auch so formulieren: Wie laufen Vermittlungsprozesse zwischen der Anbieter- und der Nutzerseite von Bildung ab?

Einen wichtigen Ansatz hierzu liefert der Erziehungswissenschaftler Helmut Fend, der explizit Bildungsangebote und deren Nutzung unterscheidet (vgl. auch Fend 1998, 268-272):

„Das beste Angebot kann zu suboptimalen Effekten führen, wenn die Bedingungen der Nutzung defizitär sind oder nicht beachtet werden. Schulleistungen sind in diesem Rahmen das Ergebnis von Qualität und Quantität des Angebots. Allerdings kommt die Nutzungsseite hinzu. Da das Angebot nicht schlicht aufgezwungen oder mechanisch vermittelt werden kann, bestimmen die Nutzungsfaktoren wie kognitive Lernvoraussetzungen und Motivation mit, welcher ‚Ertrag' letztlich im Bildungswesen erzielt wird." (Fend 2004, 17)

Diesbezüglich ist es eine Kernaufgabe der empirischen Bildungsforschung, nicht nur Formalstrukturen, sondern Aktivitätsstrukturen (vgl. Fend 2006a, 176-178) zu kennzeichnen, die sich daraus ergeben, dass Angebots- und Nachfrageprozesse mehr oder weniger ineinander greifen. Dieses „mehr oder weniger" ist eine Frage der empirischen Messung. Im Einzelfall kann ein Bildungsangebot, so wie es gedacht ist, von NutzerInnen angenommen worden sein. Ebenfalls möglich ist jedoch eine ganz andere Art der Nutzung. Wie man eine Spannbreite zwischen guten und weniger guten Passungsverhältnissen zwischen Angebot und Nutzung theoretisch erklären kann, steckt somit noch in den Kinderschuhen bzw. ist ein Forschungsproblem nicht nur der Bildungssoziologie, sondern der Bildungsforschung insgesamt.

Festhalten lässt sich jedoch generell, dass ein theoretisches – und natürlich vor allem ein praktisches! – Problem darin besteht, wie sich Bildungsangebote und Bildungsnachfrage zueinander vermitteln lassen.

Daraus ergeben sich für die Bildungssoziologie drei Bereiche von Fragen:

1. wie neue Bildungsangebote, die ständige Differenzierung einer Angebotslandschaft beschaffen sind;
2. welche Aneignungsprozesse es von Seiten individualisierter Abnehmer gibt, die sich über die gesamte Lebensspanne erstrecken;
3. wie Bildungsprozesse als „ineinander verwickelte" Prozesse zwischen Vermitteln und Aneignen, zwischen institutionellem Angebot und individualisierter Nutzung zu verstehen sind.[10]

Die Untersuchungsgegenstände „Bildungsprozesse" im Allgemeinen sowie gelingende „Vermittlungs-Aneignungsprozesse" im Besonderen stehen im engen Zusammenhang mit der Erforschung sozialer Ungleichheiten. Moderne Gesellschaften erhalten den Verdacht aufrecht, dass formal (juristisch) und moralisch versprochene „gleiche Bildungsangebote für alle", die „Gleichheit" der Bildungschancen, unter Umständen durch ungewollte Prozesse zwischen Leistungsanbietern und Abnehmern nur suboptimal realisiert werden und damit die

---

10 Dies in Anlehnung an Fend (2006a) und Kade (1997).

Lebenschancen von Individuen beeinträchtigen oder nicht so befördern, wie sie befördert werden könnten. Den Bildungsinstitutionen und den einzelnen Bildungsorganisationen widmet die Bildungssoziologie entsprechend große Aufmerksamkeit. Wie nach der Darlegung von Esser Modell der Erklärung deutlich sein sollte, wird dies jedoch nicht so verstanden, dass Institutionen (Makroebene) oder Organisationen (Mesoebene) unabhängig vom einzelnen Handeln der Individuen (auf der Mikroebene der Interaktionen) seien. Im Gegenteil will der soziologische Begriff der Institution (vgl. Kap. 3.1) gleichursprünglich etwas Kollektives und etwas Individuelles erfassen, nämlich dass und wie gesellschaftliche Regeln (Institutionen) in die Handlungspraxis der Menschen übergehen bzw. übergegangen sind.

Das Schwergewicht der Soziologie auf Institutionen zu legen schließt also keinesfalls aus, sich dem einzelnen Handeln zu widmen. Und ebenfalls beinhaltet die Beschäftigung mit Institutionen auch die Analyse von Organisations-prozessen auf der Mesoebene. Kurz: die Bildungssoziologie nimmt die Makro-, die Mikro- und die Mesoebene in den Blick, wie die verschiedenen Kapitel des Buches zeigen werden.

2.3 Überblick der vorgestellten Theorien

Für die Beobachtung von Bildungsprozessen auf diesen drei Ebenen stehen verschiedene bildungssoziologische Perspektiven oder Theorieelemente zur Verfügung. Das Buch beginnt mit Theorieelementen für die Makroebene, entsprechend vor allem der Außenerwartung der Erziehungswissenschaft, dass die Bildungssoziologie etwas zu den „großen" Themen sagen kann, wie z.B. Institutionen oder Ungleichheitsstrukturen.

Makroebene: Für die Makroebene haben sich vier größere Richtungen der Bildungssoziologie ausdifferenziert[11]; sie bearbeiten ein Makro-Mikro-Problem, und zwar mit Schwerpunkt der Beschreibung und Erklärung auf der Makroebene, aber eben unter Einbezug der Mikroebene. Es sind dies die institutionentheoretische Perspektive, ebenso die sozialisationstheoretische, die ungleichheitstheoretische und die differenzierungstheoretische Perspektive:

---

11 In jeder der Richtungen gibt es Unter-Diskurse, die ich aus Gründen der Vereinfachung fortlasse. Ebenfalls wird im Laufe des Buches sichtbar, dass manche AutorInnen zu mehreren Richtungen der Bildungssoziologie gehören.

- Die institutionentheoretische Perspektive der Bildungssoziologie untersucht die Genese von Institutionen im Handeln der Gesellschaftsmitglieder, erörtert Wirkungsweisen von Institutionen und beschäftigt sich mit der Veränderung von Institutionen.
- Die sozialisationstheoretische Perspektive setzt das Thema der Institutionen fort; sie untersucht die Einsozialisierung der Individuen in Institutionen, und sie diskutiert die Frage, woher die Antriebe dazu kommen (liegen sie mehr in den gesellschaftlichen Strukturen oder in den Subjekten?).
- Die ungleichheitstheoretische Perspektive beschäftigt sich mit den Effekten von Bildungsinstitutionen, und zwar solchen Effekten, die im Kontext von jeweils historisch ausgeformten Gleichheitsansprüchen einer Gesellschaft als nicht tolerable Ungleichheiten empfunden werden.
- Die differenzierungstheoretische Perspektive beschäftigt sich mit der Unterteilung, Untergliederung, „Differenzierung" der Gesellschaft in verschiedene Handlungs- und Kommunikationsbereiche – die sich, in einem künftig von der Bildungssoziologie stärker auszuarbeiten Bezug zur ungleichheitstheoretischen Perspektive auch dahingehend untersuchen lassen, wie diese Prozesse ebenfalls Gelegenheiten für Ungleichheiten bieten.

Die institutionen- und die sozialisationstheoretische Perspektive bilden gleichsam ein Pärchen; ihre Themen sind eng miteinander verbunden; sie hätten auch in einem gemeinsamen Kapitel vorgestellt werden können, wobei ich jedoch eine getrennte Darstellung vorziehe, um besser die Eigenarten der Perspektiven sehen zu können. Ein weiteres Pärchen bilden die ungleichheits- und die differenzierungstheoretische Perspektive. Es ist jedoch ein ungleiches Pärchen, denn die Diskurse wurden weitaus weniger aufeinander bezogen, was künftig stärker notwendig ist. Da die ungleichheitstheoretische Perspektive wiederum große Verbindungen zur institutionen- und vor allem zur sozialisationstheoretischen Perspektive hat, wäre eine alternative Darstellung ein großes Kapitel mit diesen drei Perspektiven gewesen. Es wurde jedoch die analytische Trennung vorgezogen, um den Studierenden die Eigenheiten dieser Perspektiven besser deutlich machen zu können.

Mikroebene: Auf der Mikroebene werden die gerade angesprochenen Blickwinkel zwischen Gesellschaft und dem Individuum gleichsam aus umgekehrter Richtung thematisiert, d.h. aus dem Blickwinkel des einzelnen Handelns.

- Für die Ungleichheitsforschung prominent ist hierbei die entscheidungstheoretische Perspektive (Boudon), die Bildungsentscheidungen der einzelnen als Mitglieder sozial positionierter Familien in den Blick nimmt.

2.3 Überblick der vorgestellten Theorien

- Ebenfalls konturiert haben sich die phänomenologische und die ethnomethodologische Perspektive, die auf das Erleben des Einzelnen bzw. auf Interaktionen der Gesellschaftsmitglieder abstellen. Diese zum Symbolischen Interaktionismus gehörenden Perspektiven bilden die Grundlage für qualitative Forschungsmethoden, die für die Untersuchung personaler und interaktionsbezogener Bildungsgeschehnisse verwendet werden.

Die oben skizzierten Erklärungsansätze der Bildungssoziologie für die Makro- und für die Mikroebene gehören unmittelbar zusammen. Es werden Verhältnisse und Prozesse zwischen Makro und Mikro, Struktur und Subjekt, Gesellschaft und Individuum in den Blick genommen – wie immer die Begriffe sind, mit denen die Ansätze arbeiten. Die Theorien auf der Makro- und auf der Mikroebene nehmen also gleichermaßen Faktoren in den Blick, die die „großen Strukturen" ebenso umfassen wie subjektbezogene Dimensionen.

Mesoebene: Im Weiteren wird dann die Mesoebene dazu genommen. Die dort vorfindbaren Ansätze beschreiben, wie gewissermaßen zwischen Makro und Mikro eine Organisation tritt – die Eigendynamiken aufweist und die Dinge dadurch noch kompliziert. Die Analyse von Bildungsorganisationen hat sich jedoch als Zweig der Erklärung und Beschreibung in der Bildungssoziologie erhalten. Die Berücksichtigung dieses Zweiges komplettiert die Perspektiven der Bildungssoziologie:

- Die für die Mesoebene vorhandenen Theorieelemente widmen sich erstens *Effekten* von Bildungseinrichtungen. In der klassentheoretischen Perspektive werden Links von Bildungseinrichtungen zu gesellschaftlichen Klassen herausgestellt; bei Bourdieu dergestalt, dass ungleiche Leistungen von SchülerInnen durch die kulturelle Herkunft bedingt erscheinen. Sie werden durch die Organisation nicht abgemildert, sondern erzeugen eine ‚Illusion der Chancengleichheit'. Anders geht man in der konflikttheoretischen Perspektive (Flam) vor. Erklärt werden ungleiche Leistungen von SchülerInnen durch eine Diskriminierung durch die Organisation selbst.
- Zweitens finden sich in Soziologie und Bildungssoziologie Theorieelemente, die die *Gestalt und Struktur* von Bildungseinrichtungen zu erfassen suchen. Dazu gehören z.B. das Modell der Expertenorganisation, Arbeitsorganisation, systemtheoretisches Modell und Soziologischer Neo-Institutionalismus. Des Weiteren wird auf eine relativ neue Analyseperspektive eingegangen – Educational Governance –, die sich unter der Bedingung von Interdependenzen zwischen Akteuren dem Problem der Steuerung und Gestaltung von Bildungseinrichtungen widmet.

Für ein Einführungsbuch stellt sich immer die Frage, ob nicht andere Texte auch noch – und dafür andere nicht – hätten berücksichtigt werden müssen. Die Beurteilung der Auswahl wird sich daran bemessen, ob die Perspektiven der Bildungssoziologie – die institutionen- und sozialisationstheoretische, die ungleichheits- und differenzierungstheoretische, die entscheidungstheoretische, die phänomenologische und die organisationsbezogene Perspektive – in ihren jeweiligen Konturen deutlich werden.

Literaturempfehlungen
Zum soziologischen Modell der Erklärung sei Esser (1999b, 93ff.) empfohlen. Modellproblematiken für das Schulsystem sprechen Becker/Lauterbach (2006) an.

3. Makroebene der Gesellschaft

3.1 Institutionentheoretische Perspektive

Die *Gegebenheit* von Bildungsinstitutionen ist nach der *Alltagserfahrung* mit das erste, wenn man an Bildung denkt. Schule, Hochschule, Berufsschule oder der Kindergarten werden *im Alltag* als *Institutionen* wahrgenommen, die als mehr oder weniger selbstverständlich erscheinen. Zudem schwingt im Wort „Institution" eine gewisse Übermächtigkeit mit; der Einzelne kann sie nicht einfach verändern; damit ist eine Herrschaftsausübung angesprochen, die in der Regel akzeptiert und anerkannt wird. Trotzdem: Institutionen sind nicht einfach gegeben, sondern werden kritisiert und verändern sich laufend. Manchmal bemerkt man dies kaum, wie beim Wandel der Sprache; manchmal brechen – wie beim Ende der DDR – Institutionen mit „lautem Knall" zusammen.

In Soziologie und Bildungssoziologie findet sich eine Vielzahl von Diskussionen zu Institutionen, wovon hier nur ein kleiner Ausschnitt vorgestellt werden kann. Mit Esser, Lepsius/Faust sowie Berger/Luckmann sind Ansätze berücksichtigt, die sich als handlungstheoretische Ansätze der Institutionenanalyse bezeichnen lassen. Nicht behandelt werden aus Platzgründen ein kulturanthropologischer Ansatz (Gehlen, Plessner) und ein systemtheoretischer Ansatz; Letzterer wird gegen Ende des Kapitels nur kurz vorgestellt. Nach den allgemeinen Funktionen von Institutionen, wie sie von Esser sowie Berger/Luckmann benannt werden, gehe ich auf funktionalistische Funktionen von Bildungsinstitutionen sowie neuere Diskussionen von Institutionen in der Erziehungswissenschaft ein; die zuletzt genannten werden aufgegriffen, da sie bildungssoziologische Argumente transportieren.

3.1.1 Esser: Allgemeine Bestimmungen

Hartmut Esser hat aus Sicht der allgemeinen Soziologie viele der allgemeinen Bestimmungen von Institutionen herausgestellt und Institutionen in seiner mehrbändigen Reihe zu speziellen Grundlagen der Soziologie sogar einen eigenen Band gewidmet (vgl. Esser 2000b). Von seinen begrifflichen Bestimmungen gebe ich hier zentrale wieder.

„Der Begriff der Institution gehört mit zu den wichtigsten Grundkonzepten der Soziologie überhaupt." (A.a.O., 2) Eine Grundlegung findet sich bei einem Klassiker der Soziologie, Durkheim.[12] Zentral bei Durkheim, aber auch bei anderen Theoretikern, ist, dass er eine Institution als einen „soziologischen Tatbestand" mit Zwangscharakter auffasst (a.a.O., 3f.). Das Grundmuster einer Institution besteht darin, dass sie von Menschen gemacht, aus ihren Handlungen hervorgeht und damit prinzipiell veränderbar erscheint. Als externalisiertes Produkt früheren Handelns sehen Akteure, die zu ihrer Zeit leben, diese Produkte oder Ergebnisse früheren Handelns und die mit ihnen gegeben Regeln jedoch als eine äußerliche Gewalt an. Die Regeln sind zugleich in der Lage, Glaubensüberzeugungen und Handlungsweisen von Akteuren zu prägen.

Der Begriff der Institution umschließt damit per Definition grundsätzlich ein Doppeltes: eine Orientierung für das Handeln eines Akteurs, *und* ein soziales Ordnungsgebilde. Insofern wird der Begriff von seiner „Natur" her sehr breit. Dies führt zu Schwierigkeiten, ihn von anderen Begriffen abzugrenzen, die die gleichen Sachverhalte zum Teil ebenfalls erfassen.[13] Der Institutionenbegriff ist in den Sozialwissenschaften insgesamt „unspezifisch" und „überdeterminiert", so Walter L. Bühl (2007, 299). Trotzdem lassen sich Kerngehalte angeben, mit denen Soziologie und Bildungssoziologie arbeiten. Dass eine Institution gleichzeitig eine Orientierung für das Handeln eines Akteurs bietet *und* ein soziales Ordnungsgebilde ist, ist ein solcher Kerngehalt. Ein weiterer ist:

Sozial geteilte Regeln, nicht nur private Regeln
Der Begriff der Regeln ist für den Institutionenbegriff zentral. Regeln beinhalten gleichzeitig eine individuelle Orientierung und eine kollektive Ordnung (Esser 2000b, 14). Dies bedeutet, dass die Regeln nicht nur private Regeln eines Einzelnen sind, sondern soziale Regeln. Institutionelle Regeln oder ein institutionel-

---

12 Zu Durkheim empfehle ich den knappen Überblick bei Löw (2006, 29-31) sowie die ausführliche Darstellung von Münch (2002, 53-103).
13 Aber so ist es nun einmal in den Sozialwissenschaften: Die Begriffe befinden sich nicht (weil viele Forscher auf ihre Weise arbeiten) in schön abgegrenzten Territorien nebeneinander, sondern überlappen sich, stehen in Konkurrenz. Nutzen sollte man den jeweiligen Begriff dann, wenn er auf dem jeweiligen Feld der Beschreibung und Erklärung eine Stärke hat.

les Regelsystem (wie man auch sagt) müssen trotzdem vom einzelnen verstanden (und für moralisch richtig empfunden werden; siehe anschießend zum Begriff der Legitimität). Esser (a.a.O., 19) erwähnt hierzu als Beispiel ein Fußballspiel, dessen Regeln Spielern und Zuschauern bekannt sind. Diese Regeln beinhalten für Spieler und Zuschauer ‚orientierende Modelle angemessenen Handelns in typischen Situationen' (a.a.O., 11). Beispielsweise weiß der Stürmer, was zu tun ist, sobald der Ball in die Nähe des gegnerischen Strafraums fliegt. Dabei sind die Akteure keine „Regelroboter", sondern erfinden *im Rahmen des Spiels* immer wieder neu Tricks und Finten, eben weil die grundlegende Art der Situation objektiv definiert und bekannt ist (a.a.O., 19). Die Regeln bieten den Hintergrund für vielfältige Handlungsweisen.

Gleichzeitig müssen die Akteure fortlaufend abchecken, ob und welche Regel für eine Situation angemessen ist und ob diese auch von den anderen Akteuren geteilt wird. Geschieht dies nicht, verwende ich nur eine private und keine soziale Regel. Hierzu gibt Hartmut Esser (a.a.O., 35f.) das schöne Beispiel, wie Lothar Matthäus als damaliger Libero des FC Bayern plötzlich den Spielern der gegnerischen Mannschaft davonläuft, als diese auf das FC Tor zustürmen. Nach dem Spiel erklärt Matthäus, er habe eine Abseitsfalle eröffnen wollen. Die Mitspieler hatten das Weglaufen jedoch anders interpretiert und waren stehen geblieben. So wurde Matthäus Regel zu einer privaten – ein zentraler Sinn einer Institution, vom Handlungsdruck zu entlasten, war dahin.

Unterschiede zu bloßen Regelmäßigkeiten: Geltung, Sanktionsmittel, Legitimität
Institutionen sind ebenfalls nicht bloß Regelmäßigkeiten des Handelns, z.B. wenn sich zwei Akteure, die sich auf dem Bürgersteig begegnen, voreinander ihre Hüte lüpfen (vgl. ebd.). Vielmehr kommen weitere begriffliche Bestimmungen hinzu:

(1) Dies betrifft erstens Fragen der *Geltung* bzw. der *Geltungsreichweite* einer Institution. Allein diese Fragen zu stellen beinhaltet, dass die Geltung einer Institution sozialräumlich und zeitlich begrenzt ist, auch wenn dies den Menschen einer Zeit nicht so vorkommen mag und für sie gerade die Unabänderlichkeit einer Institution im Vordergrund steht. Ansätze wie die von Lepsius und Faust (s.u.) verweisen jedoch gerade auf gesellschaftliche Kämpfe um die Geltung von Institutionen. Es muss viel dafür getan werden, damit die Menschen einer Regel Glauben schenken und sich ihr – aus Überzeugung – fügen. Und nicht selten gelingt es einer neuen Handlungsregel nie, sich durchzusetzen.

(2) Zweitens gehen Institutionen über bloße Regelmäßigkeiten hinaus, insofern sie per Definition *Sanktionsmittel* beinhalten: „Die Geltung der institutionellen Regeln (beruht) auf den Folgen, die mit einer Übertretung verbunden wären." (A.a.O., 8) Regeln können aus Nutzenüberlegungen heraus (Ich will mir nicht

schaden) oder aus dem Bedürfnis nach Erwartungssicherheit heraus befolgt werden (Ich will, dass sich andere an Regeln halten – also muss ich es auch tun) (vgl. zusammenfassend Schimank 2000, 37-167).

(3) Drittens zeichnet Institutionenregeln eine *Legitimität* aus. Während der Begriff der Sanktionen die äußere Absicherung einer institutionellen Regel beschreibt, unternimmt der Begriff der Legitimität das gleiche für die Absicherung aus der Binnenperspektive eines Akteurs. Es geht hierbei um die Orientierung an der Vorstellung einer guten Ordnung (vgl. Esser 2000b, 8, in Bezug auf Max Weber). Wird eine institutionelle Regel für legitim gehalten, begründet dies ihre Geltung. Die institutionelle Regel „bohrt" sich gleichsam unmittelbar in den subjektiven Sinnbezug des Einzelnen hinein. Esser differenziert diesen subjektiven Sinngehalt nochmals hinsichtlich der Vorstellung von kognitiver Richtigkeit einerseits sowie der Vorstellung von Gerechtigkeit andererseits (a.a.O., 9). Beide Aspekte müssen berührt sein, sonst orientieren wir uns nicht an einer institutionellen Regel. Der kognitive sowie der moralische Aspekt lassen sich wiederum mit einem konflikttheoretischen Institutionenverständnis in Verbindung bringen; es findet ein gesellschaftlicher Kampf darum statt, welche Leitideen richtiger und gerechter sind (s.u. Lepsius und Faust).

Institutionen sind damit soziale Regeln mit einem Geltungsanspruch, der über innere Legitimitätsvorstellungen und äußere Sanktionsgewalten abgesichert wird.

Unterschiede zu Organisationen
Institutionen sind nicht mit Organisationen zu verwechseln. In der Alltagssprache wirft man Organisationen und Institutionen oft in einen Topf. Dies hat ein gewisses Recht, da man beiden einen ‚Gebildecharakter' zuschreiben kann (in dem Sinne, dass man z.B. ein Amt als eine vertraute Einrichtung ansieht). Schaut man genauer hin, zeigen sich jedoch deutliche Unterschiede zwischen Organisationen und Institutionen. Organisationen weisen eine formale, oft hierarchische Struktur auf, sie verfolgen dauerhaft konkrete Ziele, mobilisieren Ressourcen, stellen Mitgliedschaften bereit – vieles weitere ließe sich aus Organisationstheorien dazu anführen (vgl. Miebach 2007; siehe unten Kap. 5.2.1).

Sieht man Organisationen in Relation zu Institutionen, dann sind sie eine Teilmenge von ihnen. Organisationen nutzen die Regeln von Institutionen bzw. bauen auf diesen Regeln auf. Gleichzeitig erschöpfen sich Organisationen darin nicht; sie sind – wie die Aufzählung gerade andeutete – konkrete Gebilde mit bestimmten Eigenschaften, die mit einem Institutionenbegriff nicht hinreichend beschrieben und erklärt wären.

Die Frage, ob man „Institution" sagt, jedoch „Organisation" meint, ist für die soziologische Forschung wichtig. Wenn man sich dafür interessiert, wie ein institutioneller Rahmen verändert wird, z.b. durch Gesetze oder ein parteipolitisches Programm, dann benennt eine Forscherin damit konkrete Akteure und ihre Aktivitäten. Mit diesen Fragen werden genauer gesagt *Organisationen* bzw. noch genauer gesagt *organisatorische Umbauten* von Institutionen angesprochen, die die Mesoebene der Organisationen und nicht (oder nur indirekt) die Makroebene der Institutionen berühren. Ein konkretes Beispiel, die Institution der Ehe, soll dies veranschaulichen. Bei dieser Institution handelt es sich offensichtlich um eine, die viele Generationen und Gesellschaften überdauert hat und noch heute gilt. Sie wäre allenfalls indirekt berührt, wenn eine Regierung neue Ehegesetze einführen würde. „Indirekt" heißt, dass durch ein neues Gesetz *die Institution* erst einmal nicht in Frage gestellt werden kann. Aber angenommen es gäbe über Jahrzehnte eine ganze Batterie von neuen Gesetzen – mitsamt einem korrespondierenden Handeln –, so könnte auch die Institution berührt sein. Dies liegt eben daran, dass organisatorische Maßnahmen (wie z.B. die Gesetzgebung) einen Link zu Institutionen haben. Aber sie sind nicht mit Institutionen identisch. Immerhin: Ein institutioneller Rahmen kann sich durch Veränderungen der einzelnen Organisationen und ihrer Regeln, die sich unter dem „Dach" einer Institution finden, langfristig ändern.

Es ist innerhalb der Soziologie strittig, ob man einen organisatorischen Umbau (durch neue Gesetze, Recht, Politik) zur Organisationsforschung oder zur Institutionenanalyse zählt. Einige SoziologInnen und auch VertreterInnen anderer Disziplinen verwenden die Begriffe Organisation und Institution synonym. Andere – wie Hartmut Esser – argumentieren, dass Organisationen ein Spezialfall von Institutionen sind, und dass man eine Organisationsanalyse nicht mit einer Institutionenanalyse gleichsetzen darf (Esser 2000a, 5). Es wird in diesem Buch der Ansatz von Esser favorisiert, weil die begrifflichen Instrumentarien für die Beobachtung von Organisationen einerseits und Institutionen andererseits doch relativ spezialisiert sind und man sie nicht in einen Topf werfen sollte. Jedoch wird sich eine exakt getrennte Verwendung der Begriffe nicht durchhalten können, vor allem wenn ich auf Diskussionen abstelle, die den Institutionenbegriff im Sinne von Organisation verwenden.

Institutionen als Modelle des Handelns
SoziologInnen beobachten und erklären Institutionen des Weiteren dadurch, dass sie den kleinteiligen Aufbau von Institutionen im einzelnen Handeln nachzeichnen. Dies wird mit dem Begriff der Institutionalisierung bezeichnet. Peter L. Berger und Thomas Luckmann haben dies in ihrem Klassiker („Die gesellschaftliche Konstruktion der Wirklichkeit") vorgeführt, worauf ich weiter unten genauer eingehen werde.

Einen engen Bezug zu handlungstheoretischen Dimensionen stellt ähnlich auch Esser her. Er fasst Institutionen als Modelle des Handelns auf (2000b, 11f.). Diese Modelle stehen in Situationen als Skripte, Drehbücher, Rollen oder Normen bereit und bieten dem Einzelnen Orientierung, wenn er sie übernimmt. In den Modellen sind die Ziele und die Wege ihrer Erreichung mit vorgegeben. Auch die Erwartungen werden in einer entsprechenden Situation mit ausgelöst. Damit bildet sich eine „kulturelle Schnittstelle zwischen den individuellen Akteuren und der institutionellen Struktur einer Gesellschaft. Sie stellen als Bezugsrahmen des Handelns die Verbindung zwischen der objektiven Existenz der Institutionen einer Gesellschaft und deren subjektiver Geltung in der Identität der Individuen her." (A.a.O., 12) Esser geht in diesem Punkt davon aus, dass die „Objektivität" einer Institution u.a. durch einen verfügbaren Zeichensatz (kulturelle Symbole) begründet ist, die als typische Zeichen im Gedächtnis verankert sind. Wenn dann eine Situation, die diese Zeichen enthält, deutlich erkennbar sei, „erfolgen die Auslösung der betreffenden Erwartungen und das dazugehörige Handeln nahezu automatisch. Jede Störung unterbricht freilich diese automatische Auslösung eines institutionellen Handlungsprogramms." (A.a.O.)

Essers Sichtweise von Institutionen arbeitet mit einer allgemeinen Handlungstheorie, konkret: der Wert-Erwartungstheorie (a.a.O., 46). Mit dieser Theorie wird davon ausgegangen, dass Akteure diejenigen Sinnalternativen aus einer Situation auswählen, von denen sie sich den größten individuellen Nutzen versprechen. Diese Konzeption wird für die Erklärung von Institutionen im Rahmen des ‚Badewannenmodells der soziologischen Erklärung' berücksichtigt, das wir in Kapitel 2.1 bereits kennen gelernt haben. Wenn die Änderung einer Institution erklärt werden muss, müssen verschiedene Schritte der Erklärung eingeleitet werden. Es gilt als erstes zu erkennen, ob ein Kollektivphänomen vorliegt. Dies ist bei Institutionen als Regulierern des Handelns Aller oder Vieler der Fall. Zweitens muss die Erklärung aus Gründen des methodologischen Individualismus mit einer soziologischen Tiefenerklärung des einzelnen Handelns verbunden werden. Man will nicht nur beschreiben, dass sich eine Institution zwischen den Zeitpunkten t1 und t2 verändert, sondern auch *verstehen wie* dies geschieht. Der methodologische Individualismus trägt diesem Wunsch Rechnung. In unserem Fall muss gezeigt werden, welche institutionalisierten Sinnalternativen ein Akteur in einer Situation wahrnimmt (Logik der Situation) und aufgreift (Logik der Selektion) und wie sich das Handeln Vieler (unter dem Einfluss der Situationen, die sie wahrnehmen, und ihrer sich daran anschließenden Selektionsentscheidungen) aggregiert und zu einem veränderten Zustand einer Institution führt (ebenfalls möglich ist die Bestätigung der Institution). Sind die verschiedenen Schritte der Erklärung durchlaufen, dann ist die Veränderung einer Institution im Rekurs auf das Handeln der Einzelnen erklärt worden.

3.1 Institutionentheoretische Perspektive

Verschiedene wissenschaftliche Beobachtungshaltungen zu Institutionen
Institutionen werden aus unterschiedlichen Richtungen beobachtet:

- Wenn die Soziologie von dem Gebildecharakter, d.h. von der Institution als einer Gegebenheit ausgeht, dann lässt sich erstens eine Institution mit einem entsprechenden „Härtegrat" untersuchen, d.h. als etwas den Menschen äußerliches, das Regeln vorgibt. Dazu passt auch das gleich vorzustellende Container-Modell von Institutionen; die „Wände des Containers" – d.h. die Regeln der Institution – sind vorgegeben, das Handeln ist nur innerhalb der Ränder des Containers möglich. Hierbei interessiert die Arbeitsweise (Leistungen, Funktionen) von Institutionen für die Akteure und die Gesellschaft.
- Eine zweite Beobachtungshaltung der Soziologie richtet sich auf *genetische Fragestellungen*, d.h. wie Institutionen *im einzelnen Handeln hergestellt* werden (siehe dazu unten z.B. mit Berger/Luckmann).
- Eine dritte Beobachtungsrichtung stellt auf *handlungstheoretische Erklärungen* einer Institution ab, d.h. was eine Institution *in der Situationswahrnehmung* eines einzelnen Akteurs bedeutet, wie sich eine Institution im Handeln verankern kann (siehe oben mit Esser: eine Institution ist ein Modell des Handelns).

Die Beobachtungshaltungen der Soziologie können also für ganz *verschiedene Zustände* von Institutionen eingesetzt werden: wenn sie als fertige Gebilde den Menschen gegenübertreten, wenn sie sich bilden, und wenn sie im Handeln aufgegriffen werden.

3.1.2 Lepsius/Faust: Kampf um Leitideen

Im folgenden Gesichtspunkt wird die oben angesprochene Grundrelation von Institutionen, nämlich dass sie eine Orientierung für das Handeln geben *und* eine soziale Ordnung begründen, differenzierter mit den Ansätzen von Rainer M. Lepsius und Michael Faust dargelegt. Ihre Arbeiten reihen sich in Bemühungen verschiedener *institutionalistischer soziologischer Theorien* ein, Relationen zwischen den Regeln oder der Ordnung einer Institution auf der einen Seite sowie den Handlungsdimensionen auf der anderen Seite zu skizzieren. Bei allen Institutionen-Theorien sind diese beiden Seiten im Fokus, aber dies geschieht in unterschiedlichen Gewichtungen, mal auf der Seite der Regeln/Ordnung oder mal auf der Seite des Handelns. Bei Lepsius und Faust ist Letzteres der Fall. Um ihren Ansatz besser zu verstehen, stelle ich zunächst ein Modell vor, von dem sich ihr Zugang abgrenzen lässt. Es ist ein Modell, das stärker die Seite der Regeln/Ordnung betont.

Containermodell
In diesem Modell werden Institutionen als eine Art Behälter- oder Containermodell verstanden (so implizit Löw 2001, 36ff.), als ein Gebilde oder als eine Struktur, die Handeln prägt und ihm einen Rahmen vorgibt. Um im Bild zu bleiben: Die Akteure handeln dabei innerhalb der Grenzen und mit denjenigen Regeln, die im Container zur Verfügung stehen.

Diese Sichtweise dürfte angemessen sein, wenn Menschen früherer Generationen Regeln entworfen haben, diese externalisieren (so der unten vorzustellende Begriff von Berger/Luckmann), so dass nachfolgende Generationen mit einem mehr oder weniger festen Regelsatz konfrontiert werden. Dies bedeutet: es gibt Situationen, in denen Institutionen als fix und fertige „objektive" Gebilde erscheinen, und die scheinbar nur wenig verändert werden können, da ein deutlich überwiegender Teil der Population genau nach dem Muster „So macht man es – und nicht anders" handelt. Wie unten mit Berger/Luckmann zu zeigen sein wird, waren diese Regeln von der „Gründergeneration" als zweckmäßig – da im analytischen Sinne handlungsentlastend – empfunden worden. Spätere Generationen müssen diese Ansicht jedoch nicht bedingungslos teilen. Trotzdem sind sie erst einmal mit den gegebenen Regeln konfrontiert.

Konflikttheoretisches Modell
Was tun jedoch die Menschen genauer gesehen, die in dem Container sind, d.h. institutionellen Regeln unterworfen? Die Akteure stehen Institutionen keinesfalls passiv gegenüber. Oder anders gesagt: Wenn eine Institution hingenommen oder befolgt wird, ist dies nur einer der möglichen Zustandsbeschreibungen für Institutionen. In anderen theoretischen Modellen lassen sich weitere Zustandbeschreibungen finden, die darauf verweisen, dass diese „in Fluss" sind, fortlaufend verändert werden. Dies machen gerade konflikttheoretische Argumentationen deutlich, so z.B. bei Lepsius und Faust:

Hierbei wird für die Makro-Ebene fokussiert, wie vor allem Interessengruppen (Organisationen, Verbände) als selektive Assoziationen im Kontrast zu anderen selektiven Assoziationen einen Kampf darüber führen, wie man ein bestimmtes Handeln auszuführen habe. Beispielfragen sind: Sollen Bürgermeister traditionell über Parteieinflüsse bestimmt werden? Oder sollen sie ein Assessmentcenter durchlaufen? Sollen Lehrer wie jeher Vermittler von Wissen sein und gleichzeitig Prüfer? Oder soll die Rolle des Prüfers von externen Testinstituten übernommen werden? Es gibt für jede der Alternativen gute und schlechte Argumente, die von den jeweiligen VertreterInnen ins Feld gebracht werden. Aus ihren spezifischen Interessen heraus favorisieren Interesseneinrichtungen im öffentlichen Raum alte und neue Leitideen, die das Handeln rahmen bzw. rahmen sollen. Hierbei liegen alte und neue Leitideen im Kampf miteinander. Es

3.1 Institutionentheoretische Perspektive

geht hierbei um die Frage der Geltungskontexte einer Leitidee. So notiert Lepsius (1997, 58f.):

„Im Prozess der Institutionalisierung einer Wertvorstellung werden aus Ideen Handlungsmaximen mit Anspruch auf Gültigkeit gegenüber ganz verschiedenen Menschen mit je eigenen Motiven und Interessen. […] Beispielsweise gilt für wirtschaftliches Handeln die Maxime der Einkommensmaximierung als rational. […] Der Institutionalisierungsprozess umfasst nicht nur die Konkretisierung einer Leitidee, sondern stets auch eine Kontextbestimmung ihrer Gültigkeit. Erlaubt der Handlungskontext keine Verhaltensorientierung an den Rationalitätskriterien, so können diese nicht oder nur unvollkommen verfolgt werden."

Faust (2002, 73f.) beschreibt im Anschluss an Lepsius den Kampf um Leitideen, wobei er zugleich mit Wagner (1995, 48) der Ansicht ist, dass Leitideen vor allem von „modernisierenden Eliten" ausgehen. Wollen sie den Geltungsbereich einer Leitidee erweitern, müssen sie versuchen, die Leitidee mit Interessen verschiedener Akteure in Verbindung zu bringen. Diese Verbindungslinie ergibt sich freilich nicht von selbst, sondern bedarf Argumente, die gegen bisherige Argumente (die sich auf bisherige Leitideen beziehen) ins Feld gebracht werden müssen. Der Kampf um Leitideen ist folglich als ein Kampf um Interpretationen zu verstehen, die mit einer jeweiligen Leitidee verbunden werden:

„Die Leitidee selbst ist […] vage und interpretationsoffen, aber auch -bedürftig. Ideen werden erst wirksam, wenn sie sich mit Interessen verbinden, wie Interessen einer Legitimation in der Ideenwelt bedürfen. In Institutionalisierungsprozessen einer Leitidee verbindet sich beides. Ferner beherrscht nie *eine* Leitidee das Feld unangefochten, wiewohl man manchmal den Eindruck hat, zu bestimmten Zeiten seien Alternativen sprachlos geworden. Aber allemal arbeitet sich eine neue Leitidee an den Leitideen der ‚alten' Ordnung ab, die sie herausfordert. Wenn die alten Leitideen hinreichend diskreditiert sind, verschwinden dennoch nicht die Interessen und Werte, die sich mit den früheren Leitideen verbanden." (Faust 2002, 75f.; Herv. i.O.)

Dieser „Wettstreit der Ideen" (a.a.O., 76) ist also mit ganz unterschiedlichen Voraussetzungen und Strategien verbunden. Die Vertreter neuer Leitideen müssen für zumindest eine teilweise De-Institutionalisierung der bisherigen Leitidee sorgen, indem sie mit verschiedenen Argumenten gegen sie ins Feld ziehen; es gilt, die Glaubensüberzeugungen, die man mit der bisherigen Leitidee verbindet, zu untergraben. Prozesse der De-Institutionalisierung lassen sich jedoch nur zum kleinsten Teil gezielt herbeiführen. Dies liegt daran, dass Institutionen von sehr unterschiedlichen Punkten aus gestützt werden.

Werte und Interessen
Zwei dieser Punkte sind im Zitat von Faust angesprochen worden, nämlich Werte und Interessen. Eine Leitidee muss zum einen eine Passung zu Werten aufweisen, d.h. zu einem allgemeineren Horizont von Ideen. Zum anderen sind Leitideen in Interessen verankert. Diese von Max Weber stammenden Überlegungen interpretiert Esser wie folgt: „Die Interessen stützen die Institution von unten, die Ideen von oben – sozusagen." (Esser 2000a, 367) Institutionen müssen für die Gesellschaftsmitglieder interessant sein, eine Basis in ihren Interessen haben, und nicht nur ideell in einem Wertekanon verankert. „Ohne irgendeine Fundierung", schreibt Esser (a.a.O., 9f.), „in den Interessen der Menschen oder gar gegen sie kann sich auf Dauer die Legitimität einer institutionellen Ordnung nicht halten." Bei dem Kampf um Leitideen, den die soziologische Beobachtung fokussiert, geht also nicht nur z.b. um die ideelle Konsistenz einer Leitidee und wie sich alte und neue Leitideen hinsichtlich bestimmter Werte unterscheiden. Ebenfalls zu berücksichtigen ist, dass hinter den Argumenten, die Vertreter alter und neuer Leitideen im öffentlichen Raum positionieren, immer auch Interessen stehen, von denen freilich nicht nur die jeweiligen Vertreter einen Nutzen haben dürfen; vielmehr muss eine Leitidee auch die Interessen eines breiteren Kreises der Bevölkerung berühren.

Für Bildungssysteme ist seit einiger Zeit eine Leitidee aufgekommen, die um Effizienz, Effektivität und Evaluation kreist.[14] Es lässt sich dabei nur empirisch beantworten, in welchem Ausmaß sich diese Leitidee in den Handlungsfeldern verankert. Fakt ist, dass Leitideen gleichzeitig an mehreren Fronten „durchgedrückt" werden. Die soziologische Forschung untersucht dies allerdings erst in Ansätzen.[15]

Nach Faust (2000, 63-69) werden Leitideen in nationalen *Arenen* interpretiert, die hier als Makroebene verstanden werden sollen. Eine Arena lässt sich als sozial-geographische Konkretisierung einer Institution verstehen, mit einer historisch-kulturellen Ausprägung; in der Industriepolitik Deutschlands z.B. spielen die Kammern eine wichtige Rolle, die es in anderen Ländern so nicht gibt. Wie sich Leitideen im Einzelnen in nationalen und lokalen Arenen gestalten, ist nach Faust (a.a.O., 66) erst in Ansätzen theoretisch ausgearbeitet. Das gleiche gilt für die sich anschließende Frage, wie sich der Interpretationsprozess vor Ort in einzelnen Organisationen fortsetzt (a.a.O., 79-81).[16]

---

14   Diese Leitidee lässt sich evaluationsbasierte Steuerung nennen (Altrichter/Heinrich 2006).
15   Vgl. zu ersten Überlegungen, wie das Publikum, Berater und die Lehrerprofession neue Leitideen unterstützen: Brüsemeister 2005.
16   In ähnlicher Weise untersucht Flam (vgl. unten Kap 5.1.2) wie sich Diskurse, die MigrantInnen diskriminieren, im Schulsystem durchsetzen. Flam bindet ihre Überlegungen jedoch nicht an Institutionentheorien an, wie ich sie hier vorstelle.

Insgesamt umschreibt das Modell von Lepsius und Faust für nationale Institutionenlandschaften (Makroebene), wie versucht wird, neue Leitideen durchzusetzen. In der konflikttheoretischen Dimension von Institutionen und ihren Leitideen ist der Geltungsbereich einer Institution eine empirische Frage. Grundsätzlich wird in der Betonung von Kämpfen um Leitideen die Veränderungsdimension von Institutionen hervorgehoben.

Re-Interpretation
Über Lepsius/Faust hinaus wird diese Dimension noch deutlicher auf der Mikroebene von sozialen Systemen, d.h. bei denjenigen, für die eine institutionelle Regel gelten soll. Grundsätzlich interessiert für diese Ebene, wie ein „institutionelles Gerüst in der Praxis ausgefüllt wird" (Flam 2007, 86). Zum Beispiel können Lehrkräfte nur innerhalb bestimmter gesetzlicher, arbeitsrechtlicher, professioneller Rahmen handeln.

Im Modell der Re-Interpretation geht es um einen Doppelprozess: Wenn Akteure Regeln anwenden, bestätigen sie sie in gewissen Hinsichten, da sie sich ja auf sie beziehen. Gleichzeitig ändern sie die Regeln ab, da sie sie interpretieren. Man könnte von einer possibilistischen Institutionenperspektive sprechen; eine Institution enthält immer einen Möglichkeitsraum, es auch anders zu tun.[17] Dies wird nicht nur als Ausnahme gesehen; vielmehr ändert sich durch die Regelanwendung die Regel jedes Mal, wenn manchmal auch nur infinitesimal gering, wie z.B. beim Wandel der Sprache.

Auch in der Bildungsforschung wird das Modell der Re-Interpretation im Zusammenhang mit der Diskussion von Institutionen vertreten. Helmut Fend z.B. spricht hierbei nicht von Re-Interpretation, sondern nennt den gleichen Sachverhalt Re-Kontextualisierung. Er geht für das Bildungssystem konventionell von formalen Ebenen aus, die den Handelnden auf den jeweiligen Ebenen Rahmen vorgeben. Diese Rahmen werden in Situationen re-kontextualisiert. In Kapitel 5.2.2 zur Educational Governance wird der Ansatz von Fend nochmals angesprochen.

---

17 Auch die Ethnomethodologie kommt zu demselben Ergebnis, freilich durch ein anderes Theoriegerüst; vgl. Kapitel 4.3.

3.1.3 Berger/Luckmann: Prozess der Institutionalisierung

In der Soziologie werden Institutionen verschiedene Leistungen zugeschrieben. Diese werden zu einem guten Teil unter dem Begriff „Funktionen" diskutiert. Vorstellen werde ich anschließend die Funktionen der Orientierung, der Sinnstiftung und der Regulation. Ich spreche jedoch zuerst die Funktion der Entlastung an, da sie in der Soziologie am deutlichsten hervorgehoben wurde. Gleichzeitig möchte ich, eng an den Klassiker von Peter L. Berger und Thomas Luckmann (1966) „Die gesellschaftliche Konstruktion der Wirklichkeit" angelehnt, den Konstruktionscharakter, die geschichtliche Gewordenheit und damit Veränderbarkeit von Institutionen zeigen. Dies scheint überraschend, da man mit Institutionen für gewöhnlich unveränderliche Züge verbindet. Gerade Berger und Luckmann haben in ihrem berühmten Buch jedoch Prozesse des schrittweisen Aufbaus einer Institution – was dann Institutionalisierung genannt wird – dargestellt und diesbezüglich auf die Veränderbarkeit von Institutionen verwiesen. Die Schritte der Institutionalisierung seien hier relativ ausführlich wiedergegeben, weil die beiden Autoren wichtige soziologische Denkweisen zu Institutionen verdeutlichen und ihre Analyseschritte nach wie vor gültig sind:[18]

Entlastungsfunktion, schon zu Beginn der Institutionalisierung
Ich folge diesem Ansatz und schwenke damit über zur Frage, welche Effekte bzw. Funktionen Institutionen haben. Als wichtigste Funktion wird die Entlastung bzw. Handlungssicherheit genannt, die im Prozess der Institutionalisierung erreicht wird. Dieser Prozess der Institutionalisierung gestaltet sich wie folgt:
a) Wechselseitige Typisierung: Zunächst bemerken zwei Akteure, wie hier fiktiv herausgestellt sein soll, dass sich eine Regelmäßigkeit in ihrem Handeln zeigt. Beispielsweise könnte A beobachten, dass B schneller Feuer machen kann, wenn er (A) wieder, wie beim vorigen Mal, einen Vorrat an trockenen Hölzern parat legt. Aus den vielen Möglichkeiten, die beide für das Feuermachen haben, wählen sie eine – mehr oder weniger zufällig – ein zweites Mal aus, und beobachten anschließend, dass sie die Nahrung schneller zubereiten können. A unterstellt dabei B Beweggründe und „typisiert" sie, das gleiche tut B (Berger/Luckmann 1994 (1966), 60). Beide beginnen, in die Rolle des anderen zu schlüpfen. Berger/Luckmann nennen dies den „Vorhof der Institutionalisierung" (ebd.). Die Autoren stellen die Frage, welchen Gewinn die Akteure von einem solchen, durch Typisierung aufeinander bezogenen Handeln hätten, und geben

---

18 Zur Einordnung im Kontext neuerer Ansätze vgl. Maasen 1999. – Berger/Luckmann stützen sich bei ihrer Ausarbeitung auf viele andere Soziologen, z.B. Mead, Plessner, Goffman, Levi-Strauss, Simmel, Parsons – um nur einige zu nennen.

3.1 Institutionentheoretische Perspektive

die Fähigkeit an, dass A und B ihr Handeln voraussehen können, bestimmte Tätigkeiten nur noch „eines geringen Grades an Achtsamkeit" bedürfen, Zeit für andere Aufgaben bleibt, und sich beide Akteure von Spannungen entlasten, müssten sie sich den anderen immer wieder neu vorstellen. Stattdessen hat ihr Handeln „nun in einer ständig sich erweiternden Welt der Routinegewissheit seine Form gefunden" (a.a.O., 61). Die Entstehung „eines solchen Hintergrundes der Routine" (ebd.) ermögliche komplizierte Abstimmung, z.b. mittels Arbeitsteilung, und vor allem erschließt sie „den Weg für Neuerungen, die einen höheren Grad geistiger Wachheit verlangen" (ebd.). Kurz: Neben der Entlastung haben die Akteure den Vorteil der Innovation, und zwar schon auf einer schwachen Stufe, dem „Vorhof" der Institutionalisierung. Es ist ein spezifisches Argument von Institutionentheorien, dass sie Routine in enger Verbindung für Innovation sehen.[19] Mit diesem Theorieelement lässt sich darauf verweisen, dass bestimmte Handlungsbereiche stabil bleiben müssen, soll eine Innovation erfolgreich sein – eine Grundregel, die in vielen Schul- oder Organisationsreformen nicht befolgt wird. – Doch zurück zum weiteren Gang der Institutionalisierung:

b) Habitualisierung: Wenn die wechselseitige Typisierung von A und B – in unserem Beispiel das Ineinandergreifen der beiden beim Feuermachen – sich mehrmals wiederholt hat, stellt sich eine Habitualisierung ein. Voraussetzung dafür ist, dass es sich bei der Problemlösung der Betreffenden um eine „dauerhafte gesellschaftliche Situation" handelt (ebd.). Dies sei in unserem Beispiel unterstellt, da es beim Feuermachen bzw. bei der Nahrungszubereitung um die physische Reproduktion der beiden Akteure geht. Das Feuermachen ist damit ein – wiederholt aufkommendes – wichtiges Problem. Und die arbeitsteilige Lösung, die gefunden wurde, wird von A und B habitualisiert, insofern sie es von nun an immer so machen. Beiden ist die Problemlösung unmittelbar einleuchtend, da sie sie selbst erfunden haben.

c) Objektivierung: Diese Situation ändert sich nun, wenn man unterstellt, dass Dritte hinzukommen. Berger und Luckmann untersuchen dies schon für die Kinder, die A und B nun in unserem Beispiel haben. Die institutionale Welt wird nun an die Kinder weiter gereicht. „Mit diesem Vorgang vollendet die Institutionalisierung sich selbst", schreiben Berger und Luckmann (a.a.O., 62). Die soziologischen Problembeschreibungen fangen jedoch jetzt erst richtig an. Die beiden Autoren notieren: Während die Problemlösung von A und B für das Feuermachen „noch den Charakter von ad-hoc Konzeptionen zweier Individuen" hatte (ebd.), vollende sich eine entscheidende Qualität einer Institution, die von Beginn an angelegt war, nämlich Objektivität. „Institutionen sind nun etwas, das eine eigene Wirklichkeit hat, eine Wirklichkeit, die dem Menschen als äußeres,

---

19 Dies wird aktuell von Sennett (1998) zu einem Forschungsthema erhoben.

zwingendes Faktum gegenüber tritt." (A.a.O.) Die institutionelle Regel, z.B. das Feuermachen, ist zu einer „historischen Institution" geworden (ebd.). Die Objektivität der institutionellen Welt „verhärtet sich", sie kann nicht mehr so leicht verändert werden, schreiben die Autoren (a.a.O., 63). Dies erleben zuerst die Kinder, aber auch die Eltern. Den Kindern sind die ursprünglichen Problemlösungen der Eltern durch den historischen Abstand nicht mehr unmittelbar einsichtig; sie hatten nicht Teil daran, der Regel eine Gestalt zu geben. In dem Maße, wie Dritten, z.B. den Kindern, eine Regel überliefert werden muss, lässt sich nach Berger und Luckmann überhaupt erst von einer Objektivität der sozialen Wirklichkeit sprechen. Und: „Nur so, als objektive Welt, können die sozialen Gebilde an eine neue Generation weitergegeben werden." (Ebd.) Dies ist ein wichtiger Hinweis; es wird gerade die Verhärtung, die Objektivation, die eine Institution darstellt, von der Soziologie als Möglichkeit der Weitervermittlung von Wissen angesehen. In der Sicht der Erziehungswissenschaft wird genau umgekehrt die Notwendigkeit einer „Verflüssigung" betont, damit ein Kind eine Regel erlernen kann.

In der Soziologie von Berger und Luckmann dagegen gewinnt die Welt, weil sie nun aus institutionalisierten Regeln besteht, an „Festigkeit im Bewusstsein" (ebd.). Die Welt werde auf massivere Weise wirklich (ebd.).[20] Berger und Luckmann heben zwar hervor, welche negativen Seiten die Dingwelt hat, wenn sie den Kindern als eine objektive Welt erscheint; aber man muss im Hinterkopf behalten, dass dies nur die Rückseite der Medaille ist, wobei die Vorderseite die Möglichkeiten für die Individuen und die Gesellschaft herausstellt, wenn Vorgänge institutionalisiert werden; diese Möglichkeiten liegen in Handlungsentlastung, Orientierung und Weitergabe der Regel mittels Objektivierung.

Das Kind kann dabei, wie gesagt, die objektive Welt der institutionellen Regeln nicht einfach verändern (ebd.). Es kann ebenfalls nicht erkennen, dass es sich (nur) um eine Übereinkunft handelt, nämlich zwecks Problemlösung eine Handlung auf eine bestimmte Weise auszuführen. Für die Kinder, aber auch für die Eltern, wie Berger/Luckmann betonen (ebd.), verliert die Welt (natürlich nur in dem von der Regel erfassten Handlungsaspekt) eine spielerische Seite und wird „ernst". Gerade die Eltern – wenn sie dem Kind gegenüber die Regel praktizieren – werden spätestens jetzt daran glauben müssen, dass die Regel so ist wie sie ist, was etwas von einer sich selbst erfüllenden Prophezeiung hat. An der Objektivität der Welt ändert sich nichts, selbst wenn die neuen Gesellschaftsmitglieder die Regeln nicht verstehen (a.a.O., 64). Spätestens mit solchen Sätzen kehren die Autoren die „Härte" der Regeln gegenüber den Menschen – die die

---

20 An diese theoretischen Sichtweisen lassen sich Konzeptionen des amerikanischen Pragmatismus (Mead) anschließen, die ebenfalls die Kommunikation über die Dingwelt (inklusive der Sprache) hervorheben; vgl. Kapitel 3.2.4.

3.1 Institutionentheoretische Perspektive

Gesellschaftsmitglieder selbst ins Leben riefen! – hervor. Dabei beschreiben sie diesen Vorgang, nämlich dass den Akteuren ihr eigenes Produkt gegenübertritt, als „Externalisierung und Objektivation" (a.a.O., 65). Die institutionalisierte Welt ist nichts anderes als „vergegenständlichte menschliche Tätigkeit" (ebd.). Mit der Internalisierung im Laufe der Sozialisation „wird die vergegenständlichte gesellschaftliche Welt [...] ins Bewusstsein zurückgeholt" (ebd.).[21] Externalisierung, Objektivation und Internalisierung bilden als Dreischritt den Kern des Institutionenansatzes von Berger und Luckmann.

d) Legitimierung: Institutionalisierung besteht, wie angedeutet, aus der Aufgabe, institutionelle Regeln zu überliefern. Den Kindern muss gleichsam die Geschichte – nämlich wie A und B damals zusammen Feuer machten – erzählt werden. Berger und Luckmann analysieren diesen Vorgang als Legitimierung. Sie wird ab dem Zeitpunkt innerhalb des Vorgangs der Institutionalisierung notwendig, wo Dritte mit ins Spiel kommen, die vorher nicht dabei waren:

> „Die Folge ist, dass die sich weitende institutionale Ordnung ein ihr entsprechendes Dach aus Legitimationen erhalten muss, das sich in Form kognitiver und normativer Interpretationen schützend über sie breitet." (A.a.O., 66)

Mit anderen Worten wird die ursprüngliche Regel, die A und B habitualisiert hatten und auch nicht aufschreiben mussten, nun mit Sekundärmaterial ausstaffiert und stabilisiert – aber dies ist natürlich etwas anderes als das habitualisierte Handeln oder die Praxis, in der die Regel angewendet wird. Die Regel wird nun gleichsam mit „Stütz-Geschichten" versehen, um Dritten zu verdeutlichen, wie „richtig" sie war und ebenfalls wie „gut", im Sinne von gerecht oder moralisch einwandfrei. Vereinfacht gesagt: Während A damals vielleicht nur beifällig etwas mehr Holz mit seinem Fuß für B zusammen schob, wird nun daraus eine Heldengeschichte gemacht. Es wird dargestellt, wie gut es der gesamten Menschheit seitdem geht (Nahrung konnte effizienter zubereitet werden). Diese kognitiven und moralischen „Heldengeschichten" begleiten Institutionalisierungen, auch heute, wo z.B. Effizienz, Effektivität und Evaluation für Bildungssysteme betont werden. Diese kognitiven „Überbau-" oder „Dach-Geschichten" sagen jedoch wenig über das „darunter" liegende habituelle Handeln oder die Praxis aus.

Dies ist besonders wichtig für die Wissensanalyse, die Berger und Luckmann mit ihrem Buch schreiben. Sie machen ForscherInnen darauf aufmerksam, dass es verschiedene Sinnschichten gibt, die jeweils gesondert untersucht werden

---

21 Den Aspekt der Sozialisation behandele ich gesondert in Kapitel 3.2.

müssen und die man nicht verwechseln darf.[22] Unterschieden werden müssen erstens das „Primärwissen über die institutionelle Ordnung" (a.a.O., 70), das jedoch „vortheoretisch" ist, wie die Autoren schreiben, denn A und B brauchten dieses Wissen nicht als Theorie zu explizieren oder aufzuschreiben, da sie es „gelebt" bzw. einfach angewendet hatten. Zweitens gibt es komplexe theoretische Systeme der Legitimation, deren einzelnen „Geschichten" aufeinander verweisen und sich so gegenseitig stützen (ebd.).

Berger und Luckmann warnen des Weiteren davor, den Ideologien und Legitimationen zu glauben, die eine bestimmte „,Logik' von Institutionen" behaupten (a.a.O., 68). Sie antworten darauf: „Die Logik steckt nicht in den Institutionen und ihrer äußeren Funktionalität, sondern in der Art, in der über sie reflektiert wird. Anders ausgedrückt: das reflektierende Bewusstsein überlagert die institutionale Ordnung mit seiner eigenen Logik." (A.a.O., 69) Das Feuermachen mittels Holz z.B. kann als natürliche Art der Energieverwendung dargestellt bzw. legitimiert werden, ohne dass noch das Problem der physischen Reproduktion in den Blick gerät. Obwohl die theoretischen Systeme, die zur Legitimation erfunden werden, untereinander zu einem dichten Netz verbunden sind, so bildet diese Wissensart doch im Vergleich zum Primärwissen zur institutionellen Regel und ihrer Problemlösung nur einen Bruchteil des Wissens ab (a.a.O., 70).

e) Kontrollmechanismen: Für die vorangeschrittene Institutionalisierung ist es nun ebenso erforderlich, dass besondere Kontrollmechanismen erfunden werden. Diese waren zwischen den Akteuren A und B nicht erforderlich, da eine Kontrolle schon *in der Anwendung* der Regel enthalten war. Zusätzliche Kontrollmöglichkeiten sind nun jedoch erforderlich, denn mit der „Geschichtlichkeit und Gegenständlichkeit" (a.a.O., 66) der Institution bestehe die „Möglichkeit der Abweichung von den institutionell ‚programmierten' Handlungsabläufen, die sich von der konkreten Relevanz ihres Ursprungs abgelöst haben." (A.a.O.) Berger und Luckmann bestätigen also, dass vor allem Wissen über die institutionelle Regel entscheidend ist, wobei nachfolgenden Generationen prinzipiell die Möglichkeit der Abweichung, d.h. ein anders gelagertes Wissen, inklusive auch des Nichtwissens über das Zustandekommen der Regel, zuerkannt wird. Damit heben die Autoren, wenn auch nur implizit, einen Kampf um die ‚richtige Deutung' bzw. Interpretation der Regel hervor, wie wir ihn oben mit Lepsius und Faust kennen gelernt haben. Für die „Erfinder" der Regel gilt, dass sie bemüht sind, die institutionale Definition von Situationen gegenüber Abweichungen zu wahren (a.a.O., 67). Ebenfalls wird die Sprache als Hauptinstrument gekennzeichnet, mit der die institutionale Regel auf logische Fundamente der Legitimation gestellt

---

22 Dies steht in der Tradition der phänomenologischen Soziologie von Schütz (vgl. Kapitel 4.2), aber auch der Wissenssoziologie Mannheims.

werde. „Das Resultat ist, dass der unbeteiligte Betrachter einer Gesellschaft einfach glaubt, ihre Institutionen wirkten und griffen tatsächlich auf eben diese Weise ineinander, die ihnen vorher ‚unterstellt' worden ist." (A.a.O., 69)
Insgesamt betonen damit Berger und Luckmann einerseits den Objektivitätsgehalt einer Institution. In diesem Zusammenhang ist auch die Entlastungsfunktion von Institutionen zu sehen, die schon aus der ersten wechselseitigen Typisierung von Handlungsweisen folgt, aber natürlich auch in weiteren Phasen der Institutionalisierung eine Hauptfunktion bleibt. Gleichzeitig verweisen die Autoren auf verschiedene Ebenen des Wissens – das Primärwissen über die einstige Problemlösung, die mit der Regel möglich war, und das Legitimationswissen, als ein sprachlicher Überbau der Rechtfertigung – und machen damit ebenso einen „Possibilismus" einer Gesellschaft deutlich, d.h. die Möglichkeit, sowohl andere Interpretationen des Primärwissens, als auch des Legitimationswissens zu erarbeiten. Wiederum implizit deuten sie auch einen Kampf zwischen Generationen an, wobei die Bewahrer des Primärwissens mitsamt ihrem Legitimationsapparat neuen Interpretationen der institutionalen Regel vorzubauen suchen.

Orientierungsfunktion mittels Rollen und relationaler Aspekt einer Institution
Des Weiteren binden Berger und Luckmann einen relationalen Aspekt unmittelbar an den Prozess der Institutionalisierung an, nämlich den Aufbau von Rollen und eines Rollengefüges. Für die Akteure resultieren aus den Rollen Erwartungssicherheit und eine Orientierungsfunktion, die die Institution mitsamt ihrem Rollengefüge bieten. Rollen beinhalten – ähnlich wie beim Ursprung der institutionellen Ordnungsbildung, den Typisierungen –, dass erstens Teile einer Person, wenn sie eine bestimmte soziale Handlung in Verschränkung mit anderen ausführt – wenn Person A Person B Feuerholz bereitlegt – , in die Typisierung einer Rolle eingehen. Zudem beinhaltet eine Rolle, dass bestimmte *Handlungsvollzüge* unabhängig von der einzelnen Person (die am Anfang der Institutionalisierung stand) auch von anderen Gesellschaftsmitgliedern ausgeführt werden können (a.a.O., 76). Die verschiedenen Rollen verweisen dabei aufeinander (A stellt das Feuerholz für B bereit, und dieser macht das Feuer). Die Rollen sind zueinander als ein Rollengefüge positioniert.

Was für den einzelnen Akteur eine Orientierung und Entlastung beinhaltet, da man weiß, wie man eine Rolle zu spielen hat, ist gleichzeitig aus der Sicht der Gesellschaft ein relationales Ordnungsgefüge. Berger und Luckmann wollen dabei von Rollen erst dann sprechen, „wenn diese Form der Typisierung sich innerhalb der Zusammenhänge eines objektivierten Wissensbestandes ereignet, der einer Mehrheit von Handelnden gemeinsam zu eigen ist. In solchem Kontext sind Typen von Handelnden Rollenträger." (A.a.O., 78) Die Allgemeinzugänglichkeit von Rollen wird dabei als Teil des allgemeinen Wissensvorrats der Gesellschaft beschrieben; die Akteure wissen nicht nur, was zur jeweiligen Rolle gehört, „sondern man weiß auch, *dass* das allgemein gewusst wird" (ebd.; Herv. i.O.). Insgesamt verstehen Berger/Luckmann Rollen als „die notwendige Ergänzung zur Institutionalisierung des Verhaltens" (ebd.). Über Rollen werden Institutionen der individuellen Erfahrung „einverleibt" (ebd.). Man kann auch in diesem Punkt von teilweise vortheoretischen, habituellen Prozessen ausgehen, die von den Akteuren nicht sprachlich benannt sein müssen. Andererseits machen die Autoren deutlich, dass sich die Wirkungsweise von Rollen den Akteuren vor allem über einen versprachlichten Wissensvorrat erschließt. Der Prozess der Institutionalisierung wird damit eng an einen allgemeinen Wissensvorrat „mit reziproken Verhaltenstypisierungen" (a.a.O., 79) angebunden.

Sinnstiftungsfunktion und Repräsentationsfunktion
Eine weitere Funktion von Institutionen ist die Sinnstiftung. Sie steht in engem Zusammenhang mit den Entlastungs- und Orientierungsfunktionen. Analytisch lässt sie sich jedoch davon treffen. Nach Bühl (1994, 302) repräsentieren Institutionen in Ideologien und expressiven Symbolen den Sinnzusammenhang eines sozialen Systems. In den wechselseitigen Typisierungen, in den Rollen und in der Sprache sowie generell in den Wissensbeständen des Alltags sind gemäß der Wissenssoziologie von Berger und Luckmann Sinnstiftungselemente eingebaut, die gemeinsame kognitive und affektive Bedeutung besitzen und eine kollektive Erfahrung zum Ausdruck bringen. In der Tradition von Durkheim wird dies so gesehen, dass sich die persönlichen Erfahrung des Einzelnen hin zu einem Kollektivbewusstsein der Gesellschaft überschreitet (Berger/Luckmann 1994, 79).

Der gleiche Sachverhalt einer engen Verbindung zwischen individuellen und gesellschaftlichen Wissensbeständen wird in der Wissenssoziologie von Berger/Luckmann durch den Begriff der Repräsentation zum Ausdruck gebracht, den ebenfalls Durkheim gebraucht, den die Autoren jedoch in einem weiteren Sinne verstanden sehen möchten (a.a.O., Anm. 39). Repräsentationen binden sie vor allem an Rollen an. Eine Rolle repräsentiert zunächst analytisch nur sich selbst; eine Person handelt nicht als Person, sondern in der Rolle des Steuerbeamten (beispielsweise). Zweitens wird in der Rolle des Steuerbeamten das ganze Rollengeflecht, mithin die Institution des (Geld eintreibenden) Staates mit repräsentiert (a.a.O., 79). Berger/Luckmann verwenden hier den Begriff des Dramas. Auf unser Beispiel bezogen: wenn der Steuerbeamte sein Siegel unter die Steuererklärung setzt, dann führt sich das ganze Drama des knausrigen, im Steuergesetz undurchdringlichen, oder je nach dem auch spendablen Staates mit auf.

Des Weiteren repräsentieren sich Institutionen in der Sprache, angefangen von einfachen Bezeichnungen (z.B. Badewaschl, was in Wien für den Bademeister steht; TB) bis hin zu „komplizierten Versinnbildlichungen" (a.a.O., 80). Sprache hält die Institution in der Erfahrung präsent (ebd.). Schließlich werden Institutionen auch in Objekten repräsentiert, „und zwar durch natürliche und durch von Menschenhand gemachte" (ebd.), wobei allerdings eine Verlebendigung der Bedeutung durch Handeln entscheidend ist. So ließe sich sagen, dass z.b. das durch das Ausfüllen eines Steuerbescheides die Macht des Staates verlebendigt wird.

Gerade die Funktion der Sinnstiftung verdeutlicht, wie tief die Arbeitsweisen von Institutionen unmittelbar in soziale Beziehungen und Persönlichkeitsstrukturen der Einzelnen eingreifen bzw. sie konstituieren. Denn bezüglich der Kategorie „Sinn", dem kulturellen Leistungsaspekt von Institutionen, lässt sich sagen: Wenn Institutionen „Sinn" schaffen, bedeutet dies analytisch, dass etwas Kategoriales aufgebaut wird. Dahinter befindet sich – nichts. Menschliches Handeln ist damit konstitutiv als mit Institutionen verwoben gedacht. Das Containermodell, mit dem Institutionen als etwas Äußerliches gesehen werden, gilt in diesem Punkte nicht.

Macht- und Regulationsfunktion
Schließlich steckt neben der Entlastungsfunktion, der Orientierungsfunktion mittels Rollen sowie der Sinnstiftungs- und Repräsentationfunktion auch noch eine *Macht- und Regulationsfunktion* in den Institutionen.

Dies ergibt sich wiederum aus einem Rollengefüge. Es beinhaltet nicht nur kognitive Unterscheidungen, wer im „Drama" der Gesellschaft welche Rolle spielen soll, sondern auch die Verteilung von Macht, Einfluss und sozialen Belohungen. Die gesellschaftliche Zuteilung von Wissen ist mit sozialen Ungleichheiten verbunden. In der Wissenssoziologie wird dies jedoch nicht schicht-, milieu- oder klassentheoretisch argumentiert, sondern wissenstheoretisch. Berger und Luckmann sprechen in diesem Punkt eine „gesellschaftliche Zuteilung von Wissen" an (a.a.O., 81), wobei die Verteilung des Wissens in der Gesellschaft nach den Relevanzen für alle Rollen sowie für besondere Rollen erfolgt. Die Autoren gehen davon aus, dass die Objektivierung des institutionalen Wissens es für die damit verbundenen Rollen ermöglicht, dass sich diese Rollen zunehmend spezialisieren und arbeitsteilig organisiert werden. Zugleich muss in der Gesellschaft gewusst werden, wo man Spezialwissen, wenn es sich herausbildet, erhalten kann (a.a.O., 82). Kurz: Gesellschaft wird als ein sich verzweigendes System von verschiedenen Wissensbeständen gesehen, das sich von dem von allen geteilten Alltagswissensbestand ausdifferenziert. Die mit den Rollen verbundenen Wissensbereiche verweisen jedoch aufeinander.

Die Macht der Repräsentation und der Gliederung der Gesellschaft durch Wissen, die wir bei Berger/Luckmann finden, wird als Forschungsprogramm bis zur heutigen Zeit weiter verfolgt (vgl. Barlösius 2005).

3.1.4 Funktionalistische Erklärungen von Bildungsinstitutionen

Berger und Luckmann machen deutlich, dass sie mit Institutionen vielfache Aspekte für die Individuen in enger Verbundenheit sehen; es geht um Handlungsentlastung, Orientierung, um die Gliederung und Anordnung von Rollen (relationaler Aspekt), die Zuordnung von Machtpositionen (regulativer Aspekt) und die Repräsentation von Ideologien und expressiven Symbolen bzw. die Bereitstellung von Sinn (kultureller Aspekt) (vgl. Bühl 2007, 299). Das, was für den einzelnen Akteur die Sinngebung ist, die aus der Orientierung an institutionalen Handlungsvollzügen erfolgt, ist für die Gesellschaft gesehen gleichzeitig ein Ordnungsgefüge.

In all den Bestimmungen von Institutionen war bislang das Bildungssystem ausgespart – um nun besser sehen zu können, wie man Bildungsinstitutionen gekennzeichnet hat. Ich unternehme nun einen Sprung in die 1970er und 1980er Jahre. Zu dieser Zeit wurden in der Analyse von Bildungsinstitutionen spezielle Funktionsargumente herausgestellt.

a) Aus *politökonomischer Richtung* wurden Bildungssysteme als bloße Vor- und Zubereiter für Kapitalinteressen degradiert und als Systeme gekennzeichnet, die der Aufrechterhaltung von Herrschaftsverhältnissen dienen (vgl. die Wiedergabe der Argumentation bei Fend 1981, 27). Diese Position konnte vor der Forschung nicht bestehen, insbesondere weil den Bildungssystemen selbst überhaupt keine Eigenlogiken zuerkannt wurden, was die Wirklichkeit der Arbeitsweise von Bildungssystemen offensichtlich nicht trifft. Außerdem sind die politökonomischen Bestimmungsversuche unterkomplex gegenüber denjenigen Funktionen von Institutionen, die sich in der Tradition von Berger/Luckmann festmachen lassen; abgestellt wird nur auf den regulativen Aspekt (Macht).

b) Aus *soziologischer Richtung* wurde in Fortsetzung der Ideen von Parsons ebenfalls funktionalistisch argumentiert (vgl. zu Parsons Kapitel 3.2.1 u. 3.4.1). Helmut Fend differenzierte hierbei drei Funktionen, die Bildungssysteme gleichzeitig für die Reproduktion der Gesellschaft sowie für die Orientierung des Einzelnen, im Rahmen der Sozialisation, erbringen; damit wurde die Analyse weitaus differenzierter als in der polit-ökonomischen Sichtweise:

- *Qualifizierungsfunktion:* Eine erste zentrale Funktion für die Reproduktion der Gesellschaft sieht Fend (1981, 16) in der Funktion der Qualifizierung. Darunter versteht er „die Vermittlung von Fertigkeiten und Kenntnissen

3.1 Institutionentheoretische Perspektive

[...], die zur Ausübung ‚konkreter' Arbeit und Teilhabe am gesellschaftlichen Leben erforderlich sind" (ebd.). Explizit geht Fend davon aus, dass das Schulsystem Beiträge für die Abmilderung von Systemproblemen anderer gesellschaftlicher Bereiche leisten kann (ebd.). Mit der Qualifizierungsfunktion wird zum Beispiel über Lehre und Unterricht ein „Arbeitsvermögen" (ebd.) gebildet. Die Qualifizierung wirkt sich auf Berufs- und Beschäftigungssysteme bzw. allgemeiner den Produktionssektor aus.

- *Selektionsfunktion:* Gleichzeitig reproduziert das Schulsystem die Sozialstruktur der Gesellschaft. Diese zweite Reproduktionsfunktion „bezieht sich direkt auf die Sozialstruktur" (ebd.). Die Sozialstruktur wird als ein System verteilter gesellschaftlicher Rollenpositionen gedacht, die sich im Anschluss an berufliche Tätigkeiten ergeben. „Danach reproduziert das Schulsystem von Generation zu Generation die bestehenden sozialen Positionsverteilungen und die personellen Besetzungen der jeweiligen Positionen (Selektionsfunktion)" (ebd.). Diese Funktion erfüllt das Schulsystem, indem es mit Prüfungen arbeitet, die bei Bestehen Berechtigungen aussprechen, bestimmte Positionen im gesellschaftlichen Gefüge einzunehmen. Im Zuge der Chancengleichheitsdiskussion, die ab den 1970er Jahren vehement geführt wird, wird gerade diese Funktion problematisiert (ebd.).
- *Legitimationsfunktion:* Diese dritte Funktion kennzeichnet Fend wie folgt: „Schulsysteme sind Instrumente der gesellschaftlichen Integration. In ihnen ist die Reproduktion von solchen Normen, Werten und Interpretationsmustern institutionalisiert, die zur Sicherung der Herrschaftsverhältnisse dienen" (ebd.). In diesem Punkt bestehe die zentrale politische Funktion der schulischen Sozialisationsprozesse, die mit Legitimationsfunktion bezeichnet wird. Die im Schulleben erfahrenen Rollen haben eine gesellschaftsstabilisierende Funktion, eine Integrationsfunktion. Die Interpretationssysteme, die in der Schule gelernt werden, beziehen sich auf Normen, Werte und politische Orientierungen. Die Schule, so kann man verkürzt sagen, stützt so letztlich auch das politische System.

Von der damaligen Erziehungswissenschaft und der Soziologie, die wie Fend funktionalistisch argumentierten, wurden die Funktionen, die man der Schule zuschreibt, gegen die Bildungspolitik gewendet. Die polit-ökonomische und die Fend´sche Argumentation ähneln sich auf den ersten Blick, da beide die Schule in eine enge Verbindung zur Gesellschaft stellen. In der politik-ökonomischen Argumentation will man dabei stehen bleiben, um Staat und Politik vorwerfen zu können, dass sie die Schule für ihre Zwecke instrumentalisieren. Auf diese Weise will man mit der polit-ökonomischen Argumentation die bürgerliche Herrschaft bloßstellen und entlarven.

Die enge Verbindung zwischen Gesellschaft und Schule wird dagegen bei den Funktionalisten gemäß Fend mit ganz anderen Konsequenzen weiter gedacht. Wie man heute sieht, bildete die damalige funktionalistische Betrachtung des Bildungssystems, die auf eine enge Verbindung zwischen Schule und Gesellschaft verweist, den Anfang für die Bildungsforschung, sich mit vielen weiteren Fragen – der Intervention und der Wirksamkeit von Bildungsprogrammen sowie mit der Eigenlogik des Schulsystems – zu beschäftigen; diese Fragen sind teilweise bis heute nicht zufrieden stellend beantwortet. Mit dem Funktionalismus wird also nicht entlarvend gearbeitet, sondern es wird die „Büchse der Pandora" geöffnet; für die Forschung entsteht eine Vielzahl von – eben bis heute teilweise ungelösten – Anschlussfragen. Fend bezeichnet dies in seiner neuen Theorie der Schule, die er 2006 veröffentlicht hat (2006a, 118), im Rückblick als *die* Leistung des Funktionalismus, wobei der Funktionalismus von heute aus als zu enge Sichtweise wahrgenommen wird. Obwohl es nach wie vor nicht falsch ist, Funktionen zwischen Gesellschaft und Schule festzuhalten, beginnen dann doch erst die Fragen (während sie für die polit-ökonomische Argumentation schon wieder aufhören). Einige seien nachfolgend genannt:

- Es muss gefragt werden, ob der Katalog von Funktionen, der damals aufgegriffen wurde – Qualifikation, Selektion, Legitimation – hinreichend ist für die Beschreibung und Erklärung von Bildungssystemen (damals wurde dies so empfunden), oder ob weitere Funktionen hinzugenommen bzw. analysiert werden müssen, z.B. Innovation. Es müsste hierbei jedoch kritisch beobachtet werden, ob, wenn man weitere Funktionen in die Liste aufnimmt, sich an der funktionalistischen Sichtweise von Bildungseinrichtungen etwas ändert bzw. oder ob diese Sichtweise nicht noch verstärkt würde und damit das Bildungssystem „überfunktionalisiert" erscheint; diese Gefahr sollte jedenfalls im Auge behalten werden.
- Ein anderes Vorgehen wäre das Folgende: Wenn sich ForscherInnen unsicher sind, was aktuelle Funktionen von Bildungssystemen sind, ließe sich ein konservatives Frageprogramm auflegen, das z.B. mit Berger/Luckmann auf Grundfunktionen von Institutionen zurückgeht, also z.B. Entlastung, Orientierung und Sinnstiftung.
- Eine wichtige Frage ist, ob nicht in der funktionalistischen Betrachtung Eigenarten der Schule oder anderer Bildungssysteme zu sehr auf eine nutzbringende Beziehung für die Gesellschaft eingeengt sind. In diesem Zusammenhang kann problematisiert werden, dass die Eigentätigkeit, das Eigenleben, die Selbstorganisationsfähigkeit von Bildungseinrichtungen im Zuge eines unterstellten Funktionalismus weitgehend ausgeklammert werden. Das Bildungssystem ist gleichsam nur ein „Lieferant", und zwar für

3.1 Institutionentheoretische Perspektive

gleich mehrere Aufgaben, tritt jedoch mit seinen Eigenleistungen kaum in Erscheinung.
- Mehr oder weniger ausgeblendet bleibt zudem, ob nicht auch die Gesellschaft Lieferantin von Leistungen oder Vorleistungen ist, die das Bildungssystem benötigt. Diesen Aspekt haben Fend und andere jedoch in ihren damaligen Diskussionen ansatzweise berücksichtigt. Denn die funktionalistische Betrachtung der Schule und das Herausstellen ihrer Leistungen für die Gesellschaft wurden im Umkehrschluss insbesondere als Forderungen an die Bildungspolitik zurückgewendet, die „organisierte Sozialisation" möglichst gut – im Sinne der Chancengleichheit – und effektiv einzurichten.

Zusammengefasst lässt sich im Rückblick festhalten: Funktionalistische Erklärungen konstruierten zwar relativ einseitige Zusammenhänge zwischen Bildungssystem und Gesellschaft. Gegenüber den früheren geisteswissenschaftlichen Ziel- und Zwecksetzungen, die man mit Bildungssystemen verbunden hatte, war die neue funktionalistische Sichtweise jedoch eindeutig ein Vorteil. Der Bildungsforschung wurden überhaupt erst Fragen eröffnet, die auf die genauere Ausarbeitung von Relationen zwischen Bildungssystem und Gesellschaft zielten. Die funktionalistische Erklärung folgte insbesondere bei der Qualifikationsfunktion dem damaligen Bild der Industriegesellschaft; das Bildungssystem reagiert mit einem geschichteten Modell der Schulorganisation (Fend 1981, 77) und durch die Errichtung verschiedener Schulzweige auf Anforderungen, auf eine durchgliederte Berufswelt vorzubereiten. Diese Sichtweise verschwindet heute nicht, aber sie wird unterminiert durch Blickweisen oder Konstruktionen einer Wissensgesellschaft und dem Bildungssystem in ihr (vgl. Kap. 3.3.4). Die neue Aufgabe des Bildungssystems besteht darin, Menschen nicht mehr mit bestimmten Qualifikation – und dies nur einmalig in den jüngeren Lebensjahren – auszustatten, sondern zur Selbstausbildung und lebenslangen Weiterentwicklung von sog. Kompetenzen anzuregen. Der Funktionalismus ist diesbezüglich erheblich gelockert; man weiß nicht genau, welche Kompetenzen in welchen Berufen welche Tragweite haben, aber *dass* Kompetenzen und nicht Qualifikationen in den verschiedenen Tätigkeitsfeldern, die sich rasant entwickeln, erforderlich sind, wird vielerorts wahrgenommen.

Insgesamt sind funktionalistische Erklärungen ein Fortschritt in der Betrachtung von Bildungssystemen, bleiben jedoch in relativ eingliedrigen Betrachtungen von Zusammenhängen stecken. Dies gilt gemäß der Literatur vor allem für die Qualifizierungsfunktion. Funktionalistische Erklärungen, zumindest in der damaligen, von Parsons geprägten Variante, untersuchten kaum einen *wechselseitigen* Leistungsaustausch (Was geben Bildungssysteme der Gesellschaft, und was diese ihnen?). Auch Störungen werden vornehmlich so gedacht, dass sie eine Funktion an einer bestimmten Stelle „verwässern"; überhaupt ist die Inblicknahme von „Störungen" bei der Funktionsausübung eine Folge des argumentativen Konstrukts. Aber dies ist nicht rein negativ zu sehen, wurde und wird doch die Forschung, wie gesagt, angeregt, Prozesse der Bildungsorganisation zu beobachten, die sich gleichsam auf der „Rückseite" der angedachten Funktionserbringung abspielen.

Dass vor allem das Bildungssystem Funktionen für die Gesellschaft erfüllen soll, war damals Schwerpunkt. Gleichsam im Gegenzug wird damit vor allem auf die Abhängigkeit von bildungspolitischen Leistungen verwiesen, die erbracht werden müssen, soll das Bildungssystem seinen Part erfüllen. Auf diese Weise setzt sich mit dem Funktionalismus ein Stück weit auch die normative Perspektive der geisteswissenschaftlichen Pädagogik fort, die vor allem auf eine ‚gute Erziehung' abstellt (Fend 1981, 13). Die Eigenmächtigkeit und Eigenleistung von Bildungssystemen wird damit jedoch nicht ausreichend berücksichtigt.

Ebenfalls wird in diesem Zusammenhang aus heutiger Sicht die Einfluss- und Kontrollmöglichkeit des Staates – der für die Bildungsprogramme verantwortlich ist – überschätzt. Diese Haltung hatte damals ihre Berechtigung, weil die Ausweitung z.B. des allgemeinen Schulangebots wesentlich auf Leistungen der staatlichen und rechtlichen Instanzen basierte, die es erst ermöglichten, dass das öffentliche Bildungsangebot flächendeckend realisiert werden konnte. Entsprechend wurden, passend zum funktionalistischen Verstehen von Bildungssystemen, das Schulwesen und andere Bildungseinrichtungen als „Institutionen der gesellschaftlich kontrollierten und veranstalteten Sozialisation" aufgefasst (a.a.O., 2). Folglich konnte auch die Analyse der schulischen Institution und Institutionengeschichte auf „eine Geschichte der Gesetzgebung als eines Prozesses der zunehmenden Normierung faktischer sozialer Prozesse" reduziert werden (a.a.O., 4). Die damalige strukturfunktionalistische Soziologie von Parsons hat zu diesem Konstrukt stark mit beigetragen, indem sie Leistungen von gesellschaftlichen Systemen (Bildung, Politik, Wirtschaft) eng verwoben dachte. Hinsichtlich der triadischen Bestimmung der Funktionen Qualifizierung, Selektion und Legitimation scheint man aus heutiger Sicht zu eng vorgegangen, weil damit die Beziehungen zwischen Bildungssystemen und Gesellschaft zu einseitig gedacht wurden. Wie gesagt, auch heute ist nichts grundlegend Falsches daran, Funktionen zu untersuchen. Manche Bestimmungen befriedigen jedoch in ihrer Allgemeinheit nicht, und einige Begriffe, die dabei für die Untersuchung herangezogen wurden, scheinen ausgetauscht zu werden (z.B. wird der Begriff Qualifikation teilweise durch den Begriff der Kompetenzen ersetzt).

3.1.5 Luhmann; Veith: Neuere Diskussionen zum Wandel von Institutionen

Wie zu Beginn des Kapitels erwähnt, lässt sich nur ein Ausschnitt von Institutionentheorien vorstellen. Neben dem handlungstheoretischen Ansatz von Berger/Luckmann komme ich nun auf einen systemtheoretischen Erklärungsansatz kurz zu sprechen, der zu den neueren Diskussionen von Institutionen zählt. Anschließend referiere ich eine neuere Diskussion von Institutionen aus der Erziehungswissenschaft (Veith), die bildungssoziologische Gehalte hat. Luhmann und Veith sind Beispiele dafür, dass die soziologische Diskussion von Institutionen natürlich auch nach den Veröffentlichungen von Berger und Luckmann nicht stillsteht (vgl. auch unten Kap. 5.2.1 zum Soziologischen Neo-Institutionalismus).

Erwartungserwartungen nach Luhmann
Für die systemtheoretische Sichtweise problematisiert der hier angesprochene Niklas Luhmann (1927-1998) in früheren Beiträgen (1965, 1970) so genannte Erwartungserwartungen, mit denen sich die Gesellschaftsmitglieder aufeinander einstellen. Dorothee Kaesler (2005, 134), deren Überblick ich hier folge, resümiert hierzu: „Ein Verhalten wäre demnach institutionalisiert, wenn alle Handelnden erwarten, dass sich die jeweiligen Handlungspartner in voraussagbarer Weise verhalten werden, das heißt, dass es Erwartungen in der zweiten Potenz gibt, so genannte Erwartungserwartungen." Luhmann kennzeichnet damit einen grundsätzlich anderen Mechanismus der Institutionalisierung. Dieser geht nicht von der Übernahme von Werten oder Normen aus, die selbst als feststehend gedacht werden. Luhmann zufolge verbietet sich eine solche Theoriekonstruktion im Kontext seiner Differenzierungstheorie, die den Wandel sozialer Systeme (und auch der Institutionen) ins Zentrum stellt. Systeme „kreisen" nur um je eigene, selbstbezügliche Unterscheidungen (z.B. das Gesundheitswesen um gesund/krank, das Rechtssystem um Recht/Unrecht), jedoch nicht mehr um feststehende Normen (zu Luhmann vgl. auch Kap. 5.2.1). Gleichzeitig ist nicht davon auszugehen, dass der Grad der Institutionalisierung in den verschiedenen Bereichen moderner Gesellschaften abgenommen haben könnte. Nach der Interpretation von Kaesler sieht Luhmann allerdings die *Form* der Institutionalisierung grundlegend geändert. Institutionalisiert wird nicht mehr die *Gleichförmigkeit* des Verhaltens der Gesellschaftsmitglieder, die durch die Übernahme von Normen erreicht wird; institutionalisiert wird vielmehr *sozialer Wandel*. Mit der Konstruktion von Erwartungserwartungen wird dies theoretisch vorstellbar. Dies scheint auf den ersten Blick ein handlungsorientiertes Konzept wie das von Berger und Luckmann. Nur gibt es eine entscheidende Differenz, denn Luhmann sieht die Gesellschaft als Eigendynamik von Systemen, die nur sich selbst gehor-

chen und kein Zentrum der Gesellschaft mehr kennen. Diese Systeme sind nichts anders als Unterscheidungen spezieller Sinnlogiken, auf der Basis von Kommunikation und nicht von Handeln (vgl. Luhmann 1987, 191ff.), von denen Akteure wechselseitig erwarten, dass sich auch das Gegenüber daran orientiert; beispielsweise erwarte ich beim Kauf eines Autos, dass es um den Preis geht, auch während mir der Verkäufer die Schönheit des Autos darlegt. Auf solche Sinnorientierungen stellen sich Akteure wechselseitig in ihren Erwartungserwartungen ein. Die Inhalte der Erwartungserwartungen sind dabei flexibel und können sich beliebig ändern. Der soziale Mechanismus der Erwartungserwartungen, sozusagen die Form, in die sich verschiedene Inhalte gießen, bleibt jedoch. Dies ermöglicht es Luhmann von der Theoriekonstruktion her, auch für eine extrem variable, sich ständig in weitere Sinn- und „Sinnunterbereiche" ausdifferenzierende Gesellschaft Institutionalisierungsprozesse zu denken.

Hermann Veith: „Zum Wandel des theoretischen Selbstverständnisses vergesellschafteter Individuen"
In ähnlicher Weise wird auch aus Richtung von Sozialisationstheorien über Institutionalisierung und den Wandel von Institutionen nachgedacht. Kernpunkt ist dabei gleichsam eine „Historisierung" des Rollenkonzepts von Parsons bzw. all jener Institutionentheorien, die von einem übergeordneten Normen- und Wertehimmel ausgingen, so dass eine Institution als Übernahme von etwas Fertigem gedacht wurde und für das Individuum nur eine Normenanpassung verblieb. In seiner Argumentation stellt Hermann Veith (2004), der hier referiert werden soll, demgegenüber darauf ab, dass diese Sichtweise von WissenschaftlerInnen zu Institutionen und zu dem Verhalten der Individuen nur einer bestimmten Zeitperiode entstammt. Die Vorstellung einer reinen Übernahme von Normen wurde im Kontext eines als damals angenommenen Gesellschaftsbildes entworfen. Jedoch ändern sich Zeiten und Gesellschaftsbilder. Hermann Veith spricht damit einen ‚Wandel des theoretischen Selbstverständnisses' von Institutionen und den damit verbundenen Sozialisationsprozessen an, so der Titel seines Beitrags. Er diskutiert dies im Rahmen von Sozialisationstheorien. Da jedoch seine Überlegungen ebenfalls aufschlussreich für die Diskussion von Institutionen sind, führe ich sie in diesem Kapitel an.[23] Zudem soll belegt sein, dass die Bildungssoziologie auch auf erziehungswissenschaftliche Ansätze zurückgreift – Hermann Veith ist Erziehungswissenschaftler –, insofern dort mit den Institutionen Gegenstände besprochen werden, die die Bildungssoziologie stark interessieren.

---

23 Ebenfalls diskutiert der Autor neben soziologischen Theorien auch psychologische (wobei ich hier Letztere weitgehend ausspare); insofern gibt sein Aufsatz einen guten Überblick über den Wandel, den Sozialisationstheorien durchlaufen haben.

3.1 Institutionentheoretische Perspektive 49

Der Autor schlägt im Einzelnen vor, fünf „Vergesellschaftungspraktiken und sozialisationstheoretisches Denken" zu unterscheiden, die sich in verschiedenen Jahrzehnten des 20. Jahrhunderts finden lassen. Die Änderung der Vergesellschaftungspraktiken verweisen auf eine Abfolge verschiedener wissenschaftlicher Diskussionen zu Institutionen – dies sollte dem Studierenden spätestens jetzt deutlich machen, dass Institutionen eher Prozess als unveränderlicher Gegenstand sind. Um verschiedene inhaltliche Dimensionen von Institutionen und der damit zusammenhängenden Verhaltensweisen der Individuen sichtbar zu machen, unterscheidet der Autor folgende Phasen; die Zeitangaben sind dabei nur als grobe Orientierung gemeint (vgl. Übersicht 2):

Übersicht 2: „Gesellschaftliche Reproduktionsprobleme und Vergesellschaftungstheorien" (Veith 2004, 356)

Zeit	Problem	Vergesellschaftungsproblematik	Theorien
1890-1918	Disziplin	Sozialer Zwang Innenleitung	Durkheim, Freud
1918-1945	Kontrolle	Gesellschaftliche Steuerung	Mead, Watson, Leontjew, kritische Theorie
1945-1960	Integration	Rollenkonformität Normalität	Parsons, Erikson
1960-1980	Autonomie	Soziale Interaktion Handlungsfähigkeit	Piaget, Habermas
Seit 1980	Reflexion	System/Umwelt Selbstkonstruktion	Aktueller Diskurs

Gemäß der klassischen Sichtweise von Institutionen stellt Veith auf eine gesellschaftliche Ordnung (und wie sie sich reproduziert) ab. Er problematisiert dann, wie dieses Problem im Zusammenhang mit einer bestimmten Form von Subjektivität in den Gesellschaften zu verschiedenen Zeiten gelöst wurde und wie gleichzeitig die Wissenschaft darüber reflektierte; ich paraphrasiere nachfolgend die Ausführungen des Autors stark:

a) Disziplinierende Vergesellschaftung (1890-1918)
Für diese Zeit ist die kapitalistische Industriegesellschaft zu Grunde gelegt. Wie z.B. von Durkheim reflektiert, verändern sich durch zunehmende Arbeitsteilung und Sachgesetzlichkeiten des Wettbewerbs die Grundlagen der zwischenmenschlichen Solidarität; im Alltagshandeln werden „die primären Gemeinschaftsbindungen durch translokale sekundäre Orientierungssysteme ersetzt" (Veith 2004,

357). Ähnliche Umstellungen der „sozialen Handlungsregulation von Tradition auf Nützlichkeit, Wissenschaftlichkeit, verallgemeinerbare soziale Regeln und Rationalität" werden nach Veith auch von Tönnies, Simmel und Weber beschrieben. Als sozialisationstheoretische Konsequenz und Tendenz dieser Phase hält Veith eine „abstrakte(n) Form der normativen Integration" fest (a.a.O., 357). Die Individuen sind durch anonymer werdende Zwänge gedrängt, ihre „Triebkräfte und Affektimpulse auch ohne die Präsenz kontrollierender Gemeinschaften – also in Eigenverantwortung – in sozialen Bahnen zu halten." (A.a.O., 357f.) Hierfür ist ebenfalls das mit Freud gedachte Prinzip der Verinnerlichung ausschlaggebend.

b) Kontrollierende Vergesellschaftung (1918-1945)
In den Konjunkturschwankungen der 1920er und -30er Jahre verschiebt sich der Tenor der Vergesellschaftung. Beeinflusst durch das aufkommende big-business wurden sozialpolitische Abfederungen diskutiert, ebenso wie eine bessere politische Steuerung der Ökonomie sowie in den USA Probleme der Migration. In den Wissenschaften rückt das Verhalten in der Massengesellschaft in den Blick und die gezielte Beeinflussung nach wissenschaftlichen Rationalitätskriterien, u.a. im Rahmen von Experimenten. Im Horizont der untersuchten Lernprozesse stehen Reiz-Reaktions-Schemata und Wirkungs-Folge-Beziehungen. In diesem Kontext sieht Veith das sowjetische Bildungssystem, dessen wesentlicher Mechanismus Kontrolle sei; ein funktionalistisches Lernen wird schließlich im NS-Regime (allerdings ohne Lerntheorie) übersteigert; es werden in den Theorien der damaligen Zeit Zusammenhänge zwischen gesellschaftlich-autoritären Kontrollpraktiken und charakterlichen Dispositionen von Mittelschichten (Fromm) hergestellt (a.a.O., 359f.).

c) Integrative Vergesellschaftung (1945-1969)
Nach dem Zweiten Weltkrieg erfolgt in den westlichen Demokratien eine Abkehr von derartigen Kontrollpraktiken. Die technokratischen Steuerungskonzepte und verhaltensorientierten Lerntheorien werden durch offenere System-Konzepte ersetzt. Statt kollektivorientierter Parteiprogramme wird die normative Universalisierung bürgerlicher Freiheitsrechte hervorgehoben; in den Marktwirtschaften wird mit der Kooperations- und Kommunikationsbereitschaft der BürgerInnen gerechnet. In diesem Zusammenhang einer Universalisierung westlicher Werte wird Parsons Konzept der Sozialisation und die Verinnerlichung von Werten so verstanden, nicht dass mit „dem zunehmenden Freiheitsgrad die Verbindlichkeit sozialer Normen [...] geringer, sondern mit der strukturellen und funktionalen Differenzierung der Rollensysteme kontinuierlich größer (wird)" (a.a.O., 361). Nur im Rahmen generalisierungsfähiger und internalisierter Werte können „sys-

3.1 Institutionentheoretische Perspektive 51

temische Reproduktions- und soziale Integrationserfordernisse erfüllt werden und gleichzeitig personale Autonomiespielräume entstehen" (ebd.). Freilich müssen Personen die Fähigkeit ausbilden, ein Gefühl der ‚inneren Einheit' (Erikson) und biographischen Konsistenz auszubilden; dies wird von Veith indirekt auch als Motor dargestellt, sich gegen eine Konformität der Normenintegration zu stellen (ebd.).

d) Autonomisierende Vergesellschaftung (1960-1980)
Im Zuge einer fortschreitenden Differenzierung der Erwerbsgesellschaft werden „innerhalb und neben den institutionalisierten Rollensystemen" (a.a.O., 362) größere Interpretationsspielräume für individuelles Handeln verlangt; offensichtlich werden angesichts flexibler werdender (beruflicher) Situationen einfache Regelanwendungen immer mehr die Ausnahme. Es entsteht die Notwendigkeit, größere Anteile der eigenen Kreativität und Individualität in die Gestaltung einer Handlungssituation einzubringen, eigene Interessen und Fähigkeiten zu kommunizieren (Habermas) und generalisierte Handlungsfähigkeiten auszubilden (ebd.).

e) Reflexive Vergesellschaftung (seit 1980)
Die emanzipativen Hoffnungen „dieser um den Subjektbegriff zentrierten Konzeptionen" aus der 1968er Zeit verflüchtigen sich angesichts vernetzter (Experten-)Systeme, von denen sich die Individuen umgeben und abhängig sehen. Die Normengefüge gesellschaftlicher Teilbereiche werden um die Erkenntnis ergänzt, dass man sich Umwelten ausgesetzt sieht, die atomare (Nato-Doppelbeschluss) und ökologische Bedrohungen (Tschnernobyl) beinhalten, deren Risiken niemand ausweichen kann. Neben dieser Risikogesellschaft (Beck) wird eine Tendenz zur Erlebnisgesellschaft (Schulze) verzeichnet, wohl auch um Risiken im individuellen Erleben zu verarbeiten. Das Soziale erscheint als Ressource, deren Sinn sich über individuelle, häufig ästhetisch ausgerichtete Präferenzstrukturen und Lebensstile (Schulze) erschließt (a.a.O., 363). Es wird der Charakter symbolischer Ordnung herausgestellt, mitsamt den Fähigkeiten und den Notwendigkeiten der Individuen, aus einer solchen Umwelt interpretationsbedürftige Informationen zuallererst zu erstellen (ebd.). Weiter notiert Veith: „[…] mit der organisatorischen Verselbständigung funktional spezifizierter sozialer Systeme werden die lebensweltlichen Grenzen […] immer durchlässiger, so dass die Einzelnen sich in einer vieldeutig gewordenen Umwelt vorfinden" (ebd.). Sinnstrukturierungen erfolgen immer weniger „im Licht einer als allgemein verbindlich unterstellten Kultur" (ebd.), sondern in Kontexten des Handelns zusammen mit anderen, in der auch die eigenen Fähigkeiten erkannt werden. Entsprechend steigt die Aufgabe, „Sinnbezüge als Selbstsozialisation *selbstreflexiv* zu gestalten" (ebd.; Herv. i.O.).

Insgesamt werden die Vergesellschaftungsprozesse nach Ansicht von Veith reflexiver (was sich gut mit Luhmanns Erwartungserwartungen verbinden ließe). Unklar ist bei dieser Phasen-Entwicklung, welche Ursachen für den Wandel von Institutionen ausgemacht werden (die Differenzierung der Erwerbsgesellschaft?). Es ist für unsere Argumentation jedoch nicht entscheidend, diese Frage zu beantworten. Denn es sollte vor allem verdeutlicht werden, dass auch nach Berger/Luckmann Diskussionen von Institutionen natürlich nicht aufhören. Hermann Veith weist darauf hin, dass die allgemeine Frage „Was ist eine Institution?" und die spezielle Frage „Was ist institutioneller Wandel?" in den vergangenen Jahrzehnten der wissenschaftlichen Beobachtung unterschiedlich beantwortet wurden. Er liefert hierfür keine Erklärung, erst einmal nur eine interessante Beschreibung. Sie hat zum Kern, dass die Gesellschaftsmitglieder offensichtlich immer stärker interpretative Anteile gegenüber den Institutionen, die sie selbst geschaffen haben, gewinnen; eine solche Beschreibung müsste jedoch erst noch durch empirische Befunde weiter erhärtet werden. Deutlich wird jedoch, dass die Wissenschaften Institutionen und die Sozialisierung der Menschen mit unterschiedlichen Trends bezeichnen, nämlich der „disziplinierenden Einbindung, der kontrollierenden Steuerung, der normalisierenden Einbeziehung, der autonomisierenden Partizipation und der reflexiven Vergesellschaftung" (a.a.O., 357), wobei sicher auch noch andere Bezeichnungen möglich sind.

Neben solchen historischen Abfolgevermutungen, die, wie gesagt, noch weiter ausgearbeitet und empirisch überprüft werden müssten, bleibt es für die Analyse von Institutionen wichtig, grundlegende Mechanismen – wie wechselseitige Typisierungen oder Habitualisierung bei Berger/Luckmann, oder wie die Erwartungserwartungen bei Luhmann – zu erkennen.

Sind Bildungssysteme rein *normative Systeme?*
Veiths Ausführungen werfen zudem eine Frage auf, an der die Bildungsforschung inklusive der Bildungssoziologie ebenfalls weiter zu arbeiten haben, nämlich ob sich Bildungssysteme als *rein* normative Systeme verstehen lassen. Folgt man Veith und den Autoren, die er gleichsam als Zeugen für verschiedene Phasen der Vergesellschaftung anführt, bestehen kaum Zweifel, diese Frage zu verneinen. Offensichtlich ist es nicht mehr hinreichend, noch wie zum Beispiel Fend in den 1980er Jahren, passend zum funktionalistischen Verständnis von Bildungssystemen, davon auszugehen, das Schulwesen und andere Bildungseinrichtungen *allein* als ‚Institutionen der gesellschaftlich kontrollierten und veranstalteten Sozialisation' zu verstehen und sich in der Analyse der Institutionengeschichte auf das Nachzeichnen ‚einer Geschichte der Gesetzgebung' (Fend) zu konzentrieren. Was in der Analyse zusätzlich berücksichtigt werden muss, ist die Möglichkeit, dass sich Akteure neben Normengefügen vor Umwelten gestellt

sehen, die sie als Ressourcen für eigene Handlungsziele nutzen. Die Bildungsforschung hat entsprechend die Aufgaben, weniger eine Gesellschaft als konsistente normative Ordnung vorauszusetzen, als vielmehr die Tatsache zu berücksichtigen, dass die gesellschaftliche Ordnung „konditionale Qualitäten als Gelegenheiten für Eigenaktivitäten" der Subjekte bereithält (Veith 2004, 366). Es geht hierbei darum, dass Bildungsinstitutionen neben der Perspektive von Normen auch unter der Perspektive von Ressourcen erforscht werden können, die von nutzenorientierten Akteuren aufgegriffen werden. Auf diesen Aspekt wird in Kapitel 5.2.2 zur Educational Governance nochmals einzugehen sein.

In diesem Zusammenhang scheint auch die Institution Schule von einer weitgehend unhinterfragbaren Institution, wie sie in der Vergangenheit wahrgenommen werden konnte, zu einer Umwelt herabgestuft, die mit anderen Umwelten um die Geltung bei Akteuren konkurriert. Normen der Schule spielen zweifellos eine wichtige Rolle, jedoch leiten sich daraus nicht automatisch Nutzenüberlegungen der Akteure ab. Analytisch muss sowohl für einen Bildungsanbieter, als auch für Bildungsnutzer eine Perspektive von Normen und eine Perspektive von Ressourcen berücksichtigt werden; denn erst so wird man Befähigungen der Akteure zu einer reflexiven Vergesellschaftung, wie sie Sozialisationstheoretiker wie Veith aktuell unterstellen, gerecht. Bildungseinrichtungen sehen sich eingefügt in einen erweiterten Horizont verschiedener Umwelten, zwischen denen Akteure wählen. Bildungssysteme erscheinen in diesem Sinne als solche, die neben Normen auch mit Ressourcen arbeiten (müssen). Die Analyseperspektive von Educational Governance (Kap. 5.2.2) versucht diesen doppelten Gesichtspunkt – einer Orientierung an Normen und an Ressourcen – aufzugreifen und bei der Untersuchung von Bildungssystemen auf der Organisationsebene zu berücksichtigen.

3.1.6 Fazit

In den Perspektiven von Bildungssoziologie und Soziologie werden Institutionen als „verobjektivierte" äußere Instanz gesehen. Gezeigt wird jedoch ebenfalls, wie sich eine Institutionalisierung aufbaut und sich im Handeln der Akteure verankert, dabei Entlastung, Orientierung und Sinnstiftung für die Akteure konstituiert – sowie gleichzeitig eine gesellschaftliche Ordnung.

Der Rekurs auf einen Klassiker wie Berger/Luckmann zeigt, dass die Institutionentheorie immer schon stark akteurtheoretisch war – und nicht das abstrakte Monstrum, wie in der Folgezeit oftmals in Sekundäranalysen dargestellt. Institutionen sind keine plumpen Zwangsanstalten und die Menschen keine Robotor, die sich Normen und Rollen ohnmächtig anpassen. So richtig dieser Sachverhalt ist, wenn man ihn analytisch liest und für eine besondere Situation des Handelns reserviert, nämlich ausgebildete Institutionen, die Dritten gegenüber treten, so richtig ist auch, dass eine Internalisierung vorhandener institutioneller Vorgaben nur ein Drittel der Prozesse ausmacht, die Klassiker wie Berger/Luckmann untersuchen. Dazu kommen Externalisierung und Verobjektivierung – die ebenso zu Prozessen der Institutionalisierung gehören.

Gerade mit den Klassikern Berger/Luckmann lässt sich vergegenwärtigen, dass die Soziologie die Gesellschaft keineswegs als reine Zwangsanstalt von Normen kennzeichnet, sondern im Begriff der Institutionalisierung die Genese von Institutionen aufzeigen kann. Und dies bedeutet: Externalisierung und Objektivierung, d.h. der Aufbau neuer Institutionenbestandteile, findet *immer* statt, auch im Kontext vorhandener Institutionen. In diesem Zusammenhang stellt die Analyse von Institutionalisierung eng auf die Untersuchung des einzelnen Handelns ab. Zwar bleibt eine Institution als Objektivation in ihrer Mächtigkeit konstitutiv für die gesellschaftliche Ordnungsbildung. Aber gleichzeitig wird über den Begriff der Institutionalisierung ihre Veränderbarkeit aufgezeigt. Im Grunde ist Institution ein Prozess, eine fortlaufende Veränderung, basierend auf andauernden Interpretation verschiedener Generationen.

Neben den allgemeinen Kennzeichen von Institutionen, die man bei Berger und Luckmann finden kann – z.B. die Entlastungsfunktion u.v.a.m – wird auch etwas Besonderes an ihrem Ansatz sichtbar, nämlich der wissenssoziologische Zugang. Mit ihm zeigen die Autoren Unterschiede zwischen verschiedenen Wissensbeständen von Institutionen auf; es gibt ein Primärwissen, über dass beteiligte Akteure in einer Problemlösesituation in habitualisierter Art verfügen (sie müssen dieses Wissen nicht verprachlichen), und es gibt Legitimationswissen, das expliziert, reflektiert und in logische Zusammenhänge gestellt wird. Dazu zählen politische Rechtfertigungsversuche einer Institution. Im Grunde deuten Berger/Luckmann damit fortwährende Kämpfe um die „richtige" Interpretationen einer Institution an – die zudem von einem Primärwissen über die ursprüngliche Problemlösung unterschieden sind. In ähnlicher Weise sprechen Lepsius und Faust von einem fortwährenden Kampf um die Geltung von Leitideen.

Diese in mehreren Hinsichten offene, prozessbezogene Sichtweise einer Institution ist in der Erziehungswissenschaft und der Bildungssoziologie der 1970er Jahre reduziert worden auf eine relative enge funktionalistische Betrachtung, die auf drei Funktionen abhob (Qualifikation, Selektion, Legitimation). Im Kontrast dazu ließe sich heute wieder fragen, ob nicht unsere Bildungsinstitutionen (wieder) einem Prozess der permanenten Veränderung auf breiter Front unterliegen. Wissenschaftlich lohnenswert scheint es z.B., zu untersuchen, in welchen Arenen Kämpfe um Leitideen stattfinden und welche Akteure daran beteiligt sind. Gerade der akteurtheoretische Bezugspunkt, der in der Institutionentheorie wach gehalten wurde, ermöglicht solche Fragen.

Des Weiteren ist zu bemerken, dass heute einige Betrachtungsweisen von Institutionen, die Berger und Luckmann (und viele andere) integrierten, in den vergangenen Jahrzehnten in besondere Forschungsfelder ausdifferenziert und ausgegliedert wurden; dies gilt für die Sozialisationsforschung, die die Prozesse der Internalisierung differenziert erfasst, und die seit den 1970er Jahren sukzessive von den Erziehungswissenschaften übernommen wurde; und dies gilt auch für die Gestaltungsabsichten, die man gegenüber Bildungssystemen hegt; davon findet sich heute einiges unter der Perspektive von Educational Governance berücksichtigt (vgl. Kap. 5.2.2).

Literaturempfehlungen
Für die Wiederholung des Gesagten sowie für die Vertiefung seien Berger/Luckmann (1996) und Esser (2000a) sowie Fend 1981 (1-28) empfohlen.

3.2 Sozialisationstheoretische Perspektive

Neben der institutionentheoretischen Perspektive ist eine weitere Perspektive der Bildungssoziologie prominent, die sozialisationstheoretische. Die Bildungssoziologie teilt sich hier die Arbeit mit vielen anderen Disziplinen, insbesondere Erziehungswissenschaft und Psychologie. Vorstellen werde ich in diesem Kapitel die Ansätze von Parsons, Claessens, Mead und Oevermann. Abgesehen von Claessens, der heute in Vergessenheit geraten zu sein scheint, handelt es sich dabei um prominente Autoren, die auch in der Erziehungswissenschaft behandelt werden.

Der sozialisationstheoretische Zugang berührt erstens auch den institutionentheoretischen Zugang, da, wie im vorangehenden Kapitel mit Berger und Luckmann erwähnt, zur Institutionalisierung die Einsozialisierung und Internalisierung gehört. Zweitens berührt die sozialisationstheoretische Perspektive die ungleichheitstheoretische Perspektive, die in Kapitel 3.3 vorgestellt wird. Alternativ zu den getrennten Kapiteln hätte man also auch ein großes Kapitel zu „Institutionen-, Sozialisations- und Ungleichheitstheorien" verfassen können. Ich habe mich für getrennte Kapitel entschieden, um die verschiedenen analytischen Zugänge der Bildungssoziologie herauszustellen. Dennoch sollte nicht vergessen werden, dass vor allem der sozialisations- und der ungleichheitstheoretische Zugang enge Schnittstellen haben, wie dann in Kapitel 3.3 zu zeigen sein wird.

3.2.1 Parsons: Rollentheorie

Der US-amerikanische Soziologe Talcott Parsons (1902-1979) entwickelte seit den 1950er Jahren eine Rollentheorie, in die er zusammen mit Robert F. Bales Befunde aus der Kleingruppenforschung einbaute und verschiedene Theorieüberlegungen anderer Autoren zu integrieren suchte (z.b. Durkheim, Weber, Mead, Freud und Pareto). Diese Rollentheorie wurde zur damaligen Zeit als überzeugend empfunden. Sie schärfte den Blick für Zusammenhänge zwischen Person und Gesellschaft, diesbezüglich waren Rollentheorie und Gesellschaftstheorie nicht getrennt; und sie war differenziert genug, um komplexe Forschungsfragen zu entwerfen. Zu Grunde gelegt wird die Differenzierung des Handelns in vier Subsysteme, wobei sich Parsons auf Beobachtungen, zusammen mit Bales, von Kleingruppen stützt. Damit sich soziale Gruppen erhalten, müssen sie vier Aufgaben bzw. Funktionen erfüllen, die realiter im Handeln zusammen auftreten, jedoch von Parsons analytisch getrennt werden:

- *Soziales Subsystem/Integration:* Diese Aufgabe bzw. Funktion besteht für die Kleingruppe darin, überhaupt als Gruppe aufzutreten. Die verschiedenen Teileinheiten einer Gruppe müssen koordiniert werden – sonst fällt die Gruppe auseinander. Soziale Beziehungen müssen organisiert werden. Das soziale System des Handelns hat eine Integrationsaufgabe.

- *Kulturelles Subsystem/Normenerhaltung:* Eine soziale Gruppe muss, um überleben zu können, ebenfalls äußere Aufgaben bewältigen; Parsons nennt dies ein Realitätssystem des Handelns, das er zur Umwelt rechnet. In seiner Konzeption geht es in dieser Handlungsdimension für die Gruppe darum, durch ein kulturelles System symbolische Bedeutungen zu organisieren (z.B. könnte eine Kindergartengruppe, hier als fiktives Beispiel unterstellt, sagen: „Wir sind aktiv in sprachlichen Förderprogrammen"). Diese kulturellen Symbole dienen dem Erhalt der Normen und dem „schöpferischen Normenwandel" (Parsons 1972, 12). Die Mitglieder müssen Symbolgruppen bilden, die die Struktur der Gruppe wiedergeben. Unter dem Dach kultureller Symbole lassen sich die Normen der Gruppe vereinen und zu einem Code systematisieren.

- *Persönlichkeit/Zielverwirklichung:* Die Verwirklichung von Zielen unterliegt einem gesonderten Subsystem, das Parsons Persönlichkeit nennt. Ihr schreibt er die Haupttriebkraft von Handlungsprozessen zu, auch die Erfüllung kultureller Anforderungen; vor allem verortet er in diesem Subsystem die Motivation allen Handelns. Ebenfalls nennt er Inhalte der Motivation: Es geht um Belohungen, um das Erreichen gesellschaftlicher Gratifikationen und die Befriedigung von Bedürfnissen der Persönlichkeit (a.a.O., 13).

3.2 Sozialisationstheoretische Perspektive 57

- *Verhaltensorganismus/Anpassung:* Auch die physische Umwelt nennt Parsons ein Realitätssystem (ebd.). Darunter versteht er eine Verbindung des Verhaltensorganismus zur physischen Umwelt. Die Hauptaufgabe in diesem Bereich des Handelns ist umgangssprachlich formuliert, dass eine Gruppe bzw. die einzelnen nicht den Kontakt zur Umwelt verlieren. Parsons denkt die Verbindung zur Umwelt organismisch: Die Nervensysteme der Akteure müssen Informationen aus der Umwelt aufnehmen und verarbeiten können (ebd.). In unserem fiktiven Beispiel könnte das Schicksal der Kindergartengruppe auf dem Spiel stehen, würde jemand aus der Gruppe abgestellt, um Ressourcen zu besorgen und dies aus irgendeinem Grund vergessen.

In seiner Konzeption gibt Parsons dem kulturellen Symbolsystem eine gesonderte Funktion. In diesem Zusammenhang ist der Begriff der Kontrollhierarchie wichtig, an deren Spitze Parsons das kulturelle Symbolsystem setzt (1975, 20). Zwar können die Funktionen der drei anderen Subsysteme nicht vom kulturellen System erbracht werden; jedes Subsystem muss seinen Beitrag zur Reproduktion der Gruppe/der gesellschaftlichen Ordnung leisten. Trotzdem wird dem kulturellen Symbolsystem eine herausgehobene Funktion zugesprochen; die Subsysteme müssen zu den kulturellen Werten passen.

Darüber hinaus ist hervorzuheben, dass Parsons die vier Funktionsaufgaben später generalisiert beschreibt, so dass der Ursprung der Kleingruppenforschung kaum mehr erkennbar war (vgl. zur Kritik Schimank 1996, 93ff.). Die generalisierte Betrachtung erfolgte dadurch, dass auch die Gesellschaft insgesamt (und nicht nur das Handeln) in Subsysteme differenziert wurde (vgl. auch Kap. 3.4.1). In diesem Zusammenhang ließ sich wiederum die Beschreibung von Rollen dafür einsetzen, eine Gesellschaft hinsichtlich ihres Grades an Modernität einzuschätzen. Dafür verwendete Parsons fünf Begriffspaare, die jeweils Orientierungsalternativen (pattern variables) für den Handelnden in einer Situation bezeichnen (Parsons 1951, 58-67). Jeder Handelnde kann sich je nach Situation analytisch gesehen zwischen verschiedenen Orientierungen entscheiden, die entweder mehr traditional oder mehr modern ausgerichtet sind. Münch (2004, 64) weist darauf hin, dass die Alternativen nicht als entweder/oder gewählt werden, sondern dass jedes Handeln entlang der fünf Dimensionen innerhalb eines Spektrums verortet werden kann; nachfolgend wird in Form von Fragen jeweils zuerst die traditionale Seite vorangestellt:

- *Affektivität/affektive Neutralität:* Erlaubt eine Rolle affektive Impulse (traditional), oder verlangt sie affektiv neutral zu sein (modern)?
- *Kollektivorientierung/Eigenorientierung:* Erfordert die Rolle eine Ausrichtung an Belangen von Kollektiven, oder darf sie Eigeninteresse verfolgen?

- *Partikularismus/Universalismus:* Verlangt die Rolle, dass partikularistische oder universalistische Standards (denke ich an andere mit?) bei der Situationsbeurteilung berücksichtigt werden?
- *Funktionale Diffusität/Spezifität:* Welchen Erwartungen sieht sich der Handelnde in seiner Rolle ausgesetzt, eher diffusen, z.b. in der Rolle als Ehepartner, oder funktional spezifischen Erwartungen, z.B. in einer Berufsrolle?
- *Zuschreibung/Leistung:* Werden Eigenschaften und entsprechende Leistungsmöglichkeiten dem Handelnden – z.b. durch Geburt, Mitgliedschaft, Besitz – zugeschrieben und begrenzt, oder kann er sich Leistungen selbst zurechnen und Leistungsbereiche eröffnen?
(Parsons 1951, 58ff.; nach Schimank 1996, 85)

Parsons benutzte die „pattern variables" für eine Theorie der Modernisierung der Gesellschaft (vgl. Kapitel 3.4.1). Im Zusammenhang mit der Sozialisations- und Rollentheorie kennzeichnet er dabei die Herausbildung moderner Berufsrollen. So konnte er feststellen, dass sich typisch moderne Rollen, wie z.b. der Arzt, an kollektiven Interessen und nicht an Eigeninteressen orientieren, was eine „vormoderne" Charaktereigenschaft dieser Rolle wäre. Manche Modernisierungstheoretiker verwendeten das Schema der pattern variables, um aus den fünf Begriffspaaren den Unterschied zwischen vormoderner und moderner Gesellschaft abzuleiten. Die Rollenstruktur der modernen Gesellschaft wurde mit „affektiv neutral", „individualistisch", „universalistisch", „funktional spezifisch" und „leistungsorientiert" charakterisiert. Schimank (1996, 87) stimmt den Modernisierungstheoretikern in dem Punkt zu, dass diese Rollen in einer modernen Gesellschaft zunehmende Bedeutung gewinnen.

Insgesamt ergaben sich mit dieser relativ differenzierten Sichtweise von Parsons auf Rollen neue Blickwinkel für die Forschung, auf sowohl innerpsychische wie auch gesellschaftliche Zusammenhänge und Dynamiken.

Hurrelmann, in dessen Einführung in die Sozialisationstheorie (Hurrelmann 1998) die Rollentheorie von Parsons ebenfalls als Ansatzpunkt für weitere sozialisationstheoretische Diskussionen dargestellt wird, betont ein wichtiges Element der Rollentheorie, das von Parsons ausgehend erforscht wurde; es besteht in der zunehmenden Differenzierung von Rollen im Zuge des Lebensablaufs (1998, 6). Über die Beziehung des Kindes zur Mutter, zu den Rollenmustern in der Kernfamilie, über die Peers in der Jugendphase und die in der Schule zu erlernenden Rollen bis hin zum Alter (Parsons 1999, 297ff.) wird die werdende Persönlichkeit mit veränderten Erwartungen konfrontiert. Mit jeder verarbeiteten Rollenerwartung wird die Persönlichkeit im Zuge von Differenzierungen strukturell komplexer.

3.2 Sozialisationstheoretische Perspektive

Die Schulklasse als soziales System
Die Schule sowie die Schulklasse stellen nach Parsons Systeme dar, die „die Möglichkeit partikularistischer Behandlung" (a.a.O., 170) stark einschränken. Parsons ist sich bewusst, dass es „beträchtliche Unterschiede zwischen den Schulsystemen der verschiedenen Städte und Bundesstaaten" in den Vereinigten Staaten gibt (a.a.O., 163) und dass die SchülerInnen mit einem askriptiven sozio-ökonomischen Status in die Schule eintreten (a.a.O., 165). Im Kontrast dazu sieht er jedoch die in den Bildungseinrichtungen vorgenommenen Selektionsprozesse eben nicht nach askriptiven, sondern überwiegend nach Leistungs-Kriterien der SchülerInnen vorgenommen, unabhängig von ihrer Herkunft (a.a.O., 164-166). Dies veranlasst Parsons, einen an Leistung und nicht am vorgebenen Status orientierten Differenzierungsprozess der Gesellschaft am Werk zu sehen. Bildung wird zu einem Einflussfaktor erhoben, dem zugetraut wird, die verbliebenen ständischen Strukturen einer Gesellschaft aufzuheben. Dies versteht Parsons nicht nur für die us-amerikanische Gesellschaft, sondern im Rahmen seiner Gesellschaftstheorie im Weltmaßstab. Die Schule und die Universität werden, da sie ihre „KlientInnen" an universalistischen Rollen ausrichten – die nach rationalen wissenschaftlichen Kriterien reflektiert und programmiert werden können –, zu Motoren der gesellschaftlichen Entwicklung ernannt, da diese Rollen in den künftigen Berufen, die sich an eine wissenschaftliche Produktion auszurichten beginnen, benötigt werden. Insofern spielt die Chancengleichheit im Bildungswesen, verstanden als eine Orientierung vornehmlich allein an Leistungen der SchülerInnen und StudentInnen und nicht an ihrem mitgebrachten Status, eine entscheidende Rolle in der Entwicklung hin zu einer modernen Gesellschaft (vgl. Kapitel 3.4.1). In der Schule wird dazu ein wichtiger Grundstein gelegt, insofern ein Schüler erstmals mit universalistischen Rollen- und Wertekriterien, die eine Lehrkraft als gesellschaftliche beauftragte Instanz verkörpert, Kontakt hat.

Nach Parsons
Die Differenzierung der Rollentheorie, die verschiedene Subsysteme des Handelns unterschied (und zugleich in Beziehung mit der Entwicklung hin zu einer modernen Gesellschaft gebracht wurde, die auf Leistung beruht), war damit groß genug, dass sie der Forschung Untersuchungslinien eröffnen konnte. Noch heute ist z.B. das Handbuch der Sozialisationsforschung (Hurrelman/Ulich 2002) von der Rollentheorie geprägt, zu der Parsons einen wichtigen Beitrag geleistet hat. In den nachfolgenden Jahrzehnten geriet jedoch die übergreifende Kontrolle durch Werte und Normen, wie man sie mit Parsons verbindet, in die Kritik. Die Sichtweisen gehen hierbei auseinander. Die einen bemerken nur eine Tendenz in der Theorie von Parsons, den Punkt der Werteintegration zu hoch anzusetzen.

Die anderen verkürzen die übergeordnete Kontrollhierarchie des kulturellen Wertesystems mit dem gesamten, von Parsons skizzierten Sozialisationsvorgang; man unterstellt Parsons, dass er die Sozialisation als einfachen Übernahmevorgang äußerer Werte skizziert habe, und kritisiert dies dann. In Parsons Theorie sind die Stellen, in denen er die Bedeutung eines übergreifenden Wertesystems betont hat, unübersehbar; dies belegt er mit Daten bzw. Argumenten zu Entwicklungen von Gesellschaften; und die Tendenz zu einer Überhöhung des kulturellen Werte- und Symbolsystems kehrt er auch theoretisch hervor; wie bereits betont wird das Wertesystem an die Spitze einer Kontrollhierarchie den drei anderen Subsystemen übergeordnet (vgl. Parsons 1975, 20). Es gibt also genug Anlass für Kritik.

Diese in den 1970er Jahren einsetzende und bis heute anhaltende Kritik an einem übergeordneten Kultursystem in der Theorie von Parsons wird von verschiedenen wissenschaftlichen Disziplinen geführt. Die rigide Auffassung des Sozialisationsvorgangs, als reine Anpassung an vorgängige Normen verstanden, wurde als „Soziologismus" gebrandmarkt. In den anschließenden dreißig Jahren Diskussion haben immer deutlicher psychologische und erziehungswissenschaftliche Erklärungsansätze die Sozialisationstheorie inhaltlich befruchtet. Soziologie und Bildungssoziologie sind zwar noch, z.B. mit den „Ahnherren" Durkheim und Parsons, vertreten, werden aber mitunter nur als Schablone benutzt. Man zeigt, in dem man einen Soziologismus unterstellt, wie viel weiter Sozialisationstheorien mittlerweile sind.

Heute speist sich die Sozialisationsforschung aus einem ganzen Spektrum von Teilansätzen. Es spannt sich zwischen verschiedenen Disziplinen auf. Die verschiedenen Disziplinen arbeiten dabei mit verschiedenen Modellannahmen, die sich auch innerhalb einer Disziplin unterscheiden. Hurrelmann (1998, 20f.) führt z.B. als Modellannahmen an:

- *Das mechanische Modell:* hier wird ein einfacher Anpassungsvorgang angenommen; das Individuum internalisiert eine Umwelt, die selbst als unveränderbar erscheint;
- *das organismische Modell:* die Impulse für die Übernahme von Umweltelementen sind nach diesem Modell dem Individuum intern gegeben;
- *das systemische Modell:* gemäß diesem Modell durchdringen sich Person und Umwelt gegenseitig;
- *das interaktive Modell:* menschliche Entwicklung und Umwelt werden in gegenseitiger Abhängigkeit gesehen.

Natürlich werden diese Modelle mit viel genaueren Argumenten differenziert und mit einzelnen Forschungsergebnissen unterfüttert, als sie hier dargestellt werden können.

Alle Ansätze betonen die Wechselwirkung zwischen Person und Umwelt. In dieser Allgemeinheit haben sich die Sozialisationstheorien seit langem etabliert. Die Probleme der Theorie beginnen mit den Versuchen, einzelne Erklärungsbausteine, die die verschiedenen Disziplinen zur Analyse von Sozialisationsansätzen beigetragen haben, zu integrieren. Dies ist erst in Ansätzen gelungen.

Eine Hauptschwierigkeit besteht darin, dass Sozialisation, ähnlich wie bei der Diskussion von Institutionen bemerkt, als überdeterminierter Sachverhalt erscheint, der von vielen Faktoren abhängt, unter anderem von den gesellschaftlichen Orten, an denen Sozialisation stattfindet. Die Gegenstände, mit denen sich Sozialisationstheorien „herumschlagen" müssen, sind also immens breit. Sie reichen von sozialisatorischen Wirkungen „großer" Institutionen, wie z.B. der Familie oder der Schule, bis hin zu mikropsychologisch oder mikrosozial „kleinen" Lernereignissen einzelner Individuen. Dazu kommt, dass auch in den „großen" Institutionen die „kleinen" selbstorganisierten Sozialisationsprozesse der Individuen *gleichzeitig* stattfinden. Es gibt also Überlagerungen; an welchen Lernorten sie jeweils wie groß sind, ist die Frage.

Während die einen also Sozialisationsvorgänge „großer" Institutionen in den Blick nehmen, richten andere ihren Blick auf Sozialisationsvorgänge, die jederzeit im Alltag oder in anderen Bereichen passieren; Sozialisation *ist überall*.

Eine Orientierung in dieser Gemengelage von Ansätzen kann folgende Beobachtung geben, die ich auch gleich anschließend mit Sutter nochmals aufgreife: Vorausgesetzt, dass alle Sozialisationstheorien Relationen zwischen Person und Umwelt problematisieren (sonst wären sie keine Sozialisationstheorien), dann lässt sich sagen, dass Soziologie und Bildungssoziologie diese Relation eher mit einem Schwerpunkt beschreiben und erklären, der auf die Umwelt ausgerichtet wird (die dann Gesellschaft genannt wird). Umgekehrt richten die psychologischen Ansätze ihren Schwerpunkt innerhalb der angenommen Relation Person/Umwelt bei ihren Beobachtungen eher auf die Seite der Person und des psychischen Vermögens.

3.2.2 Problemaufriss zur sozialisatorischen Interaktion

Die Relation zwischen Person und Umwelt, zwischen Subjektivität und Sozialität ist eine der Kernfrage der Sozialisationstheorien. Ein interaktionistischer Zweig der Theoriediskussion, zu dem in den folgenden Abschnitten Claessens, Mead und Oevermann vorgestellt werden, behandelt diese Relation auf spezifische Weise. Wie nun zunächst mit Tillmann Sutter gezeigt werden soll, versuchen interaktionistische Sozialisationstheorien (auch interaktionistischer Konstruktivismus genannt) aufzuzeigen, dass weder Sozialität, noch Subjektivität vorgängig in Bildungsprozessen vorausgesetzt werden müssen, sondern in Situationen interaktiv hergestellt werden. Dies wird nicht schon als Lösung, sondern als Beginn für weitere Forschungsfragen gesehen.

Nach der Ansicht von Tilmann Sutter beschäftigen sich Ansätze zur Sozialisation aus interaktionistischer Perspektive mit einer Reihe von Fragen:

a) Nimmt man Theorien zur Primärsozialisation als Beispiel, dann geht es in ihnen zunächst um die Beschreibung sozialisatorisch erworbener Kompetenzen (Sutter 1994, 25). Sutter ist der Auffassung, dass die Beschreibungskonzepte zu ergänzen seien um eine theoretische Aufklärung des Erwerbs dieser Kompetenzen: „Es ist nicht nur zu fragen, was kleine Kinder in sozialen Beziehungen können, sondern auch, warum sie gerade dies und nicht anderes können. Erst über entwicklungstheoretische Erklärungsversuche nämlich kann geklärt werden, ob die Beschreibungen von Kompetenzen auch zutreffen" (ebd.). Neben den bereits bestehenden Beschreibungen des kognitiven Kompetenzerwerbs hält Sutter eine stärkere theoretische Fundierung der Sozialisationsmechanismen für notwendig. Der Problembereich der Sozialisationsforschung umfasst damit zu beschreibende sowie theoretisch zu erklärende Kompetenzentwicklungen (a.a.O., 45).

b) Zweitens stellt sich die Frage „nach dem Verhältnis von Strukturen und Prozessen in den Entwicklungs- und Sozialisationstheorien sozialer Kognitionen" (ebd.). Eine interaktions- und handlungslogische Sicht auf die Sozialisation „stellt auf die Strukturen des Handelns ab, welche von den Subjekten interiorisiert werden. Den Ausgang muss eine Theorie der sozialen Entwicklung von den sich entwickelnden Subjektstrukturen nehmen, denn nur hier lässt sich der Antrieb der Entwicklung aufdecken: Subjekte müssen […] ihre Handlungsfähigkeit erst erwerben" (a.a.O., 25f.). Mit diesem Problem ist die Frage verbunden, wie man sich aus sozialisatorisch bedeutsamen Interaktionsprozessen, die zunächst situationsbezogen und damit auch begrenzt sind, eine Generalisierung von Verhaltensweisen denken kann.[24]

c) Ein weiterer Problembereich von Sozialisationstheorien dreht sich um die theoretischen Prämissen, mit denen Sozialisationsprozesse untersucht werden. „Denken und Handeln" (Sutter 1994, 26) seien zwei solcher Prämissen. Wäre ausgehend vom Primat des Denkens gefragt, was Sozialisateure von dem Sinn präsent haben, der von ihnen gemeinsam produziert wird, lässt sich mit der Prämisse des Handelns untersuchen, dass und wie Sinn in wechselseitigen Aktionen geschaffen wird.

d) Schließlich berühren sozialisatorische Entwicklungsmechanismen den Aspekt, wie Subjekte „Anschluss an die Außenwelt" finden (a.a.O., 83). Dies

---

24 Vgl. Sutter 1994, 45. Bei Miller lautet diese Frage: „Wie können Lernprozesse von sozialen Erfahrungen abhängig sein und dennoch einen […] höherstufigen Charakter besitzen" (Miller 1986, 5).

lasse sich auch als Frage nach dem „Ort der Produktion bzw. Konstruktion von Regeln und Sinnstrukturen" formulieren (ebd.). Psychologisch sowie soziologisch ausgerichtete Sozialisationstheorien geben hierauf prinzipiell verschiedene Antworten. Während die zuerst Genannten eine Regelkonstruktion mehr in das Subjekt verlagern, verorten soziologisch ausgerichtete Sozialisationstheorien sie eher außerhalb des Subjekts. Um gegen intra-subjektive Entwicklungsmomente, wie es sie insbesondere in der Psychologie sowie im genetischen Strukturalismus Jean Piagets (1975, 1983) gibt, eine soziologische, „außerhalb der Subjekte liegende Entwicklungslogik der sozialisatorischen Interaktion" (Sutter 1994, 111) zu formulieren, könne man jedoch nicht umgekehrt nun die Lernmechanismen des Subjekts vernachlässigen: „Die soziologische Modifikation des genetischen Strukturalismus schießt an dem Punkt über das Ziel hinaus, wo die Sozialität nicht nur die Gegenstände und Bedingungen, sondern auch den Antrieb sozialer Lernprozesse bilden soll. Dies führt dann zwangsläufig zu einer Ontologisierung basaler Regeln der Sozialität bzw. intersubjektiver Koordinationsprozesse" (a.a.O., 83).

Die Frage, wie Subjekte Anschluss an die Umwelt finden, lässt sich als Frage nach der Motivation spezifizieren, mit der dies geschehen soll. Nach Sutter kann die Sozialität allenfalls „Bedingungen und Lerngegenstände kognitiver Erwerbsprozesse" bereitstellen; der motivationale Erwerb bleibt jedoch handelnden Akteuren überlassen (ebd.). Nur sie sind für die Entwicklungsdynamik ausschlaggebend. Es erscheint sinnvoll, Sutter bei der Unterscheidung von „Entwicklungsbedingungen" und der „Entwicklungsdynamik" (a.a.O., 111) zu folgen, wobei der zuletzt genannte Begriff auf die Genese und Wirkungsweise von Handlungsmotivationen zielt. Der Verweis auf soziale Strukturen als Bedingungsrahmen erklärt also noch nicht den „Entwicklungsantrieb" (a.a.O., 83). Allenfalls stelle die Sozialität „Bedingungen und Lerngegenstände der sozialkognitiven Entwicklungen bereit" (a.a.O., 111). Die „Entwicklungsdynamik" sei dagegen im Aufbauprozess der Subjektorganisation zu suchen (a.a.O., 112).

3.2.3 Claessens: Soziabilisierung und Enkulturation

Nach der allgemeinen Problemkennzeichnung von Sutter für interaktionistische Zugänge der Sozialisationsforschung sollen nun auch passende soziologische bzw. bildungssoziologische Vertreter dieser Position zu Wort kommen. Mit dem Soziologen und Anthropologen Dieter Claessens (1921-1997) steigen wir in ein frühes Stadium der Sozialisation ein, die Mutter-Kind-Beziehung. Der Ansatz von Claessens ist einer der klassischen Zugänge zu dem Thema aus Sicht der Bildungssoziologie, der stark von Parsons inspiriert ist – aber eben keine einfache Normenübernahme skizziert, wie man sie Parsons vorwirft. Vielmehr meint der interaktionistische Zugang, dass das Kind einer Welt von Normen nicht als solchen gegenüber treten kann, sondern im Rahmen der von Claessens so genannten „Soziabilisierung" überhaupt erst innere Fähigkeiten dazu selbst ausbilden muss; selbst das ist eine spätere Form, der weitere Aufschließungen des Kindes gegenüber der „Welt" vorangehen. Dies geschieht in der Interaktion mit primären Bezugspersonen. Implizit wendet sich Claessens deutlich dagegen – wie man Parsons später unterstellt hat –, dass Kultur ohne Voraussetzung internalisiert werden kann. Die Fähigkeit zur Internalisierung wird vielmehr vom Kind erst ausgebildet; auch dies im Rahmen der sozialisatorischen Interaktion.

Dieter Claessens geht davon aus, dass die kindliche Entwicklung durch eine, wie Sutter formuliert, „Widerständigkeit einer realen Außenwelt" (Sutter 1994, 27) vorangetrieben wird. Diese Widerständigkeit besteht in der Regel aus einer sich verändernden Beziehung zwischen Mutter und Kind. Claessens setzt wie Mead und Oevermann (s.u.) an einer interaktionslogischen Entwicklung an. Der Sozialisationsprozess kommt in Gang, indem die Mutter ihrem Kind zutraut, ihr eigenes Weggehen zu verkraften. Das Kind internalisiert, dass die Mutter auch dann noch „da" ist, wenn sie sich räumlich entfernt. Distanzierungen, so die vom Kind schließlich generalisierte Erfahrung, lösen Beziehungssysteme nicht auf. Diese Erfahrung erlaubt eine immer feinere Abstimmung von wechselseitigen Erwartungen zwischen dem Kind und seinen Bezugspartnern.[25] Sie erfordert von ihm „die Preisgabe eines Teils des die Distanz vertiefenden und das existentielle Vertrauen ständig in Frage stellenden Anspruchs des ‚Primärstatus', der eigentlichen Individualität, um den Gewinn der Solidarität" (Claessens 1967, 97). Soll die sozial-räumliche Distanzierung ertragen werden, muss sich Vertrauen als Gegengewicht ausbilden (a.a.O., 98). „Praktizierte Solidarität (in der Form des Nichtstörens, Nicht-von-der-Arbeit-Abhaltens usw.)" (ebd.) sind Formen eines solchen Vertrauens. Die innere Repräsentanz von Veränderungen räumlicher Umwelten, das Sich-Entfernen und Wiederkommen von Bezugspersonen, zeugt von einer engen Verbindung zwischen der psychischen und der sozialen Umwelt. „Eine Dehnung im äußeren System wird auch Spannungen im internalisierten sozialen System ergeben. Eine Bewältigung der äußeren Spannung ist auch Bewältigung dieser inneren Spannung" (ebd.).

Dieses komplementäre Verhältnis erklärt Claessens in Anlehnung an die Systemtheorie von Parsons. Statt die Sozialisation auf eine Modellierung vorhandener Primär- oder Sekundärtriebe zurückzuführen (a.a.O., 91), geht Claessens von der Verinnerlichung eines sozialen Systems „Familie" aus. Der Ausfall einer Beziehung zu einem der Familienmitglieder könne zu „tiefgreifenden Ver-

---

25 Das setzt ein implizit oder gewollt angemessenes Verhalten gegenüber dem Kind voraus, eine Rücksichtnahme auf eine ‚Zone der nächstfolgenden Entwicklung' (vgl. Miller/Weissenborn 1991, 548).

3.2 Sozialisationstheoretische Perspektive

änderungen in der Art, wie ‚Welt' angegangen wird" (ebd.), führen. Der Einfluss der Familie wird als Prozess verstanden, „der erst die Bildung von sozial differenzierten Grunderwartungen oder auch ‚Grundrollen-Erwartungen' ermöglicht" (a.a.O., 93) Für das Kind besitzt die Familie die Funktion, Welt aufzuschließen. Die Familie gebe Rückhalt, schaffe die Voraussetzung, „die Welt [...] ‚nach vorne'" (a.a.O., 92) aufzuordnen. Claessens bezeichnet dies als Soziabilisierung (a.a.O., 83). Gemeint ist die Ausbildung von Fähigkeiten, überhaupt Erwartungen haben zu können. Es entstehen fundamentale „Abfolgeerwartungen" (a.a.O., 83) beim Säugling, die sich an Signalen der Versorgung, dem Schütteln der Flasche vor dem „Füttern", ausrichten. Die fundamentale Erwartungshaltung bezeichnet Claessens als logischen sowie sozialen Optimismus (a.a.O., 82). Sie sind kulturunspezifische Voraussetzungen, die „den affektiven Untergrund von Motivlagen abgeben können" (a.a.O., 85). Claessens weist darauf hin, dass die Optimismen die Mutter-Kind-Interaktion stabilisieren, und zwar vor-sprachlich. Diese Tatsache sei für die „Selbstverständlichkeit der Werte" (a.a.O., 86) in der späteren Enkulturation bedeutsam. „Die kognitive Seite des Gefühls als ‚unerklärlicher Untergrund von Urteilsbildungen' hat schon hier ihren Ursprung" (ebd.).

Die ersten emotionalen Prägungen seien auch Basis für eine „zuverlässige Interaktion zwischen Mitgliedern einer Gruppe, oder überhaupt einer sozialen Formation" (a.a.O., 94). Die moderne Soziologie übersehe, dass der „soziale Mechanismus des Sichaufeinandereinspielens und des Aufeinandereingespieltseins von Menschen – besonders allerdings in komplexeren Gesellschaften, wie den arbeitsteilig-industrialisierten" – nur dann zuverlässig ist, wenn bestimmte „Voraussetzungen" (ebd.) erfüllt seien. „Diese Voraussetzung wird meist nicht genannt, weil sie zu den kulturunspezifischen, menschlichen Apriontäten gehört und den überkulturellen Charakter der ‚Selbstverständlichkeit' von Verhaltensweisen [...] besitzt: das Vertrauen in die Regelmäßigkeit des Verhaltens der anderen" (ebd.). Bei Erwachsenen schichten sich Vertrauensarten „in mehreren Stufen, von denen die basalen so tief den Charakter der Selbstverständlichkeit haben, dass sie sich vermutlich überhaupt dem analytischen Zugriff entziehen. In höheren, auf diesen aufbauenden Stufen kann und muss Vertrauen zugänglich, d.h. bewußt werden" (ebd.). Vertrauen lässt sich also sowohl als Norm der Interaktion kognitiv formulieren und entsprechend beobachten, ist jedoch auch, dann in emotionaler Kodierung, dem Miteinanderumgehen präreflexiv unterlegt.

Die Familie ist nach Claessens der zentrale Ort, an dem Vertrauen aufgebaut wird. Die Interaktion zwischen Mutter und Kind stellt letzteres fortlaufend vor innere Aufgaben. Sobald das Abhängigkeitsverhältnis des Säuglings zur Mutter beginne, „sich in echte Interaktion, in das ‚Mittun', weiter in das Miteinander-Machen aufzulösen und zu steigern"[26], werde die „rechte Abstimmung des gegenseitigen Verhaltens auf der Grundlage von Vertrauen und im Erlebnis der Distanz, die es jeweils zu überbrücken gilt, d.h. auf der Grundlage des im Erlebnis der Distanz gefestigten sozialen Optimismus, eine ständige Aufgabe, wobei der tiefe Doppelsinn dieses bedeutungsvollen Wortes voll eingesetzt werden kann: als Anforderung und als Preisgabe" (ebd.). Mit Preisgabe ist das Aufgeben der impliziten eigenen Ansprüche des Kindes an die Bezugspersonen gemeint, wenn diese ihr Verhalten ändern, mithin die Notwendigkeit, den erreichten Stand der Ich-Umwelt-Differenzierung aus eigenen Antrieben fortzusetzen. Mit Anforderung ist der Anreiz angesprochen, den der von den Bezugspersonen induzierte, veränderte Interaktionsmodus für das Kind darstellt. Der Gewinn für die Bewältigung der Interaktionsaufgaben stellt für alle Beteiligten nach Claessens eine „Solidarität" (ebd.) dar, die mit einer inneren Zuversicht korrespondiert.[27]

Das Subjekt gewinnt im Hinblick auf das räumlich differenzierte soziale Objekt eine andere Beziehung zu sich selbst. Auf der Interaktionsebene sind damit ein Vertrauen und eine praktizierte Solidarität angesprochen (a.a.O., 98). Belege für die Existenz von Vertrauen beim Kinde, so führt Claessens Befunde von Erikson an, sei das Fehlen von Ernährungsschwierigkeiten, Schlafstörungen und Spannungszuständen im Verdauungstrakt (ebd.).

Enkulturation
Nachdem Claessens unter dem Begriff Soziabilisierung erste kognitive und emotionale Bahnungen des Verhaltens als Voraussetzungen für die Aufnahme von Kultur vorstellt, wendet er sich der „zweiten, sozio-kulturellen Geburt" des Menschen zu. Die damit bezeichnete Enkulturation beinhaltet ein Doppeltes für die werdende Persönlichkeit, nämlich die Konditionierung der kulturellen Rolle sowie die Einführung in soziale Rollen. Durch die Soziabilisierung ist das Individuum gewissermaßen schon vorgeformt, in eine Lernbereitschaft versetzt. In der Enkulturation gilt nun: „,Kultur' trifft das nachwachsende menschliche Wesen in gerade jener Offenheit, die die optimale Chance für totale Aufnahme und Übernahme aller auftretenden Einflüsse bietet. Gibt die Soziabilisierung dem Säugling die Chance, menschlich zu werden, so engt die Enkulturation diese Chance im selben Prozess sofort wieder auf bestimmte Muster (Patterns) ein"

---

26 A.a.O., 97. Dies besitzt Parallelen zu Phasen der Sozialisation, die Mead als play und game bezeichnet (s.u. Kap. 3.2.4).
27 Vgl. Mead: „Die erwachende soziale Intelligenz eines Kindes zeigt sich nicht so sehr an seinen raschen Reaktionen auf die Gebärden anderer, denn diese lagen schon viel früher vor. Sie zeigt sich vielmehr an einer inneren Zuversicht im Hinblick auf seine Fähigkeit, sich den Einstellungen anderer anpassen zu können. Diese Zuversicht ist ihm an den Augen und an seiner Körperhaltung abzulesen" (Mead 1987, 236).

(a.a.O., 105). Es entstehe die Formung einer „kulturellen Persönlichkeit" (a.a.O., 106). Diese „Basic Personality" sei aufgrund frühkindlicher Formungen nur schwer abzuändern (ebd.). Auf der Basic Personality lagern später Berufsrollen sowie Statuspositionen auf, die im Vergleich zur kulturspezifischen Grundrolle variabler sind (ebd.).

Die Enkulturation gründet sich nach der Ansicht von Claessens gerade im Fehlen expliziter Erziehungsprogramme. Der Prozess findet gleichsam in der „einfachen" Interaktion statt; ein Gedanke, der auch von Oevermann vertreten wird (s.u.). Claessens meint, keine der Handlungen der Erziehenden beginne und verlaufe spontan (a.a.O., 107). Denn die Verhaltensweisen orientieren sich „meist unbewußt, mindestens unreflektiert" (ebd.) an kulturspezifischen Verhaltensregeln, an Normen, hinter denen wiederum Werte stehen (ebd.). Tiefselbstverständlich werden sie übernommen, und zwar, wie Claessens hervorhebt, vor dem sprachlichen Erfassen von Welt. Mit der Kulturübertragung richtet die Familie den Nachwuchs unreflektiert emotional aus. Sie vermittelt eine bestimmte Gefühlsgeladenheit und bestimmte wertende Akzente (ebd.). Kultur- und damit Wertorientierungen werden weniger in bewussten Erziehungsakten übertragen, als durch Wiederholungen von Verhaltensweisen infiltriert (a.a.O., 109). Zwar betont Claessens in diesem Zusammenhang auch die Bedeutung von Ritualen (a.a.O., 145ff.). Dabei kommt es ihm jedoch mehr auf den Mechanismus der Wiederholung an als auf das Religiöse in Ritualen. Die Enkulturierung von emotionalen sowie kognitiven Verhaltensweisen geht gerade auch in Verrichtungen vor sich, die in gewisser Weise täglich etwas anders sind, aber doch fast immer auf die gleiche Weise ausfallen. Banale Verhaltensweisen hätten mitunter durch ständige Wiederholungen einen „ähnlich tiefgreifenden, wenn nicht bedeutenderen" (a.a.O., 108) Einfluss als die bewusste Übermittlung von Kultur. Kultur werde unter ständigem „Vibrationsdruck" (a.a.O., 109) in der Interaktion weitergegeben.

3.2.4 Mead: Gesten, Sprache, Aufmerksamkeit

Wenn man die Ansichten von Georg H. Mead (1863-1931) zur Sozialisation in groben Zügen vorstellt, wie es an dieser Stelle nur möglich ist, fällt zunächst sein Versuch auf, die Konstitution einer sich und Objekte wahrnehmenden Selbstidentität mit wenigen, nämlich auf den menschlichen Organismus bezogenen Prämissen zu skizzieren (Joas 1989, 143ff.). Mead lässt die Primärsozialisation mit einem organismischen Vermögen beginnen, der Empfindung von Druck und Widerstand. Diesen Mechanismus erlebt das Kind, wenn es seine Hände an etwas reibt, was nicht es selbst ist: „Das Kind kann [...] seine Körperflächen nur durch körperfremde Dinge abgrenzen und es erfaßt die vollständigen Oberflächen von körperfremden Dingen, bevor es seinen eigenen Organismus als ein begrenztes Ding erfaßt" (Mead 1987, Bd. 2, 225). Diese Identifikation mit Dingen werde nur deshalb erlebt, weil das Kind eine Identifikation als Mechanismus zuvor in der Gestenkommunikation mit anderen Organismen wahrnimmt. Das Kind kann beobachten, wie es und andere auf vokale Gesten ähnlich reagieren. Sein Weinen löst das Weinen eines anderen aus und umgekehrt (Mead 1988, 109, 136). Erst mit diesen Erfahrungen kann es innerhalb des organismischen Schemas von Druck und Widerstand sein eigenes Erleben einem Ding zuschreiben und so ein soziales Objekt konstituieren.

Aufgrund der Eigenart des menschlichen Organismus, das Erleben von Widerstand im Objekt zu lokalisieren, setzt sich der Sozialisand schließlich in die Lage, ein kooperationsfähiges Objekt als gegenständlich existent in der Welt zu identifizieren und kognitiv als „Erfahrung" zu repräsentieren. Dann ist es ihm auch möglich, sich im Voraus auf soziale Objekte einzustellen, was bedeutet, mit ihnen in eine Kommunikation einzutreten. Die Antizipation, wie das gegenständliche Ding handeln wird, basiert auf einem vor-sprachlichen Mechanismus, dem Erleben einer Bedeutungsgleichheit von (vokalen) Gesten. Diese gegenständliche Bedeutungsproduktion des menschlichen Organismus begründet ontogenetisch spätere, sprachliche Auseinandersetzungen eines Bewusstseins.

Die gegenständliche Bedeutung der Sprache, die Mead genetisch aus der Gestenkommunikation ableitet, besitzt einen zentralen Stellenwert für die Sozialisation. Für Mead ist „das Sprachsymbol [...] einfach eine signifikante oder bewußte Geste" (Mead 1988, 119).[28] Allgemein gesagt erlauben „Gesten der Gemeinschaft" (a.a.O., 211), für die Mead den Begriff des generalisierten Anderen prägt (a.a.O. 194ff.), eine gesellschaftliche Organisation individueller Handlungen.[29] Es gibt eine wechselseitige Organisation des Verhaltens über die gemeinsamen Haltungen der gestisch-kommunizierenden Organismen schon vor der Sprache.

---

28 Die gegenständlichen Objekte sind Gesten so wie z.T. auch die Sprache, die sich aus Gesten ausdifferenziert (vgl. Mead 1987, 229). Sprache ist Medium für Reflexionen sowie von ihrer Genese her, der Gestenkommunikation, noch mit einem gegenständlichen Charakter behaftet. „Die Assoziation eines Inhalts mit einem anderen ist nicht Symbolisierung einer Bedeutung. Im Bewußtsein müssen Symbol und das, was symbolisiert wird, das Ding und das, was es bedeutet, getrennt werden" (Mead 1987, 216). Vgl. zur Sprach- und Gestenkonzeption: Mead 1988, 107-122; Bender 1989, 77ff.

29 Die Fähigkeit, Handlungen über die Gestenkommunikation abzustimmen, findet sich schon bei Tieren. Auch sie, die über keine Sprache verfügen, sind mit Gesten in der Lage, aufeinander zu reagieren. Mead unterscheidet aber zwischen der „unbewußten Übermittlung von Gesten" und deren „bewußter Kommunikation", wenn „Gesten zu Zeichen werden" (Mead 1988, 109, Anm. 7).

3.2 Sozialisationstheoretische Perspektive

Die wechselseitige Anpassung der Organismen mit Hilfe von Gesten differenziert sich nach Mead in einem Dreifelder-Schema, in einer „dreiseitigen Beziehung zwischen Geste und erstem Organismus, Geste und zweitem Organismus sowie Geste und anschließenden Phasen der jeweiligen gesellschaftlichen Handlung; diese dreiseitige Beziehung ist die Grundsubstanz von Sinn" (Mead 1988, 116). Es besteht schon eine Beziehung von Bedeutungen, auch wenn die beteiligten intelligenten Organismen davon kein Bewusstsein haben (Bender 1989, 80). „Bewußtsein ist nicht unbedingt für die Präsenz des Sinnes im gesellschaftlichen Erfahrungsprozess notwendig" (Mead 1988, 117). Vielmehr müssen Bewusstseinsinhalte „dynamisch als ablaufende Prozesse in ein physiologisches System eingefügt werden" (a.a.O., 61, Anm. 14). Das physiologische System beinhaltet eine Kooperation zwischen gestisch-aktiven Organismen. Mead gibt dazu folgendes Beispiel: „Man sieht den Baum als möglichen Zufluchtsort, wenn man von einem Stier verfolgt wird" (a.a.O., 62). Hier bedingt das Ausdrucksverhalten des Fliehenden sowie das Ausdrucksverhalten des angreifenden Stieres die Organisation einer Wahrnehmung von Objekten: Der Baum wird zu einem Zufluchtsort.

Meads Konzept der Aufmerksamkeit
Mit dem Begriff der Aufmerksamkeit ist zunächst der grundlegende Sachverhalt angesprochen, dass in die Kette von Reiz und Reaktion eine Verzögerung eintritt. Nur der Mensch als „aufmerksames Wesen" (a.a.O., 63) kann sich „Reizen zuwenden" (ebd.). Menschen können aufgrund der Sprache als generalisierte Reize in sich „aufmerksame" Haltungen der Gesellschaft aufbauen:

„Wir können bestimmten Reizen eine besondere Aufmerksamkeit schenken und [...] die Handlung konstruieren, die wir im Begriff sind zu vollbringen. In einer Kette von Reaktionen führt das Tier eine Instinktreaktion aus und sieht sich dann einem anderen Reiz konfrontiert usw. Als intelligente Wesen bauen wir uns jedoch solche organisierten Reaktionen selbst auf" (a.a.O., 64).

Aufmerksamkeiten erklären darüber hinaus, dass und wie Akteure überhaupt zu Begriffen über eine gemeinsame Welt gelangen. Mead zufolge ist diese Welt nicht einfach gegeben; Begriffe von ihr werden vielmehr in problematischen Situationen, in denen es zu einem Wechsel der Aufmerksamkeit kommt, konstituiert. Solche Situationen sind dabei kein Einbruch in eine Subjektivität, die schon fertig dasteht. Problematische Situationen sind vielmehr ein Reiz, diese Subjektivität schöpferisch erst herzustellen. Damit greift Mead eine wichtige sozialisationstheoretische Frage auf, nämlich die Frage nach der Motivation zu einem Lernen, ohne dabei das Lernpotenzial schon einem Subjekt oder einer sozialen Umwelt vorgängig zu überantworten.

Riskanter Handlungsvollzug
Mead verdeutlicht dies am Beispiel einer brennenden Kerze, der sich ein Kind nähert (1987, 69). Gemäß der einen, bislang bewährten Hypothese des Kindes ist die „Kerze" ein sich bewegendes Objekt, das zum Spielen einlädt. Gemäß der anderen Hypothese ist das Objekt ähnlich denen, an dem sich das Kind schon einmal verbrannt hat, sodass es zurückweichen möchte. Das Kind sei sich „nicht sicher, dass das Objekt etwas ist, woran es sich verbrannt hat, und es weiß auch nicht, ob es sich bei ihm möglicherweise um ein Spielzeug handelt" (ebd.). Um herauszufinden, welche Wahrnehmung zutrifft, muss es die widerstreitenden Handlungsantriebe zueinander in Beziehung setzen. Dabei merkt es, dass seine bisherigen Wahrnehmungen „Abstraktionen" (ebd.) sind, die zuvor Handlungen ermöglichten, nun aber auf das neue Objekt nicht passen. Zugleich jedoch gilt: „Das Kind kann sich nicht sagen: ‚Ich muss lernen, mit einem heißen, leuchtenden Objekt umzugehen'" (a.a.O., 69f.), da dies schon den Begriff eines Objekts und eines Subjekts, das diesen Begriff handhabt, voraussetzen würde. Beide Seiten sind jedoch in einem Problemzustand, können nicht differenziert voneinander beobachtet werden. Eine Lösung des Problems wird nun im riskanten Handlungsvollzug erreicht:

> „Da tritt die zögernde Bewegung eines Fingers in Richtung auf die Flamme auf, die beide Antriebe darstellt, den, zuzugreifen, und den, sich zurückzuziehen [...] Diese beiden Elemente reagieren dergestalt aufeinander, dass dabei ein Handeln hervorgebracht wird, welches mit einem Objekt auf eine vollständig neue Weise umgeht und damit für das Kind ein neues Objekt entstehen lässt" (a.a.O., 69).

Nachdrücklich weist Mead darauf hin, dass in der neuen Situation die Kontrolle der Handlungsbestrebungen nicht durch den Bezug auf eine Welt objektiver Gültigkeiten gefunden werden kann, „denn die alte Welt ist sozusagen aufgegeben und eine neue existiert noch nicht" (a.a.O., 70). Angesichts des neuen Gegenstandes bringt das Subjekt „alle seine gegenwärtigen Reaktionen in Beziehung zueinander. Diese Freiheit der Bewegung, durch die alle Tätigkeiten und Handlungsbestrebungen, welche durch eine fest umrissene Theorie gefesselt waren, ohne Widerstand ineinander spielen, scheint mir das Wesen der Subjektivität zu sein" (a.a.O., 74). Ein situationsbedingtes Problem des Handelns bringt über den Wechsel der Aufmerksamkeit bestehende Selbst- und Welt-Deutungen in Bewegung (a.a.O., 75). Dies betrachtet Mead als einen funktionalen Vorgang für eine Problemverarbeitung, denn durch die Selbstaufmerksamkeit werden Überlegungen hinsichtlich der Bedingungen der gehemmten Handlung in Gang gesetzt. Die Aufmerksamkeitsverlagerung lässt sich als Reiz verstehen, mit welchem die unterbrochene Koordination der Handlungsantriebe zum Abschluss gebracht werden kann (a.a.O., 125). In dem Bemühen, Ursachen für das Scheitern

3.2 Sozialisationstheoretische Perspektive

der Handlung bei sich selbst oder in der Umwelt zu finden, wird neben der sozialen auch eine psycho-physische Welt konturiert. „Das Ergebnis des bewußt unternommenen Versuchs, ein unabwendbares Problem zu lösen, besteht mit einem Wort darin, die eigene Welt, soweit diese von dem Problem betroffen ist, psychisch werden zu lassen" (a.a.O., 68).

In der Phase des Übergangs, in der altes Wissen nicht mehr, neues Wissen noch nicht verfügbar ist, sind Individuen gewissermaßen für Momente ohne kognitive Kontrolle über sich und die Situation. Im Kerzenbeispiel ist dies aber auch der Augenblick, in welchem das Kind seinen Finger zum fremden Gegenstand ausstreckt und damit beginnt, sein Problem zu lösen.[30] Nach der Ansicht von Mead beinhaltet gerade dieser riskante Handlungsvollzug eine intelligente Organisation auf das Problem hin, an deren Ende die Bewältigung der miteinander streitenden Handlungsantriebe steht. Im Vollzug des Handelns, dem Zugriff auf die Kerze, konstruiert das Kind Hypothesen, was zeigt, dass es schöpferisch mit sich und der Welt umgeht. Die Motivation dazu kommt aus der Desorganisation der Handlungsantriebe, die durch die Interaktion mit einem Gegenstand eintreten kann.[31]

Zur sozialisationstheoretischen Bedeutung des Konzepts der Aufmerksamkeit
Die Gestenkommunikation erlaubt, einen interaktiven Austausch nach dem Paradigma „nicht-intentionaler sozialer Sinnkonstitution" (Bender 1989, 83) anzunehmen. Über den Gestenaustausch sind die Gesellschaftsmitglieder reziprok an der Bedeutungskonstitution von Verhaltensregeln beteiligt (a.a.O., 84).

Aus der Sicht des Kindes stellt die Gestenkommunikation mit den Bezugspersonen eine Nachahmung oder das „play" dar (Mead 1988, 194ff.). Zugleich leugnet Mead nicht die intelligenten Vermögen menschlicher Organismen. Und das bedeutet, dass die zunächst nur nachgeahmten Regeln allmählich überdacht werden. Dies bezeichnet Mead als Wechsel vom „play" zum „game" (ebd.); möglich wird er mit dem Spracherwerb. Er beinhaltet für das Kind, die im Spiel praktizierten Regeln kognitiv einzuholen, sie in allgemeiner, begrifflicher Gestalt festzuhalten. Zu der Kommunikation der Gestenträger kommt eine Kommunikation über den normativen Gehalt von sprachlich explizierten Regeln hinzu (Bender 1989, 126).

---

30   Vgl. zum augenblickbezogenen Charakter von Handlungsmodellen im Pragmatismus: Joas 1996, 191.
31   Hans Joas weist darauf hin, dass der Begriff Motivation bei Mead interaktionistisch gefasst, auf ein „handelndes Erreichen eines Objektes gerichtet ist"; Motivation bei Mead kennzeichnet damit nicht nur eine Energetik, sondern auch thematische Sinnzusammenhänge des Handelns. Die Motivation ist thematisch gesehen eine Motivation „zu etwas" (Joas 1989, 123).

Für den Sozialisanden bedeutet jeder neue Begriff über Regeln, die im gestischen Spiel schon praktiziert und nun, in der Phase des „game", von allen Akteuren kognitiv eingefordert werden können, wiederum einen Konflikt, der eine Veränderung seiner Aufmerksamkeit hervorruft. Bender bemerkt dazu, dass dies auf der Interaktionsseite die Unterbrechung des Wettkampfes beinhaltet, weil der Gehalt von Regeln ausgehandelt wird (ebd.). Bei den Individuen findet in dieser Phase der veränderten Aufmerksamkeit der kognitive Einbau einer sprachlich neu explizierten Regel in den bestehenden Hypothesenkanon statt. Die erhöhte Aufmerksamkeit, die durch die „fremde" Regel angeregt wird, lässt sich auch als Motivation verstehen, sich mit einer fremden Regel überhaupt zu beschäftigen.

Im Sozialisationskonzept von Mead spielt die gestische Kommunikation damit insgesamt eine zentrale Rolle. Gesten können prä-reflexiv, im praktischen Verhalten, verstanden werden. Joas meint auf diese Konzeption Meads bezogen, dass Akteure die ihnen angetragenen Sozialisationsregeln schon als bedeutsame praktizieren, noch bevor sie darüber im Sinne einer Selbstidentität nachdenken.[32] Am Beginn der Differenzierung des Verhaltens steht eine noch nicht reflexive Erfahrung von Intersubjektivität; am Ende der Differenzierung konstituiert sich eine Kommunikation zwischen einem reflexiven Ich sowie seiner Umwelt.

Der Sozialisationsvorgang ist ein interaktiver, besteht weder aus Annahmen über eine vorgängige Sozialität, noch aus Annahmen über eine vorgängige Subjektivität. Dem Aufbau von Wissen im Bewusstsein des Einzelnen, dem ein Übernahmemodell entspräche, versucht Mead dadurch zu entgehen, indem er die Sozialisation nicht primär als sprachlichen Regeltransfer konzipiert, sondern zunächst auf die Ebene des gestischen Verhaltens verlagert. Auf dieser Ebene sind alle an der Sozialisation Beteiligten unabhängig von ihrem Sprachvermögen gleichwertige Partner. Mithin ist keine Seite Trägerin eines objektiven Wissens, das die andere Seite nur nachvollziehen müsste.

3.2.5 Oevermann: Sozialisatorische Interaktion

Im Folgenden möchte ich die von Sutter aufgeworfenen Fragen für eine interaktionistische Sicht auf die Sozialisation mit Ulrich Oevermann weiter behandeln. Setzt man an der Interaktion als Mechanismus der Sozialisation an, beinhaltet dies nicht unbedingt eine bewusste intentionale Repräsentanz von Sinnbedeutungen. Ulrich Overmann hat im Anschluss an Chomsky, aber vor allem auch

---

32 In diesem Zusammenhang verweist Joas (1989, 107, Anm. 31) auf die Sozialisationstheorie Ulrich Oevermanns (die ich unmittelbar anschließend vorstelle). Nach Oevermann treten die Sozialisatoren dem Kind immer schon mit der Unterstellung von dessen Kompetenz gegenüber (vgl. Oevermann u.a. 1976, 372f.).

3.2 Sozialisationstheoretische Perspektive

Mead[33], gezeigt, dass sich Handeln auch unter dem Aspekt nicht-intentionalen Sinns, der von Oevermann so genannten latenten Sinnstrukturen (z.b. Oevermann 1986, 37), untersuchen lässt. Für Oevermann sind die in der Interaktion produzierten latenten Sinnstrukturen generative Mechanismen der Sozialisation. Konkret kann dies sowohl eine sukzessive Partizipation des Sozialisanden an Komplexitätsstrukturen der Interaktion beinhalten, die zugleich auch seinen Sinnhorizont strukturell übersteigen. Mit anderen Worten geht Oevermann davon aus, dass die sozialisatorische Interaktion ein Mehr an Sinn besitzt, den der Sozialisand schrittweise reflexiv einholt, ihn dabei aber nicht überfordert (Oevermann u.a. 1976, 371ff.).

Dazu mag das Beispiel aus einer familiären Interaktionssituation dienen. Der etwa vierjährige Sohn entwickelt Angst, dass sein Vater wie in letzter Zeit häufiger Dübellöcher in Betonwände der Wohnung bohrt. Zwischen Sohn und Mutter kommt folgende Interaktion in Gang:

Sohn:	(ruft aus dem Kinderzimmer zur Mutter, die in der Küche spült, wo auch die Beobachter sitzen) Da in der Küche ein Loch hin?
Mutter:	Ja, in der Küche möchte' ich auch n Loch haben, ich zeig dir mal wo, ich muss da noch was aufhängen, weiß´de
Sohn:	und in das Kinderzimmer?
Mutter:	Ne, da brauch´mer jetzt keins mehr. Hier muss´de 'n bißchen leise bohren, im Schongang (wegen der Tonbandaufnahme) ja?
Sohn:	(inzwischen in der Küche) Wo? Zeig mir mal.
Mutter:	Ja, ich würde sagen, hier woll'n wer noch eins hin haben, hier haste schon mal angefangen, da bohr´n wer noch mal weiter. Hier kommt dann da´n Dübel rein, ne?
Sohn:	'n Dübel?
Mutter:	Ja
Sohn:	´´nn (tut so, als ob er verstanden hätte)
Mutter:	Da woll´n wer jetzt 'n Handfeger und 'n Fegeblech hinhängen.

Die „objektive Struktur des Interaktionsablaufs" (a.a.O., 382) ermögliche eine „Klugheit" (a.a.O., 383) der Erziehungspersonen, intuitiv richtige Deutungen der Entwicklungslage des Sozialisanden, so verdeutlicht Oevermann an diesem Beispiel der Interaktion:

---

33 Zu ersterem vgl. Oevermann 1986, 29ff.; Oevermanns Rezeption von Mead findet sich in frühen Schriften an zentralen Stellen; zuletzt ist sie systematischer; vgl. Oevermann u.a. 1976, 385f.; vgl. Oevermann 1986, 47, Anm. 23; Oevermann 1991, 267-336.

„Die Mutter [...] hat irgendeine, jedenfalls adäquate Deutung der Motivlage des Jungen, die ein konsistentes Rollenspiel kanalisiert. Ganz allgemein unterstellen Eltern dem Handeln ihrer Kinder – ähnlich übrigens wie der Interpret der latenten Sinnstrukturen dem Handeln der Eltern – ein Mehr an Intention und subjektiv gemeintem Sinn, als von den Kindern tatsächlich realisiert wird". (A.a.O.)

Die Interaktion führt zu einem Hineinwachsen des Jungen in die Rolle des Vaters, die seine altersbedingten Kompetenzen eigentlich übersteigt. Dabei nimmt er die Rollenzumutungen weder explizit an, noch verweigert er sie ausdrücklich. Grund dafür liegt auch im ambivalenten Verhalten der Mutter. Sie tut so, als ob er der Vater wäre, der für handwerkliche Arbeiten im Haushalt zuständig ist, ohne ihren Sohn konkret als solchen anzusprechen.

Die Verhaltensweisen des Sohnes und der Mutter sind von einer latenten Sinnstruktur im Sinne Oevermanns gekennzeichnet – von dem im Übrigen auch das Beispiel stammt (a.a.O., 381f.). Der gemeinsam in der Interaktionssituation produzierte Überschuss von Sinn lässt die Akteure zunächst situative Kontingenzen bewältigen; beim Sohn ist dies die Angst vor dem Bohren; bei der Mutter die Ungewissheit, wie damit umzugehen ist. In dem Mehr an Sinn, das die Mutter ihrem Sohn gegenüber an den Tag legt, indem sie ihn implizit als Vater anspricht, wird dieser stillschweigend auch dazu gedrängt, seine Angst zu vergessen. Er kann das Verhalten seiner Mutter so deuten, als hätte sie ihn tatsächlich in einer Vater- oder Erwachsenenrolle angesprochen – in der man auch keine Angst vorm Elektrobohren haben sollte –, obwohl die Mutter, würde man sie konkret fragen, kaum eine entsprechende Antwort geben würde (a.a.O., 379).

Für das Sozialisationspotenzial der mit überschießendem Sinn versehenen Interaktion ist schon die Möglichkeit ausschlaggebend, dass der Sohn in dem Verhalten der Mutter erhöhte Erwartungen an sich gerichtet finden *kann*. Dies stellt Oevermann zufolge das Anreizmittel dar, dem aufgezeigten Verhalten tatsächlich nachzustreben. Indes *kann* auch die Mutter im Antwortverhalten ihres Kindes – als latentes Sinnpotenzial im Sinne Oevermanns – eine Kompetenz entdecken, die sie fördern will. Diese Möglichkeit, die sie beim Gegenüber entdeckt, ist durch ihr eigenes Verhalten innerhalb eines Situationsrahmens mitproduziert worden, den sie gemeinsam mit den Sinnambivalenzen im Antwortverhalten ihres Sohnes abgesteckt hat. So lässt der latente Sinn des Interaktionsablaufs die Akteure über sich selbst hinaustreiben.

Was Sohn und Mutter in ihrem Verhalten praktizieren, sind Anwendungsfälle von Normen – in diesem Fall die handwerkliche Hausarbeit eines Vaters –, welche latent auf eine komplexere Rollennorm „Vater" verweisen (vgl. zur Dimension der Anwendung Günther 1988). Der Sohn lernt gemäß klassischen Rollentheorien die Rolle gleichsam von hinten. Er lernt ein konkretes Bruchstück einer komplexeren Rolle zu handhaben. Jedes Rollensegment verweist dabei auf

3.2 Sozialisationstheoretische Perspektive

ein „Mehr", nämlich was es heißt, „Vater" zu sein. Lernt das Kind zuerst begrenzte und konkrete Anwendungsfälle für ein normiertes Verhalten, so steckt darin eine Angemessenheits-Regel, mit der auf entwicklungsspezifische Aufmerksamkeiten und Kompetenzen implizit adäquat reagiert wird. Diese Angemessenheits-Regel ist den Sinnaspekten der Interaktion, die Oevermann als latente Sinnstrukturen bezeichnet, immanent. Eben weil diese Sinnaspekte nicht als sprachliche explizierte Soll-Forderungen gefasst sind, sondern in ihrer Latenz nur auf Kann-Anforderungen hinauslaufen, kann sich das Kind zunächst dem Sinn zuwenden, der seiner Aufmerksamkeit und Entwicklung gemäß ist. Damit reproduziert es aber zugleich auch Sinnstrukturen, die auf komplexere Verhaltensformen, zum Beispiel das Insgesamt der Rollennorm „Vater", verweisen (Oevermann u.a. 1979, 426).

Oevermann deutet an, dass sich der Sozialisand an latente Sinnstrukturen in Form „vergangener Szenen" (Oevermann u.a. 1976, 386) erinnert, diese situativ aufgreift und sich selbst damit die in den Szenen gespeicherten latenten Sinnstrukturen aufzeigen kann. Szenen werden gleichsam als Skripte oder Texte reproduziert (vgl. a.a.O., 385), die sich Kinder vorspielen, ohne sich schon über deren Bedeutung vollständig bewusst zu sein. In expliziter Anlehnung an Mead (Oevermann u.a. 1979, 161f.) besitzt nach Oevermann der Sozialisand mit den wiedererinnerten und in die Interaktion erneut eingebrachten Texten die Möglichkeit, sich zu verobjektivieren: „Das Subjekt kann sich selbst erst in den Texten gegenübertreten" (Oevermann u.a. 1976, 385). Nachträglich können die Akteure ihre „Interaktionstexte" (ebd.) auf nicht realisierte Bedeutungen hin abklopfen (ebd.). Latente Bedeutungsgehalte aus vorgespielten Interaktionsszenen werden allmählich durch reflexive Einstellungen „mediatisiert" (a.a.O., 384f.).

Ähnliche Konzepte einer an der Interaktion ausgerichteten Primärsozialisation finden sich, ihrerseits an Oevermann anschließend, in Strukturmodellen über die Entwicklung sozial-moralischer Urteilsfähigkeit in der Fortsetzung von und in der Kritik an Kohlberg. So liefert Lempert eine interaktions- und rollenbezogene Definition von Komplexitäts-Strukturen und benennt in diesem Zusammenhang zwei zentrale Phänomene des Sozialisationsprozesses, nämlich eine angemessene Partizipation des Sozialisanden am Interaktions-Sinn sowie eine aus dessen Sicht gleichzeitig vorhandene Überkomplexität dieses Sinns:

> „Gelingende Sozialisationsprozesse können [...] als Veränderungen psychischer Strukturen auf dem Wege der sukzessiven Perzeption und Interpretation, Verarbeitung und [...] Bearbeitung sozialer Strukturen beschrieben werden, deren Komplexität die Perzeptions-, Interpretations- usw. -kapazitäten der Individuen strukturell übersteigt, ohne sie völlig zu überfordern. Diese Prozesse sind zumindest potentiell solange nicht abgeschlossen, wie an irgendeiner Übergangsstelle zwischen sozialen Strukturen, Wahrnehmungsmustern etc. ein entsprechendes Komplexitätsgefälle be-

steht. Komplexität kann in diesem Kontext [...] sowohl situations-, rollen- oder bereichsimmanente Unvereinbarkeit sozialer Erwartungen und Bedingungen als auch ein relativ beziehungsloses Nebeneinander unterschiedlich strukturierter Situationen, Rollen oder Bereiche bedeuten. Beides fordert die Individuen zur Reflexion und Diskussion heraus" (Lempert 1993, 22).

Im Rahmen von latenten Sinnbedeutungen der Interaktion besitzt das Kind zugleich Zeit und Raum für eigene Aufmerksamkeitsvorgänge. So kann sich eine Differenzierung von Ich- und Welt-Perspektiven ausbilden und festigen. Dies bedeutet auch: Für Akteure sind Normen durch die Situation spezifiziert und auch begrenzt. Mit Oevermann lässt sich sagen, dass die Erziehungspersonen dem Sozialisanden kein kognitives Begründungsprogramm für normatives Verhalten „am grünen Tisch" darlegen, sondern in ihrem auf eine Situation bezogenen Verhalten Normen unter konkreten Anwendungsbedingungen als latente Sinnstrukturen vorspielen. Das Kind lernt nicht eine abstrakte und komplexe Norm, sondern im Durchgang durch verschiedene Situationen sukzessive, was Normen konkret bedeuten und unter welchen situationsbezogenen Bedingungen sie jeweils zu verwenden sind.

Situierte Rahmenbedingungen besitzen damit für den Lernprozess eine außerordentliche Funktion, weil in ihnen Aspekte eines normierten Verhaltens variiert werden und dadurch der Lernprozess in kleinere Portionen zerfällt. Handeln im Kontext der situierten Interaktion lässt den Sozialisanden schließlich immer mehr Anwendungsbedingungen einer Norm kennenlernen und sie als „die" Norm kognitiv generalisieren. Der Sozialisationsvorgang teilt sich damit in zwei Seiten: Zum einen weist die Interaktion in ihrer Komplexität eine umfassende Soll-Norm auf, zum Beispiel Erwartungen, die mit der Rolle eines Vaters verbunden sind. Zum anderen wird in der *situierten Interaktion* immer nur ein Teil dieser Soll-Norm praktiziert. Lernen bedeutet dann, Anwendungsregeln des eigenen Verhaltens in einen komplexeren Sinnzusammenhang stellen zu können, wobei die latenten Sinnmöglichkeiten des Interaktionsrahmens dazu der Anreiz sind. Die Sozialisanden lernen, von ihnen schon beherrschte Verhaltensmuster mit komplexeren Erwartungsanforderungen zu versehen.

Im wiederholten Vorspielen von konkreten Verhaltensausschnitten werden sukzessive immer mehr Rollensegmente erfasst und reflexiv abgesichert. Es ist diese in latente Sinnaspekte eingebaute Angemessenheit, die – als Partizipationsmoment sowie als antreibender Faktor – die Sozialisation des Kindes mitbewirkt. Der Sozialisand gerät dabei in ein anderes Verhältnis zu der latenten Sinnstruktur bzw. der teil-generalisierten Norm, sooft er ein Verhaltenssegment wiederholt. In diesem Prozess kann er sich gewissermaßen mit der Komplexität der Norm immer mehr anfreunden.

3.2.6 Fazit

Überblickt man noch einmal die von Sutter für die Sozialisation aufgeworfenen Fragestellungen, so ist zunächst
a) die Frage nach einem Konstitutionsmechanismus der Sozialisation aufgeworfen. Interaktionistische Ansätze versuchen, die Sozialisation auf Wechselverhältnisse von Innen- und Außenwelt zurückzuführen.[34] Zwar werde in der Psychologie und auch in der Soziologie eine Verbindung von Vergesellschaftung und Individuierung angesprochen, dies jedoch oft nur in programmatischen Absichtserklärungen (Sutter 2004, 24). Um die Gleichzeitigkeit von Individuierung und Vergesellschaftung zu denken, empfiehlt Sutter, die soziale Entwicklung als „Handeln im Kontext" (ebd.) zu konzipieren – die ich hier Interaktion nenne –, „so dass mit den Subjektstrukturen zugleich die Strukturen der sozialen Außenwelt ausgebildet werden" (ebd.). Damit wird vermieden, die Entwicklung des Individuums (Ontogenese) nur als bloße Übernahme einer bereits bestehenden Außenwelt zu formulieren. Die Existenz einer sozialen Außenstruktur ist in der Perspektive des Sozialisanden nicht einfach gegeben. Eine Perspektive von Innen- und Außenwelt müsse das Kind erst – miteinander verschränkt – ausbilden: „Sowohl das Selbst als auch die sorgende Bezugsperson als Teil der sozialen Außenwelt muss das Neugeborene erst zunehmend auf Distanz bringen, damit es sich selbst und die Bezugsperson als besondere, von anderen Menschen unterscheidbare Person identifizieren kann". (Ebd.)

Wie immer auch Begründungen innerhalb einer an der Interaktion ansetzenden Theorie der Sozialisation im Einzelnen ausfallen mögen, so wird doch erkennbar, dass man im interaktionsorientierten Ansatz eine gleich-urspüngliche Konstitution von Subjekt und Objekt in Angriff zu nehmen sucht. Die Bestrebung geht dahin, die Alternative, entweder eine Sozialität oder aber eine Individualität als einen vorgängigen generativen Mechanismus zu sehen, fallen zu lassen. Die Ontogenese soll weder als Übernahmevorgang konzipiert werden, in

---

34 Sutter kritisiert die „soziale Kognition unter dem Vorrang des Individuums" (Sutter 1994, 26), um zu einer interaktionistischen Fassung der Sozialisation zu gelangen. Er wendet sich (ebd., 26ff.) dagegen, die Sozialisation nur aus Sicht des Ich nachzuzeichnen, wie es z.B. innerhalb des genetischen Strukturalismus von und im Anschluss an Piaget der Fall ist. Dieser besitze jedoch den Vorteil, „von einer Bereichs- und Kontextspezifität kognitiver Entwicklungsphänomene" (ebd., 26) auszugehen. Während der frühe Piaget (vgl. Piaget 1983) noch auf das Paradigma der Interaktion verpflichtet sei, gebe es „alternative Lesarten des Piagetschen Konstruktivismus" (Sutter 1994, 26). Eine davon sei der „Radikale Konstruktivismus", der „die Ausbildung kognitiver Strukturen einseitig auf die Konstruktivität der Subjektorganisation hin relativiert" (ebd.) und damit das Paradigma der Interaktion aufgibt. Das Problem daran sei, dass die „Widerständigkeit einer realen Außenwelt [...] dann keine konstitutive Rolle in der kognitiven Entwicklung" mehr spiele (ebd.).

welchem ein werdendes Ich einer bereits ausgebildeten sozialen Struktur gegenübersteht, noch soll die Genese einer differenzierten Perspektivenhandhabung vollständig in kognitive Vermögen des Sozialisanden hineinverlagert werden.[35]

Sozialisation sollte weder nur Verwirklichung eines Programms sein, das einem Sozialisator kognitiv ausformuliert verfügbar ist; in dieser „soziologistischen" Variante der Sozialisationstheorie tendiert der Sozialisand zu einem passiven Objekt von bereits bestehenden Sozialisationsregeln zu werden. Noch sollte man die Genese einer Perspektivendifferenzierung vollständig dem Sozialisanden überantworten, wozu psychologische Ansätze tendieren.[36] Der Sozialisationsmechanismus als ein interaktiver soll zwar Sozialisator und Sozialisand verbinden, aber nicht eine manifeste kognitive Repräsentation von sozialisatorischen Regeln beinhalten. Hier versprechen Ansätze, die sich auf eine Latenz von Sinnstrukturen beziehen, einen Ausweg. Eine solche Latenz von Sinn stellt ein drittes Konzept dar, über das Akteure der Sozialisation auf eine nicht nur kognitive Weise verbunden sind.

b) Die sozialisationstheoretische Frage, wie sich das Verhalten in einer Situation zu einem generalisierten Verhalten entwickeln kann, wird von Claessens, Mead und Oevermann mit einem Struktur- und einem Prozessbegriff benannt. Ersterer bezieht sich auf gemeinsam in Interaktionen geschöpfte Sinnaspekte, die zum Teil sprachlich sind, zum Teil auf das Ausdrucksverhalten zurückgehen. Auf die Interaktion bezogene Sinnstrukturen enthalten dabei auch eine Prozessdimension; Akteure nehmen sich Zeit für eine aufmerksame Selbstzuwendung, in welcher das Sinnspektrum aus der Interaktion einschließlich des eigenen Verhaltens darin in einer nachträglichen Sinnauslegung erfasst wird. In diesem interpretativen Prozess der Selbst- und Interaktionsauslegung werden die emotionalen sowie die kognitiven Verhaltenselemente aus der Interaktion zueinander in ein bewusstes Verhältnis gebracht. In dieser Minimierung der Sinnlatenzen aus dem eigenen sowie dem fremden Verhalten generalisieren Akteure ihren Verhaltensapparat.

c) Dieses Verhältnis, in denen Strukturen Prozesse der Reflexion anregen und Prozesse der Reflexion Sinnstrukturen absichern, folgt aus Prämissen der Interaktion und des Handelns, mit denen die sozialisationstheoretische Argu-

---

35 Vgl. zur Kritik am Ausstattungsmodell in der Sozialisationsforschung, nach welchem das Individuum Substanzen erwirbt, die in Krisen vermeintlich nur nachsozialisiert werden: Wittpoth 1994, 48f. Der Autor setzt dabei an Mead an (vgl. ebd., 49).
36 Nach Sutter neigt die strukturgenetische Entwicklungstheorie sozialer Kognitionen von Piaget und dessen Nachfolgern dazu, das Verhältnis von Sozial- und Subjektstrukturen „auf subjektive Repräsentanzen zu verkürzen. Damit werden jedoch lediglich die Resultate, nicht aber der Prozess der sozialen Entwicklung der Subjekte erhellt, die unter gegebenen Bedingungen aktiv die Welt und sich selbst konstruieren" (Sutter1994, 25).

3.2 Sozialisationstheoretische Perspektive

mentation der hier vorgestellten Autoren unterlegt ist. Mit der Unterscheidung von kognitiv repräsentierten Verhaltensnormen auf der einen Seite sowie latenten Sinnstrukturen der Interaktion auf der anderen Seite nimmt Oevermann nach der Ansicht von Sutter (1994, 45) eine Differenz von Denken und Handeln an, die für die Sozialisation konstitutiv ist. Bora und andere (1991, 84) bezeichnen dies als „sozialisationstheoretische Pointe gegen die Bewußtseinsphilosophie: Das subjektive Bewußtsein bildet sich in [...] objektiven Bedeutungsstrukturen, und nicht umgekehrt". Dieses Sozialisationsmodell basiert auf objektiven Strukturen der Interaktion, die gleichsam als Motoren der Sozialisation angesehen werden. Gemeint sind Regeln, die nicht „präexistent über den Ereignissen" (a.a.O., 87) schweben; vielmehr gelte: „Jeder Fall bekräftigt, oder erfindet gar, aufs Neue die Regel" (ebd.).[37] In dieser Formulierung ist der Anspruch enthalten, Handeln und Interaktion auf der einen Seite mit Strukturen auf der anderen Seite konstitutionstheoretisch zu verbinden. Ausschlaggebend sei, „dass Strukturen objektiv sind, weil sie sich in der Interaktion mit einem dem Subjekt nicht verfügbaren Objektiven ausbilden" (a.a.O., 88).

Diese Kennzeichnung lässt sich auch mit der Unterscheidung von generalisierten Normen und ihren Anwendungsbedingungen in Zusammenhang bringen. Das zunächst nicht verfügbare Objektive ist die komplexe Handlungsnorm selbst, auf die schon ihre Anwendungsdimensionen implizit verweisen. Demnach generieren Akteure in ihrem psycho-physischen Verhalten konkrete Anwendungsregeln von Normen, die sukzessive zu einem generalisierten Verständnis dieses Verhaltens ausgebaut werden. In der reflexiven Auseinandersetzung mit latenten Sinnpotenzialen aus der gemeinsamen Interaktion werden Normen in nachträglichen Reflexionen erfasst. Weil die Anwendungsdimension von Normen nicht mit der Geltung von Normen identisch sind, lässt sich sagen, dass „die Struktur [...] nie absolut sinndeterminierend" ist.[38]

d) Schließlich lässt sich die Frage, wie Subjekte Anschluss an eine Außenwelt finden, ohne die Motivation hierzu in psychologischer Manier schon einem Subjekt oder, aus soziologischer Sicht, fertigen Strukturen zu überantworten, mit dem Verweis auf Prozesse der Aufmerksamkeit ansprechen. Sinnaspekte, die die Akteure gemäß der sozialisatorischen Prämisse von Claessens, Mead und Oe-

---

37 Anzumerken ist ebenfalls eine Parallele zwischen der objektiven Hermeneutik und der Ethnomethodologie: beide sehen die von ihnen propagierten Verfahren (das abduktive Schließen in der objektiven Hermeneutik sowie die dokumentarische Methode der Interpretation) auch als Teil der Lebenswelt an; und beide gehen von einer situativen Genese von Regeln aus. Zur Ethnomethodologie vgl. Kapitel 4.3.
38 Schwinn 1995, 49-75, hier 59. Die „Einheit und Bedeutung eines Zeichens, eines Satzes, eines Textes oder einer Kultur" sei „nie definitiv zu beurteilen; sie bildet sich im Gebrauch bzw. im Verständnis stets neu" (ebd.).

vermann im gemeinsamen Handeln selbst generieren und die, als latente Sinnstrukturen, zunächst unterhalb der Aufmerksamkeit liegen, können im weiteren Verlauf der Handlung oder der Interaktion zu einem expliziten Thema werden. Das bedeutet, dass sich Individuen gegenüber Strukturen kreativ verhalten.

Der Wechsel vom Aufbau latenter Sinnstrukturen und deren Abbau durch reflexive Einstellungen braucht freilich einen motivationalen Anlass. Akteure benötigen einen Grund, damit aus latenten Sinnstrukturen des eigenen oder fremden Verhaltens ein bewusstes Verhältnis zu diesem Verhalten wird. Die Rekonstruktion von Sinnlatenzen wird nach Mead nun gerade dann angeregt, wenn Handeln in fremden oder nicht verstandenen Situationen nicht mehr wie gewohnt stattfinden kann.

Literaturempfehlungen
Für das Nachvollziehen der sozialisationstheoretischen Perspektive erscheint es unverzichtbar, die Schriften von Parsons (1972), Claessens (1967) und Mead (1988) zu studieren. Zu Oevermann vgl. zum Beispiel ders. 1993.

3.3 Ungleichheitstheoretische Perspektive

Neben der institutionen- und der sozialisationstheoretischen Perspektive sei als dritte nun *die ungleichheitstheoretische Perspektive* für die Makroebene angesprochen. Mit den PISA-Studien, die den Zusammenhang zwischen sozialer Herkunft und Bildungsergebnissen (wieder) stärker ins öffentliche Bewusstsein gerückt haben, gewinnt diese Perspektive der Bildungssoziologie wieder an Wichtigkeit. Diese Perspektive war in der deutschen Bildungsforschung nie ganz verschwunden; so konnte z.B. eines der klassischen Bücher zur schichtspezifischen Sozialisationsforschung – von Hans-Günter Rolff „Sozialisation und Auslese durch die Schule" aus dem Jahre 1967 – fast unverändert 1997 neu aufgelegt werden. Ebenfalls hat sich die soziologische Ungleichheitsforschung weiter mit bildungsbezogenen Ungleichheiten beschäftigt (siehe z.B. nur Geißler 2006); gleiches kann für die Bildungssoziologie in Deutschland gesagt werden, die in den vergangenen Jahren insbesondere Analysen von Pierre Bourdieu rezipiert hat. Nach dem Hoch der Diskussion von schichtspezifischen Sozialisationsansätzen in den 1970er und Folgejahren, die sich Bildungsungleichheiten im Zusammenhang mit der sozialen Herkunft ausführlich widmeten, flaute die Diskussion jedoch merklich ab.

Einen Schub erhielt der bildungssoziologische, ungleichheitstheoretische Zugang mit den Befunden aus PISA. Die Reichweite des Sammelbeckens der ungleichheitstheoretischen Perspektive ist jüngst von Becker/Lauterbach (Hg.) 2006 (vgl. auch unten Kapitel 4.1), inklusive der offenen Forschungsfragen, aufgezeigt worden; dieses Buch kann als eines der Standardwerke der aktuellen soziologischen Ungleichheitsforschung bezeichnet werden.[39]

Im Folgenden stelle ich zunächst die ungleichheitstheoretische Sichtweise der Bildungssoziologie von Pierre Bourdieu vor.[40] Bourdieu wird für die Makroebene behandelt, weil er Bildungsungleichheiten innerhalb einer weitgehend ausgearbeiteten Gesellschaftstheorie darstellt. Zur Makroebene gehört ebenfalls Bourdieus differenzierungstheoretischer Blick (Kap. 3.4.4). Damit nicht genug ist Bourdieu auch für die Mesoebene relevant (vgl. die Studie „Illusion der Chancengleichheit", Kap. 5.1.1) sowie für die Mikroebene (zu Beginn von Kapitel 4.1 gehe ich erneut kurz auf das Konzept des Habitus ein). Trotzdem: die ungleichheitstheoretische Perspektive ist Bourdieus Schwerpunkt. Des Weiteren stelle ich in diesem Kapitel Ansätze der Sprachsozialisation, der Lesesozialisation sowie einen wissensanalytischen Ansatz vor.

Skizze zum Stand der Bildungsungleichheiten im deutschen Bildungswesen
Bevor jedoch die Darlegung der ungleichheitstheoretischen Perspektive mit Bourdieu beginnt, soll demonstriert werden, dass das deutsche Schulsystem – leider – mehr als genug Anlass bietet, Theorien der Ungleichheit heranzuziehen. Die Reproduktion von sozialen Ungleichheiten durch das deutsche Bildungssystem, wie sie die PISA-Studien und andere herausgefunden haben, ist nicht von der Hand zu weisen. Die nun vorzustellenden Daten beanspruchen keine Vollständigkeit, geben jedoch Einblicke in Eckpunkte der bildungssoziologischen Rezeption von Ungleichheitsstudien und von PISA. Im folgenden Abschnitt wird die Untersuchung von Jutta Allmendinger und Hans Dietrich (2004) aus dem Institut für Arbeitsmarkt- und Berufsforschung referiert. Die AutorInnen legen eine bildungssoziologische Perspektive zu Grunde.

Es gibt einen eindeutigen Zusammenhang zwischen sozialer Herkunft und Bildungsergebnissen, d.h. dem Bildungszugang und -erfolg von Kindern. Zu diesem Ergebnis kommen Jutta Allmendinger und Hans Dietrich in ihren Untersuchungen von Studien:

---

39 Ich behandele den entscheidungstheoretischen Ansatz von Boudon, den Becker/Lauterbach darlegen, in Kapitel 4.1, weil er an der Mikroebene ansetzt. Gleichwohl gehört der Ansatz zur ungleichheitstheoretischen Perspektive der Bildungssoziologie.
40 Damit ist nicht gesagt, die gesamte Soziologie von Bourdieu sei Bildungssoziologie. – Der klassentheoretische Ansatz von Bourdieu lässt sich gleichzeitig als ein konflikttheoretischer verstehen, da die Theorie dem „Paradigma des sozialen Kampfes" verpflichtet ist; vgl. Schwingel 1993, 82.

- Nur 28% der Arbeiterkinder überwinden nach der 10. Klasse die Schwelle des Übergangs in eine weiterführende Schule (Klassenstufen 11-13), dagegen 73% der Beamtenkinder.
- Nur 6% der Arbeiterkinder schaffen den Schritt an eine Universität, dagegen 49% der Beamtenkinder.

Die Chance eines Beamtenkindes, ein Studium aufzunehmen, ist damit siebenmal höher als die Chance eines Arbeiterkindes (Köhler 1992, nach Allmendinger/Dietrich 2004, 203). Trotz der Bildungsexpansion hat sich dieser Wert in den letzten Jahren nicht wesentlich verbessert. Bei Kindern aus Arbeiterhaushalten wirkt sich ihre soziale Herkunft direkt auf ihre Bildungschancen aus. Dies belegt eine weitere Untersuchung, bei der die Empfehlungen von LehrerInnen für den Besuch eines Gymnasiums mit der sozialen Herkunft der Kinder und den Ergebnissen eines Leistungstests verbunden wurden (Lehmann/Peek/Gänsfuß 1997, nach Allmendinger/Dietrich 2004, 203):

- Nur 16% der Kinder, deren Väter keinen Schulabschluss haben, erhalten eine Empfehlung für das Gymnasium,
- dagegen 70% der Kinder von Vätern mit Abitur.

Die Ergebnisse dieses Leistungstests zeigen, dass bei durchschnittlich 78 erreichten Punkten eine Empfehlung für das Gymnasium erfolgt. Kinder von Vätern mit Abitur benötigen im Mittel nur 65 Punkte, um diese Empfehlung zu erhalten; Kinder von Vätern ohne Schulabschluss bekommen die Empfehlung allerdings erst bei einer Leistung von über 98 Punkten.

Ungleichheitsstrukturen setzen sich zwischen Bildung und Arbeitsmarkterfolg bzw. dem Bildungsabschluss und beruflichem Status fort. Das Einkommen von Personen mit höherem Schulabschluss ist wesentlich höher als das von Personen mit niedrigem Schulabschluss. Ein Universitätsabsolvent verdient mehr als das Doppelte eines Ungelernten. Ebenso hängt das Risiko, arbeitslos zu werden, mit schulischer Bildung zusammen. Lag die Arbeitslosenquote 2000 bei durchschnittlich 8,1%, waren es 17,5% bei Personen ohne Ausbildung (Reinberg/Hummel 2002, nach Allmendinger/Dietrich 2004, 204). Der berufliche Status lässt sich heute mehr denn je durch den Bildungsabschluss vorhersagen.

Wie diese „Mechanismen der Übersetzung von sozialer Herkunft in Bildungszugänge" (Allmendinger/Dietrich 2004, 204) ablaufen, ist jedoch nach Ansicht der AutorInnen noch weitgehend ungeklärt. Unter anderem kann *die Schule allein* nicht als Produzentin ungleicher Bildungszugänge verantwortlich gemacht werden, da manche Hauptschüler ähnliche Kompetenzwerte erreichen wie Schüler höherer Schulformen. In diesem Punkt referieren Allmendinger und

3.3 Ungleichheitstheoretische Perspektive

Dietrich Ergebnisse der PISA 2000 Studie. PISA erlaubt es, die soziale Schicht, gemessen am beruflichen Status des Vaters, mit dem erreichten Kompetenzniveaus 15-jähriger Jugendlicher zu vergleichen und den möglichen Einfluss der Schule zu untersuchen. Im Einzelnen erreichen die Kinder verschiedener sozialer Schichten folgende Kompetenzpunkte:

- Kinder der oberen und unteren Dienstklassen erreichen zwischen 540 und 530 Punkte,
- Kinder der Facharbeiter 460 Punkte,
- die der Arbeiter 430 Punkte (ebd.).

Allmendinger und Dietrich resümieren, dass gemäß der PISA 2000 Studie die „durch Herkunft erklärte Varianz der Lesekomptenz" 13% betrage (a.a.O., 205). Diese Werte reduzieren sich jedoch, schreiben die AutorInnen weiter, wenn der Schulbesuch kontrolliert werde; es „reduzieren sich die Unterschiede maßgeblich, wenngleich nicht vollständig" (ebd.). Dies bedeutet, dass Arbeiterkinder an einem Gymnasium höhere Kompetenzwerte erreichen können, die sogar höher liegen als die der Kinder aus der oberen Dienstklasse (ebd.). Daraus schlussfolgern Allmendinger und Dietrich, dass für die Vorhersage der Kompetenzwerte die Schulform mehr helfe als Angaben zur sozialen Herkunft (ebd.). In anderen Worten zeigt PISA, dass „Kompetenzen und Schulerfolg nicht zusammenfallen" (a.a.O., 206), sofern einige Hauptschüler Leseleistungen erreichen, die mit denen von Realschülern und Gymnasiasten vergleichbar sind. Zudem ist aus PISA bekannt, dass Lehrkräfte diejenigen Schüler, die in der PISA-Untersuchung unter der Kompetenzstufe 1 liegen, dennoch als nicht schwache Leser einstufen (ebd.). Schulerfolg und Kompetenzen fallen also auch in diesem Punkt nicht zusammen.

Die entscheidende Einschränkung machen die AutorInnen jedoch nun dahingehend, dass sie sagen: „Da wir aber über die unterschiedliche Verteilung von Kindern nach sozialer Herkunft auf unterschiedliche Schulformen wissen, ist diese Selektion von Kindern das ausschlaggebende Prinzip." (A.a.O., 205)

Schließlich gehen die AutorInnen auch auf die Bedeutung von PISA mit Blick auf die Arbeitsmarktpolitik ein. Nach ihrer Ansicht wurde die Bildungspolitik zwar durch die Ergebnisse von PISA aktiviert. In den Mittelpunkt wurde dabei der Kompetenzerwerb gerückt. Fragen nach dem Stellenwert von Kompetenzen für den Eintritt in den Arbeitsmarkt und spätere Mobilitätsprozesse wurde jedoch noch nicht hinreichend berücksichtigt.

Es gibt immer mehr Jugendliche ohne Schulabschluss, insbesondere Jugendliche mit Migrationshintergrund (sog. „Bildungsarme"). Sie haben überdurchschnittliche Probleme bei der Ausbildungsplatzsuche und ein erhöhtes Arbeitslosigkeitsrisiko. Im Durchschnitt des Jahres 2002 befanden sich ca.

550.000 Jugendliche in arbeitsmarktpolitischen Maßnahmen der Bundesanstalt für Arbeit, dazu kamen 500.000 arbeitslose Jugendliche. Ihr Bildungsstatus sei kaum durch Maßnahmen der Bundesagentur für Arbeit angehoben worden (a.a.O., 208). Jutta Allmendinger und Hans Dietrich (a.a.O., 206ff.) fragen in diesem Zusammenhang, inwieweit Kompetenzen als Maß zur Bestimmung von Bildungserfolg überhaupt geeignet sind und vergleichen ihre Aussagekraft mit der von Abschlüssen und Zertifikaten. Für die Messung von Kompetenzen spreche: sie sind schulextern (unabhängig) entwickelte Anforderungsprofile; eine feinere Gradierung ist möglich; Unterschiede und Veränderungen sind leichter zu erfassen. Abschlüsse und Zertifikate dagegen beziehen sich auf Leistungsanforderungen, die abhängig vom Schulniveau, wie auch von der Zusammensetzung der Schülerschaft sind; und vor allem: auf Abschlüsse und Zertifikate wird mehr Gewicht in der Bewerbungspraxis gelegt. Damit sind Abschlüsse eine relevante Schaltgröße für die Integration in den Arbeitsmarkt. Arbeitgeber in Deutschland fragen kaum nach Kompetenzen, sondern nach Zertifikaten. Die Qualifikation der BewerberInnen wird über den Schulabschluss gemessen – und gleichzeitig als Bescheinigung über Disziplin, Anpassungsfähigkeit und soziale Kompetenz gesehen. Nur wenige Arbeitgeber machen sich vermutlich die Mühe, selbst zu testen bzw. in einem persönlichen Gespräch herauszufinden, was für ein Mensch sich bei ihnen beworben hat.

Sowohl Kompetenzen als auch Abschlüsse/Zertifikate sind eher kognitive Indikatoren und können nur einen Teil der Fragen beantworten, die die Bildungssoziologie heute aufwirft, wie Allmendinger und Dietrich in ihrem Ausblick bemerken:

- Woher kommen die Kompetenzunterschiede in den verschiedenen Gruppen?
- Wie stabil, wie beeinflussbar sind die gemessenen Kompetenzen?
- Welche Bedeutung haben Kompetenzwerte für den schulischen, beruflichen und persönlichen Werdegang?
- Wie ist das Verhältnis der gemessenen Kompetenzen zu schulischem Erfolg, zu Intelligenzscores und zu den ebenfalls wichtigen nicht-kognitiven Faktoren? (A.a.O., 207f.)

Um die Bedeutung von Kompetenzwerten für den schulischen, beruflichen und persönlichen Werdegang zu erklären, wären weitere Untersuchungen nötig, die die Zusammenhänge zwischen Kompetenzen, Noten, Schulabschlüssen, Beurteilungen der LehrerInnen sowie nicht-kognitiven Merkmalen wie Motivation, Disziplin und Leistungsbereitschaft zu klären hätten. Zudem wäre es wichtig, die Genese des Kompetenzerwerbs zu untersuchen und verstehen zu lernen.

3.3.1 Bourdieu: Bildung und Klassen

Pierre Bourdieu (1930-2002) kann mit seiner Theorie auf die bildungssoziologischen Fragen von Allmendinger/Dietrich nicht gleich eine Antwort geben. Dennoch liefert die Theorie wichtige Bausteine, mit denen sich die aufgeworfenen Fragen untersuchen lassen. Die nun vorzustellenden Elemente von Bourdieus Theorie können dabei keine Vollständigkeit beanspruchen.

Gesellschaft als Ensemble von Feldern
Nach Bourdieu stellt die Gesellschaft ein „Ensemble von Feldern" dar, welche nicht beziehungslos nebeneinander stehen, sondern aufeinander einwirken. Jedes Feld kann als Ganzes betrachtet werden, differenziert sich jedoch auch in Unterfelder aus, z.b. das kulturelle Feld in das wissenschaftliche, das künstlerische und das literarische Feld.

Die konstitutiven Elemente der Feldstrukturen bestehen aus verschiedenen Arten von Kapital. Es wird in einem viel weiteren Sinne als in der Ökonomie verstanden, wie Eva Barlösius schreibt; es geht um materielle Güter wie auch „symbolische Ressourcen (Reputation, Ansehen), die sozial ungleich verteilt sind und mit deren Besitz bzw. Nichtbesitz eine bestimmte (Macht-)Position in den verschiedenen Feldern verbunden ist" (Barlösius 2006, 188).

Bourdieu unterscheidet folgende Sorten von Kapital:

- Das ökonomische Kapital beinhaltet Geld und Besitz (aus Arbeit und/oder Vermögen) sowie Eigentumsrechte.
- Soziales Kapitel definiert Bourdieu wie folgt: „Das Sozialkapital ist die Gesamtheit der aktuellen und potentiellen Ressourcen, die mit dem Besitz eines dauerhaften Netzes von mehr oder weniger institutionalisierten Beziehungen gegenseitigen Kennens und Anerkennens verbunden sind; oder, anders ausgedrückt, es handelt sich dabei um Ressourcen, die auf der Zugehörigkeit zu einer Gruppe beruhen." (Vgl. Bourdieu 1983, zit. n. Baumgart 2004, 224)
- Kulturelles Kapital oder auch Bildungskapital differenziert Bourdieu in drei Formen: a) Mit dem inkorporierten kulturelle Kapital wird die vom Einzelnen nicht delegierbare Zeit erfasst, sich Bildung (cultivation) anzueignen und zu verinnerlichen. b) Objektiviertes Kulturkapital liegt z.B. in Form von Schriften, Denkmälern oder Gemälden vor, erhält aber seinen Wert nur in Bezug auf das inkorporierte kulturelle Kapital. c) Unter das institutionalisierte kulturelle Kapital fallen insbesondere schulische und akademische Titel (vgl. Bourdieu 1983, zit. n. Baumgart 2004, 218-224).

Orientiert an einem Modell des Tausches, wie es von Ethnographen wie Lévi-Strauss vertreten wird (Lévi-Strauss 1993, 148), ist Bourdieu der Ansicht, dass sich der ökonomische Besitz in einen kulturellen Distinktionswert verwandeln lässt, der letztendlich auch sozialstrukturelle Positionen aufwertet; „die einzig anerkannte Macht, in Form von Dankbarkeit, persönliche Treue oder Prestige, verschafft man sich gebend" (Bourdieu 1993, 229). Der Nutzeneffekt einer solchen nicht-ökonomischen Beziehung sei größer als nackte ökonomische Verbindlichkeiten. Denn in den „moralischen Verpflichtungen und affektiven Bindungen, die vom großzügigen Geschenk geschaffen und erhalten werden" (a.a.O., 230), wird die darin enthaltene Gewalt symbolisch beschönigt, damit „unkenntliche und anerkannte Gewalt" (ebd.). Diese Wirkungsweise symbolischer Tauschakte lagert auf sozialen Unterschieden auf, die in modernen Gesellschaften institutionalisiert sind. An die Stelle von Beziehungen, die sich nur „durch unablässigen persönlichen Einsatz halten können, setzt die Institutionalisierung streng festgelegte und juristisch abgesicherte Verhältnisse zwischen anerkannten Positionen" (a.a.O., 241). So können Akteure Berufs- und Bildungstitel als „juristische Regel" (Bourdieu 1985, 26) für eine „legitimatorische Selbstbestätigung" nutzen (Bourdieu 1993, 253f.).

Habitus
Entsprechende Strategien müssen jedoch,

> „um institutionalisiert zu werden, d.h. zur harten und dauerhaften Wirklichkeit von Dingen oder Institutionen gehören, auch *einverleibt* werden, da dies der sicherste Weg ist, sie selbstverständlich zu machen: wenn sie von Kindesbeinen an als selbstverständlich anerkannt und erworben werden, erlangen Dispositionen des Unterscheidens allen Anschein einer selbstverständlich ranggestuften Natur" (a.a.O., Herv.i.O.).

Mit dem Konzept des Habitus erklärt Bourdieu nun die Verstetigung von sozialstrukturellen Hierarchien. Der Habitus beinhaltet „Wahrnehmungs- und Beurteilungsschemata" (a.a.O., 255) und vermittelt zwischen einer gesellschaftlichen „Verteilungsstruktur" (a.a.O., 257). Habituelles Handeln ist eine „regelrechte Wartungsarbeit" (a.a.O., 302), mit der die Sozialstruktur „gängig gehalten" (ebd.) wird und den Akteuren legitimatorische Selbstbestätigungen erlaubt.

Für Handelnde beinhaltet dies die Kenntnis sozialer Felder. Spielregeln, die dort praktiziert werden, sind einerseits mit kognitiven Prozessen verbunden, andererseits habitualisiert, in leiblichen Dispositionen fundiert. Am gesamten Verhalten lässt sich ablesen, ob Akteure die Regeln eines bestimmten sozialen Feldes beherrschen.

3.3 Ungleichheitstheoretische Perspektive

„Man könnte als Beispiel [...] irgendeinen Unterbereich des Felds der Kulturproduktion nehmen, wie die Welt der Malerei, in welcher die Geltung jedes Malers in einem [...] Spiel von unbestimmt klugen Urteilen bestimmt wird: die vollkommene Kenntnis des ‚Spiels' [...], der Verhaltensweisen, die gegenüber Kritikern, Kunsthändlern, Malerkollegen angebracht sind, der Äußerungen, die man ihnen gegenüber tun muß, der Personen, mit denen man Umgang pflegen oder die man meiden muß, [...] ist [...] Teil der absolutesten Bedingungen der Akkumulation von Geltung, aus der sich Berühmtheit ergibt" (a.a.O., 250, Anm.).

Ein im Habitus gleichsam natürlich erscheinendes Verhalten wurde mit erheblichen ‚kulturellen Investitionen' (Bourdieu 1987, 489) erkauft, gewissermaßen mit der Lebensgeschichte bezahlt. Als einverleibte und damit vergessene Geschichte sei der Habitus wirkende Präsenz der gesamten Vergangenheit, die ihn erzeugt hat (Bourdieu 1993, 105). „Deshalb macht gerade er die Praktiken relativ unabhängig von den äußeren Determiniertheiten der unmittelbaren Gegenwart" (ebd.). Überzeugungen von der Sinnhaftigkeit der eigenen Urteile werden „mit der Ersterziehung" (a.a.O., 221) eingeprägt und verfestigen sich unbemerkt im alltäglichen Handeln.[41] Habitus ist somit „Spontaneität ohne Willen" (Bourdieu 1987, 734). Er stelle die „Lösung der Paradoxe des objektiven Sinns ohne subjektive Intention" dar, „jene Verkettung von ‚Zügen', die objektiv wie Strategien organisiert sind, ohne das Ergebnis einer echten strategischen Absicht zu sein" (Bourdieu 1993, 115f.).[42] Bourdieu lehnt das Modell bewusst kalkulierender Akteure ab, die „bei ihren Erwartungen von einer exakten Bewertung ihrer Erfolgschancen ausgehen wie Spieler, die ihr Spiel aufgrund vollkommener Informationen über ihre Gewinnchancen gestalten" (a.a.O., 100). Habitus ist vielmehr „einverleibte, zur dauerhaften Disposition, zur stabilen Art und Weise der Körperhaltung, des Redens, Gehens und damit des Fühlens und Denkens" (a.a.O., 129) gewordene Handlungsweise. Der in einem Feld etablierte Spieler „tut in jedem Augenblick das, was zu tun ist, was das Spiel verlangt und erfordert. Das setzt voraus, dass man fortwährend erfindet, um sich den unendlich variablen, niemals ganz gleichen Situationen anzupassen. Das lässt sich durch mechanische Befolgung einer expliziten und – so sie existiert – kodifizierten Regel nicht erreichen" (Bourdieu 1992, 83). Die von Bourdieu hier benannte situationsangepasste Regelbefolgung wird durch die „libido sciendi" (Bourdieu 1983, zit. n. Baumgart 2004, 219) möglich, jene affektive Dimension des Verhaltens, die man sich wie eine „sichtbare Muskulatur oder eine gebräunte Haut zulegt" (ebd.). In

---

41 Das Individuum bleibe Janning zufolge „den sozialen Bedingungen seiner Primärsozialisation verhaftet" (Janning 1991, 30).
42 Intentionslose Strategien sind aber nur in den Feldern situationsangepasst, in denen der Habitus auch ausgebildet wurde (ebd., 116).

die libido sciendi investiert man Zeit in die Inkorporierung von Kapital, wobei diese Investition persönlich vorgenommen werden muss (ebd.). Die Inkorporierung solchen Kapitals könne sich „ohne ausdrücklich geplante Erziehungsmaßnahmen, also völlig unbewusst vollziehen" (a.a.O., 220). So, wie habituelle Strategien in ihrer Bezogenheit auf soziale Positionen nicht erkannt werden, so ist auch die sozialisatorische Genese dieses Verhaltens vergessen und außerdem auch die Tatsache, dass es durch Praktiken immer wieder erneuert wird. Habitus erlaubt, über diese sozialen Bedingungen gerade nicht nachzudenken. Trotzdem oder gerade deshalb können Spielregeln umso besser befolgt werden. Unter Spielregeln versteht Bourdieu „eine Gesamtheit von objektiven Regelmäßigkeiten, die sich jedem aufzwingen, der in ein Spiel eintritt" (Bourdieu 1992, 81). Den Akteuren ist dagegen nur ein Sinn für das Spielen präsent. „Und dieser ‚Sinn' [...] funktioniert jenseits des Bewusstseins und des diskursiven Denkens (nach Art etwa der Körpertechniken)" (ebd.). Hat man sich beispielsweise angewöhnt, die Zähne mit Bewegungen der Zahnbürste zu putzen, so fällt es immens schwer, neue elektrische Zahnbürsten wirklich still zu halten, um die Wirkung rotierender Bürsten, die auf eine Stelle gerichtet werden müssen, zu entfalten.

Aus der Tatsache, dass sich Akteure gleichsam körperlich auf Strategien verpflichtet haben, rührt auch die Heftigkeit sozialer Kämpfe. Was in ihnen aufeinander prallt, sind in erster Linie über den Körper sowie Gefühle einsozialisierte Wertigkeiten und weniger komplexe Programme kognitiver Weltdeutungen. Strategien und die Kenntnis sozialer Felder funktionieren im Rahmen ‚spürbarer Zugehörigkeiten' (Villa 1996):

> „Somatisierungen als die Herausbildung einer sozial bestimmten leiblichen Existenz sowie Naturalisierung, als der Vorgang, durch den die soziale Bestimmtheit der Leiblichkeit verschleiert und uns zur zweiten Natur wird, wären demnach die Mechanismen, mittels derer soziale Strukturen zu Bestandteilen unserer subjektiven Identität würden. Anders ausgedrückt: wir *verkörpern* unsere Position [...] in einer ganz ‚natürlichen' Art und Weise" (a.a.O., 150; Herv. i.O.).

Akteure müssen und können auch gar nicht in sozialen Kämpfen Strategien rein kognitiv kontrollieren, da sie dies in der Situation überfordern würde. Offensichtlich können sie dagegen in einer gefühlten Selbstüberzeugung situationsflexibel handeln, und zwar gerade auch im Angesicht eines Gegners, der dagegen hält. Wäre der soziale Kampf um Lebensstile nur kognitiv, müssten sich die Akteure schon nach wenigen Augenblicken darüber auseinandersetzen, welche der Anschauungsweisen denn nun „richtiger" wäre. Kompromisse und nicht Kämpfe wären die Folge.

3.3 Ungleichheitstheoretische Perspektive

Grundsätzlich ist Akteurstrategien nach Bourdieu durch das Weiterwirken der „Ersterziehung" (Bourdieu 1993, 221) ein Verharrungsmoment eigen. Der Grund dafür liegt in den Investitionen in die eigene Bildung. Wie stark die Verpflichtung auf Strategien ist, hängt davon ab, wie lange der Lernvorgang dauert, an dessen Ende die Akteure von ihren Lebensstilen überzeugt sind. Ist der Lernvorgang intensiv, so erhöht sich die Möglichkeit, das Individuum als Mitglied einer spezifischen Gruppe, eines Kollektivs oder einer Klasse, zu identifizieren.[43] Dispositionen können sich länger halten „als die ökonomischen und sozialen Bedigungen ihrer Erzeugung" (a.a.O., 117). Dies bezeichnet Bourdieu als „Hysteresis-Effekt des Habitus" (Bourdieu 1987, 238).

Lebensstile und Klassen im symbolischen Raum
Gemäß der Feldtheorie Bourdieus zeichnet sich der soziale Raum durch Wahlverwandtschaften zwischen Trägern gleichen Habitus bzw. ähnlicher Kapitalausstattungen aus. Akteure mit ähnlichen Interessen und Spielsinn finden zueinander und grenzen sich von anderen Akteuren ab (Golf vs. Fußball). Auf der Basis von Ähnlichkeiten finden soziale Schließungsprozesse statt. Der Stil der eigenen Gruppe ist Zugangskriterium nach innen und zugleich Abgrenzungskriterium nach außen. Insbesondere die Oberklasse (die Bourgeoisie, die kulturelle und politische Elite) ist in dieser Hinsicht bedeutsam. Ihre Macht beruht im Wesentlichen auf kulturellem Kapital, und es wird eingesetzt, um sich gegen aufrückende Mittelklassen (Kleinbürger) abzusetzen und den eigenen Machtvorteil zu behaupten. Dieses Kapital bzw. die aus ihm folgende symbolische Macht beinhaltet allgemein gesprochen Versuche, anderen Gruppen die eigenen Spielregeln vorzugeben.

Die Macht, ein begrenztes Spektrum von Spielen und Regeln als die einzig gesellschaftlich legitimierten erscheinen zu lassen, wendet die Oberklasse vor allem gegenüber Mittelklassen an. Sie zwingen sie, hinsichtlich des kulturellen und ökonomischen Kapitals, also Bildung und Reichtum, mitzuhalten. Ziehen Mittelklassen nach, hat die Oberklasse bereits auf neue Felder mit Seltenheitswert gesetzt, und die Mittelklasse steht gleichsam mit leeren Händen da; das Spiel beginnt von neuem.

Vom Kampf um das richtige Spiel, das nach Bourdieu vor allem zwischen (aufstrebenden) Mittelschichten und der (etablierten) Oberschicht entbrennt, sind Unterschichten relativ abgekoppelt. Der wichtigste Grund ist ein überlieferter Vorbehalt, ein Unbehagen gegenüber höherer Bildung, also genau demjenigen Mittel, mit dem Mittelschichten zu Oberschichten aufholen wollen.

---

43   „Als Produkt der Geschichte", so Bourdieu (1993, 101), „produziert der Habitus individuelle und kollektive Praktiken".

Bildungskapital und Klassen
Das moderne Bildungssystem rührt die Hoffnung, die Situation Vieler durch die Öffnung der Hochschulen bzw. die Vermehrung von Abitur- und Hochschultiteln zu verbessern. Die neuen Ansprüche mussten denjenigen Klassen, die traditionell eine Art Monopol im Bildungsbereich besaßen, wie eine Kampfansage erscheinen. Durch die Bildungsexpansion sind auf den ersten Blick viele Privilegien abgebaut worden; insbesondere die Bildungsbenachteiligung von Frauen wurde abgeschwächt. Aber zugleich haben die oberen Klassen ihre Abstände zu den unteren Klassen, die im Zuge der Bildungsexpansion aufholen wollten, gewahrt.[44] Unter dem Deckmantel einer Demokratisierung des Bildungswesens haben sich z.B. in Frankreich privilegierte Bildungseinrichtungen (die Grand écoles) erhalten; Kinder von Oberschichten finden nach wie vor privilegierten Zugang zu Elitehochschulen und -studienrichtungen. Diese Kinder haben von Haus aus ökonomisches Kapital, um nicht während des Studiums arbeiten zu müssen. Und Kinder anderer Schichten müssen mit Entwertungen der neu erworbenen Titel rechnen. Die gestiegenen Zahlen von Abgängern beinhalten, dass man zwar ohne Abitur bzw. Diplom gar nicht in gesellschaftlichen Feldern mitspielen kann, mit ihnen allein jedoch auch nicht. Der formale Abschluss ist notwendiges, aber nicht hinreichendes Kriterium.

Das Bildungssystem behandelt bei der Benotung schulischer Leistungen alle nach gleichen Grundsätzen, übersieht jedoch systematisch die Vorsprünge an kulturellem Kapital, welches Kinder aus oberen Schichten schon mitbringen; das Bildungssystem vermittelt also nur eine „Illusion der Chancengleichheit" (Bourdieu/Passeron 1971; siehe unten Kap. 5.1.1). Die mitgebrachten Vorsprünge werden durch Zeugnisse, Diplome, gleichsam amtlich beglaubigt. Der Vorsprung, in Form guter Noten dokumentiert, erscheint zudem als natürlicher Vorsprung einer Person, wird also nicht mehr mit Klassen und deren unterschiedlicher Kapitalausstattung in Verbindung gebracht.

Unterhalb der scheinbaren Demokratisierung geht Bourdieu für das französische Bildungssystem davon aus, dass es erhebliche qualitative Unterschiede zwischen den staatlichen Eliteschulen, auf die die politische Klasse (hohe Beamte, Entscheidungsträger) ihre Kinder schicken, und den übrigen Massenuniversitäten gibt. Schüler der Eliteschulen sind durch ihre Titel von anderen Akteuren – ähnlich wie im Mittelalter der Hochadel einerseits sowie der niedere Adel andererseits – durch eine absolute Grenze getrennt. Zwischen den Akteuren, die das Bildungssystem erfolgreich durchlaufen, und den übrigen wird durch die Verlei-

---

44 Zur Bildungsexpansion in Deutschland vgl. Hadjar/Becker 2006.

hung von Titeln eine klassifizierende Grenze geschaffen, die dauerhaft das Leben der „Geweihten" von den übrigen abtrennt.[45] Diese Grenze

> „wird schließlich im und durch den *concours* selbst und an dem von ihm vollzogenen rituellen Schnitt deutlich, jener wahrhaft magischen Grenze, mit der zwischen dem letzten, der bestanden hat, und dem ersten, der durchgefallen ist, ein Wesensunterschied gesetzt und durch das Recht auf das Tragen eines *Namens*, eines *Titels* markiert wird. Dieser Einschnitt ist ein wahrhaft magischer Vorgang, und sein Paradigma ist die von Durkheim analysierte Trennung zwischen Heiligem und Profanem. Der Akt der Klassifizierung durch Bildung ist immer, aber in diesem Falle ganz besonders, ein *Ordinationsakt*, ein Akt der Zuordnung wie der Weihung. Er setzt soziale Rangunterschiede, *endgültige Standesverhältnisse*. Die Erwählten sind durch ihre Zugehörigkeit (etwa als Ehemalige einer Grand école) fürs Leben ausgezeichnet; sie sind Mitglieder eines ‚Ordens' in geradezu mittelalterlichem Sinne und eines Adelsstandes, einer scharf abgegrenzten Gesamtheit (zu der man gehört oder nicht gehört) von Personen, die durch einen Wesensunterschied von den gewöhnlichen Sterblichen getrennt und zur Herrschaft legitimiert sind. Insofern ist die von der Schule vollzogene Trennung auch eine Ordination im Sinne einer Konsekration, einer Inthronisierung in eine heilige Kategorie, einen Adel. Unsere Vertrautheit mit diesen scheinbar rein sachlichen Akten, die das Bildungssystem vollzieht, hindert uns daran, all das zu sehen, was sie verbergen" (Bourdieu 1998a, 37; Herv. i.O.).

Bourdieu ist damit der Auffassung, dass in Gesellschaften, in denen Akteure gleiche Rechte besitzen, gerade durch das Bildungssystem, welches für gewöhnlich als Agentur der Gleichheit angesehen wird, unter der Hand soziale Schließungsprozesse eingeführt und legitimiert werden:

> „ […] in societies that claim to recognize individuals only as equals in right, the educational system and its modern nobility only contribute to disguise, and thus legitimize, in a more subtle way, the arbitrariness of the distribution of powers and privileges that perpuates itself through the socially uneven allocation of academic titles" (Bourdieu 1989, 16).

Konstellationsveränderungen im sozialen Raum
Die angesprochenen Schließungsprozesse führen zu veränderten (unterlegenen) Stellungen bestimmter Akteure im sozialen Raum. Konstellationen zwischen Akteuren werden in der Feldanalyse von Bourdieu mit dem Begriff der symbolischen Macht untersucht. Ein Beispiel sind Arbeitgeber in Frankreich, die gemäß Bourdieu davon sprechen, dass man von den „Produkten eines für unzureichend erklärten Bildungssystems" tief enttäuscht sei (Bourdieu 1998a, 44). Die Arbeit-

---

45 Bourdieu (2004) hat diesem Phänomen eine eigene, umfangreiche Studie gewidmet.

geber heben hervor, dass technische Ausbildungen zugunsten einer Allgemeinbildung entwertet würden. Auf der einen Seite klagen sie den abgesunkenen Status technischer Bildungsabschlüsse sowie das Bildungssystem insgesamt öffentlich an. Auf der anderen Seite würden sie Bourdieu zufolge ihre eigenen Kinder niemals in eine technische Ausbildung schicken (a.a.O., 46). Ohne dass man den Sprechern derartige Intentionen unterstellen müsste, lässt sich der Nutzen derart motivierter Debatten für die Akteure erkennen, die von Haus aus mit mehr kulturellen Kapital ausgestattet sind; denn während sich die einen durch die Reden von der Nutz- und Wertlosigkeit der Bildungsabschlüsse demotivieren lassen, vielleicht von einem Studium ganz absehen oder es abbrechen, können die anderen ihr ererbtes kulturelles und ökonomisches Kapital ins Spiel bringen, das auch in modernen Bildungsinstitution seine Wirkung besitzt. Geerbtes kulturelles Kapital versorgt die Akteure mit jener entscheidenden Zuversicht, nicht nur Bildungsgänge in der Regelzeit erfolgreich zu durchlaufen, sondern auch entsprechend eines Titels im Berufsleben unterzukommen.

Ortseffekte
In einer seiner jüngeren Studien („Das Elend der Welt"), in der Bourdieu mit einem Team von AutorInnen die Auswirkungen der Ökonomisierung auf die Gesellschaft Frankreichs untersucht (Bourdieu u.a. 1997), beschäftigen sich die AutorInnen mit so genannten „Ortseffekten". Die Analyse sozialer Felder wird mit einer Topologie des Raumes verbunden. Spieler folgen in ihrer physischen Existenz sozialen Räumen, sind relational im sozialen Raum angeordnet.[46] Denn erstens sind Körper „immer ortsgebunden" (a.a.O., 160), d.h. ein Körper kann nicht an mehreren Plätzen gleichzeitig sein (über Bourdieu hinaus ließe sich hier vom Prinzip „Ein Körper, ein Platz" sprechen). Und zweitens: In der Gesellschaft kann oftmals die (macht- und einflussreiche) Spiel-Position nur einmal (innerhalb eines Zeitraumes) besetzt sein; ist z.B. die Stelle des Bürgermeisters vergeben, kann es keinen zweiten Bürgermeister geben (Prinzip „Ein Platz, ein Akteur"). Auf diese Weise enthält der soziale Raum Möglichkeiten der Machtausübung, auf diese Weise begrenzt und ermöglicht er gesellschaftliche Spiele.

Dies lässt sich genauer auf zwei Arten untersuchen. a) Für die Ebene der Gesamtgesellschaft sind ungleiche Strukturen zwischen verschiedenen Feldern angesprochen. b) Des Weiteren ist eine situationsspezifische Analyse der Aktivierung von Raummacht möglich, die innerhalb eines Feldes „mikropolitische" Aktivitäten in Augenschein nimmt.

---

46 Vgl. zu einer Soziologie des Raumes auch Löw 2001.

3.3 Ungleichheitstheoretische Perspektive

zu a) Raummacht als ungleiche Strukturen zwischen verschiedenen Feldern
Gesamtgesellschaftlich wird von Bourdieu herausgestellt, dass die verschiedenen sozialen Felder ungleiche Chancen bezüglich der „Aneignung des Raumes" (Bourdieu u.a. 1997, 163) besitzen, wobei dies eine Folge unterschiedlicher Kapitalausstattungen der Akteure in den jeweiligen Feldern ist sowie wiederum unterschiedliche Möglichkeiten der Akkumulierung von Kapital nach sich zieht. So haben die etablierten Pariser Kunsthändler (a.a.O., 161) leichtes Spiel, ihr investiertes kulturelles Kapital, welches in Markennamen, Kunstgegenständen und Geschäftsfassaden symbolisiert ist, zu verstärken, was sich konkret in Geschäftsvierteln mit besonderer „Ausstrahlung" quasi naturalistisch manifestiert. Den Akteuren mit einem geringeren Kapital, die sich in „schlechten" Wohnsiedlungen konzentrieren, rechnet man dagegen nicht nur das geringe Kapitalvermögen, sondern auch die „Schlechtigkeit" ihres Wohnumfeldes an. In diesem Punkt ist der gleiche Verstärkereffekt unter Einbezug des Raumes zu vermerken, allerdings mit einem negativen Vorzeichen versehen.

Solche räumlichen Verstärkereffekte sind entscheidend für die Zugriffsmöglichkeiten auf gesellschaftliche Ressourcen. Wenn soziale Räume über einen Materialisierungs- und Symbolisierungseffekt derjenigen sozialen Beziehungsstrukturen, deren Ausfluss sie sind, soziale Lagen stigmatisieren (so in den Wohnghettos) oder nochmals steigern (wie bei den angesehenen Kunsthändlern), hat dies einen entscheidenden Einfluss auf habituelle Wahrnehmungsmuster. Über Räume als Verstärker glauben die Menschen an eine Unter- oder Überlegenheit, da ihnen fortlaufend in Form von Gebäuden und Gegenständen, der materialisierten Sozialstruktur, nochmals entgegengespiegelt wird.

Ungleiche Verteilungsstrukturen von Kapitalien, die sich in den naturalisierten sozialen Raumstrukturen wiederholen, entscheiden über die Zugriffsmöglichkeit und die Zugriffszeit auf knappe Ressourcen. Bourdieu erwähnt in diesem Zusammenhang, dass schon die Tatsache des unterschiedlichen ‚Zugangs zu öffentlichen und privaten Verkehrsmitteln' (a.a.O., 163) ausschlaggebend ist, um Bildungs-, Gesundheits- oder Kultureinrichtungen nutzen zu können. Akteure mit hohem kulturellem Kapital nutzen dagegen Konvertierungsmöglichkeiten, die dem kulturellen Kapital eigen sind und die durch symbolträchtige Orte, Geschichten erfolgreicher Konvertierungen wiedergeben, verstärkt werden. Den Akteuren ist die Transzendierung räumlicher Beschränkungen möglich, d.h. sie müssen nicht nur nicht als Körper anwesend sein, sondern sie können sogar noch symbolisch Orte besetzen, deren Prestige die Akkumulationsrate weiter antreibt. Wer hat, bekommt noch mehr.

Für die Kapitallosen gilt ebenfalls diese ‚Logik der Übertragung' (Bourdieu 1983, zit. n. Baumgart 2004, 221), nur dass sie ein negatives Vorzeichen hat, insofern man in Sozialräumen mit einem geringen objektivierten Kulturkapital verharren muss. Statt der Ausstrahlung eines Prestiges über den unmittelbaren Ortsraum hinaus verstärkt für die Akteure mit geringerer Kapitalausstattung „der Mangel an Kapital [...] die Erfahrung der Begrenztheit: er kettet an einen Ort" (Bourdieu u.a. 1997, 164). In den Banlieus ist schließlich fast schon derjenige ein Held, der es schafft, z.b. mit Hilfe eines Autos aus der stigmatisierenden Verstärkung auszubrechen, die zwischen dem Wohnort und den individuellen Fähigkeiten einer Person gestiftet werden. In der Regel gilt jedoch: Alles, was man hat, kann nicht nur *nicht* für die Akkumulation verwendet werden, sondern muss schon dafür herhalten, eine Deplazierung, eine „Feindseligkeit" (ebd., Anm. 1) zu bekämpfen, die vom stigmatisierenden Ort ausgeht.

Für die *Genese des Habitus* sind die in den städtischen Strukturen verkörperten sozialen Beziehungsmuster der Unter- und Überlegenheit, wie sie Bourdieu u.a. in „Das Elend der Welt" herausstellen, besonders wichtig. Vermittelt über eine Lokalisierung erfahren Muster der Wahrnehmung, die die Menschen aus reichen oder armen Gegenden als Menschen „ihrer" Gegend identifizieren, eine Verstärkung. Weil Gebäude, Straßen und Plätze ihr Erscheinungsbild nur relativ langsam verändern, spricht Bourdieu von einer „Beharrungskraft der Strukturen des Sozialraums" (a.a.O., 161), die nachhaltig auf die Ausformung eines Habitus wirkt:

> „Die im physischen Raum objektivierten großen sozialen Gegensätze (z.B. Hauptstadt/Provinz) tendieren dazu, sich im Denken und Reden in Gestalt konstitutiver Oppositionen von Wahrnehmungs- und Unterscheidungsprinzipien niederzuschlagen, also selbst zu Kategorien der Wahrnehmung und Bewertung [...] zu gerinnen" (a.a.O., 162).

Die Vermittlung geschieht durch „unmerkliche Einverleibung der Strukturen der Gesellschaftsordnung", durch die „heimlichen Gebote und stillen Ordnungsrufe der Strukturen des angeeigneten Raumes", durch die „unzählige Male wiederholte Erfahrung(en) räumlicher Distanzen" (ebd.) – an denen die Kapitallosen irgendwann resignieren oder die die Kapitaleigner als Gelegenheiten für weitere Akkumulationsstrategien wahrnehmen.

Der Habitus bleibt dabei stark den stillen Ordnungsrufen der räumlichen Strukturen verhaftet. In „Die feinen Unterschiede" schreibt Bourdieu, dass der Habitus „die Unterschiede aus der *physischen Ordnung* der Dinge in die *symbolische Ordnung* signifikanter Unterschiede" verwandelt (1987, 284, Herv. i.O.). Somit werden soziale Unterschiede über den Habitus und über den Raum naturalisiert. Akzent, Geburts- und Wohnort (Bourdieu u.a. 1997, 165) weisen einen Akteur als jemanden aus, der verfügt oder über den verfügt werden kann:

3.3 Ungleichheitstheoretische Perspektive

„Ähnlich wie ein Club, der unerwünschte Mitglieder aktiv ausschließt, weiht das schicke Wohnviertel jeden einzelnen seiner Bewohner symbolisch, indem es ihnen erlaubt, an der Gesamtheit des akkumulierten Kapitals aller Bewohner Anteil zu haben. Umgekehrt degradiert das stigmatisierte Viertel symbolisch jeden einzelnen seiner Bewohner, der das Viertel degradiert, denn er erfüllt die von den verschiedenen gesellschaftlichen Spielen geforderten Voraussetzungen ja nicht. Zu teilen bleibt hier nur die gemeinsame gesellschaftliche Ex-Kommunikation. Die räumliche Versammlung einer in ihrer Besitzlosigkeit homogenen Bevölkerung hat auch die Wirkung, den Zustand der Enteignung zu verdoppeln, insbesondere in kulturellen Angelegenheiten und Praktiken." (A.a.O., 166)

Die Analyse des Raumfaktors zeigt weiter, dass auf der einen Seite die symbolische Weihung der Orte der Kapitalbesitzenden die Strategien der dortigen Akteuren legitimiert, während auf der anderen Seite die räumliche „Versammlung" der Besitzlosen zu legitimierten Strategien von Dritten, insbesondere des Staates und der Polizei, herausfordert. Dabei wird weniger auf den einzelnen Akteur angemessen reagiert; sondern, da das Verharrungsmoment der räumlichen Eigenarten den Akteuren über den Habitus anhaftet, begnügt man sich mit kollektiven Zuschreibungen. Ordnungsrufe, Pädagogisierungen oder auch polizeiliche Gewalt, wie man sie in den Banlieus beobachtet, legitimieren sich allein schon über den „verrufenen" Ort.

zu b) „mikropolitische" Aktivitäten
Wenn SchülerInnen erwarten, dass ein Lehrer das im Raum befindliche Pult nutzt, erkennen sie auch die Regeln des Spiels an, die mit den Objekten des Raumes, dem Pult, gegeben sind und die es erlauben, ja erzwingen, dass eine bestimmte Macht „ausgespielt" oder „bedient" wird. Macht „steckt" damit gleichsam in der Organisation von Räumen bzw. in der Positionierung von Gegenständen im Raum; wie Pulte und Bestuhlung im Klassenzimmer *ermöglichen* die Linien des Fußballfeldes *etwas* und *delegitimieren* anderes; die Gegenstände werden vom Publikum als Teil des Spiels anerkannt. Werden die Machtmöglichkeiten genutzt, die durch die im Raum vorhandenen Gegenstände objektiviert und legitimiert sind, erscheint die Macht ‚naturalisiert' (Bourdieu u.a. 1997, 160). Würde sich dagegen ein Junglehrer nicht der Machtmittel bedienen, die der Klassenraum nahe legt, d.h. würde er, auf seine Frontalposition verzichtend, sich mit dem Publikum „demokratisch" gleichtun, dann könnte das Publikum ein solches Verwischen von Machtgrenzen sanktionieren. So zeigt Willis (1982), dass jugendliche Subkulturen aus der Arbeiterschaft, die „von Haus aus" eine strenge Hand gewöhnt sind, den Lehrer kaum ernst nehmen, wenn er einmal Machtmöglichkeiten nicht in Anspruch nimmt.

Die Aktivierung der von der Raumstruktur her möglichen Machtpotenziale ist auch von eigenen Körpermöglichkeiten abhängig. So deutet Thiemann (1985, 36f.) die 1,90 Meter, die einer der von ihm beobachteten Lehrkräfte misst, als Möglichkeit, sich im Klassenraum geradewegs dorthin bewegen zu können, wo gegen die Ordnung zu verstoßen werden scheint; allein durch ihre Körpergröße kann einer Lehrkraft eine Autoritätserwartung entgegengebracht werden. Ein etwas schmächtiger Lehrer verschanzt sich hingegen vielleicht während des Unterrichts hinter seinem Pult, „den Schülern signalisierend: ich greife euch nicht an; lasst ihr also mich auch in Frieden." (A.a.O., 37) Eine Aktivierung der räumlich gegebenen Distinktionspotenziale erscheint damit umso leichter, je eher der Habitus des Lehrers eine scheinbar natürliche Verbindung mit den Raummöglichkeiten eingeht. Ein weiteres Beispiel wäre ein am Pult stehender Lehrer, der mit seiner Lesebrille spielt, wobei er mit der halb heruntergerutschten Brille zum Teil liest, sich von der Klasse abwendet, um von Zeit zu Zeit über die Ränder seiner Brille aufzublicken. Er schaut Schüler nicht an, sondern taxiert sie. Die Brille und das Herumspielen mit ihr sind Anzeichen eines kulturellen Kapitals, das zur Organisierung von Blicken genutzt wird, die an sich schon durch die Position des Pultes hierarchisiert sind. Auf diese Weise hat der Lehrer mehrere Möglichkeiten, zwischen Distanz und Engagement zu pendeln. Dergleichen kann auch durch ein „Zurücklehnen" angezeigt sein (Paris 1998, 7-12), wenn der Lehrer frontal sitzt. Dieses Vermögen beinhaltet, sich partiell aus der Situation zurückziehen, die SchülerInnen „kommen zu lassen", aber auch jederzeit eingreifen zu können. Solche Spielmöglichkeiten haben SchülerInnen kaum. Sie dürfen ihre Aufmerksamkeit nicht vernachlässigen, wenn sie z.B. nicht durch eine plötzlich an sie gerichtete Frage bloßgestellt werden möchten.

Hat etwa der Junglehrer derartige Raummöglichkeiten nicht genutzt, dann zerfällt die Einheit zwischen habituell gekonnter Distinktion und Raummacht, und das Publikum eignet sich Raummacht an. Willis beobachtet diesbezüglich subversive Strategien. „Aufmüpfige" SchülerInnen bewegen sich einerseits in Bereichen des hierarchisierten Klassenraumes, die sonst nur dem Lehrer zustehen; sie gehen nach vorn oder stehen nach Belieben auf. Andererseits wahren sie sprachlich den Schein etablierter Machtgrenzen, z.B. durch die Anrede „Sir" („Ich will nur mal schnell vorbei, Sir"; Willis 1982, 26). Diese verschiedenen Beispiele aus städtischen und schulischen Feldern belegen „Kämpfe um die Aneignung des Raumes" (Bourdieu u.a. 1997, 165).

Fazit

In der bildungssoziologischen Perspektive von Pierre Bourdieu sind klassen- und konflikttheoretische Elemente ausgearbeitet. Die Gesellschaft wird als ein Ensemble verschiedener sozialer Felder gesehen, in denen die Akteure miteinander konkurrieren. Die „Spieleinsätze", sprich Kapitalausstattungen, sind dabei ungleich. Dies befähigt zu unterschiedlichen Möglichkeiten, schulische und akademische Titel zu erwerben. Der Habitus vermittelt hierbei zwischen einer gesellschaftlichen Verteilungsstruktur und beinhaltet Wahrnehmungs- und Beurteilungsschemata, die zur Verstetigung sozialstruktureller Hierarchien neigen. Im Bildungssystem werden hierbei trotz der formellen Gleichbehandlung Aller systematisch die Vorsprünge an kulturellem Kapital übersehen, die Kinder aus oberen Schichten mitbringen. Durch die Verleihung von Bildungstiteln werden die bestehenden sozialstrukturellen Unterschiede zu einer weiteren Grenze institutionalisiert. In diesem Sinne legt Bourdieu, wie Vester resümiert (2006, 15), mit seinen Untersuchungen einen „makrosoziologischen Ansatz einer ständischen Orientierung von Klassen" dar.

Gleichzeitig lassen sich mit dem Habitus mikrosoziale Prozesse auf der Mesoebene von Bildungsorganisationen sowie auf der Individualebene untersuchen. Sichtbar wird dies beispielsweise an sozialen Schließungsprozessen, die sich im Rahmen von „Ortseffekten" im sozialen Nahbereich abspielen. Kapital erlaubt, sich erwünschten Dingen und Personen zu nähern bzw. unerwünschte Dinge und Personen auf Distanz zu halten. Der Unterlegene besitzt diese Fähigkeiten kaum, er ist vielmehr der stigmatisierenden Wirkung des Ortsraumes, die aus der Konzentration anderer Akteure mit relativ geringem Kapital entsteht, ausgeliefert. Statt der Distinktionsmöglichkeiten durch kulturelles Kapital unterliegen diese Akteure einer Naturalisierung ihrer sozialen Lage. Ebenfalls verwendet Bourdieu eine Mikroperspektive und untersucht, wie Raumstrukturen, etwa in einem Klassenraum, durch die Anordnung von Gegenständen darauf bezogene Strategien der Machtausübung ermöglichen. Ersichtlich eröffnet damit der Ansatz von Bourdieu breite Zugänge für die Untersuchung von Bildungsprozessen, von der Makroebene (Klassenstrukturen) über die Verwendung von (Mikro-)Macht in Organisation (Einzelschule) bis hin zu Körperstrukturen.

In der Literatur wird vor allem für Untersuchungen der Makroebene das Konzept des kulturellen Kapitals als analytische Befreiung von politökonomischen Denkmustern der 1970er Jahre erlebt, weil es eine eigenlogische Struktur von Bildung aufzeige (Engler/Krais 2004, 7-9). Des Weiteren wird neben Boudon (siehe unten Kapitel 4.1) das Habitus-Konzept als einer der beiden zentralen Erklärungsansätze bezeichnet, um auf der Individualebene „Entscheidungen" von Akteuren für bestimmte Bildungsleistungen nachzuzeichnen (Georg 2006, 7f.). Mit Bourdieu werden diese „Entscheidungen" nicht über das Bewusstsein, sondern über Habitualisierungen erklärt.

Insgesamt ist die Verwendung von Bourdieu in der deutschsprachigen Bildungssoziologie und Bildungsdiskussion mittlerweile breit, wie zuletzt jüngere Publikationen belegen (Engler/Krais (Hg.) 2004; Berger/Kahlert 2005; Georg

(Hg.) 2006; für die erziehungswissenschaftliche Rezeption von Bourdieu vgl. Friebertshäuser u.a. 2006). Dabei wird in einigen Befunden die Reproduktion der Klassenstrukturen via Bildung differenziert, wie z.B. Vester u.a. (2001) zeigen, die verschiedene Bildungsmilieus untersuchen.

3.3.2 Bernstein/Kaesler: Sprachliche Sozialisation

Die Rezeption des Theorieansatzes von Bourdieu setzte in Deutschland erst etwa in den 1980er Jahren ein. In dem vorherigen Jahrzehnt waren für die ungleichheitstheoretische Perspektive der Bildungssoziologie andere Ansätze bedeutsam. In den 1970er Jahren wurde die Analyse von Bildungsungleichheiten in enger Verbindung mit Ansätzen der sprachlichen Sozialisation gesehen, wie die Beispiele von Ulrich Oevermann (1972) und Fritz Schütze (1975) belegen. Ihre soziolinguistischen Konzepte, die von Sprache als einer Vermittlerin zwischen Gesellschaft und Persönlichkeitsstruktur ausgingen, waren vor allem von Basil Bernstein angeregt. Während Parsons Gesellschaft und Persönlichkeit unmittelbar aufeinander bezog und dafür Kritik erntete, schien Sprache – als „missing link" zwischen Gesellschaft und Person – neue Perspektiven für die Forschung zu eröffnen. Vor allem wurden diese Möglichkeiten sichtbar, wenn man Sprache nicht nur auf eine Mittlerfunktion zwischen Gesellschaft und Persönlichkeit reduzierte, sondern sie als *eigenes* System sah. Nach einer kurzen Blütezeit in den 1970er Jahren sind die Überlegungen zu sprachlichen Sozialisation in Deutschland kaum fortgesetzt worden.[47]

Erst mit den PISA-Untersuchungen gibt es am Thema Sprache und soziale Ungleichheiten wieder stärkeres Interesse. Neben der sprachlichen Sozialisation beschäftigt sich die Bildungsforschung hierbei mit der Lese-Sozialisation. Die Bildungssoziologie vermag hierzu, wie gezeigt werden soll, ihren Anteil zu leisten, vor allem wenn sie die zwischenzeitlich abgerissenen Bezüge zwischen Sprache und gesellschaftlicher Ungleichheitsforschung wieder aufgreifen würde. In diesem Punkt ist die Bildungssoziologie also aktuell schwach aufgestellt; sie war es jedoch in den 1970er Jahren nicht, insofern Sprache – im Zusammenhang mit dem Ansatz von Bernstein – für die Ungleichheitsforschung entdeckt wurde.

Nachfolgend stelle ich zunächst den Ansatz von Bernstein sowie aktuelle Befunde zur sprachlichen Sozialisation vor; danach gehe ich auf die Lesesozialisation aus einem bildungssoziologischen Blickwinkel ein.

---

47 Einen Überblick über die damalige große Bedeutung, die Sprache und Kommunikation gegeben wurden – einer Zeit, an deren Ende Habermas seine „Theorie des kommunikativen Handelns" schrieb –, bieten Geulen (1989, 301ff.) sowie Rolff (1997, 111-127).

3.3 Ungleichheitstheoretische Perspektive

Sprache als Institution
Für die sprachliche Sozialisation referiere ich den Überblick von Dorothee Kaesler (2005). Die studierte Linguistin, die auch an einem soziologischen Institut gearbeitet hat, plädiert für eine Neuaufnahme der in den 1970er Jahren abgerissenen Zusammenarbeit zwischen linguistischer und soziologischer Forschung. Ihr Ansatzpunkt ist, von Sprache als einer Institution auszugehen; insofern hätte sich das Folgende auch in Kapitel 3.1 notieren lassen, was ich jedoch nicht getan habe, weil die Erforschung der sprachlichen Sozialisation die ungleichheitstheoretische Perspektive der Bildungssoziologie stark berührt – und sie künftig wieder stärker befruchten sollte.

Kaesler stellt zunächst heraus, dass in den Ansätzen zu Institutionen (im funktionalistischen Ansatz von Parsons, im handlungstheoretischen, im kulturanthropologischen und im systemtheoretischen Ansatz) der Sprache implizit eine besondere Relevanz gegeben wird. Sprachliche Aspekte tauchen z.B. auf in Begriffen wie wechselseitige Typisierung, Rollen, Wertesystem, Leitideen, Interessen, die ich in Kapitel 3.1 besprochen hatte. Nur selten werde Sprache jedoch selbst auch als Institution konzipiert, wie es Kaesler tun will.

Sie unterscheidet hierbei zwei Funktionen, die Sprache als Institution leistet: sie ist zentrales Merkmal der Verständig und zugleich Distinktionsmerkmal (Kaesler 2005, 136f.). Dorothee Kaesler bezieht sich hierbei vor allem auf die Schule. Sie sieht die Funktion der Verständigung via Sprache im Lernen der Kinder angesiedelt, die Distinktionsfunktion dagegen bei der Benotung, die der Lehrerschaft überantwortet ist (a.a.O., 137). Dass Sprache überhaupt als Mittel der Distinktion genutzt werden kann, liege darin begründet, dass sie eine enorme „Varietät" hat (ebd.) und sich jeder Mensch mit dem Gebrauch einer bestimmten Sprache sozial verortet.

Ähnlich gliedert sich auch nach Bourdieu der gesamte Sozialraum nach Gegensatzpaaren, je nach den Haltungen der Akteure zu beliebigen Gegenständen der Sozialwelt, wie z.B. dem Essen von Fisch sowie den damit verbundenen sprachlichen Darstellungen. Der Fisch wird auf ganz unterschiedliche Weise gegessen, so Bourdieu. Den unteren Schichten läuft das häppchenweise Essen von Fisch zuwider; es stehe mithin die Identität auf dem Spiel:

> „Um jene Identität geht es nicht minder beim Sprechen [...]: mit der vorderen Mundpartie oder dem ganzen Mund, insbesondere dem hinteren Teil der Kehle (gemäß der [...] Opposition zwischen dem Mund, dem feinen, spitzen Mund oder den Lippen und dem Maul oder der Fresse – ‚ein großes Maul haben', ‚eins in die Fresse kriegen', ‚jemanden anmaulen')" (Bourdieu 1987, 308).

Kaesler stellt heraus, dass der soziale Gebrauch der Sprache erst durch die enorme Varietät der Sprachen möglich werde (2005, 137). Wenn man berücksichtigt, dass Sprachen gleichzeitig die Vermittlung von Inhalten ermöglichen, „für diese Vermittlung jedoch verschiedene sprachliche Varietäten gewählt werden können" (ebd.), dann wird sichtbar, dass „Sprachbarrieren auch den Zugang zu Inhalten" absperren können (ebd.). Eine Soziologie der Sprachen widmet sich demzufolge nicht nur Vorgängen der Differenzierung der Sprachen, sondern – wichtiger – den damit gegebenen Möglichkeiten der Diskriminierung. In diesem Zusammenhang beschäftigt sich der Aufsatz von Kaesler mit Sprachbarrieren, auf die ich noch zurückkommen werde.

Basil Bernstein: Sprache und soziale Herkunft
Vor allem im englischsprachigen Raum stellten die Analysen schon Ende der 1950er Jahre einen engen Zusammenhang zwischen Sprache und sozialer Herkunft her. Wegweisend war insbesondere die vom Bildungssoziologen Basil Bernstein entwickelte ‚Codetheorie' (Bernstein 1959; 1972; 1988). Bernstein kam aus der Schulpraxis und konnte zeigen, dass sich die von der Schule favorisierten Kommunikationsarten von denen unterschieden, die die Schülerinnen und Schüler verwenden (Kaesler 2005, 139). Er fasste seine Erfahrungen in einer Codetheorie zusammen, die einen restringierten von einem elaborierten Sprachcode unterscheidet. Nach Kaesler (ebd.) lassen sich beide Codes auch empirisch nachweisen. Nach ihrer Ansicht beinhalten die Codes unter Anderem: „So zeichnet sich der restringierte Code z.B. durch einen starren und begrenzten Gebrauch von Adjektiven und Adverbien aus, während der elaborierte Code durch die differenzierende Verwendung der Adjektive und Adverbien charakterisiert ist." (A.a.O.) Für die SchülerInnen ließ sich feststellen, dass manche über beide Codes verfügen, „während sich andere nur der Mittel des restringierten Codes bedienen (können)" (ebd.). Der unterschiedliche Gebrauch ist dabei nicht durch die Intelligenz begründet, sondern durch eine unterschiedliche Schichtzugehörigkeit (ebd.). Nach der Ansicht von Kaesler hat Bernstein in seinen frühen Schriften herausgearbeitet, dass die unterschiedliche Verwendungsweise der Codes ein „Resultat einer unterschiedlich sensiblen Auseinandersetzung des Sprechers mit seiner sozialen Umwelt, seiner Organisation und Reaktion auf soziale Erfahrungen (ist)" (ebd.). Gleichzeitig konditioniere die – interaktiv erworbene – Sprache die Art des weiteren Lernens.

Im Weiteren verweist Kaesler auf den schwierigen und problematischen Verlauf öffentlicher Debatten seit den 1970er Jahren, nach dem Bernstein zeigen konnte, dass die Sprache der Arbeiterkinder von ihrer Herkunft abhing; denn im Folgenden war es leicht, diese Ursachen zu diskriminieren. Das negative häusliche Umfeld der Kinder wurde verantwortlich gemacht (ebd.). Dies setzt sich bis in den gegenwärtigen Mainstream der Wissenschaft hinein fort, z.B. bei den PISA-Untersuchungen, die von „Benachteiligungen" von Kindern mit Migrati-

3.3 Ungleichheitstheoretische Perspektive

onshintergrund oder Kindern aus schwächeren sozialen Schichten sprechen. Gegen diese Kennzeichnung wenden sich wissenschaftliche Ansätze, die von einer Diskriminierung ausgehen (vgl. Kapitel 5.1.2, zu Flam). Der Unterschied ist fundamental. Indem die zuerst genannten Ansätze ihre (richtigen) Beschreibungen der festgestellten Leistungsunterschiede von SchülerInnen an den Familien der SchülerInnen festmachen, unterstellen sie damit den Familien auch die Ursachen für die Bildungsleistungen. Der Ansatz der Diskriminierung geht dagegen davon aus, dass alle Gesellschaftsmitglieder nach ihren jeweiligen Fähigkeiten beschult werden müssen. Wenn die Leistungen ungleich sind, wird dies nicht den einzelnen und deren Familien zugeschrieben, sondern mangelnden Bemühungen der Institutionen. Dies wird als Diskriminierung aufgefasst.

Schon in den 1970er Jahren kam durch die Untersuchungen von Bernstein eine „Defizithypothese" auf, die die Ursachen schulischer Leistungen von Arbeiterkindern mit einer entsprechenden Bewertung und Verurteilung der Familien verbunden hatte. Bernsteins Untersuchungen wurden auch von Kreisen der Lehrerschaft rezipiert, weil sie mit ihren Erfahrungen übereinstimmten (Kaesler 2005, 139). Bernstein selbst wollte jedoch seine Codetheorie nicht als Defizithypothese verstanden wissen. Vielmehr wollte er mit der Sprache und mit dem Sprechen auf Mikro-Praktiken der Umsetzung von Faktoren der sozialen Ungleichheit aufmerksam machen; Faktoren, die er ursächlich auf der Makroebene liegen sah. Bernstein war der Überzeugung, dass die Klassengesellschaft verantwortlich gemacht werden müsse, da sie die Prinzipien der Kommunikation ungleich bzw. privilegiert verteile („there is a social class regulated unequal distribution of privileging principles of communication"; Bernstein 1988, 575; zit. nach Kaesler 2005, 140). In diesem Sinne wollte er einen Beitrag leisten zu dem, was zu Beginn dieses Buches als Makro-Mikro-Makro Problem der soziologischen Erklärung von Bildungsungleichheiten kenntlich gemacht wurde.

Noch bevor jedoch, so Kaesler, die Zusammenhänge zwischen den Praktiken des Sprechens auf der einen Seite sowie den Sprachkulturen in den Bildungsinstitutionen auf der anderen Seite hätten genauer untersucht werden können – was vermutlich wissenschaftliche Begründungen dafür geliefert hätte, Förderprogramme für Arbeiterkinder aufzulegen – wurden die entsprechenden Mittel „von der britischen Regierung unter ihrer Premierministerin Thatcher gestrichen" (Kaesler 2005, 140). Die Autorin resümiert, dass es dann auch nicht mehr zur Einlösung der Forschungsfragen von Bernstein gekommen sei, nämlich einen Link zwischen den Makro- und den Mikro-Strukturen der Sprache bzw. des Sprechens aufzuzeigen. Bernsteins Ansatz sei für gescheitert erklärt worden, „und zunehmend verschwanden soziolinguistische Kernthemen von der Agenda sowohl der Linguistik als auch der Soziologie" (ebd.). Damit sei die Frage aus der Öffentlichkeit verschwunden, *warum* Arbeiterkinder in der Schule weniger erfolgreich sind (ebd.). Stattdessen werde bis zu heutigen Forschungsbefunden wiederholt, *dass* dem so ist – an die Gründe tastet man sich jedoch nach wie vor kaum heran. Ein Grund für das Nichtauflegen von kompensatorischem Sprachunterricht sei gewesen, dass man den Begriff des restringierten Codes von Bernstein als Abwertung hätte verstehen können und den elaborierten Code als überlegene Sprache der herrschenden Klasse. Zu einer nüchternen und genauen Analyse, welche sozialen Regeln die verschiedenen Sprachgemeinschaften und Varietäten konstituieren, sei es nicht gekommen (a.a.O., 141).

Eindeutig korrelieren jedoch sprachliche Merkmale mit der Schichtzugehörigkeit, wie von Bernstein sowie auch von vielen weiteren ForscherInnen gezeigt wurde. Darunter sind auch geschlechtsspezifische Befunde, die beinhalten, dass Frauen dazu tendieren, eine prestigereichere Sprachform zu verwenden (ebd.).

Unabhängig von dieser geschlechtsspezifischen Verwendung der Sprache führt Kaesler (ebd.) ein Beispiel an, das die Distinktionskraft der Sprache im Sinne einer sozialen Positionierung verdeutlicht; es lautet „Sie braucht nicht helfen/Sie braucht nicht zu helfen". Wer die zweite Variante verwende, sei höher angesehen. Die Befunde weisen darauf hin, dass Sprechen als Möglichkeit gesehen wird, der Loyalität der eigenen Subkultur Ausdruck zu geben. Distinktion meint also nicht nur Abgrenzung von anderen (dies kann implizit durch Verwendung einer „höheren" Sprache geschehen), sondern auch Kenntlichmachen der Solidarität mit der eigenen Gruppe. Über Kaesler hinaus müsste man vermuten, ob nicht höhere Schichten mit dem restringierten Code teilweise „spielerisch" umgehen. Wenn eine „Szene" (gleich welcher Art) den Unterschichtencode nachmacht („Er ist die Pommes, ich die Currywurst"), dann ist das nicht nur „schick", sondern stärkt analytisch gesehen die eigene symbolische Macht und die Hierarchie eines oben/unten. Kaesler berichtet weiter, dass man in Experimenten gezeigt habe, dass die Akzente des Englischen mit hierarchischen Bewertungen versehen werden, je nach dem wer der Sprecher ist. In Neuseeland z.B. wurde auf einen japanischen Akzent grundsätzlich negativ reagiert (a.a.O., 143). Die Methoden derartiger Spracheinstellungsforschungen werden jedoch im deutschsprachigen Raum kaum genutzt, resümiert Kaesler (ebd.).

Weitere Forschungsansätze, die die Autorin referiert, wiederholen z.B. die soziolinguistische Prämisse von Labov, dass Sprachen gesellschaftliche Strukturen widerspiegeln. Dagegen betonen insbesondere ethnographisch ausgerichtete ForscherInnen die Eigenständigkeit eines sprachlichen Systems. Kaesler warnt hier von einer Mythologisierung. Denn wenn man Gesellschaft und Sprache als *eine* Struktur kurzschließe, würden Fragen verhindert, um sich im Einzelnen für die Praktiken und das Entstehen von sprachlichen Konventionen zu interessieren (a.a.O., 144) – also für das, was ich oben mit Berger/Luckmann als Institutionalisierung skizziert habe. Insbesondere qualitative, ethnographische Forschungen

3.3 Ungleichheitstheoretische Perspektive

könnten sich diesen Fragen widmen, während mit quantitativen Methoden vor allem die Strukturähnlichkeit zwischen den Institutionen der Gesellschaft und der Sprachen aufgezeigt werde (ebd.). Mit ethnographischen Studien sei z.b. dargelegt worden, in welcher Art und Weise Kinder aus städtischen und ländlichen Gegenden behandelt werden, wenn sie in die Schule kommen. Diese Studien, zur Zeit der Desegregation in den USA durchgeführt, zeigen, dass die Schule an Kinder aus ländlichen Regionen geringere Anforderungen stellt; z.b. wurden sie nur ermutigt, Analogien zu bilden („Whats that like?"), während andere Kinder anspruchsvollere Fragen bearbeiten konnten (a.a.O., 144f.). Man kann resümieren, so die Autorin, dass sich Lehrer und Schüler oft nicht verstehen; mitunter werden Fragen nicht beantwortet; und die eingeübten Wege des Sprechens und Zuhörens funktionieren nicht immer (a.a.O., 144). Für die ForscherInnen war es jedoch wichtig, Antworten auf diese Beobachtungen zu finden, um herauszufinden, warum schwarze und weiße Schüler teilweise nicht erfolgreich in der Schule sind (ebd.).

Des Weiteren führt Kaesler die Überlegungen von Bourdieu zur Sprache an (a.a.O., 145). Sprache ist nach Bourdieu ein kulturelles Kapitel, das in inkorporierter Form vorliegt. Jeder Sprecher gehört dabei einem je besonderen sozialen Feld an. Sprechsituationen fungieren als symbolische Tauschmärkte[48], auf denen sich Anwesende mittels Sprache taxieren; es wird dabei auch abgeschätzt, wer diejenige Sprache bedient, die als höherwertig und legitim angesehen wird. In diesem Zusammenhang wird auch das schulische System charakterisiert. Bourdieu – so Kaesler – sehe das Bildungssystem als Schützerin der legitimen Sprache an, die die Sprache der Herrschenden sei (a.a.O., 145f.). Mit Hilfe eines Marktarguments betont Bourdieu, dass die herrschende Klasse kein Interesse daran habe, die von ihr behaupteten legitimen Weisen des Sprechens und der Sprache an alle weiter zu geben; in diesem Fall würde Sprache keine Distinktionsgewinne mehr erlauben (a.a.O., 146). Bourdieu eröffnet damit eine Perspektive auf sprachliche Märkte, die eine Eigendynamik entfalten, die jedoch an die Klassenstruktur der jeweiligen Gesellschaft gebunden bzw. ihr Ausdruck sind. Hierbei hebt Bourdieu hervor, dass Familie und Bildungssystem die Hauptinstitutionen sind, die die jeweiligen Ausdrucksweisen der Klassen einüben. Das Bildungssystem wird damit *nicht* als eine Institution gesehen, die soziale Ungleichheiten verhindern kann – sondern die sie reproduziert (ebd.). Sprechbarrieren bilden somit *mindestens* Hürden zwischen gesellschaftlichen Klassen ab (a.a.O., 147). Zudem könnten Sprachbarrieren *zusätzliche* Barrieren sein, wenn man Sprachen als eigene Systeme (Strukturen, Institutionen) versteht.

---

48 Bourdieu argumentiert hierbei nicht im Sinne einer klassischen Ökonomie (der Markt ist für den Gütertausch da), sondern es geht um einen symbolischen Tausch (Gabentausch). Vgl. auch Bourdieu 2005.

Werden die Systeme der Sprache nur als „Wiedergabesysteme" der Klassenstruktur gesehen, muss man allerdings aufpassen – siehe oben die Warnung von Kaesler –, dass den ForscherInnen überhaupt noch Forschungsfragen in den Sinn kommen. Denn wenn eine so enge Verbindung zwischen der Klassen- oder der Gesellschaftsstruktur auf der einen Seite und Sprechen und Sprache auf der anderen Seite angenommen wird, schwinden die Interessen für die Genese und für die Regeln des einzelnen Sprechens und der Sprachen – es ist ja schon bekannt, dass sie aus den verschiedenen Klassen herrühren. Versteht man jedoch Sprechen und Sprachen als eigenlogische Systeme – wie es Linguisten wie Kaesler vielleicht tun müssen –, wird die Sache komplizierter und aufschlussreicher für die Forschung, insofern sich zahlreiche Anschlussfragen ergeben.

Für die aktuelle Forschung steht nach Einschätzung der Autorin insbesondere an, herauszufinden, wie Sprachbarrieren gerade in Bildungseinrichtungen entstehen, wie Bildungseinrichtungen bestimmte Sprachen diskriminieren und damit Sprachbarrieren verstärken (ebd.). Dabei werden die Effekte der Herkunft gerade von den PISA-Studien immer wieder herausgestellt, ohne dass ausreichende Kenntnis über die Wirkung einzelner Determinanten besteht; bei den in PISA gemessenen Leseleistungen beträgt der Unterschied zwischen der untersten und der obersten Sozialschicht eine ganze Kompetenzstufe, referiert Kaesler (a.a.O., 148) Befunde von Baumert und Schümer. Herkunftseffekte allein liefern jedoch noch keine hinreichenden Erklärungen für die Leistungsunterschiede. Beobachtet wird ebenfalls, dass Lehrkräfte die Versetzungschance eines Schülers zum Gymnasium unterschiedlich einschätzen, je nach dem was über den Abiturabschluss des Vaters bekannt ist. Einem Kind, dessen Leistungen unterdurchschnittlich sind, aber dessen Vater Abitur hat, wird der Übertritt dennoch empfohlen. Demgegenüber muss ein Kind, dessen Vater kein Abitur hat, überdurchschnittliche Leistungen zeigen, damit ihm dennoch eine Empfehlung ausgesprochen wird (ebd.; in diesem Punkt stellt die Autorin auf Befunde von Lehmann/Peek/Gänsfuß 1997 ab, die ich bereits zu Beginn des Kapitels 3.3 kurz vorgestellt hatte). Ebenfalls zeigen Untersuchungen, dass Kinder, die nur Dialekt sprechen, schlechter benotet werden (Kaesler 2005, 148).

In diesem Zusammenhang sind auch Ansätze weiterzuverfolgen, die von einer Diskriminierung von Sprachen durch das Bildungssystem ausgehen (vgl. auch unten Kap. 5.1.2 zu Flam). Eine Diskriminierung kann nach Ansicht von Kaesler auf verschiedene Arten erfolgen. Sie entsteht z.B., wenn für die Vermittlung von Inhalten bestimmte Varietäten (Sprachen) verwendet werden, „die nicht allen Sprechern zugänglich sind, obwohl andere Varietäten genutzt werden könnten, die inhaltlich denselben Zweck erfüllen, jedoch von einer größeren Zahl von Sprechern verstanden werden können" (Kaesler 2005, 137f.). Eine zweite Variante ist, „wenn Inhalte an eine bestimmte Varietät gebunden sind, so dass der

3.3 Ungleichheitstheoretische Perspektive

Erwerb dieser Varietät für die Aufnahme dieser Inhalte unabdingbar ist, jedoch keine Anstrengungen unternommen werden, den Lerner in seinen Bemühungen zu unterstützen, diese Varietät zu erwerben" (a.a.O., 138).

Neben diesen Mechanismen der Diskriminierung resümiert die Autorin abschließend, dass unklar sei, welche grammatischen Prinzipien „diverse Dialekte [...] und Lernervarietäten" haben, die neben dem gesprochenen Standard, den der Lehrplan vorsieht, verwendet werden und die den Sprachgebrauch steuern (a.a.O., 149). Mit Oevermann (1972, 325) vermutet sie dabei, dass die subjektiven Beurteilungen und Anwendungen von Sprachregeln am stärksten von kontextbezogenen Interpretationen beeinflusst sind, in denen bereits eine Bedeutungszuschreibung stattgefunden hat (vgl. Kaesler 2005, 150).

Insgesamt möchte Kaesler mit ihrem Aufsatz für eine Wiederaufnahme der in den 1970er Jahren abgebrochenen Linien zwischen Linguistik, Soziolinguistik und Bildungssoziologie plädieren, um sprachliche Varietäten hinsichtlich ihrer Ursachen für Bildungsungleichheiten genauer untersuchen zu können (a.a.O., 150).

Praktische Lösungsversuche
Hinsichtlich der Abmilderung von den von PISA und anderen Studien aufgedeckten Mängeln lassen sich in einzelnen Bundesländern praktische Lösungsversuche erkennen. Auf der praktischen Ebene geht es darum, erstens den monolingualen Schulhabitus (Flam 2007, 70), den das institutionelle Schulangebot in Deutschland hat, abzustellen. Diesen Aspekt werde ich in Kapitel 5.1.2 zur institutionellen Diskriminierung besprechen. Zweitens ist zu beobachten, dass z.B. türkische Verbände in NRW wiederholt türkische Eltern ansprechen, um die Sprachförderung türkischer Kinder zu unterstützen. Nach Angaben von Bülent Arslan, Chef des Deutsch-Türkischen Forums der NRW-CDU, besucht nur etwa die Hälfte aller drei- bis vierjährigen Kinder von Zuwanderern eine Vorschuleinrichtung (Westdeutsche Allgemeine Zeitung, 7.8.2007). Die Teilnahme türkischstämmiger Eltern lasse sich leicht erhöhen, wenn man einige von ihnen als Mentoren gewinnt. Das Deutsch-Türkische Forum fordert zudem in jeder Stadt interkulturelle Krabbelgruppen sowie Sprachbetreuer für Kindergärten und für den Deutschunterricht des ersten Schuljahres. Zudem wird bemerkt, dass gerade türkische Eltern die Werteerziehung in katholischen Kindergärten und Schulen schätzen; entsprechend wünscht sich das Deutsch-Türkische Forum eine Öffnung der katholischen Einrichtungen für Muslime (ebd.).

Diese wenigen Stichworte sollen daran erinnern, dass es neben der Analyse von Sprache als Institution ebenfalls und sogar primär um eine politisch gewollte und unterstützte sprachliche Förderung geht – die freilich ohne Forschungsergebnisse nicht auskommt.

3.3.3 B. Hurrelmann: Lesesozialisation

Verwandt mit der Sprachsozialisation – und doch wieder von ihren Zugangsweisen und Forschungsbefunden her ganz anders bzw. eigenständig – sind Ansätze zur Lesesozialisation. Diese Ansätze sind gegenwärtig sehr stark von kognitionstheoretischen Modellen der Psychologie dominiert. Interaktionistische und „gesellschaftliche" Zugänge sind die Ausnahme, jedoch durchaus vorhanden und werden teilweise auch von der Deutschen Forschungsgemeinschaft angeboten. Insbesondere Bettina Hurrelmann, Professorin für Literaturwissenschaft und Literaturdidaktik an der Universität Köln sowie Leiterin der Arbeitsstelle Leseforschung und Kinder- und Jugendmedien (ALEKI), hat zur Lesesozialisation gearbeitet. Es geht ihr darum zu zeigen, wie die Lesesozialisation in der Familie, in der Schule sowie in den Peergroups der SchülerInnen ausfällt. Dies ist quasi ein bildungssoziologisches Programm, insofern Bettina Hurrelmann verschiedene Institutionen durchgeht und untersucht, wie ihn ihnen die Lesesozialisation erfolgt. Dieses Untersuchungsprogramm hat seinen Schwerpunkt in der Literaturwissenschaft; aber es findet sich ebenfalls eine der wenigen fortgeführten Linien zwischen Soziologie und Linguistik/Literaturwissenschaft, die die bildungssoziologische Perspektive verwenden. Es wäre sehr zu begrüßen, würden die von Bettina Hurrelmann und anderen entworfenen Sichtweisen von der nächsten Generation der Forscherinnen und Forscher fortgesetzt.

Wiedergegeben wird der Ansatz von Bettina Hurrelmann im Folgenden von Sebastian Göppert.

Sebastian Göppert: Was ist Lesesozialisationsforschung?
Schulleistungstests wie PISA bestätigten: Die Lesekompetenz vieler deutscher Schüler ist unzureichend. Hierbei hat die Lesesozialisationsforschung die Aufgabe, „Strukturen und Prozesse des Erwerbs von Lesekompetenz durch Heranwachsende in sich historisch verändernden Kontexten von Medienkultur zu erforschen, um letztlich Möglichkeiten der Förderung des Kompetenzerwerbs zu identifizieren" (Hurrelmann 2004, 38). An dieser Stelle soll überlegt werden, welchen Einfluss verschiedene Faktoren der Sozialisation auf den Erwerb von Lesefähigkeit haben.

Konzepte der Lesekompetenz
Es gibt konkurrierende Begriffe von Lesekompetenz. Unter Berufung auf Hurrelmann (a.a.O., 40) sollen an dieser Stelle zwei dieser Ansätze kurz vorgestellt werden.

In der PISA-Studie wird ein Ansatz von Lesekompetenz verwendet, der sich an kognitionspsychologischen Modellen von Textverarbeitung orientiert. Vorteil dieses Konzeptes ist, dass man für eine empirische Überprüfung verschiedene Fähigkeitskomponenten gut unterscheiden kann. Diese sind: Informationen in einem Text ermitteln, sie textbezogen interpretieren, reflektieren und bewerten. Nachteil ist allerdings, dass motivationale, emotionale und interaktionsbezogene Komponenten nicht adäquat ermittelt werden können.

Die Deutsche Forschungsgemeinschaft bietet nach Hurrelmann ein alternatives Konzept an, in dem die bei PISA vernachlässigten Komponenten erfasst werden können. „Hier werden das Motiviert-Sein zum Lesen, die Fähigkeit zur emotionalen Beteiligung bei der Lektüre (und) [...] die Fähigkeit zur Anschlusskommunikation über das Gelesene" berücksichtigt (a.a.O., 40). Zwar dürfte dieses Konzept, so Hurrelmanns Einschätzung, vielfältigere Ergebnisse liefern als das enge kognitionsorientierte Kompetenzmodell, doch sei dieses Modell bislang nur theoretisch angedacht. Eine empirische Überprüfung stehe noch aus.

Gemeinsam ist beiden Ansätzen, dass sie eine breite Spanne von Textsorten einbeziehen. Sie reichen von ästhetisch-fiktionalen Texten bis zu Sachtexten. Beide Konzepte sehen „Lesekompetenz als notwendige Voraussetzung sozialer Handlungsfähigkeit" in der Gesellschaft an. Der in PISA verwendete Ansatz bezieht dies jedoch primär auf eine pragmatische Ebene („für eine befriedigende Lebensführung sowie beruflichen und wirtschaftlichen Erfolg"), während die Deutsche Forschungsgemeinschaft darüber hinaus die personale Ebene anspricht („personale [...] Bildung qua sprachlich-ästhetischer Erfahrung") (a.a.O., 41).

Wie steht es in Deutschland um die Lesekompetenz?
Bevor in die Analyse der Lesesozialisation eingestiegen wird, soll ein kurzer Überblick gegeben werden, wie es in Deutschland um die Lesekompetenz steht. Hierfür sind Aussagen aus der Sekundärliteratur und der PISA-Studie zusammengestellt. Zunächst jedoch ein Zitat von Brigitta Stauber-Klein aus einem Artikel zum Vorlesetag aus der Westdeutschen Allgemeinen Zeitung (17.11.2006):

> „15-Jährige, die keine Zeitungsmeldung verstehen können. Eine Neunjährige, die ihre Einladungen zum Geburtstag von der Mutter einer Freundin schreiben lässt – weil sie es noch nicht kann und die eigene Mutter es nie richtig gelernt hat. Erstklässler, die von der Lehrerin ein Buch geschenkt bekommen mit den Worten ‚Für manche ist es das erste Buch.'"

Auch wenn dieses Zitat auf den ersten Blick etwas plakativ anmutet, so beschreibt es aus der Alltagsperspektive doch zwei zentrale Aussagen, die empirische Befunde bestätigen: Erstens verfügen viele Kinder in Deutschland über eine schlechte bis sehr schlechte Lesekompetenz. Die OECD bestätigt dies auf der Grundlage der von PISA gelieferten Daten: Knapp 1/5 der deutschen Schüler komme nicht über die Lesekompetenzstufe 1 hinaus, knapp die Hälfte nicht über Stufe 2 (OECD 2004a, 317-321).[49] Die zweite Aussage, die dem Zitat entnommen werden kann ist, dass schlechte Lesekompetenz von Eltern an Kinder weitergegeben wird. Die Bedeutung des sozioökonomischen Hintergrunds wird auch von der OECD bestätigt (a.a.O., 188-213). Des Weiteren wird im Zitat die Schule angesprochen. Welche Rolle sie einnimmt, ob sie kompensatorische Aufgaben wahrnimmt, ob sie Lesefreude wecken kann, wird gleich genauer erörtert. Zunächst sollen jedoch verschiedene mögliche Betrachtungsperspektiven zur Lesesozialisation erläutert werden.

Betrachtungsperspektiven von Lesesozialisation
Auf die Lesesozialisation wirken nicht nur einzelne Bildungseinrichtungen ein, sondern die gesamte gesellschaftliche Umwelt. Sie ist auch im Lebenslauf eines Individuums nicht auf eine bestimmte Phase festgelegt. Es lassen sich drei Perspektiven der Betrachtungsweise von Lesesozialisation unterscheiden:

- Unter der *diachron-historischen Perspektive* wird die historische Entwicklung der gesellschaftlichen Bedingungen für Lesesozialisation betrachtet. Groeben u.a. (1999, 2) bezeichnen diese Perspektive als Darstellung „des gesamtgesellschaftlichen Systems und seiner Veränderungen".
- Unter der *diachron-individuellen Perspektive* fasst man die Entwicklung des Lesens unter gegenwärtigen sozialen und medialen Bedingungen (a.a.O., 6). Betrachtet wird dabei in der Längsschnittperspektive die gesamte Lebensspanne der Individuen. Hierbei untersucht man die Vermittlungsinstanzen von Lesekompetenz oder zumindest die Faktoren, von denen man vermutet, dass sie Einfluss auf die Entwicklung der Lesefertigkeit des Individuums haben. Zentrale Einflussfaktoren sind beispielsweise Familie, Peergroup oder Schule, aber auch Faktoren wie Geschlecht oder Persönlichkeit (s.u. ausführlicher).
- Unter der *synchron-systematischen Perspektive* wird die von einem Individuum bis zu einem bestimmten Zeitpunkt erfahrene Lesesozialisation analysiert. Leseerfahrungen beinhalten individuelle Medien-, Genre- und Nut-

---

49 Auf der Kompetenzstufe 1 bestehen die Aufgaben unter Anderem in Folgendem: „Ein oder mehrere unabhängige Teile einer explizit ausgedrückten Information unter Berücksichtigung eines einzigen Kriteriums lokalisieren. Das Hauptthema oder die Absicht des Autors in einem Text über ein vertrautes Thema erkennen, wenn die erforderliche Information im Text gut sichtbar ist." (OECD 2004a, 317) Für Kompetenzstufe 2 gilt: „Ein oder mehrere Informationsteile lokalisieren, wobei jedes u.U. mehreren Kriterien entsprechen muss. Die Hauptidee eines Textes identifizieren, Zusammenhänge begreifen, einfache Kategorien entwickeln und anlegen oder die Bedeutung eines begrenzten Textteils analysieren, wenn die Information nicht leicht sichtbar und wenig anspruchsvolle Schlüsse gezogen werden müssen." (A.a.O.)

zungspräferenzen. Sie werden in einem persönlichen Mediennutzungsprofil erfasst. Neben Intensivnutzern traditioneller Medien gibt es Intensivnutzer von Büchern sowie Intensivnutzer von Computermedien (a.a.O., 8).

Hierbei besagt einer der stabilsten empirischen Befunde der Mediennutzungsforschung, dass „Bücherlesen und die Nutzung anderer Medien [...] sich nicht gegenseitig" ausschließen (a.a.O., 9). Häufiges Lesen deute in der Regel auf eine hohe Zuwendung zu Medien hin, der häufige Gebrauch von elektronischen Medien dagegen nicht auf beständiges Lesen. Damit müsse nach der synchron-systematischen Forschungsperspektive die zentrale Unterscheidung nicht zwischen Lesern von Printmedien und elektronischen Mediennutzern gezogen werden, sondern zwischen aktiven Informationslesern und Lesern mit dominantem Unterhaltungsinteresse. Es gebe auf der einen Seite die Gruppe der informierten Mediennutzer, die verschiedenste Medien verwenden. Dabei spielt das Lesen eine wichtige Rolle. Auf der anderen Seite gebe es Mediennutzer mit primärem Unterhaltungsinteresse, für die, aufgrund eines überflutenden Angebots an attraktiven elektronischen Medien, das Lesen immer nebensächlicher werde. Folgenreich ist der Verlust der Notwendigkeit des Lesens für diese Gruppe deshalb, da „Lesen pragmatisch als ‚Kulturwerkzeug', als Conditio sine qua non für eine befriedigende Lebensführung sowie beruflichen und wirtschaftlichen Erfolg" (Hurrelmann 2004, 41) gewertet werden muss. Mit einer eingeschränkten Lesekompetenz verliere das Individuum seine Partizipationsfähigkeit in fast allen gesellschaftlichen Handlungsbereichen (Vorderer/Klimmt 2002, 216).

Diese leseeinschränkende Interessensstruktur ist nicht zufällig, sondern sie sei wesentlich über die soziale Schicht vermittelt: „Die ausschließliche Unterhaltungsorientierung findet sich vor allem in der Unterschicht, die auf verschiedene Funktionen ausgerichtete Interessensstruktur häufiger in der Ober- und Mittelschicht." (Groeben u.a. 1999, 10) Damit sind auch die Eingangsbedingungen bzgl. der Lesekompetenz, mit der Individuen in bestimmte Gruppen (beispielsweise Peergroup) oder Institutionen (beispielsweise Schule) eintreten, stark schichtabhängig. Diese Voraussetzung soll, besonders bei der Betrachtung der außerschulischen Instanzen der Lesesozialisation, nachfolgend bedacht werden, wobei die diachron-individuelle Perspektive eingenommen wird.

Soziale Faktoren: Familie

Die Sozialisation des Lesens beginnt nicht erst mit der Lesefähigkeit, sondern „wichtige vorbereitende Prozesse [finden] in den ersten sechs Lebensjahren", also noch vor dem Einfluss der Schule statt (Oerter 1999, 27). Diese Einschätzung von Oerter scheint in der Literatur Konsens zu sein. In der Regel wird darüber hinaus der Familie die größte Bedeutung unter den Lesesozialisationsinstanzen zugeschrieben. Familie sei, so Hurrelmann (2004, 45), „nicht nur die früheste, sondern auch die wirksamste Instanz der Lesesozialisation – vermutlich weil ihre kulturellen Einflüsse permanent, unbeabsichtigt und unspezialisiert sind." Die Spracherfahrungen, die (Klein-) Kinder in der Familie machen, scheinen von sehr großer Bedeutung zu sein. Wächst ein Kind beispielsweise in einer Umgebung auf, in der ein elaborierter Sprachcode gepflegt wird, fällt ihm mit großer Wahrscheinlichkeit der Schriftspracherwerb viel leichter, als dem Kind einer Familie, in der sehr umgangssprachlich gesprochen wird. Dies ist damit zu begründen, dass elaborierte Sprache auf Normen der Schriftsprache sehr viel mehr Wert legt als Umgangssprache. Wird dabei das Nachdenken über die eigene Kommunikation gefördert, kann sich schon früh eine Sprachbewusstheit ausbilden, die für das Lesen lernen wichtig ist. Die Wahrscheinlichkeit einer solchen frühen Förderung ist allerdings schichtspezifisch, ein das Lesen anregendes Umfeld findet sich vor allem in bildungsnahen Schichten.

Als die Schlüsselanforderung zur Bestimmung der Qualität der familiären Lesesozialisation wird oft das Vorlesen erachtet (a.a.O., 46). Doch nicht das schlichte Vorlesen sei entscheidend, sondern die Art und Weise: Vorlesen dürfe nicht nur als Pflichtübung angesehen werden, sondern es müsse sich auf die Kommunikationsbedürfnisse der Kinder flexibel einstellen, Fragen, Kommentare und Reflexionen der Kinder aufnehmen und anregen. Problematisch sei, „dass diese Fähigkeiten bildungsspezifisch unterschiedlich verteilt sind" (a.a.O., 47). Damit haben Kinder, entsprechend der sozialen Schicht, in der sie aufwachsen, sehr unterschiedliche Chancen für den Erwerb kindlicher Sprachbewusstheit.

Abraham und Kepser (2005, 69) sehen eine Lösung dieses Problems: „Da viele Kinder gerade aus Unterschichtfamilien Kindergärten und Vorschuleinrichtungen besuchen, bestünde hier die Chance, das künftige Leseverhalten positiv zu beeinflussen." Ob dies von Kindergärten oder Vorschulen geleistet wird, können sie allerdings nicht beantworten, da auf Deutschland bezogene empirische Studien fehlen. Beobachtungen der genannten Einrichtungen machen ihnen allerdings keine großen Hoffnungen: „Konzepte für eine literarische Frühförderung [...] fehlen weitgehend"; Kindergärten gelinge es heute nicht, die Defizite der familiären Leseförderung zu beheben (ebd.).

Entscheidend für die Qualität der familiären Lesesozialisation ist also das Leseklima in den Familien. Es lässt sich an verschiedenen Faktoren festmachen. Eine Systematisierung orientiert sich im Folgenden an Hurrelmann (2004, 47f.), die fünf Faktoren unterscheidet:

a. Die soziale Einbildung des Lesens in das Familienleben. Dieser Faktor umfasst beispielsweise gemeinsame Bibliotheksbesuche durch die Familie oder das Vorlesen von Kinderbüchern durch die Eltern. Es geht dabei um

3.3 Ungleichheitstheoretische Perspektive

das „Interesse an Kommunikationen, die den unmittelbaren Erfahrungsraum" (a.a.O., 48) der Familienmitglieder überschreiten.
b. Der zweite Faktor berührt ebenfalls den Bereich Kommunikation zwischen den Familienmitgliedern. Es geht hierbei um „Momente der prä- und paraliterarischen Kommunikation" (a.a.O.), um Gespräche über gelesene Literatur mit den Kindern sowie um den Umgang mit Wortspielen und Kinderreimen.
c. Wichtig ist darüber hinaus das Leseverhalten der Eltern, das eine starke Vorbildfunktion für Kinder hat. Abraham und Kepser (2005, 68) weisen darauf hin, dass intensiv lesende Eltern signifikant oft ebenfalls lesende Kinder haben. Es habe keinen Sinn, wenn Eltern das Lesen zwar appellativ unterstützen, selbst aber nicht das entsprechende Verhalten zeigen. Kinder dieser Eltern lesen sogar besonders ungern.
d. Der vierte Faktor umfasst die Kommunikationsqualität einer Familie ganz allgemein.
e. Schließlich beeinflusst als fünfter Faktor die Nutzungsdauer und -häufigkeit elektronischer und audiovisueller Medien durch die Eltern die Qualität der familiären Leseförderung. Besonders negativ für die familiäre Leseförderung seien vor allem medienabstinente oder ausschließlich Nichtprint-Medien nutzende Eltern.

Problematisch ist, dass die fünf Faktoren eine starke Schichtabhängigkeit aufweisen. Als besonders gravierend erscheint, dass der erste Faktor, die Einbindung des Lesens in das Familienleben, sowohl der einflussreichste Faktor für die Lesefreude von Kindern, als auch der bildungsabhängigste Faktor ist (a.a.O., 48f.).

Schule
Die schulische Lesesozialisation ist grundlegend anders als die familiäre. Die Einflüsse der Familie sind permanent, unbeabsichtigt und unspezialisiert. In der Schule geht es dagegen um eine „gegenstands- und zielgerichtete, methodisch geplante Vermittlung von Wissen, Fertigkeiten und kulturellen Orientierungen" (a.a.O., 50). Durch Lehrpläne und die Tradition der Schule als gesellschaftliche Institution sind diese zielgerichteten Einflüsse geregelt. Hurrelmann (2002, 140) sowie Groeben u.a. (1999, 6) beschreiben die Forschungslage zur Lesesozialisation in der Schule – zumindest für die Sekundarstufe – als unzureichend.

Es wurde bereits darauf hingewiesen, dass Schüler mit unterschiedlichsten Voraussetzungen ihre Schulkarriere beginnen. Diese ungleichen Einstiegsvoraussetzungen korrelieren stark mit der sozialen Herkunft: Lesestarke Schüler, die schon vor ihrer Schulzeit im Lesen familiär gefördert wurden, stammen überwiegend aus bildungsnahen Schichten, Kinder aus bildungsfernen Schichten erfahren diese Förderung im Regelfall nicht. Die schulischen Möglichkeiten der einzelnen Schüler sind also stark durch den familiären Hintergrund beeinflusst. Jedoch ist die Schule prinzipiell in der Lage, Familienergänzungs- und Kompensationsaufgaben zu übernehmen. Dies bestätigt die Studie *Leseklima in Familien*: „Bei intensiver schulischer Förderung lasen die benachteiligten Kinder in der Freizeit ebenso häufig und gern, wie die elterlich stark geförderten Jungen und Mädchen" (zit. n. Hurrelmann 2004, 50). Allerdings müsse ein solcher fördernder Leseunterricht auch außerschulische Lektüre anregen und besprechen. Doch die Studie fährt fort mit dem Befund, „dass fast 80 Prozent der befragten Kinder meinten, ihre Lehrerin interessiere sich für ihre häusliche Lektüre im Grunde gar nicht" (zit. n. a.a.O., 51).

Dieses von Hurrelmann vor allem auf die Primarstufe bezogene Ergebnis bestätigen Groeben u.a. auch bezüglich der Sekundarstufen I und II: Hier gebe es eine große Differenz zwischen Schul- und im günstigen Fall noch vorhandener Privatlektüre. Sowohl der Lesestoff, als auch die Art und Weise des Lesen würden auseinanderfallen. Die distanziert-analytische „Behandlung" von Texten und die bevorzugte Auswahl von Texten mit sozial-moralischer Botschaft durch die Schule würden den Leseinteressen der Schüler nicht gerecht (Groeben u.a. 1999, 7). Dass eine erfolgreiche Leseförderung jedoch Lesemotivation stärken müsse, sei „Common sense" (Abraham/Kepser 2005, 69).

Diesen Befunden zufolge gibt es eine kontinuierlich abnehmende Lesemotivation schon zur Grundschulzeit, die sich in den weiterführenden Schulen verstärkt. Als weitere, dieses Ergebnis bestärkende Untersuchung lässt sich die *Erfurter Studie* anführen. Es wurden 52 Klassen bezüglich ihres schulischen Leseverhaltens untersucht. 13 dieser untersuchten Klassen lasen im gesamten Schuljahr kein ganzes Buch. Wurde denn doch gelesen, dann gehörten die „Titel mehrheitlich [...] zu der Literaturgattung, die die Kinder am wenigsten schätzen: der realistischen Erzählung mit sozial-moralischer Botschaft." (Hurrelmann, 2004, 51) Diese Beispiele zeigen die relative Erfolglosigkeit der schulischen Lesesozialisation. Aus ihnen lassen sich aber drei wichtige Faktoren einer erfolgreichen schulischen Förderung von Lesekompetenz ableiten: a) die Orientierung am Leseinteresse der Schüler; b) Angebote von Gesprächsmöglichkeiten über die Lektüre und – damit verknüpft – c) die Bezugnahme auf Freizeitlektüre. Allerdings ist es den Bildungsinstitutionen „bislang nicht gelungen, die vorhandenen Defizite zu beheben" (Abraham/Kepser 2005, 69). Folge sei, so Hurrelmann (2004, 53), ein Leseknick bei 12- bis 13jährigen. In diesem Alter beenden viele Jugendliche das private Lesen. Unter 15jährigen gebe es, so die PISA-Studie, 42 Prozent bekennende Nichtleser. Abraham und Kepser (2005, 72) gehen gar von etwa 70 Prozent der Jugendlichen aus, die zeitweise das Lesen ganz einstellen.

3.3 Ungleichheitstheoretische Perspektive

Die Schule ist nicht die einzige Ursache für diese mangelhafte Lesefreude, mit der die ebenso mangelhafte Lesekompetenz vieler Jungendlicher eng verknüpft ist. Doch sie hat einen großen Anteil daran, denn sie nutzt das lesefördernde Potenzial des Literaturunterrichts systematisch nicht (Hurrelmann 2004, 55).

Peergroup
Neben Familie und Schule ist der Peergroup eine erbliche Rolle zuzuschreiben. Beispielsweise werden hier Leseempfehlungen eingeholt (Groeben u.a. 1999, 8).

Hurrelmann (2004, 56) gibt jedoch zu bedenken, dass man zwar bestimmte Genrepräferenzen bei Jugendlichen ermitteln könne, man bislang jedoch nicht in Erfahrung gebracht habe, inwieweit diese durch die Peergroup und deren Leseempfehlungen motiviert sind. Man wisse jedoch, dass mit zunehmendem Alter die Leseanregungen der Familie und der Lehrer (sofern letztere nach der Grundschulzeit überhaut eine Rolle gespielt hätten) unwichtiger werden.

Der Freundeskreis wird also scheinbar zunehmend wichtiger bei der Lektüreauswahl. Hierbei muss nach PISA unterschieden werden zwischen Cliquen, die Literatur verschiedene Werte zuweisen: Die beiden Pole der Wertzuschreibung sind die „aggressive Orientierung" sowie die „freizeitbezogene ‚Freude am Lesen'". Die Orientierung der Clique zwischen diesen beiden Polen ist mitbestimmt durch beispielsweise Geschlecht oder Schulform. Bei Jugendlichen mit Zugehörigkeit zu einer Clique mit „aggressiver Orientierung" sind schlechtere Leseleistungen zu erwarten, als bei Zugehörigkeit zu einer Gruppe, die „Freude am Lesen" vermittelt. Dort ist „durchweg ein positives Verhältnis zu den Leseleistungen nachzuweisen" (Hurrelmann 2004, 56). Aus diesem Befund wird das große bildungsfördernde Potenzial der Peergroup deutlich. Groeben u.a. (1999, 8) weisen jedoch darauf hin, dass empirisch noch nicht untersucht wurde, ob leseunterstützende Einflüsse der Altersgruppe negative familiäre Lesesozialisationsbedingungen ausgleichen können. Hurrelmann (2002, 141) vermutet, dass auch die Altersgruppe ungünstige familiäre Bedingungen nicht ausgleichen könne, sondern dass sie eher verstärkt werden.

Der Peergroup ist also ein großer Stellenwert bei der Lesesozialisation zuzuschreiben, denn sie beeinflusst die Freizeitgestaltung erheblich. Entscheidend ist die Einstellung der Clique zum Lesen sowie gegenüber neuen Medien. Hurrelmann (2004, 58) schreibt daher der Peergroup längerfristig gesehen gar die wichtigste Bedeutung zu. Allerdings sei „der produktive Umgang mit den neuen Medien massiv" abhängig von Bildung (ebd.).

Gender
Geschlecht ist einer der zentralen Einflussfaktoren auf die Lesesozialisation. Schon bei Kindern zeigen sich Differenzen bezüglich der Häufigkeit und Dauer

des Lesens, der Gattungspräferenzen sowie der Lektürefunktion. Aber auch die Medienpräferenz unterscheidet sich. Mädchen bevorzugen beispielsweise eher Printmedien und sehen sich lieber Spiel-/Liebesfilme an, während Jungs Bildschirmmedien präferieren und lieber Abenteuerfilme, Dokus oder informierende Magazinsendungen ansehen (Groeben u.a. 1999, 10f.).

Was einen großen Einfluss auf die Lesekompetenz hat, ist, so die Vermutung von Groeben u.a. (a.a.O., 11), das soziale, nicht das biologische Geschlecht. Die bessere Leseleistung von Mädchen könne demnach damit erklärt werden, dass die Lesesozialisation in unserer Gesellschaft hauptsächlich weiblich geprägt sei. Hauptsächlich Frauen fungieren in Familie, Kindergarten und Schule als Leselehrerinnen. Davon fühlen sich Mädchen eher angesprochen als Jungs. Werden Letztere von Männern, beispielsweise ihren Vätern im Lesen gefördert, nehme ihr Leseinteresse stark zu. Groeben u.a. weisen jedoch drauf hin, dass dieses Feld bisher nur wenig erforscht wurde.

Oerter (1999, 46) zieht zur Erklärung der Geschlechtsunterschiede beim Lesen Kohlbergs kognitive Theorie der Geschlechtsrollenidentifikation von 1974 heran. Nach dieser Theorie treibe das Kind selbst, und nicht der äußere soziale Druck die Geschlechtsrollenidentifikation voran: Mit Beginn des zweiten Lebensjahres erkenne das Kind die Geschlechterdifferenz und ordne sich dem entsprechenden Geschlecht zu. Es wähle sich geschlechtstypische Verhaltensweisen aus der Umwelt aus und imitiere diese. Dabei diene nicht in erster Linie Vater oder Mutter als Vorbild, sondern besonders ausgeprägte Rollenträger wie Cowboys oder Prinzessinnen. Wenn man dieses Konzept von Kohlberg, so Oerter (a.a.O., 46), „etwas modifiziert und in einen allgemeinen Rahmen stellt, so eignet […] (es) sich wohl am besten für das Verständnis geschlechtsspezifischer Lesesozialisation." Das Kind nähere sich selbst geschlechtsspezifisch angemessener Literatur, sozialisiere sich also selbst. Folgerung daraus ist, dass „Mädchen […] dem Lesen deutlich mehr abgewinnen (können) als Jungen" (Abraham/Kepser 2005, 72), wodurch Jungen bei Lesevergleichsstudien weit zurückfallen. Erst bei der Gruppe der über 30jährigen mit höherer Schulbildung nähern sich die Lesepräferenzen und -gewohnheiten an (Groeben u.a. 1999, 11).

Personale Faktoren
Neben den genannten sozialen Einflussfaktoren Geschlecht, Familie, Schule und Peers nennt Hurrelmann (2002, 141f.) auch einen personalen Einflussfaktor, der ihrer Ansicht nach eine große Rolle spielt. Doch auch wenn der Auseinandersetzung des Individuums mit seiner sozialen Umwelt in der Sozialisationstheorie ein systematisch zentraler Stellenwert zukomme, wurde die Analyse von Persönlichkeitsmerkmalen bei der Leseverhaltensforschung noch nicht isoliert betrachtet. Hurrelmann konstatiert jedoch folgende Tendenzen: Vielleser hätten ein

besonders hohes Aktivitätsniveau gegenüber Weniglesern, sie weisen eine breite inhaltliche und mediale Interessensvielfalt auf und haben, speziell gegenüber dem Medium Buch ausdifferenzierte Erwartungen. Vielleser haben, so Hurrelmann weiter, eine „aktivere, selbstbestimmtere und vor allem breiter gefächerte" Interessensstruktur (Groeben/Vorderer 1988, 45; zit. n. Hurrelmann 2002, 142).

Abschließend formuliert lässt sich festhalten, dass die erschreckenden empirischen Befunde zum Ausmaß der Lese(un)fähigkeit vieler Schüler spätestens seit PISA offen liegen. Die oben dargelegten Aspekte verweisen insbesondere auf die familiäre Lesesozialisation, die gleichsam den Grundstein für Lesekompetenzen legt und die institutioneller Unterstützung bedürfen. Ebenfalls zeigen auch Schule, Peergroup, Gender und personale Einflussfaktoren, dass die Forschung und Unterützung der Lesesozialisation auch auf anderen Feldern dringlich ist.

3.3.5 Fazit

Die ungleichheitstheoretische Perspektive der Bildungssoziologie besteht aus verschiedenen Teilansätzen, die aus unterschiedlichen Richtungen der Frage nach der Entstehung und Erhaltung von bildungsbezogenen Ungleichheiten nachgehen. Mit seinem makrosoziologisch orientierten Ansatz stellt Bourdieu hierbei auf Klassenstrukturen ab, wobei die sich daraus ergebenen Bildungsungleichheiten von verschiedenen AutorInnen, die mit Bourdieus Konzepten arbeiten, auf der Gesellschaftsebene (so z.B. Vester mittels eines Milieukonzepts), auf der Organisations- sowie auf der Ebene der Interaktion und des Körpers empirisch untersucht werden. Des Weiteren kann bemerkt werden, dass soziologische Sprachanalysen in den 1970er Jahren eine Bedeutung hatten und heute wiederentdeckt werden. Eine große Bedeutung wird in der Bildungsforschung insgesamt ebenfalls der Lesesozialisation beigemessen. Auch hierzu kann die Bildungssoziologie einen Beitrag leisten, wenn sie die verschiedenen sozialisatorischen Milieus (insbesondere die Familie, aber auch die Peers und natürlich die Schule) in ihren Ungleichheiten produzierenden, reproduzieren oder ausgleichenden Effekten ins Auge fasst.

Literaturempfehlungen
Für das Nachzeichnen der ungleichheitstheoretischen Perspektive seien die Schriften von Becker/Lauterbach (2006), Barlösius 2006 (zu Bourdieu), Kaesler (2005) sowie B. Hurrelmann (2004) empfohlen.

3.4 Differenzierungstheoretische Perspektive/Inklusion[50]

In diesem Abschnitt beschäftigen wir uns entlang des Begriffs der Inklusion mit der differenzierungstheoretischen Perspektive von Soziologie und Bildungssoziologie. Inklusion wollen wir hier zunächst vorläufig als Einbeziehen von Akteuren in soziale Systeme verstehen, was differenzierungstheoretische Ansätze auch für das Bildungssystem zeigen.

Bevor wir den Begriff Inklusion genauer vorstellen, ist zunächst der Stellenwert dieses Begriffs in Soziologie und Pädagogik zu überblicken. Obwohl der Begriff in der Soziologie von Thomas Marshall und Talcott Parsons nach dem Zweiten Weltkrieg sowie in den 1960er und 1970er Jahren diskutiert wird, sind mit dem Begriff keine kontinuierlichen Theorie- und Forschungsaktivitäten verbunden. Dies hängt unter anderem mit dem nach den 1980er Jahren zu beobachtenden Niedergang von Parson's Strukturfunktionalismus zusammen. Dennoch ist die differenzierungstheoretische Beschäftigung mit dem Begriff Inklusion nicht stillgestellt, wie für die Soziologie z.B. Niklas Luhmann belegt. Bei ihm findet man den Begriff Inklusion, der von ihm dezidiert im Zusammenhang mit dem Erziehungssystem gesehen wird, seit den 1970er Jahren, freilich auch hier mit Konjunkturen, denen aber in den 1990er Jahren wieder stärkere Beschäftigungen mit dem Thema folgen. Darüber hinaus wird das Thema Inklusion in jüngster Zeit auch von Akteurtheoretikern erschlossen. Sie liefern zudem empirische Konkretisierungen, die bei Parsons und vor allem bei Luhmann weitgehend fehlen. Zwar ist die differenzierungstheoretische Perspektive der Soziologie seit den Klassikern (Durkheim, Parsons) entfaltet. Inklusion als Teilperspektive der Differenzierungstheorie ist jedoch in der Soziologie noch immer relativ neu.[51] Davon abgesehen wird die Begrifflichkeit auch in der Erziehungswissenschaft verwendet (wie sich z.B. unten mit Edwin Keiner zeigen lässt).

Was ist Inklusion?
Im Unterschied zur Systemintegration, die die Frage behandelt, wie gesellschaftliche Teilsysteme untereinander zusammenwirken, ist Inklusion eine Perspektive der Sozialintegration.[52] Es geht hierbei um die differenzierungstheoretische Frage, wie Personen in die Gesellschaft einbezogen werden (vgl. Luhmann 2002,

---

50 Dieses Kapitel basiert auf Brüsemeister 2004a, 13ff.
51 Anders sieht es mit dem Begriff Exklusion aus; vgl. den Überblick bei Stichweh 2005; Kronauer 2002. Exklusion konkurriert dabei begrifflich überwiegend mit Ungleichheitstheorien, die neben Differenzierungstheorien den zweiten Schwerpunkt soziologischer Theorien bilden.
52 Vgl. zur Unterscheidung von Sozial- und Systemintegration: Lockwood 1979; zur sozialintegrativen Perspektive von Inklusion vgl. Luhmann 1997, 618-634; Schimank/Volkmann 1999, 39; Schwinn 2001, 386-389.

3.4 Differenzierungstheoretische Perspektive/Inklusion

138). Gegenüber ständischen Gesellschaften, in denen die lebenslange „Totalinklusion" (Brose/Holtgrewe/Wagner 1994, 258) des Einzelnen in einen einzigen Stand dominierte, bietet die Moderne flexible Inklusionen für Personen, wobei in theoretischer Hinsicht die Art der Inklusion mit der Art der gesellschaftlichen Differenzierung zusammen gedacht wird. Hierbei haben sich innerhalb von Differenzierungstheorien zwei Sichtweisen herausgebildet: Arbeitsteilung und Emergenz.

Arbeitsteilung als Differenzierungsprinzip lässt sich mit Parsons so verstehen (so wird in Kap. 3.4.1 gezeigt), dass arbeitsteilige Spezialisierungen von ineinander greifenden Berufsrollen entstehen. Zum Beispiel entwickeln sich – im Vergleich zur Erziehung in ständischen Gesellschaften, die weitgehend von der Familie bestimmt ist – Erziehungsaufgaben innerhalb einer Berufsrolle des Lehrers, die von der Rolle der Familienmitglieder, des Priesters, des Richters, des Politikers etc. getrennt werden. Nach dem Muster der Arbeitsteilung wird durch Umstellung von ständische auf funktionale Differenzierung via Berufsrollen die Gesellschaft zwar in ein Rollengefüge zerteilt; die Differenzierung bleibt jedoch auf eine ursprüngliche Ganzheit bezogen; die spezialisierten Zugriffe auf die Person können untereinander in Wechselbeziehung treten und sich dabei stützen.

Demgegenüber gehen neuere Differenzierungsansätze davon aus, dass sich Inklusionsmöglichkeiten nicht nur arbeitsteilig und im Rahmen von Berufsrollen ergeben, sondern auch durch die Herausbildung emergenter Sinnstrukturen, die es vorher in der Gesellschaft nicht gab. Ein Beispiel für solche Sinnstrukturen ist die von einer Ölfirma geplante Versenkung der ausgedienten Bohrplattform Brent Spar, auf die die Weltöffentlichkeit mit Hilfe von Greenpeace und den Medien aufmerksam wurde. Durch einsetzende massive Proteste wurde letztlich die Industrie dazu gebracht, alle ausgedienten Ölplattformen kontrolliert zu entsorgen. Es entwickelt sich ein eigener Industriezweig, der sich darauf spezialisiert, ausgediente Plattformen in Küstennähe umzubauen oder zu verschrotten. Dieses Beispiel lässt sich mit der Systemtheorie so verstehen, dass sich in der Gesellschaft bestimmte Weltsichten verstetigen, wobei Ausgangspunkte emergente Geschehnisse sein können. Diese sind nicht auf eine ursprüngliche Ganzheit bezogen.

Entlang von längerfristigen Differenzierungsprozessen kennt die moderne Gesellschaft bislang etwa ein Dutzend Weltsichten, die sich zu gesellschaftlichen Teilsystemen verstetigt haben[53], wobei die verschiedenen Teilsysteme für ein und dasselbe gesellschaftliche Geschehen konkurrierende Perspektiven entwerfen, die nicht wie in der Vorstellung von Arbeitsteilung ineinander greifen, son-

---

53 Dies sind: Wirtschaft, Politik, Recht, Wissenschaft, Religion, Militär, Kunst, Massenmedien, Bildung, Gesundheitswesen, Sport, Familie und Intimbeziehungen; vgl. Schimank/Volkmann (1999, 32-35).

dern sich „überlappende" Zugänge zur Gesellschaft ermöglichen. Dies impliziert für die Individuen statt fester Zugehörigkeiten – wie in ständischen Gesellschaften – arbeitsteilige Rollenverhältnisse zu nutzen (Parsons) sowie an emergenten Sinnstrukturen bzw. konkurrierenden Weltsichten (Luhmann) Teil zu haben. Inklusion wird dabei von dem jeweiligen Teilsystem organisiert, „und es gibt keine Zentralinstanz mehr (so gern sich die Politik in dieser Funktion sieht), die die Teilsysteme in dieser Hinsicht beaufsichtigt" (Luhmann 1997, 630).

In einer funktional differenzierten Gesellschaft im Unterschied zu früheren, stratifikatorisch differenzierten Gesellschaftsformen zu leben bedeutet, dass Individuen nicht mehr in ein einziges Teilsystem lebenslang totalinkludiert sind, wie es der Bauer oder der Adelige jeweils in ihren Ständen waren, sondern der Gesellschaft auf Grund mehrerer funktionaler Rollen variabel angehören. Die moderne Gesellschaft kümmert sich dabei nicht darum, welche Persönlichkeitsmerkmale und Fähigkeiten das Individuum sonst noch jenseits seiner funktionalen Rollenzugehörigkeiten hat.[54]

Differenzierungstheoretiker haben dabei gezeigt, dass Leistungs- und Sinnangebote der Teilsysteme als kulturelle Leitideen ausformuliert werden (Schimank/Volkmann 1999, 41-42). Untersucht wurde dies insbesondere für Wohlfahrtsstaaten, die nach dem Zweiten Weltkrieg ihre Leistungsangebote in Form individualistischer Inklusionsprogramme (Münch 1998) ausgeweitet haben und dabei vom Gebot der „Vollinklusion aller Menschen in die Gesellschaft" angeleitet wurden (Luhmann 1997, 630). Insbesondere in den Leistungsbereich des Bildungssystems wurden immer größere Anteile von Publikumsgruppen einbezogen und die Beteiligungschancen rechtlich verankert. Für das westdeutsche Schulsystem der Nachkriegszeit ist eine Politik der Chancengleichheit die Konkretisierung der kognitiven und evaluativen Leitidee einer Inklusion aller.

In den weiteren soziologischen und bildungssoziologischen Forschungsperspektiven, die hier skizziert werden sollen, werden jedoch vertiefte Einblicke in einzelne Dimensionen von Inklusion eröffnet, die teilweise Zweifel an der Umsetzung der evaluativen Leitidee wecken. Dies soll mit exemplarischen argumentativen Positionen vorgeführt werden:

– es werden genauer Systemeigenarten und Modi von Inklusion skizziert, so Luhmann (Kap. 3.4.1);
– problematisiert werden faktisch erreichte bzw. nicht erreichte Inklusions-Zustände (Münch, Kap. 3.4.2);
– die Akteurperspektive wird, obwohl in Parsons Begriff der Inklusion grundsätzlich vorhanden, ausgebaut, was genauere empirische Beobachtungen von

---

54 Hillebrandt (1999) spricht von einer „Exklusionsindividualität".

3.4 Differenzierungstheoretische Perspektive/Inklusion

Leistungs- und Publikumsrollen sowie von Akteurkonstellationen erlaubt (Gerhards, Kap. 3.4.3);
- im Zuge der Akteurperspektive werden transintentionale Strukturen beobachtet, die die Inklusionsziele unterlaufen (Bourdieu, Kap. 3.4.4).

Die exemplarischen Argumentationen werden entlang eines heuristischen Schemas vorgestellt. Mit ihm lassen sich einerseits Ansätze unterscheiden, die Inklusion schwerpunktmäßig im Hinblick auf soziale Systeme erörtern und dabei systemische Leistungsangebote für Inklusion herausstellen. Andererseits gibt es Ansätze, die Inklusion stärker von der Seite der Akteure denken, indem sie ihr Wollen, ihre Ansprüche, ihre Werte und Interessen herausstellen, die auf eine größere Beteiligung an Inklusion zielen. Eine erste Unterscheidung hinsichtlich der Theorien, die sich mit Inklusion beschäftigen, ist also die zwischen sozialen Systemen und Akteuren.

Eine zweite Unterscheidung ist, ob mehr die Inputseite der Inklusion – was an Inklusion erreicht werden soll – oder mehr die Outputseite der Inklusion – was tatsächlich an Inklusion erreicht oder nicht erreicht wurde – beobachtet wird.

Aus beiden Unterscheidungen ergeben sich logisch gesehen vier theoretische Sichtweisen zur Inklusion, die durch verschiedene Autoren abgedeckt sind und die nachfolgend in vier Abschnitten behandelt werden (vgl. Übersicht 3):

Übersicht 3:   Exemplarische Argumentationen zur schulischen Inklusion

	Input	Output
System	Position 1: wohlfahrtsstaatliche Inklusion (Marshall, Parsons) Systemtheorie (Luhmann)	Position 2: ungenügende Realisierungen von Inklusion (Münch)
Akteur	Position 3: Bildungsnachfrage des Publikums (Gerhards)	Position 4: Transintentionalität im Schulsystem ([Schimank] Bourdieu)

Jede einzelne Autorenposition berührt mehrere der hier im heuristischen Vierfelder-Schema vorgestellten theoretischen Sichtweisen zur Inklusion; die Perspektiven zu Systemen und Akteuren sowie Inputs und Outputs sind in theoretischer Hinsicht komplementär, d.h. kommen in der ein oder anderen Form bei allen Autoren vor. Zielvorgaben auf der Input-Ebene des Schulsystems lassen sich streng genommen nicht unabhängig von Zielerreichungen auf der Outputebene denken. Und es ist hervorzuheben, dass sich Inklusion auf die soziale Integration, d.h. die Frage bezieht, wie Akteure in soziale Systeme einbezogen werden. Akteure und Systeme lassen sich also ebenso wenig trennen wie Inputs und Outputs. Dennoch sind bei den Autoren Schwerpunkte in der Argumentation erkennbar, die sich auf eine der vier Sichtweisen von Inklusion beziehen und hier zu Zwecken der Übersicht nacheinander angesprochen werden.

Das heuristische Schema impliziert, nicht von einem entwickelten Begriff der Inklusion auszugehen, sondern diesen schrittweise zu entfalten. Ich lehne mich dabei teilweise an die Chronologie der Theoriediskussion an; z.B. geht die argumentative Position 1 auf Marshall und Parsons zurück und stellt den Beginn der soziologischen Auseinandersetzung mit dem Begriff dar.

3.4.1 Marshall, Parsons, Luhmann: Schulische Inklusion aus Sicht des Systems und des Inputs

Marshall

Auf Grund der Folgen des Zweiten Weltkriegs ist Thomas H. Marshall (1992 [zuerst 1949]) der Überzeugung, dass England und andere Nationalstaaten dem Problem zunehmender sozialer Ungleichheiten sowie, damit verbunden, Problemen der Sozialintegration ausgesetzt sind. Entlang dieses historischen Kontextes seiner Argumentation empfiehlt Marshall in liberaler Tradition stehend dem Staat, Partizipationsrechte der Bevölkerung auszubauen. Dies ist als Pflicht der ersten Hilfe gemeint und soll nicht weiter gehen, als bis Menschen nach einem Anschub gelernt haben, sich selbst entscheiden zu können (1992, 37).

Marshall erarbeitet für seine sozialpolitischen Empfehlungen eine systematisierende Beobachtung. In Gesellschaften des 18. Jahrhunderts entwickelten sich Bürgerrechte, die erst Wenige (eine liberale Elite) in Anspruch nehmen konnten. Im 19. Jahrhundert kommen politische Rechte auf, die immer mehr Menschen nutzen können, insofern das Wahlrecht schrittweise erweitert und das Wahlrechtsalter herabgesetzt wird. Im 20. Jahrhundert steht nach Marshall ein weiterer Entwicklungsschritt an, insofern der Staat soziale Rechte ernst nimmt und darauf mit einem „Mindestmaß an wirtschaftlicher Wohlfahrt und Sicherheit [...] bis zum Recht auf ein Leben als zivilisiertes Wesen entsprechend der gesellschaftlich vorherrschenden Standards" reagiert (a.a.O., 49).

3.4 Differenzierungstheoretische Perspektive/Inklusion

Im Zentrum der Überlegungen von Marshall steht die Idee, dass sich der Staat verpflichtet, Rollen der Staatsbürgerschaft bereit zu stellen. Ihnen wird im Wohlfahrtsstaat Substanz verliehen, insofern die Nutzung von Bildungs- und Sozialleistungen nicht nur rechtlich, sondern faktisch ermöglicht werden soll. Die Anhebung des Bildungsstandards im Besonderen sowie der Wohlfahrt bzw. des Staatsbürgerstatus (citizenship) im Allgemeinen wird als Drang nach gesellschaftlicher Gleichheit interpretiert:

> „Die Gesellschaften [...], in denen sich die Institutionen der Staatsbürgerrechte zu entfalten beginnen, erzeugen die Vorstellung eines idealen Staatsbürgerstatus, an der die Fortschritte gemessen und auf die die Anstrengungen gerichtet werden können. Der Drang, auf dem damit vorgezeichneten Pfad vorwärtszukommen, ist ein Drang zu einem volleren Maß an Gleichheit, zu einer Bereicherung der dem Status Inhalt gebenden Substanz und zu einer Zunahme der Zahl jener, denen der Status gewährt wird." (A.a.O., 53)

Diese Idee wird nach dem Zweiten Weltkrieg nicht nur in England, sondern insgesamt in Industrieländern durchgesetzt, die sich als Wohlfahrtsstaaten verstehen. Die Ausgestaltung von Staatsbürgerrollen wird insbesondere durch den institutionellen Ausbau von Leistungsangeboten in den Teilbereichen Bildung und Soziales erreicht, wobei ein normativer ‚Drang nach Gleichheit' zentrale Antriebskraft ist. Mit den Mitgliedschaftsangeboten im Sinne des Staatsbürgerstatus wird die Hoffnung verbunden, die soziale Integration der Gesellschaft zu sichern. Hierbei steht ein Denken in Input-Programmen für soziale Systeme im Zentrum.

Parsons
Talcott Parsons stützt sich in den 1960er Jahren auf die Überlegungen von Marshall. Alle wesentlichen Elemente, die Marshall für Inklusion diskutiert, tauchen bei Parsons wieder auf: die Verankerung der Inklusion in einem Wohlfahrtsstaat, der institutionelle Ausbau von Mitgliedschaftsrollen in den Bereichen Bildung und Soziales, innerhalb dieser Entwicklung das normative Ziel einer citizenship. Zugleich akzentuiert Parsons über Marshall hinaus Inklusion auf eine bestimmte Weise. Dem gehe ich im Folgenden nach, wobei ich a) eine eher analytische Kennzeichnung von Inklusion sowie b) eine eher historische Kennzeichnung unterscheide. Parsons sieht beide Dimensionen nicht getrennt, ich stelle sie jedoch nacheinander zu Zwecken der größeren Übersicht vor.

(a) Parsons Anlehnung an Marshall ist insbesondere ausgeprägt in dem Buch „Das System moderner Gesellschaften" (Parsons 1972). Um die analytische Stellung des Inklusionsbegriffs zu sehen, muss man Parsons Unterscheidung von vier Subsystemen der Gesellschaft nachfolgen, die er als Bestandteile einer „allgemeineren Theorie der Evolution lebender Systeme" begreift (a.a.O., 10; vgl. auch oben Kap. 3.2.1). Die Unterteilung der Subsysteme folgt nach Parsons dem Differenzierungsprinzip der Arbeitsteilung (Parsons 1975, 39-43), d.h. in der Gesellschaft werden „spezialisierte funktionale Fähigkeiten von der Zugehörigkeit zu diffuseren strukturellen Einheiten befreit" (a.a.O., 40). Durch die Vervielfältigung von Untereinheiten bzw. Subsystemen wird zugleich das Problem der Integration stärker (ebd.). In diesem Kontext wird von Parsons Inklusion auf der Ebene des Sozialsystems verortet. Für dieses System sowie für die anderen Subsysteme Kultur, politisches Gemeinwesen und Wirtschaft untersucht er jeweils Strukturkomponenten und nennt zudem historische Aspekte einer Modernisierung (die ich unter „b" erörtere).

Die vier von Parsons benannten Systeme der Gesellschaft werden als Subsysteme des Handelns konzipiert. Parsons macht hierbei „inclusion" zur Aufgabe des Sozialsystems, der gesellschaftlichen Gemeinschaft. Jedes der vier Subsysteme wird von Parsons hinsichtlich dreier Komponenten beschrieben. Als Teil des Sozialsystems fällt der Inklusion die Komponente „Entwicklungsprozesse" zu. Inklusion beschreibt damit nicht nur eine generelle Strukturaufgabe des Sozialsystems, mit Hilfe von Normen (der Strukturkomponente des Sozialsystems) einen „integrativen" Zusammenhalt der gesellschaftlichen Handlungssysteme zu erreichen (die Hauptfunktion des Sozialsystems). Vielmehr liegt zusätzlich ein spezielleres Begriffsverständnis auf „Entwicklung". Mit Inklusion wird damit in der Theorie zum einen auf grundlegende Funktionen des Sozialsystems verwiesen. Zum anderen werden diese Funktionen im Rahmen historischer Prozesse – die vom Forscher entsprechend nachgezeichnet werden müssen – konkretisiert. Inklusion ist mit anderen Worten zum einen Ziel, zum anderen Mittel des Sozialsystems für Entwicklungsprozesse. Parsons begnügt sich also nicht damit, die Subsysteme des Handelns nur analytisch zu betrachten, sondern er will mit Inklusion auch historische Modernisierungsprozesse kennzeichnen.[55]

Es geht ihm weniger um operative Dimensionen der Inklusion, also wie Inklusion in einem Nationalstaat im Einzelnen umgesetzt wird, sondern um die evaluativen und kognitiven Möglichkeiten der Gesellschaft insgesamt. Die Inklusion aller erscheint in evaluativer Hinsicht als wünschbares Ziel der gesellschaftlichen Modernisierung; und sie ist kognitiv mit Hilfe des Wohlfahrtsstaates

---

55 Es geht bei dieser Entwicklung zum einen um das Sozialsystem selbst, als auch um Interdependenzen mit den übrigen Subsystemen der Gesellschaft. Dies folgt aus Parsons Sichtweise, dass Handlungssysteme als umweltoffene Systeme sowohl ihr inneres Verhältnis, als auch Verhältnisse gegenüber der Umwelt, d.h. den übrigen Subsystemen regulieren müssen (Parsons 1972, 20-21).

3.4 Differenzierungstheoretische Perspektive/Inklusion

vorstellbar.[56] Kulturelle Leitidee ist dabei die Entwicklung hin zu einer „Gesellschaft (company) von Gleichen" (Parsons 1972, 120).
(b) Hierbei setzt Parsons in expliziter Anlehnung an die systematisierende Beobachtung von Marshall (a.a.O., 105) zunächst daran an, dass die westliche Moderne zunehmend „Mitgliedschaften in der gesellschaftlichen Gemeinschaft" (a.a.O., 32) realisiert habe. Nach bürgerlichen Rechten im 18. und politischen Rechten im 19. Jahrhundert wird als weitere Stufe wie bei Marshall eine Staatsbürgerschaft in Augenschein genommen, die soziale Rechte realisieren soll. In diese Phase falle die öffentliche Verantwortung für „die ‚Wohlfahrt' des Bürgers". Parsons notiert:

> „Während die gesetzlich garantierten Rechte und das Wahlrecht die Handlungsfreiheit innerhalb der Stellung als Bürger stützen, betrifft die soziale Komponente Einrichtungen, die für reelle Möglichkeiten, von diesen Rechten Gebrauch zu machen, sorgen sollten. Dementsprechend wird der Versuch gemacht, den Massen der Bevölkerung einen angemessenen Mindest'lebens'standard, Gesundheitsfürsorge und Erziehung zu sichern. Es ist besonders bemerkenswert, daß die Zugangsmöglichkeiten immer größerer Kreise der Bevölkerung zur Bildung und die Hebung des Bildungsniveaus eng mit der Entwicklung des Bürgerschaftskomplexes verbunden waren." (Ebd.)

Der ‚Bürgerschaftskomplex' wird Parsons zufolge durch die wissenschaftlich-technische Entwicklung möglich, und diese steht wiederum in Zusammenhang mit einer Bildungsrevolution. Sie ist – nach der industriellen und der demokratischen Revolution – diejenige, die Parsons zu seiner Zeit miterlebt. Diese dritte Revolution habe zu einer „ungeheuren Ausweitung der Chancengleichheit geführt" (a.a.O., 121). Die „egalitäre Entwicklung" bedeute eine „radikale Abkehr", insofern nicht mehr nur eine Elite gebildet wird, sondern sich der Staat bemüht, der „gesamten Bevölkerung Bildung zukommen zu lassen" (ebd.). Parsons beobachtet für die Vereinigten Staaten, dass 40 Prozent der Jugend „eine höhere Bildung in irgendeiner Form" erhalten, während in Europa des ausgehenden 19. Jahrhunderts die entsprechende Zahl nur bei 5 Prozent gelegen habe (ebd.).

Durch die Bildungsrevolution erhält die technische Entwicklung eine neue Grundlage. Während frühere Erfindungen in der industriellen Revolution von „Praktikern", d.h. lokalen Bedingungen und dem Zufall abhängen, können im Zusammenhang mit der Bildungsrevolution, die zur Verbreitung wissenschaftlicher Methoden beiträgt, Produktion und Reproduktion der Gesellschaft auf eine universalistische Grundlage gestellt werden. So werden Technikentwicklung,

---

56 Vgl. zu kognitiven und evaluativen Orientierungen Schimank 2000, 177.

Wissenschaft und Bildungsrevolution zu einem Komplex, der letztlich die Lebenschancen von immer mehr Individuen befördert – eine Entwicklung, die Parsons mit dem Begriff der Chancengleichheit als Leitidee der Gesellschaft festhält: „Der Kern der neuen Phase ist die Bildungsrevolution, die in gewissem Sinn die Themen der industriellen und der demokratischen Revolution, Chancengleichheit und Gleichheit als Bürger, miteinander verbindet" (a.a.O., 123).

Auf der Basis von Technikentwicklung, Wissenschaft und Bildungsrevolution werden die Institutionen der Gesellschaft und das Schichtungsgefüge für grundlegend veränderbar gehalten. Mittel ist hierfür insbesondere ein Sozialisationsargument (vgl. Hurrelmann 1998). Mit ihm lässt sich annehmen, dass jede Zuweisung eines Individuums zu einem „Stand" verändert werden kann:

„Es wird nicht länger angenommen, der einzelne könne aufgrund seiner ‚angeborenen Fähigkeiten' direkt durch die Marktkonkurrenz zu einem ihm *gerechten* Stand gelangen. Stattdessen wird eingesehen, daß eine Schichtung nach Fähigkeiten durch eine komplexe Reihe von Stufen des Sozialisationsprozesses vermittelt ist. In zunehmendem Maße ergeben sich Chancen für die relativ Benachteiligten, durch Auslese, die ungewöhnlich stark durch universalistische Normen reguliert wird, zum Erfolg zu kommen." (Parsons 1972, 123; Herv. i.O.)

Man geht davon aus, dass schulische Sozialisation durch ‚positive Auslese' Chancennachteile von Individuen beseitigen kann.[57] Diese Inklusion durch Bildung führt, wie Parsons für seine Zeit bemerkt, zu einschneidenden Veränderungen der Berufsstruktur der Gesellschaft (a.a.O., 124). Die Bildungsrevolution habe „durch die Entwicklung des akademischen Komplexes und von Kanälen zur Anwendung akademischer Fähigkeiten begonnen, die gesamte Struktur der modernen Gesellschaft umzugestalten" (ebd.). Vor allem reduziere sich die Bedeutung früherer Mechanismen der sozialen Integration, „des Marktes und der bürokratischen Organisation." (Ebd.) In früheren Gesellschaftsformationen spielten klassische „Zuweisungselemente" (a.a.O., 122) der sozialen Schichtung, z.B. das Erbprinzip, Familie oder Verwandtschaft eine zentrale Rolle. Diese Elemente stärkten das „Vereinigungsmuster" (ebd.) – ein anderer Begriff von Parsons für soziale Integration – des Marktes. Mit der Bildungsrevolution gibt es nach Parsons ein neues Vereinigungsmuster. Es ist über Bildung organisiert, es ist universell, da über Wissenschaften entfaltet (die wiederum Schulen und Universitäten

---

57 Dies gilt nach Parsons auch dann, wenn man informelle Aspekte der Schulklasse berücksichtigt, „die stets irgendwie von den formellen Erwartungen abweichen" (Parsons 1999, 169). Dennoch überwiege die Tatsache der Gemeinschaftserziehung sowie der Versuch der Gleichbehandlung der Geschlechter, und auf Grund der Klassengröße habe der Lehrer im Vergleich zur Erziehung in der Familie geringere Möglichkeiten für eine partikularistische Behandlung einzelner Schüler (ebd., 169f.).

3.4 Differenzierungstheoretische Perspektive/Inklusion

beeinflussen) und deshalb nicht mehr partikularistischen Wettkämpfen ausgesetzt, die auf die Eroberung von Marktpositionen bzw. knappen gesellschaftlichen Plätzen zielen. Parsons bleibt dafür sensibilisiert, dass Inklusion im Bereich Bildung von Entwicklungen anderer gesellschaftlicher Teilsysteme abhängig ist, z.b. die politische Demokratie, die Wirtschaftsentwicklung und die Werteentwicklung im Rahmen religiöser und ethnischer Prozesse (a.a.O., 112-120). Zugleich baut Parsons das Bildungssystem angesichts der Inklusionsleistungen, die auf andere Teilsysteme bzw. die Sozialstruktur insgesamt ausstrahlen, zu einer bedingenden Komponente auf. Analytisch gesehen erörtert er zwar Effekte auf der Outputseite, insbesondere die Veränderung des Schichtungsgefüges im Zuge der Bildungsrevolution. Dies wird jedoch über die Intensivierung von Mitgliedschaftsangeboten erreicht, und diesbezüglich beobachtet Parsons vor allem Inputs von Teilsystemen, ihre Organisationen sowie die Ausweitung ihrer Leistungsangebote auf Basis universalistischer Orientierungen (z.B. für die amerikanische Universität: Parsons/Platt 1990).

Luhmann
Im Folgenden werden weitere Stationen in der Diskussion von Inklusion angesprochen. Diesbezüglich ist Niklas Luhmann zu nennen (vgl. zu Luhmann auch Kap. 5.2.1). Er greift den Begriff zuerst in den 1970er und dann in den 1990er Jahren wieder auf, und er kennzeichnet damit grundlegende Eigenarten sozialer Systeme, vor allem auch des Erziehungssystems.

In den 1970er Jahren verwendet Luhmann (mit Schorr 1979) Inklusion im handlungstheoretischen Kontext bzw. im Kontext der Differenzierung von Rollen: „Die Ausdifferenzierung von funktionalen Teilsystemen der Gesellschaft geht von bereits etablierten Komplementärverhältnissen zwischen Rollen aus und nutzt diese asymmetrischen Sozialbeziehungen als Katalysatoren für den Aufbau funktionsrelevanter Sozialbeziehungen" (Luhmann/Schorr 1979, 30).[58] Die Kommunikation in komplementären Rollen wie Arzt-Patient oder Lehrer-Schüler orientiert sich nur noch an selbst gezogenen Grenzen, wodurch sich teilsystemischer Sinn immer weiter spezialisieren kann. In den gesellschaftlichen Teilsystemen regen dabei Asymmetrien zwischen Leistungs- und Publikumsrollen zur gesellschaftlichen Differenzierung an. Diese Asymmetrie ist gerade im Schulsystem offensichtlich, insofern Leistungs- und Publikumsrollen zugleich mit gravierenden Altersgrenzen zwischen Erwachsenen einerseits sowie Kindern und Jugendlichen andererseits einhergehen.

---

58 Diese rollentheoretische Fassung von Inklusion wird später von Stichweh (1988) verfeinert.

Auf jeder Seite des Rollenverhältnisses wird dabei versucht, Abhängigkeiten von der anderen Seite zu antizipieren. Dies geschieht bei Lehrkräften, z.B. indem sie ihre Schüler auf „variable Faktoren hin definieren, um Anknüpfungspunkte für Selektionen zu finden" (Luhmann/Schorr 1982, 23). Komplementär lässt sich bei Schülern beobachten, dass sie sich konstante Eigenschaften zuschreiben, um eine sichere Selbsteinschätzung zu erhalten und das Verhalten der Lehrer ihnen gegenüber zu konditionieren (ebd.). Diese wechselseitigen Fiktionen schützen jedoch nicht vor Missverständnissen in der schulischen Interaktion, sondern führen sie gerade ein und bearbeiten sie gleichzeitig.[59] Asymmetrien zwischen Lehrern und Schülern regen in dieser Hinsicht zur weiteren Differenzierung der komplementären Rollen an.

Die Hervorhebung von Interaktionsschwierigkeiten für das Schulsystem hat grundsätzliche Bedeutung, sofern sich der Leistungsaustausch zwischen Lehrer und Schüler im Interaktionsbereich und damit in einer Profession abspielt – und nicht etwa wie in der Politik oder in der Wirtschaft im Rahmen von Organisationen. Luhmann spricht von einer „organisierten Interaktion" (1996, 28), was meint, wie Luhmann mehrfach hervorhebt, dass das „Erziehungssystem auf der […] operativen Ebene des Unterrichts […] autonom" bleibt (Luhmann 2002, 131, auch 122, 146). Die Interaktionsbasis der Inklusion im Schulsystem beinhaltet, in psychische Systeme der Schüler intervenieren zu müssen, die ein Eigenleben haben und auf die im Prinzip „fallorientiert" eingegangen werden muss. Luhmann und Schorr (1982) sprechen in diesem Zusammenhang auch von einem Technologiedefizit des Erziehungssystems. Wenn das System eine Interaktionsbasis hat, über die das psychische System des Schülers erreicht werden muss, sind Technologien dafür wenig geeignet.

Inklusion als Kommunikation
In den 1990er Jahren verwendet Luhmann den Begriff Inklusion nicht mehr wie Parsons im Sinne von Mitgliedschaften und in einem handlungstheoretischen Kontext, sondern gemäß einer auf Kommunikation basierenden Theorie sozialer Systeme (Luhmann 1987). Luhmann löst sich davon, Inklusion wie bei Parsons als einmal gewährte Mitgliedschaft im Rahmen von citizenship zu denken und eine integrative Verpflichtung damit zu verbinden, wie sie bei Marshall als System von Rechten und Pflichten zwischen Leistungsempfängern und -gebern des Wohlfahrtsstaates sowie bei Parsons als normativ integriertes Gesellschaftssystem gedacht ist. Da jedoch Inklusion dauernd über Kommunikation hergestellt

---

59 Ein weiteres Beispiel ist nach Luhmann und Schorr (1982, 23), dass „Schüler das Verhalten eines Lehrers, das als Stimulierung gemeint war, als Charakterisierung" ihrer Person verstehen, die sie mit Ausweichstrategien beantworten. Damit ist die Festlegung der Schüler über Selbsteinschätzungen eine Sache, die Festlegung über Fremdeinschätzungen eine Zweite.

3.4 Differenzierungstheoretische Perspektive/Inklusion

werden muss, ist die Thematik der Inklusion bei Luhmann präsenter und komplizierter, da um Möglichkeiten von Kommunikationen in der polykontexturalen Gesellschaft vervielfacht (Luhmann 1997, 36f.).

In diesem Kontext setzt Luhmann die Argumentation hinsichtlich Inklusion aus den 1970er Jahren fort und setzt zugleich neue Akzente.[60] Er betont auf der einen Seite in der Tradition von Marshall und Parsons, dass in der Gesellschaft eine Semantik der Vollinklusion verbreitet ist, wobei die Inklusion jeweils von einzelnen Teilsystemen reguliert wird (Luhmann 1997, 624-630). Auf der anderen Seite verweist Luhmann auf zunehmende Exklusionsphänomene, die im Kontext der Weltgesellschaft auffällig sind (a.a.O., 630-634). Wenn in den brasilianischen Favelas oder wenn Arbeitslose in Industriestaaten von Funktionssystemen abgekoppelt werden, bedeutet dies nach Luhmann jedoch nicht die Zunahme von Desintegration.[61] Luhmann will in den 1990er Jahren durch den Inklusionsbegriff den Integrationsbegriff ersetzen, wobei er der Auffassung ist, dass Exklusion integriert (a.a.O., 631).[62] Dies lässt sich so verstehen, dass – innerhalb der Umstellung des Inklusionsbegriffs von Mitgliedschaft, wie bei Parsons, auf Kommunikation – auch die von Funktionsbereichen Ausgeschlossenen an Sinnstrukturen spezifischer Teilsysteme gebunden bleiben. Eine in der Kommunikation eingeführte Unterscheidung verweist mit ihrer Rückseite (Exklusion) auch auf ihre positive Seite (Inklusion). Dies kann im Erleben von Personen, z.B. bei Arbeitslosen oder Schuldnern, damit verbunden sein, Hoffnungen auf Wiederanschluss an das jeweilige Teilsystem zu haben.[63]

Die funktional differenzierte Gesellschaft konstituiert sich Luhmann zufolge aus verschiedenen Leitunterscheidungen gesellschaftlicher Teilsysteme. Von der Grundposition geht Luhmann davon aus, dass in der funktionalen Differenzierung keines der Teilsysteme Aufgaben eines der anderen Teilsysteme übernehmen kann.[64] Sobald sich gesellschaftliche Kommunikationen zu einem Teilsystem verdichtet haben, operiert jedes Teilsystem im Sinne einer Autopoiesis seine Reproduktion und seinen Funktionsbeitrag für die Gesellschaft nach eige-

---

60   Dies betrifft auch das Differenzierungsprinzip der Emergenz, vgl. Luhmann 1997, 134f. Es geht hierbei um von Teilsystemen selbst gesetzte Unterscheidungen von Sinn, die mit den Unterscheidungen anderer Teilsysteme konkurrieren und diesbezüglich quer zur Vorstellung einer ineinander greifenden arbeitsteiligen Differenzierung liegen.
61   Dies obwohl die Entkopplung von einem Teilsysteme Entkopplungen von anderen Teilsystemen nach sich ziehen kann; ebd., 631. Zu einer solchen kumulativen Exklusion vgl. auch Göbel/Schmidt 1998.
62   Vgl. dazu ausführlich Nassehi 1999, 111-116.
63   Immer werde dabei Exklusion dem Einzelnen (als Versagen) zugerechnet (Luhmann 1997, 625).
64   Zur funktionalen Differenzierung im Unterschied zu anderen Differenzierungsformen vgl. Luhmann 1997, 609-618.

nen Belangen. Kommunikationen eines jeden Teilsystems sind nach Luhmann durch zweiseitige Codes organisiert, was beinhaltet, dass ein Teilsystem die eine oder die andere Seite einer von ihm selbst eingeführten Unterscheidung beobachtet, auf vorangehende Unterscheidungen bezieht sowie künftige Unterscheidungen daran orientiert. Das System schließt immer wieder an sich selbst an, indem es entweder den Negativ- oder den Positivwert seines Codes beobachtet. Diesbezüglich lassen sich die Codes der Teilsysteme als Mechanismen für das ansehen, was Parsons mit der zunehmenden Gleichheits- und Fortschrittsidee beschreibt, wie sie mit Inklusion realisiert wird. Sind mit einem Code Unterscheidungsmöglichkeiten ins Leben gerufen, so regen diese zu immer weiteren Unterscheidungen an, es gibt keine Stoppregeln, wie Schimank (1996, 189) betont. Das Erziehungssystem ist über seinen Code dazu angehalten, Leistungen immer weiter zu entwickeln.[65]

Dies geschieht im Wesentlichen durch „die Codierung (besser/schlechter) und Programmierung der Selektion" (Luhmann 1996, 26). Das Schulsystem nimmt mit der Selektion eine formelle, operative Gleichbehandlung von Schülern vor. Es setzt homogenisierte Populationen voraus (a.a.O., 25) bzw. beobachtet nicht soziale Ungleichheiten, die faktisch vor und während des Schulzugangs weiterhin da sind, um allein eigene Kriterien zählen zu lassen, die auf Teilnahme am Unterricht beruhen. Dies bedeutet einen enormen Fortschritt gegenüber ständischen Differenzierungsvorgängen, innerhalb derer Bildung privilegiert gehandhabt wurde. Eine Selektionsformel, die über die Unterscheidung bessere/schlechtere Noten organisiert ist, ermöglicht eine Gleichbehandlung nach eigenen Referenzpunkten, die ab dem Zeitpunkt eines Systemeintritts wirksam sind.[66]

Luhmann betont darüber hinaus, dass der Selektionscode „einer Ergänzung durch Programme" bedarf (Luhmann 1992, 113)[67]; nur so wird die Selektionsregel operativ verankert. Die Besonderheit des Schulsystems sieht er jedoch darin, dass es keine eigenen Organisationen entwickelt, sondern sich in diesem Punkt

---

65 Dies gilt auch für den übergeordneten Wohlfahrtsstaat, der sich der „Entdeckung immer neuer Probleme" widmet (Luhmann 1981, 27).
66 Im Anschluss an Luhmann wurden andere Vorschläge für einen Code gemacht, z.B. „vermittelbar/nicht vermittelbar", mit dem Lebenslauf des Zöglings als Medium (vgl. Kade 1997). Luhmann (2002, 59) findet diesen Vorschlag überzeugend, stellt aber heraus, dass der Bezugspunkt gewechselt wird; statt dem „Code der Selektionsverfahren" gehe es nun um „die Operation des Vermittelns" (ebd., 60). Demnach ist der Code des Erziehungssystems immer noch am besten mit der Formel „Codierung und Programmierung von Selektion" beschrieben. Oder kurz gefasst: „Codiert wird nur die *soziale Selektion*" (Luhmann 1986, 160; Herv. i.O.).
67 Luhmann versteht unter Programme Begründungsregeln oder „Erwartungen, die für mehr als nur eine Entscheidung gelten" (Luhmann 1997, 842), wobei Entscheidungen konstitutive Bestandteile von Organisationen sind (Luhmann 2000, 9).

3.4 Differenzierungstheoretische Perspektive/Inklusion 129

auf die Kopplung zum Staat stützt (Luhmann 2002, 146). Hierbei wird der Lehrberuf als Profession verankert, was dazu dient, mit Schülern im Interaktionsbereich fallorientiert kommunizieren zu können.[68]

Zwischenfazit: Chancengleichheit und Ausbau des Inklusionsangebots in Westdeutschland
Die argumentativen Positionen von Marshall, Parsons und Luhmann machen einen Punkt stark: die Ausgestaltung von schulischen Inklusionsangeboten. In Westdeutschland wurde dazu nach dem Zweiten Weltkrieg die Initialzündung mit Argumenten geführt, die auf wirtschaftliche Standortnachteile verwiesen; der Zustand des Bildungssystems gefährde die Wirtschaft (Picht 1964). Entsprechend muss das Bildungssystem Individuen besser befähigen, in eine Kette von Leistungswettbewerben eintreten zu können, die auf Märkten ausgetragen werden (Hopf 2000, 96). Zugleich weist Dahrendorf (1965) auf eine andere Bedeutung von Bildung hin, die im westdeutschen Schulsystem der Nachkriegszeit bedeutsam wird: „Bildung ist Bürgerrecht".

Mit Hopf lässt sich diese – im Prinzip von Marshall und Parsons formulierte – Position wie folgt beschreiben: Der Staat stellt außerhalb von Leistungswettbewerben „eine gleiche Bildung für alle" bereit. Er tut dies nicht,

„weil er gleiche Rahmenbedingungen für eine auf den Arbeitsmarkt und die ungleiche Berufsstruktur bezogene Konkurrenz sichern will, sondern er tut dies ‚aus Prinzip' – weil alle Staatsbürger jenseits der Konkurrenz in den Genuss einer grundlegenden, gleichen Bildung gelangen sollen, die sie zur Rolle des Bürgers in einem sehr allgemeinen Sinn befähigt. Wenn besondere Anstrengungen für besonders bedürftige Kinder und Jugendliche unternommen werden, dann nicht, um Startunterschiede für einen Leistungswettbewerb zu kompensieren, sondern aus einem sozialen, der Gerechtigkeit verbundenen Prinzip heraus" (Hopf 2000, 96).

Es ist entscheidend, dass es „außerhalb von Leistungswettbewerben" (ebd.) um die Befähigung zu mündigen Staatsbürgern geht.[69] Daneben gibt es die exemplarisch mit Picht angesprochene konkurrenzthematische Verbindung zwischen dem Bildungssystem und dem System der Wirtschaft.[70]

---

68 So z.B. Bauer 2000, 67; Bauer/Kopka/Brindt 1999, 10-16; so auch aus differenzierungstheoretischer Sicht: Stichweh 1992; Kurtz 2000.
69 Vgl. auch Schlömerkemper (2000, 113f.), der „Bildung als Medium der Entfaltung von Humanität, von Gleichheit" versteht.
70 Vgl. auch Hopf: „Über das Berechtigungssystem, das ungleiche Bildungsleistungen und ihre Zertifizierung (‚Abschlüsse') mit ungleichen Berufszugängen verkoppelt, ist das öffentliche Bildungssystem mit dem Arbeitsmarkt verbunden" (Hopf 2000, 95).

Wie Parsons beschreibt, hat die Intensivierung der Inklusion in das Bildungssystem Auswirkungen für die Gesellschaft insgesamt. Die „dritte Revolution" bedeutet die Entwicklung hin zu einer „Gesellschaft (company) von Gleichen" (Parsons 1972, 120). Eine solche Gesellschaft hat in Westdeutschland in der Ära von Willy Brandt einen Demokratisierungsschub vorangebracht („Mehr Demokratie wagen"; Brandt 2001; Kuper 1977), der wesentlich von Gleichheitsvorstellungen im Bildungssystem ausgeht. Dabei konzentrieren sich Staat und Bildungssystem zuerst auf Chancengleichheit im Sinne von Nicht-Diskriminierung, wie Hopf herausstellt:

> „Zunächst heißt ‚Chancengleichheit' Nicht-Diskriminierung. Alle sollen das gleiche Teilhaberecht an Bildung haben. Keine Gruppe soll allein aufgrund eines zugeschriebenen Status von Bildung ausgeschlossen sein. Das Prinzip der Nicht-Diskriminierung reguliert damit die Inklusion oder Exklusion von Teilnehmern an Bildungsprozessen (z.B. der Mädchen an höherer Bildung). Dies ist (historisch) die liberale Definition von Chancengleichheit. Eine *Politik* der Chancengleichheit ist [...] relativ leicht zu definieren – man muss ‚nur' gegen den Ausschluss von Gruppen sein und sich für gleiche Rechte aller aussprechen." (Hopf 2000, 97; Herv. i.O.)

Das Gebot der Nicht-Diskriminierung zwingt das nationale Bildungssystem, nach benachteiligten Kollektiven Ausschau zu halten. In der Bundesrepublik der 1960er Jahre sind dies Arbeiterkinder, Mädchen, die katholische Bevölkerung und die Landbevölkerung (Herrlitz/Hopf/Titze 1998, 205). Was für den Ausbau der Inklusion notwendig ist, wird in einem bürokratischen Modell der Steuerung top-down festgelegt, zum Beispiel als Abschaffung der Landschulen, Festlegung von Prüfungsanforderungen, inhaltliche Ausgestaltung von Lehrplänen, Präzisierung von Standards für Lehrmittel und Lehrbücher, über Mittelausstattungen und als zentrale Lehrerzuordnung (Fend 2001, 41).

Die Systemlogik, die sich am Ausbau des Schulsystems und am Input orientiert, stirbt gleichsam in dem Augenblick am eigenen Erfolg, in dem wesentliche Diskriminierungen bei den Zugängen zu Bildungsleistungen beseitigt sind. Dieser relative Erfolg wurde in der Bundesrepublik schon früh, etwa Mitte der 1970er Jahre, erreicht. Als Erbschaft dieser Zeit wird eine Verkümmerung von Steuerungsebenen unterhalb der Systemebene der Schule hinterlassen. Dies beinhaltet, dass Lehrkräfte keine eigene Organisation Schule entwickeln. Die Profession hat, da sie gleichsam im Schatten einer bürokratischen Governance des Staates gedeiht, keine eigenen Verfügungsrechte über substanzielle, operationale und strategische Entscheidungen.[71]

---

71 Diese Begriffe verwendet Braun (2001, 248) für den Hochschulbereich, sie lassen sich aber auf das Schulsystem übertragen; zur Governance vgl. unten Kapitel 5.2.2.

3.4 Differenzierungstheoretische Perspektive/Inklusion

Trotz der Kritik an „organisationalen Verkümmerungen" ist nicht zu verkennen, dass nach dem Zweiten Weltkrieg anders als durch eine staatlich-bürokratische Governance der Ausbau der schulischen Inklusion nicht in dieser Weise flächendeckend hätte vorangetrieben werden können. Positiv ist, wie Edwin Keiner zusammenfasst, dass sich der „gesellschaftliche Inklusionsgrad des Bildungssystems" (Keiner 2001, 227) auf der schulischen Ebene bis hin zur Universität deutlich erhöht, dass regionale Disparitäten ausgeglichen werden, „wenn auch nicht im durchgängig linearen Trend" (ebd.), und dass „Erziehungswissenschaft und Bildungsforschung [...] einen enormen personellen, materiellen und infrastrukturellen Expansionsschub erhalten" (ebd.). Das Bildungssystem wird modernisiert, insofern die Durchlässigkeit zwischen einzelnen Schultypen erhöht, die soziale Zusammensetzung der Schülerschaft heterogener wird und „curriculare Inhalte [...] eine höhere Variationsbreite" aufweisen (ebd.). Insbesondere Mädchen bzw. Frauen profitieren von der größeren Durchlässigkeit des Schulsystems.[72] Negativ wird resümiert, dass traditionelle Mechanismen der Selektion nicht wesentlich verändert werden, so dass Zugänge „zum oberen Sekundar-, insbesondere zum Hochschulbereich" (a.a.O., 228) nach wie vor „durch informelle Selektionsmechanismen und schichtabhängige, selbstselektive Entscheidungen präformiert" bleiben (ebd.). Es bleiben soziale und ökonomische Herkunftsmilieus relevant, so dass „weitgehend unabhängig vom Schulklima und von der Zusammensetzung der Schulklasse [...] in erster Linie soziale Herkunft den Schul- und Berufserfolg" bestimmen (ebd.).[73] Zudem bleibe fraglich, ob auf Grund der Tatsache, dass in der gleichen Zeit auch andere gesellschaftliche Bereiche modernisiert werden, allein dem Bildungssystem gesellschaftliche Transformationsprozesse zugerechnet werden können (ebd.).

Im Zuge eines Resümees zu den Reformbemühungen der Inklusion treten schon Mitte der 1970er Jahre Zweifel auf, ob die Chancengleichheitspolitik erfolgreich war. Im Prinzip wird auch Parson's Vorstellung, das Bildungssystem sei ein Leitteilsystem bei der Umwälzung der Sozialstruktur und Motor einer dritten Revolution, angezweifelt. Das heißt aber nicht, dass sich Inklusion als „Gesellschaft der Gleichen" (Parsons 1972, 120), als gesellschaftliche Leitidee, erledigt hätte. Denn es könnte sein, dass gerade das Fortbestehen sozialer Ungleichheiten im Bildungswesen die Idee einer Gleichheit umso deutlicher konturiert.

---

72 Vgl. Geißler 2006, 275-277. Zu den Folgen der Chancengleichheitspolitik und der Bildungsexpansion vgl. auch Meulemann/Wiese 1984; Meulemann 1992; Blossfeld/Shavit 1993; Klemm 1996 u. 2000; Müller 1998; Zymek 2000; Allmendinger/Aisenbrey 2002, 52-54.

73 E. Keiner (2001, 228) verweist zu Recht darauf, dass die Diskussion über Bildungsbeteiligung und Schulerfolg jedoch nicht abgeschlossen ist; vgl. die dort angegebene Literatur.

Abschließend lässt sich für die Positionen, die in diesem Abschnitt vorgestellt wurden, sagen, dass sie eine Intensivierung der Ausgestaltung von schulischen Inklusionsangeboten vom Input her ansprechen. Spätestens mit den gespaltenen Erfolgen der Bildungsexpansion und der Chancengleichheitspolitik wird jedoch für das Schulsystem auch noch eine andere Beobachtungsebene bedeutsam, nämlich eine, die sich stärker mit den Wirkungen und nicht nur mit dem Input der Inklusion befasst. Dieser argumentativen Position widme ich mich nun.

3.4.2 Münch: Inklusion aus Sicht des Systems und des Outputs

Von der nun vorzustellenden zweiten argumentativen Position wird schwerpunktmäßig nicht die Betrachtung des Inputs, also die angestrebte Erhöhung der Inklusion, sondern das faktisch Erreichte auf der Outputseite betrachtet. Es wird untersucht, ob die vom Input her angedachte Inklusionsleistung des Schulsystems auf allen Ebenen ankommt. Um das Ergebnis vorwegzunehmen: Es wird darauf verwiesen, dass dies nicht der Fall ist, insofern es Eigendynamiken gibt, die nicht adäquat an die Systemebene rückgemeldet werden. Im Vergleich zu den Möglichkeiten, die es auf der Inputseite und vom Inklusionscode her gibt, könnte dadurch Inklusion suboptimal sein.

Münch: Von individualistischer zu kollektivistischer Inklusion
Für diese argumentative Position lässt sich exemplarisch Richard Münch anführen. Er liefert Hinweise auf eine Umcodierung von individualistischen zu kollektivistischen Inklusionsauffassungen in der gegenwärtigen Weltgesellschaft, die im Zuge von Migration aufkommen. Dies bedeutet für das Schulsystem grundsätzlich, mit neuen Anspruchsgruppen und -haltungen rechnen zu müssen; und in diesem Zusammenhang muss man generell fragen, wie das Schulsystem seine Umwelt beobachtet und Inklusions-Programme daraufhin anpasst.[74]

Münch arbeitet eine Veränderung der Inklusionsbedingungen in seiner soziologischen Gegenwartsdiagnose heraus (Münch 1991; 1998). Er erörtert, wie sich im Verhältnis von „globaler Dynamik – lokale Lebenswelten" ethnische Kulturen zu den Gleichheits- und Universalisierungstendenzen der Inklusion verhalten. Ethnische Kulturen machen nach Münch gerade in der sich vereinheitlichenden Weltgesellschaft immer deutlicher auf sich aufmerksam. Münch

---

74 Münch spricht dabei auch Akteure an, kennzeichnet sie als soziale Bewegungen, die sich als „Inklusionsbewegungen" (Münch 1995, 39-44) für die Erweiterung sozialer Rechte einsetzen. Ich konzentriere mich dagegen auf eine zweite Argumentationsfigur, die Münch ebenfalls prononciert vertritt, nämlich die Folgen für institutionalisierte Einrichtungen der Inklusion, wenn neue Inklusionsbewegungen auftauchen.

3.4 Differenzierungstheoretische Perspektive/Inklusion

(1998, 231-233) setzt in seiner Erklärung beim „individualistischen Inklusionsprogramm" der Moderne an. Mit Parsons und Marshall geht er davon aus, dass Inklusion auf „die sozialen Wohlfahrtsrechte bis zu den kulturellen Rechten" (a.a.O., 233) ausgedehnt und in vielen westlichen Ländern nach dem Zweiten Weltkrieg mit Erfolg für die Beteiligungschancen immer größerer Bevölkerungsgruppen installiert wurde. Im Unterschied dazu fordern nach Münch derzeit immer mehr ethnische Gruppen – statt einzelne Individuen wie bisher – ein Eigenrecht ihrer Kultur ein. Dies erfolgt in der Beobachtung, dass sich das westliche Inklusionsmodell, welches stabile Wohlfahrtsstaaten voraussetzt, nicht global durchsetzen lässt. Zwar ist noch immer die Idee einer „Teilhabe an individuellen Rechten" präsent (a.a.O., 235). Aber das individualistische Inklusionsprogramm des Westens kommt ins Stocken. Länder, die an der Peripherie liegen, zweifeln an der Realisierung individueller Rechte. Stattdessen setzen die Akteure in diesen Ländern auf den „Kampf um das Eigenrecht (ihrer) peripheren Kultur" (ebd.). Münch notiert:

> „Die Konsequenz dieser Situation ist die Radikalisierung der Bürgerrechtsbewegung und ein Paradigmenwechsel ihrer Programmatik von der individualistischen zur kollektiven Inklusion und zum Kampf um die Anerkennung des Eigenrechts der verschiedenen Herkunftskulturen außerhalb der weißen, angelsächsischen und protestantischen Zentrumskultur. [...] Die radikalen Protagonisten aller Gruppen haben das neue multiethnische Paradigma aufgegriffen und fordern eine Repräsentation der verschiedenen Kulturen und ihrer Träger in den Schulbüchern, in der Lehrerschaft, in den Massenmedien und in den politischen Organen." (A.a.O., 237)

In der Weltgesellschaft werden offensichtlich die normativen und evaluativen Gleichheitsgebote der westlichen Welt immer attraktiver und gleichzeitig in exklusive Rechte für Kollektive umformuliert. Darauf ist das individualistische Inklusionsprogramm jedoch nicht eingestellt, und es ergeben sich daraus insbesondere Steuerungsprobleme für den Staat, der in Parson´s Modell und der auch nach Auffassung von Münch die Inklusion auf seinem Territorium reguliert (a.a.O., 37). Für Münch liegt die neue Rolle von Nationalstaaten in der globalen sowie lokalen Vielfalt, welche sie integrieren können sollen. Diese Vielfalt setzt sich aus Anspruchsgruppen zusammen, die von den Inklusionsgeboten der Wohlfahrtsstaaten gleichsam angezogen werden. Realisierungsmöglichkeiten für Inklusion sind jedoch schwieriger geworden. Dies sieht man daran, dass Münch angesichts der Probleme in Gegenwartsgesellschaften weder dem Teilsystem Bildung noch dem Staat oder einem anderen Teilsystem eine umfassende Integrations-Prognose zutraut, wie sie Parsons mit der dritten Revolution verbunden hat, die vom Bildungssystem ausgeht.

Für den Staat beinhalten die daraus erwachsenden Steuerungsprobleme, Sonderrechte für Inklusion einzuräumen, z.b. in Schulen einen Unterricht nach Religionszugehörigkeit. Münch zufolge würde dies dazu führen, die für alle Individuen gedachte universalistische Inklusion zu verlassen, wie sie bislang vom Wohlfahrtsstaat organisiert wurde, und heterogene Ansprüche partikularistischer Kollektive zu ermöglichen.

Im Rückblick zeigt sich, dass Marshall und Parsons sowie auch Luhmann das Problem heterogener Bevölkerungsgruppen für die wohlfahrtsstaatliche Inklusion vernachlässigen zu können glaubten (Marshall, Parsons) bzw. es überhaupt nicht ansprachen (Luhmann). Parsons sieht zwar explizit die Integration von Ethnien als wichtige Voraussetzung für eine gelingende Inklusion (Parsons 1972, 112-114), aber der Inklusion selbst wird auch eine „integrative" Lösung zugetraut. Heute werden jedoch von Theoretikern des Wohlfahrtsstaates (z.b. Kaufmann 1997, 79-82; ders. 2002, 251-256) sowie in der Pädagogik (vgl. Gogolin/Nauck 2000; Karakasoglu/Nieke 2002; Hansen/Wenning 2003) Veränderungen der Bevölkerung, demographische Verschiebungen, Migration und Ethnien als entscheidende Probleme der wohlfahrtsstaatlichen und schulischen Integration ernst genommen.

Für die Schule als Inklusionseinrichtung des Wohlfahrtsstaates stellt sich die Frage, inwiefern Entwicklungen, die durch den eigenen Leistungsapparat miterzeugt sind, nämlich Ansprüche von Akteurgruppen, an das System rückgemeldet werden und zum Umbau von Inklusionsprogrammen führen. Hier lässt sich grundsätzlich überlegen, inwieweit das Schulsystem lernfähig ist. Nimmt man das deutsche Schulsystem als Beispiel, lässt sich für die Systemebene bemerken, dass es nach dem Zweiten Weltkrieg keine *systematischen* Umbauten gibt, um auf die veränderte Nachfrage nach Inklusion im Rahmen von Migration einzugehen.[75] Dies führt heute dazu, dass die Beschulung von Migrantenkindern zu einem herausragenden Problem für Schulen geworden ist (vgl. Magotsiu-Schweizerhof 2000). Für diese Gruppe wird eine Benachteiligung in der Chancengleichheit bzw. eine Diskriminierung gesehen, wie sie in ähnlicher Weise in der Bundesrepublik der 1970er Jahre für das „katholische Arbeitermädchen vom Lande" konstatiert wurde (vgl. unten Kap. 5.1.2).

---

75 Ich meine hiermit ausdrücklich nicht die ungemein vielfältigen programmatischen Überlegungen der Migrations- und Integrations-Pädagogik (für letztere vgl. exemplarisch die Übersicht bei Eberwein 1999), sondern die fehlende Berücksichtigung ihrer Überlegungen in der staatlichen Governance des Schulsystems.

3.4.3 Gerhards: Schulische Inklusion aus Sicht von Akteuren und des Inputs

Nachdem vorangehend Inklusionsdimensionen angesprochen wurden, die den Schwerpunkt auf die Systemseite legen, ist nun eine argumentative Positionen vorzustellen, die Inklusion schwerpunktmäßig aus Sicht von Akteuren sieht. Damit ist eine handlungs- oder akteurtheoretische Formulierung von Inklusion verbunden, welche mit einer differenzierungstheoretischen Betrachtung von der Gesellschaft als eines Ensembles von Teilsystemen einhergeht. Mit den Ansätzen lässt sich wiederum fragen, inwiefern systemische Inklusionsangebote tatsächlich bei Akteuren ankommen bzw. von ihnen realisiert werden.

Ich gehe hierbei exemplarisch auf Jürgen Gerhards ein, der den Fokus der Akteursicht vor allem auf den Input legt, d.h. auf „gewollte" Ansprüche an teilsystemische Inklusion.

Steigende Inklusionsansprüche
Ein Beispiel für das Wollen aus der Akteursicht liefert Jürgen Gerhards (2001) mit seinem Aufsatz „Aufstand des Publikums", der auch eine bildungssoziologische Argumentation entfaltet. Die Theorie funktionaler Systeme, der Begriff Inklusion sowie Rollenbegriffe liefern Gerhards den theoretischen Rahmen für eine Beschreibung des Kulturwandels in der Bundesrepublik Deutschland. Gerhards will eine Umcodierung des Verhältnisses zwischen Leistungsrollen und Publikumsrollen untersuchen, dergestalt dass Inklusionsansprüche des Publikums in verschiedenen Teilsystemen in Deutschland zwischen 1960 und 1989 steigen (vgl. generell auch Luhmann 1983; Schimank 1998, 67-80).

Er entwickelt diese These entlang der Beobachtung mehrerer Teilsysteme: Medizin, Erziehung, Recht, Politik, Kunst und Wirtschaft. Im Anschluss an Luhmann geht der Autor davon aus, dass sich nicht nur Publikumsansprüche, sondern auch komplementär dazu Leistungsrollen, d.h. teilsystemische Diskurse und Deutungsmuster von Leistungsrollenträgern, verändert haben. Die Analyse richtet sich diesbezüglich auch auf Berufsrollen bzw. die Entwicklung von Professionen (Gerhards 2001, 165).[76] Zudem interessiert sich Gerhards dafür, wie sich im Zuge veränderter Inklusionsansprüche des Publikums sowie veränderter Deutungsmuster von Leistungsrollenträgern auch die Organisationslandschaft des jeweiligen Teilsystems verändert. Hauptsächlich setzt er jedoch an der Aufwertung von Publikumsrollen an, die offensichtlich auf höhere Ansprüche des

---

76 Mit der Bezugnahme auf Rollentheorien im Allgemeinen sowie auf Aspekte der Profession im Besonderen würde nach Gerhards die Theorie funktionaler Differenzierung größere Bodennähe bekommen (ebd.). Veränderungen von Rollenauffassungen (Deutungsmustern) in der Profession sowie Länderspezifika würden in der allgemein gehaltenen Differenzierungstheorie empirisch kaum in den Blick geraten (ebd., 182).

Publikums hinsichtlich der Inklusion zurückgehen. Mit Uwe Schimank will Gerhards damit auch der Differenzierungstheorie eine stärkere akteurtheoretische Wendung geben, insofern sie die „Innenperspektive von Systemen" aus der Akteursicht mit berücksichtigen soll (a.a.O., 164, Anm. 4).

Im Folgenden betrachte ich nur die Ergebnisse, die Gerhards bezüglich des Bildungssystems herausstellt. Um Antwort auf die Frage zu erhalten, inwiefern das Publikum in Westdeutschland seit den 1960er Jahren höhere Inklusionsansprüche formuliert, setzt der Autor bei veränderten Deutungsmustern von Leistungsrollenträgern an, wie sie sich im Zuge der Inhaltsanalyse von pädagogischen Fachzeitschriften zeigen (a.a.O., 171).[77] Damit wird zwar der Ansatz, Inklusion „von unten" aus Sicht des Publikums zu untersuchen, auf halbem Weg wieder zurückgenommen, denn das Publikum gerät nicht über eigene, sondern nur indirekt über die Darstellungsmittel der Leistungsrollenseite in den Blick. Immerhin erbringt die Analyse von Fachzeitschriften jedoch Hinweise, dass sich die Semantik der Adressierung des Publikums verändert, sofern Leistungsrollenträger Schüler und Eltern in ihren „Wünschen, Ansprüchen und Bedürfnissen" ernst nehmen (a.a.O., 172). Dies lässt sich insbesondere von 1970 an beobachten (ebd.). Im Detail werden folgende Veränderungen sichtbar, wenn in pädagogischen Fachzeitschriften über Schüler und Eltern gesprochen wird; dies verweist auf erhöhte Inklusionsansprüche des Publikums:

„1. Selektionsentscheidungen: Die Lehrer müssen zunehmend ihre Bewertungsmaßstäbe und Beurteilungen erläutern; über Versetzungen entscheidet nicht der Lehrer allein, sondern die Klassenkonferenz; dabei sind die Eltern vorher zu hören. Im Hinblick auf die Entscheidung über den Übergang von der Grundschule auf eine weiterführende Schule entscheiden heute die Eltern.
2. Inhaltliche Mitgestaltungsmöglichkeiten: Die Schüler können bei der Lehrplanung mitreden und Vorschläge einbringen; die Eltern dürfen Vorschläge bzgl. Lehrstoff, Bildung von Schwerpunkten, Anwendung bestimmter Unterrichtsformen machen. Die Bewertungsmaßstäbe müssen offen gelegt werden. Über die Erfahrung und die Ansprüche von Hausarbeiten muss Rechenschaft vor den Schülern und den Eltern abgelegt werden.
3. Vertretungsorgane der Schüler und Eltern: Die Möglichkeiten, Vertretungsorgane der Schüler und Eltern zu bilden, sind im Zeitverlauf gestiegen, die Einspruchsmöglichkeiten und Kompetenzen haben sich im Zeitverlauf erhöht." (A.a.O., 172f.)

---

77 Zu Grunde gelegt sind „Westermanns Pädagogische Beiträge", die 1986 in „Pädagogik" umbenannt wurden. Ausgewählt wurden für den Zeitraum zwischen 1950 bis 1985 jeder fünfte Jahrgang; es wurden nur Artikel berücksichtigt, die sich mit Lehrer-Schüler-Verhältnissen beschäftigen (Gerhards 2001, 171, und Anm. 16).

3.4 Differenzierungstheoretische Perspektive/Inklusion

Ähnliche Entwicklungen von Inklusionsansprüchen will Gerhards auch für die anderen von ihm mit Hilfe von Sekundärdaten untersuchten Teilsysteme feststellen. Damit meint er, Indizien für einen Kulturwandel im Sinne aufgewerteter Publikumsrollen gefunden zu haben. Trotz Problemen bei der Validität der Daten[78] ist der grundlegende Wechsel der Beobachtungshaltung wichtig, nämlich weg von einer rein systemischen Betrachtung von Leistungsangeboten und hin zu Inklusionsansprüchen von Akteuren. Parsons und Luhmann haben diesen Beobachtungsweg zwar schon als theoretische Perspektive genannt, insofern sie die Verhältnisse zwischen Leistungs- und Publikumsrollen als Differenzierungsprinzip festhalten. Beide Autoren haben jedoch dieses Differenzierungsprinzip nicht für einzelne Publikumsrollen genauer empirisch konkretisiert. Genau dieser Weg ist von Gerhards beschritten worden.

Inhaltlich deutet sich an, dass die Ansprüche des Publikums an Inklusion seit den 1960er Jahren zunehmen, wobei Gerhards vor allem die Beteiligung an der operativen Ausgestaltung der Inklusion im Sinne von Mitsprache- und Gestaltungsmöglichkeiten beschreibt. Zwar wird nicht erklärt, worauf die Wünsche des Publikums nach größeren Mitgestaltungsmöglichkeiten zurückgehen. Ebenfalls ungeklärt ist, warum dies nicht nur in einem, sondern gleichzeitig in vielen Teilsystemen geschieht. Als eine mögliche Erklärung lässt sich die Inklusion selbst anführen, nämlich als kulturelle Leitidee der Moderne (Parsons), die den Akteuren kognitive und evaluative Ziele gibt und durch ihr Gleichheitsversprechen auf eine Anhebung von Inklusionsstandards drängt. Auf Gerhards bezogen lässt sich also festhalten, dass einige Fragen noch nicht geklärt sind, aber man kann es auch als Ziel dieses Forschungsansatzes, der Inklusion von der Akteurseite aus denkt, ansehen, dass solche Fragen aufgeworfen werden, um sie in weiteren Forschungen zu klären.

3.4.4 Bourdieu: Schulische Inklusion aus Sicht von Akteuren und des Outputs

Die vierte argumentative Position zu Inklusion betrachtet wiederum Akteure und ihre Ansprüche. Dabei stehen diesmal nicht „gewollte" oder beabsichtigte Zustände im Zentrum, sondern was aus den Absichten wird. Es geht um tatsächliche Realisierung von Akteuransprüchen, die vom Output her beobachtet werden. Und diese bleiben oftmals hinter dem Gewollten zurück und sind insofern „transintentional". Exemplarisch für eine solche argumentative Position stelle ich

---

78 Wie erwähnt werden keine originären Publikationen des Publikums berücksichtigt. Zudem ist an Hand der Dokumente von Leistungsrollenträgern nicht ersichtlich, ob die Organisationen nur auf der Ebene von „talk", oder tatsächlich auch auf der Ebene von „action" (Brunsson 1989) umgestellt wurden.

nachfolgend die Sicht von Pierre Bourdieu für das französische Schulsystem vor, wie er sie in seiner soziologischen Gegenwartsdiagnose „Das Elend der Welt" mit seinem Team entfaltet. Dabei argumentiert Bourdieu ungleichheitstheoretisch, entsprechend wurde er bereits in Abschnitt 3.3.1 vorgestellt. Begründet durch seine Theorie der sozialen Felder finden sich jedoch auch deutliche differenzierungstheoretische Argumentationen, die zudem akteurtheoretisch zugeschnitten sind. Dies gilt deutlich für die hier berücksichtigte Schrift, die eine Skizze zum Handeln und Erleben von Lehrkräften, Eltern und Schülern unter den Folgen des Neoliberalismus entwirft; aus Raumgründen konzentriere ich mich auf LehrerInnen und SchülerInnen.[79] Diese Skizze ist wiederum eine Forschungsperspektive. Inhaltlich geht Bourdieu davon aus, dass Positionen schulischer Akteure in einer am Neoliberalismus ausgerichteten Schulpolitik erschüttert werden. Er zeigt, welche Ansprüche die Akteure haben und wie ihr Handeln nicht das entstehen lässt, was gewollt wurde. Damit wird auf den Begriff der Transintentionalität aufmerksam gemacht, dem ich mich zunächst widme.

Transintentionalität im Schulsystem
Der von Uwe Schimank in die Diskussion eingeführte Begriff Transintentionalität (vgl. Schimank 2000, 179-188; siehe auch Greshoff/Kneer/Schimank 2002) beschreibt soziale Prozesse, die aus dem handelnden Zusammenwirken mehrerer Akteure resultieren und dabei das, was die Einzelnen wollten, konterkarieren. Schimank unterscheidet hierbei zwei Varianten. Transintentionalität meint in der ersten Variante Folgen eines *beiläufigen Zusammenwirkens* mehrerer, bei denen es zu Anfang keine Gestaltungsabsichten der Akteure gab.[80] In der zweiten Variante entwickelt sich Transintentionalität aus intentionalen Gestaltungsabsichten heraus. Ein Beispiel wäre, wenn jemand eine Regalwand bauen will, jedoch die Wand falsch ausmisst (Schimank 2000, 181f.). Ähnlich sind für das Bildungssystem intentionale Gestaltungsabsichten, pädagogische Interventionen in die Psyche einer werdenden Person, charakteristisch. Aber der Intervenierende kann sich verschätzen, unwissend sein oder irren (a.a.O., 184). Transintentionalität kann also entstehen „als Scheitern von Intentionen auf Grund falsch eingeschätzter Kontextbedingungen" (ebd.).[81]

---

79 Eine erweiterte Fassung findet sich als Brüsemeister 2002.
80 Beispiele dafür sind der Sprachwandel oder das Aufkommen von Modewörtern, die von niemandem maßgeblich gesteuert werden (Schimank 2000, 179f.). Ähnlich sind „invisible hand effects", bei denen z.B. „Gruppen von Akteuren durch ihre aggregierte Nachfrage [...] den Preis der Waren" bestimmen (ebd., 185).
81 Zur Variante zwei von Transintentionalität gehören auch Gestaltungsabsichten mehrerer Individuen, die in einer Konstellation zusammenwirken, wobei dann das Ergebnis den Intentionen der Einzelnen widersprechen kann. Vgl. dazu Terhart (2001a) zu grundsätzlichen Steuerungsschwierigkeiten und ungeplantem sozialen Wandel im Schulsystem.

Ähnliche Entwicklungen von Inklusionsansprüchen will Gerhards auch für die anderen von ihm mit Hilfe von Sekundärdaten untersuchten Teilsysteme feststellen. Damit meint er, Indizien für einen Kulturwandel im Sinne aufgewerteter Publikumsrollen gefunden zu haben.

Trotz Problemen bei der Validität der Daten[78] ist der grundlegende Wechsel der Beobachtungshaltung wichtig, nämlich weg von einer rein systemischen Betrachtung von Leistungsangeboten und hin zu Inklusionsansprüchen von Akteuren. Parsons und Luhmann haben diesen Beobachtungsweg zwar schon als theoretische Perspektive genannt, insofern sie die Verhältnisse zwischen Leistungs- und Publikumsrollen als Differenzierungsprinzip festhalten. Beide Autoren haben jedoch dieses Differenzierungsprinzip nicht für einzelne Publikumsrollen genauer empirisch konkretisiert. Genau dieser Weg ist von Gerhards beschritten worden.

Inhaltlich deutet sich an, dass die Ansprüche des Publikums an Inklusion seit den 1960er Jahren zunehmen, wobei Gerhards vor allem die Beteiligung an der operativen Ausgestaltung der Inklusion im Sinne von Mitsprache- und Gestaltungsmöglichkeiten beschreibt. Zwar wird nicht erklärt, worauf die Wünsche des Publikums nach größeren Mitgestaltungsmöglichkeiten zurückgehen. Ebenfalls ungeklärt ist, warum dies nicht nur in einem, sondern gleichzeitig in vielen Teilsystemen geschieht. Als eine mögliche Erklärung lässt sich die Inklusion selbst anführen, nämlich als kulturelle Leitidee der Moderne (Parsons), die den Akteuren kognitive und evaluative Ziele gibt und durch ihr Gleichheitsversprechen auf eine Anhebung von Inklusionsstandards drängt. Auf Gerhards bezogen lässt sich also festhalten, dass einige Fragen noch nicht geklärt sind, aber man kann es auch als Ziel dieses Forschungsansatzes, der Inklusion von der Akteurseite aus denkt, ansehen, dass solche Fragen aufgeworfen werden, um sie in weiteren Forschungen zu klären.

3.4.4 Bourdieu: Schulische Inklusion aus Sicht von Akteuren und des Outputs

Die vierte argumentative Position zu Inklusion betrachtet wiederum Akteure und ihre Ansprüche. Dabei stehen diesmal nicht „gewollte" oder beabsichtigte Zustände im Zentrum, sondern was aus den Absichten wird. Es geht um tatsächliche Realisierung von Akteuransprüchen, die vom Output her beobachtet werden. Und diese bleiben oftmals hinter dem Gewollten zurück und sind insofern „transintentional". Exemplarisch für eine solche argumentative Position stelle ich

---

78 Wie erwähnt werden keine originären Publikationen des Publikums berücksichtigt. Zudem ist an Hand der Dokumente von Leistungsrollenträgern nicht ersichtlich, ob die Organisationen nur auf der Ebene von „talk", oder tatsächlich auch auf der Ebene von „action" (Brunsson 1989) umgestellt wurden.

nachfolgend die Sicht von Pierre Bourdieu für das französische Schulsystem vor, wie er sie in seiner soziologischen Gegenwartsdiagnose „Das Elend der Welt" mit seinem Team entfaltet. Dabei argumentiert Bourdieu ungleichheitstheoretisch, entsprechend wurde er bereits in Abschnitt 3.3.1 vorgestellt. Begründet durch seine Theorie der sozialen Felder finden sich jedoch auch deutliche differenzierungstheoretische Argumentationen, die zudem akteurtheoretisch zugeschnitten sind. Dies gilt deutlich für die hier berücksichtigte Schrift, die eine Skizze zum Handeln und Erleben von Lehrkräften, Eltern und Schülern unter den Folgen des Neoliberalismus entwirft; aus Raumgründen konzentriere ich mich auf LehrerInnen und SchülerInnen.[79] Diese Skizze ist wiederum eine Forschungsperspektive. Inhaltlich geht Bourdieu davon aus, dass Positionen schulischer Akteure in einer am Neoliberalismus ausgerichteten Schulpolitik erschüttert werden. Er zeigt, welche Ansprüche die Akteure haben und wie ihr Handeln nicht das entstehen lässt, was gewollt wurde. Damit wird auf den Begriff der Transintentionalität aufmerksam gemacht, dem ich mich zunächst widme.

Transintentionalität im Schulsystem
Der von Uwe Schimank in die Diskussion eingeführte Begriff Transintentionalität (vgl. Schimank 2000, 179-188; siehe auch Greshoff/Kneer/Schimank 2002) beschreibt soziale Prozesse, die aus dem handelnden Zusammenwirken mehrerer Akteure resultieren und dabei das, was die Einzelnen wollten, konterkarieren. Schimank unterscheidet hierbei zwei Varianten. Transintentionalität meint in der ersten Variante Folgen eines *beiläufigen Zusammenwirkens* mehrerer, bei denen es zu Anfang keine Gestaltungsabsichten der Akteure gab.[80] In der zweiten Variante entwickelt sich Transintentionalität aus intentionalen Gestaltungsabsichten heraus. Ein Beispiel wäre, wenn jemand eine Regalwand bauen will, jedoch die Wand falsch ausmisst (Schimank 2000, 181f.). Ähnlich sind für das Bildungssystem intentionale Gestaltungsabsichten, pädagogische Interventionen in die Psyche einer werdenden Person, charakteristisch. Aber der Intervenierende kann sich verschätzen, unwissend sein oder irren (a.a.O., 184). Transintentionalität kann also entstehen „als Scheitern von Intentionen auf Grund falsch eingeschätzter Kontextbedingungen" (ebd.).[81]

---

79 Eine erweiterte Fassung findet sich als Brüsemeister 2002.
80 Beispiele dafür sind der Sprachwandel oder das Aufkommen von Modewörtern, die von niemandem maßgeblich gesteuert werden (Schimank 2000, 179f.). Ähnlich sind „invisible hand effects", bei denen z.B. „Gruppen von Akteuren durch ihre aggregierte Nachfrage [...] den Preis der Waren" bestimmen (ebd., 185).
81 Zur Variante zwei von Transintentionalität gehören auch Gestaltungsabsichten mehrerer Individuen, die in einer Konstellation zusammenwirken, wobei dann das Ergebnis den Intentionen der Einzelnen widersprechen kann. Vgl. dazu Terhart (2001a) zu grundsätzlichen Steuerungsschwierigkeiten und ungeplantem sozialen Wandel im Schulsystem.

3.4 Differenzierungstheoretische Perspektive/Inklusion

Von Transintentionalität gekennzeichnet ist auch die Situation, wie sie Bourdieu für schulische Akteure in der Modernisierung des französischen Schulsystems sieht. Generell geht Bourdieu davon aus, dass die französische Gesellschaft im Neoliberalismus unter Modernisierungsdruck geraten ist. Nicht nur klassische Gruppen von Benachteiligten, sondern auch Mittelschichten und ehemals im Zentrum des Wohlfahrtsstaates stehende Staatsdiener sind davon betroffen. Hierzu gehören auch Lehrkräfte. Sie sind über ihre Schüler mit den Schicksalen von Migranten, abgestiegenen Arbeitern, Gewerkschaftlern, Polizisten und anderen Menschen, die in der „Strudel" der neoliberalen Modernisierung geraten, konfrontiert. Aus einem als persönliche Verpflichtung empfunden Berufsethos heraus können Lehrkräfte dabei einen Widerspruch zwischen Berufsideal und -realität erleben. Dieser wird offensichtlich durch das Erbe des Wohlfahrtsstaates genährt, Inklusion als kulturelle Leitidee hervorgebracht zu haben. Dieses Erbe zu erfüllen wird durch die im Neoliberalismus zu beobachtende „Abdankung des Staates" zu einer scheinbar „unlösbaren Aufgabe" (vgl. Bourdieu u.a. 1997, 207-219). Denn weil sich die „rechte Hand des Staates" – die „Kaderschulen im Finanzministerium, in den öffentlichen und privaten Banken und den ministeriellen Kabinetten" (Bourdieu 1998b, 13) – aus der Inklusion partiell zurückzieht, muss die aus den „kostenverursachenden Ministerien" (a.a.O., 12) Gesundheit, Soziales und Bildung und ihren ausführenden Beamten und Angestellten bestehende „linke Hand" des Staates die Inklusion mit verbliebenen Mitteln bewerkstelligen. Insofern erleben Lehrkräfte mitunter, dass Inklusionsleistungen zur bloßen Verwaltung des Elends verkümmern[82], was das Selbstverständnis der Profession erschüttert. Ihre Arbeit tendiert dazu, nur noch „Staatswohltätigkeit für die ‚würdigen Armen'" zu sein (Bourdieu u.a. 1997, 211).

Gerade weil in einer Krise des Sozialstaats nicht mehr Ressourcen wie früher zur Verfügung stehen, scheinen Akteure wissen zu wollen, wie Ressourcen zum Einsatz kommen und welche Leistungen Schulen mit ihnen eigentlich erbringen; Outputs werden genauer beobachtet. Eltern haben dieses Bedürfnis potenziell ebenso wie die öffentliche Hand. Und weil das Schulsystem in seinen Anpassungsbemühungen immer etwas hinter den sich aus einem Modernisierungsdruck speisenden Publikumswünschen herhinkt, scheinen sich Eltern vor Ort selbst um die bestmögliche Inklusion ihrer Kinder zu kümmern. Im Neoliberalismus scheint das grundsätzliche Vertrauen des Publikums gegenüber gut gemeinten Inputprogrammen, welche die Inklusion verbessern sollen, verloren zu gehen. Stattdessen greifen Versuche, das eigene Kapital auf eigene Faust in Verhandlungskonstellationen Gewinn bringend einzusetzen (zu lokalen Aus-

---

82 So seien z.B. immer weniger Sicherungsnetze vorhanden, um benachteiligte Jugendliche vor einer Gewaltspirale zu schützen, oder Schulen vermitteln eher eine „Erfahrung des Scheiterns" (Bourdieu u.a. 1997, 212).

handlungskontexten vgl. Langewand/Prondczynsky 1999). So entstehen regionale Zersplitterungen der Inklusionslandschaft. Die unter der Hand einsetzende Differenzierung (vgl. Bourdieu u.a. 1997, 525-538), die informell Schultypen mit gutem und schlechtem Ruf hervorbringt, rührt u.a. daher, dass einige Eltern die Interessen ihrer Kinder besonders vehement vertreten. Nicht selten können dagegen z.b. Migranten nur auf das verbliebene staatliche Inklusionsangebot setzen, welches jedoch im Neoliberalismus ausgedünnt wird. Mit regional verschiedenen Inklusionsangeboten der Einzelschule wird faktisch immer mehr von flächendeckenden Inklusionsprogrammen aus der Zeit der Inklusionseuphorie der 1970er Jahre stillschweigend Abschied genommen. Und wenn die Individuen je für sich Inklusion auszuhandeln beginnen, steigt die Wahrscheinlichkeit für Transintentionalität.

Bourdieu beobachtet dabei SchülerInnen, die sich an der lokalen Schule jeweils individuell durchsetzen müssen. Hierbei resultiert ein transintentionaler Effekt aus erweiterten Anspruchsmaßstäben, die von Schulen eröffnet werden, wobei die Schüler gleichzeitig ein Zurückbleiben hinter den von ihnen selbst akzeptierten Maßstäben erleben: „Durch die negativen Sanktionen der Schule dazu genötigt, auf die schulischen und gesellschaftlichen Ansprüche zu verzichten, welche die Schule selbst in ihnen wachgerufen hat, und, demnach dazu gezwungen, sie wieder herunterzuschrauben, schleppen sie sich ohne Überzeugung durch eine Schulausbildung, deren Zukunftslosigkeit ihnen voll bewusst ist" (a.a.O., 532).

Durch „sanfte, oder besser, nicht fühlbare Ausgrenzungspraktiken" (a.a.O., 529)[83] wird die innere Struktur von Bildungseinrichtungen auf transintentionale Weise umgeformt. Nach Bourdieu wurde kaum registriert, dass seit den 1970er Jahren in Frankreich gleichzeitig mit der formellen Vereinheitlichung im Schulsystem auch eine räumliche Differenzierung einsetzte, die erhebliche „Unterschiede zwischen verschiedenen Schulen hinsichtlich der Zusammensetzung ihrer Schülerpopulation" beinhaltet (a.a.O., 576). Weil immer mehr Eltern ihre Kinder in vermeintlich bessere Einrichtungen platzieren, konzentrieren sich spiegelbildlich an anderen Schulen vermeintlich schlechtere Schüler, die sich dann wechselseitig negativ beeinflussen. Es gibt an diesen Schulen kaum noch Schüler, die für andere Schüler eine lernoffene Haltung gegenüber dem Schulsystem demonstrieren. Durch die partielle „Abdankung des Staates" aus dem Bildungsbereich bleiben Teile der Schullandschaft sich selbst überlassen. In der Folge werden Verteilungseffekte, die Schulen mit gutem und Schulen mit schlechtem Ruf hervorbringen, auf Schüler und Lehrer zurückgerechnet.

---

83 Vgl. unten Kap. 5.1.1. Es gibt eine große Ähnlichkeit zwischen Clarks These des cooling out und der These von ‚sanften Ausgrenzungspraktiken', ohne dass Bourdieu Clark anführt.

3.4.5 Fazit: Vier Bausteine des Inklusionsverständnisses

Das heuristische Erklärungsmodell, orientiert an einer System- und einer Akteurperspektive sowie orientiert an Inputs und Outputs, nimmt die Tradition von Parsons auf, der die Inklusionsvorstellung über Rollendifferenzierungen verankert, und ergänzt sie akteurtheoretisch. Wie betont, beobachtet Parsons zwar im Mechanismus der Rollendifferenzierung das Schulsystem prinzipiell hinsichtlich realisierter Outputs sowie bezüglich konkreter Akteuransprüche, führt dies aber nicht weiter empirisch aus. Man erhält so den Eindruck, als würde der Differenzierungsprozess stehen bleiben. Zwar stellen die Autoren, die auf Outputs und Akteure verweisen, ihrerseits noch keine ausgereiften empirischen Konzeptualisierungen vor. Aber die Mechanismen der Inklusion werden mit einem deutlich stärkeren Impuls hinsichtlich realisierter Outputs sowie hinsichtlich des Handelns der Akteure formuliert. So werden erhebliche Unterschiede im „Wie" und im Grad der Ausgestaltung von Inklusion deutlich gemacht.

Die akteurtheoretische Ergänzung der Differenzierungstheorie, um Inklusionsvorgänge zu untersuchen, muss sicher theoretisch und empirisch weiter getrieben werden. Dennoch sind die hier exemplarisch vorgestellten vier theoretischen Positionen zu einer differenzierungs- und akteurtheoretischen Sichtweise von Inklusion deutlich konturiert und lassen sich als Bausteine für die Analyse von Inklusionsverhältnissen im Schulwesen nutzen:

(I.) Marshall, Parsons und Luhmann betonen den Ausbau systemischer Leistungen vom Input her. Nach dem Zweiten Weltkrieg lassen sich staatliche Schulsysteme in Wohlfahrtsstaaten von kognitiven Möglichkeiten leiten, durch den systematischen Ausbau von Leistungsangeboten die soziale Integration zu verbessern. Parsons bringt dieses Argument mit dem Stichwort der dritten Revolution auf den Punkt. Der gesamten Bevölkerung soll Bildung zukommen, und dies zerbricht ständische Strukturen sowie überkommene Privilegien und wirkt sich als eine „integrativere" Sozialstruktur aus. Neben den kognitiven Orientierungen, die auf den flächendeckenden Ausbau von Leistungsangeboten zielen, stellt Parsons damit Inklusion als evaluative Leitidee der Moderne heraus. Die Inklusion aller wird als das wünschenswerte Ziel moderner Gesellschaften ausformuliert. Und Rollenasymmetrien zwischen Leistungs- und Publikumsrollen werden dafür als antreibendes Differenzierungsprinzip festgemacht.

Bei Luhmann lässt sich das Inklusionsgebot über den Code eines Teilsystems denken. Dieser regt zu immer weiteren Unterscheidungen an. Luhmann betont dabei zwar, dass die Codes keine normativen, sondern kognitive Unterscheidungen ermöglichen. Und damit kann das Bildungssystem in der polykontexturalen Gesellschaft auch nicht mehr, wie von Parsons ausgemacht, eine dritte

Revolution auslösen oder in anderen Hinsichten Vorreiter sein. Aber auch Luhmann denkt mit Hilfe der binären Codierung des Bildungssystems an eine Entwicklungsdynamik in Richtung Inklusion, im Sinne der zunehmenden Bereitstellung von Leistungen.

Der Baustein für das Inklusionsverständnis besagt damit, dass Inklusion ein kulturelles Leitmotiv ist. Es weist Inklusion in evaluativer Hinsicht als das wünschbare Ziel der Gesellschaft hinsichtlich der sozialen Integration aus, und es erlaubt der Gesellschaft, ein kognitives Ziel zu benennen; hierbei wird mit Hilfe des Engagements des Wohlfahrtsstaates, an den das Schulsystem eng gekoppelt ist, Inklusion vorstellbar und als Ausbau systemischer Leistungsangebote durchgesetzt.

(II.) Parsons und Luhmann sprechen Inklusion auf die Ebene ganzer Teilsysteme an. Hier gibt es unverkennbar Fortschritt in Form der Einbeziehung von immer mehr Publikumsrollen. Doch auf der Outputebene und insbesondere im Zusammenhang mit Migration wird gemäß Münch eine Umcodierung des individualistischen Inklusionscodes sichtbar, in Richtung besonderer Rechte von Gruppen, die sich exklusiv verstehen. Die bisherigen Inklusionsprogramme beobachten diese Entwicklungen in der Umwelt kaum. Als Baustein lässt sich die Notwendigkeit für eine „outputorientierte" Betrachtung von Inklusion festhalten.

(III.) Die oben angesprochenen argumentativen Positionen drei und vier schwenken auf Inklusionsansprüche von Akteuren über. Dies bedeutet einen Wiederanschluss an die Rollenüberlegungen von Parsons und gleichzeitig eine Erweiterung, sofern mit Untersuchungen die Variabilität von Inklusionsgraden gezeigt wird. Gerhards nennt hier den ‚Aufstand des Publikums', hinsichtlich sich steigernder Mitsprachebedürfnisse u.a. in Bildungsangelegenheiten. Als Baustein für schulische Inklusion lässt sich festhalten, dass Akteuransprüche zu berücksichtigen sind, sofern sie komplementär zu Leistungsrollen für Differenzierungsprozesse des Bildungssystems verantwortlich sind.

(IV.) Die Variabilität der schulischen Inklusion wird schließlich auch von Autoren aufgezeigt, die, wie exemplarisch Bourdieu sichtbar macht, auf Widersprüche (Transintentionalität) bei der Realisierung von Bildungsansprüchen hinweisen, also zusätzlich auch den Output von Ansprüchen anführen. Wenn man Bourdieus Untersuchung pointiert zusammenfasst, findet im Neoliberalismus ein Kampf „jeder gegen jeden" statt, weil sich der Staat aus dem Bildungsangebot zurückzuziehen beginnt und dadurch Bemühungen um individuelle Bildungsmobilität zunehmen. In der phänomenologischen Skizze von Bourdieu zur Gegenwartsgesellschaft im Neoliberalismus wird sichtbar, dass sich im Erleben der

3.4 Differenzierungstheoretische Perspektive/Inklusion

schulischen Akteure ein Gefühl des Scheiterns einstellt; für die Schüler beinhaltet dies vor allem Perspektivlosigkeit angesichts eines Erlebens, im Schulsystem nur noch verwahrt zu sein.

Damit zusammenhängend zeigt sich, dass gerade die Erlebnisse des Scheiterns von einem Maßstab ausgehen, nämlich der möglichen Inklusion. Man kann hier, entlang Überlegungen von Luhmann, wechselseitige Verweisungszusammenhänge erkennen, die sich aus der kommunikativen Unterscheidung von Inklusion/Exklusion bzw. den Codes von Teilsystemen ergeben. Je mehr in der Gesellschaft Exklusion oder ungenügende Realisierungen von Inklusion beobachtet werden, desto mehr verweist dies gleichzeitig auf die positive Seite der gleichen Unterscheidung, nämlich Inklusion. Es muss also offensichtlich bedacht werden, dass gerade ungewollte Effekte des Akteurhandelns, die eine ungenügende Inklusion nach sich ziehen, an die positive Seite der Unterscheidung erinnern, nämlich eine Verbesserung von Inklusion. Man kann diesbezüglich sagen, dass von Seiten der Akteure Transintentionalität einer der Mechanismen ist, der die kulturelle Leitidee der Inklusion aller mit am Leben erhält.

Literaturempfehlungen
Parsons (1972) sowie Münch (1998) sind nach wie vor empfehlenswert. Als Sekundärliteratur vgl. Schimank (1996) für die generelle Sicht zu soziologischen Differenzierungstheorien sowie Brüsemeister (2004) zu Aspekten der Differenzierung und Inklusion im gegenwärtigen Schulwesen.

4. Mikroebene der Individuen

Für die Analyse von Bildungsprozessen auf der Mikroebene, der ich mich nun zuwenden, wird nachfolgend pauschal ein Akteur angenommen, der vor Handlungs- und Entscheidungsproblemen im Zusammenhang mit dem Bildungswesen steht. Die Bildungssoziologie und die Ungleichheitsforschung haben verschiedene Ansatzpunkte entwickelt, diese Mikroebene zu entfalten. Ein erster prominenter Ansatz ist der von Pierre Bourdieu. Er eröffnet mit dem Konzept des Habitus die Möglichkeit, Bildungsungleichheiten auf der Mikroebene des einzelnen Handelns zu erklären, wobei er mit dem Habitus gleichzeitig eine starke Verbindung zur Makroebene der gesellschaftlichen Klassen herstellt. Die Haupterklärungskraft seines Ansatzes lässt sich so einschätzen, dass er vor allem die Makroebene berührt, indem er die ‚ständische Organisation von Klasseninteressen' (Vester 2006, 15) anspricht. Da ich mich nachfolgend mit Ansätzen auf der Mikroebene des einzelnen Handelns beschäftige, klammere ich also den Habitus-Ansatz im vorliegenden Kapitel aus, obwohl das Habitus-Konzept streng genommen auch hierhin gehört. Da jedoch dieses Konzept bereits in Kapitel 3.3.1 angeführt wurde, verzichte ich hier auf Wiederholungen.

Ich widme mich vielmehr einem weiteren prominenten Ansatz, der mikrosoziale Erklärungen für das Zustandekommen von Bildungsungleichheiten liefert, nämlich dem Ansatz von Raymond Boudon. Boudon hätte auch in dem entsprechenden Buchteil zum ungleichheitstheoretischen Zugang bzw. für die Makroebene vorgestellt werden können. Da Boudon jedoch bei seiner Erklärung von Bildungsungleichheiten, die auf der Makroebene liegen, *methodologisch* am einzelnen Handeln ansetzt, erscheint es geeigneter, seinen Ansatz für die Mikroebene wiederzugeben.

Darüber hinaus wird in diesem Kapitel der phänomenologische sowie der ethnomethodologische Zugang zum einzelnen Handeln vorgestellt. Hierbei werden zunächst nicht Themen der Bildung berührt. Dies liegt daran, dass der Kreis der ForscherInnen, die mit phänomenologischen und ethnomethodologischen Konzepten im Rahmen qualitativer Methoden arbeiten, mittlerweile breit geworden ist, so dass sie sich kaum mehr überblicken lassen. Angesichts dessen stelle ich die Ansätze in ihren Grundlagen dar und nenne erst gegen Ende Studien, die sich auch mit Fragen der Bildung beschäftigen.

4.1 Boudon: entscheidungstheoretische Perspektive

Neben dem Habitus- und Klassenkonzept von Bourdieu ist der Ansatz von Raymond Boudon ein zweiter prominenter Ansatz, um Bildungsungleichheiten zu erklären (Boudon 1974). Ich beziehe mich nachfolgend auf die Darstellung von Becker/Lauterbach (2006) sowie Esser (2000c), die sich diesem Ansatz verpflichtet fühlen (vgl. auch Goldthorpe 2000; Becker 2006). Der Bezugspunkt der Analyse ist dabei außerordentlich komplex. Im Zentrum stehen *elterliche Bildungsentscheidungen* und wie sie sich über verschiedene Sequenzen des Lebensverlaufs ausgestalten. Dies beinhaltet insbesondere, dass elterliche Entscheidungen für ihre Kinder an Übergängen zu weiterführenden Formen der Bildung untersucht werden. Es interessiert also die ‚intergenerationale Transmission von Bildungschancen' (Becker/Lauterbach 2006, 13), indem die Eltern ‚Kenntnisse, Fertigkeiten und Fähigkeiten, Orientierungen und Einstellungen' (ebd.) an ihre Kinder weitergeben. Genau genommen wird mit den Eltern ein sozialer Verband auf der Mesoebene in Augenschein genommen (so Vester 2006, 15). Im methodischen Vorgehen wird jedoch auf das einzelne Handeln der Eltern abgestellt, das sich der Mikroebene zuordnet.

In der Analyse werden mittels Rational-Choice-Theorie (RCT) die rationalen Handlungsentscheidungen der Eltern betrachtet. Damit werden zum elterlichen Bildungsverhalten theoretische Annahmen gemacht bzw. Modelle entwickelt, die dann empirisch (mit quantitativen Methoden) untersucht werden. Gemäß der RCT interessiert entlang des soziologischen Modells der Erklärung (siehe Kapitel 2.1), welchen Situationen sich Eltern gegenüber sehen, und aus welchen Motiven heraus sie sich angesichts einer wahrgenommenen Situation für Investitionen in die Bildung ihrer Kinder entscheiden; dabei interessiert natürlich ebenfalls der Umfang der Investitionen. Dieses Zurückgehen auf die modellhafte Analyse des einzelnen Handelns in einer Situation ist typisch für das methodische Vorgehen von RCT und wird auf Bildungsfragen angewendet.

Des Weiteren wird angenommen, dass die rationalen Entscheidungen der Eltern grundsätzlich darauf zielen, den Status der eigenen Erwerbsklasse zu erhalten oder zu verbessern. Die an Boudon und Goldthorpe orientierte Diskussion geht hierbei von einer „Zugehörigkeit zu einer der vertikal angeordneten Erwerbsklassen" aus (Vester 2006, 16). Nach der Ansicht von Vester ist der Ansatz von Boudon so gefasst, dass diese Strategien des Statuserhalts bzw. der Statusverbesserung durch zwei Herkunftseffekte erreicht werden kann: „Der ‚primäre Herkunftseffekt' geht von der Sozialisation im ‚Elternhaus' aus, in der vor allem kognitive *Kompetenzen* erworben werden. Je nach sozio-ökonomischer Lage entstehen verschiedene kognitive Fähigkeiten, sprachliche und soziale Kompetenzen und Schulleistungen der Kinder. Der ‚sekundäre Herkunftseffekt' kommt in den *institutionellen Verteilungsprozessen* zustande, die die Kinder in verschiedene Typen von weiterführenden Schulen lenken." (Vester 2006, 16; Herv.i.O.)

Die primären Herkunftseffekte schlagen sich nach der Ansicht von Becker und Lauterbach (2006, 12) als „schulische Performanz" nieder. Damit sind die Effekte im schulischen Leistungsverhalten gemeint, zu denen *Kinder* – die hier der Bezugspunkt sind – auf der Basis der elterlichen Erziehung fähig sind. Insbesondere, so die Autoren (ebd.), können höhere soziale Schichten zu Fähigkeiten gelangen, die in der Schule vorteilhaft sind. Arbeiterkinder haben ihnen gegenüber kognitive Nachteile. Des Weiteren werden jedoch die sekundären Herkunftseffekte in der Literatur für bedeutsamer gehalten als die primären Herkunftseffekte (a.a.O., 13). Es geht hierbei um die Bildungsentscheidungen der *Eltern* – sie sind der zentrale Bezugspunkt dieses Arguments – hinsichtlich des weiteren Bildungsweges eines Kindes. „Diese Entscheidungsprozesse variieren in Abhängigkeit von den ökonomischen Ressourcen der Privathaushalte deutlich zwischen den Sozialschichten" (a.a.O., 12f.). Es geht hierbei jedoch keineswegs ausschließlich um ökonomische Ressourcen. Entlang des soziologischen Modells der Erklärung mittels RCT, wie sie Boudon (1974) und Esser (2000c, 214-225) entworfen haben, geht es vielmehr bei den Schulwahlentscheidungen der Eltern um ein Bündel von Motiven, das in drei Faktoren zusammengefasst wird. Nach dem unterstellten Modell wägen die Eltern bei ihren rationalen Entscheidungen *Bildungskosten*, *Bildungsrenditen* und *Erfolgswahrscheinlichkeit* gegeneinander ab (Vester 2006, 16).[84] Und, dies ist entscheidend: jeder der drei Aspekte wird von den Angehörigen der verschiedenen Klassen ganz unterschiedlich wahrgenommen:

Bei der Einschätzung von *Bildungskosten* muss grundsätzlich berücksichtigt werden, dass Bildungsgüter einen Preis haben, wenngleich einen staatlich subventionierten (Esser 2000c, 217). Dieser Preis kann sich ganz ohne das Zutun eines nachfragenden Akteurs verändern, wenn z.B. wie derzeit an Universitäten Studiengebühren verlangt werden. Die Bezahlung dieses Preises lässt sich nach Esser zu dem unmittelbaren Aufwand bzw. zu den direkten Kosten zählen, die von den betreffenden (Eltern, Studierenden) bezahlt werden müssen. Dazu gehören ebenfalls vielleicht eine Wohnung am Studienort sowie Literatur für das Studium etc. Darüber hinaus sind auch indirekte Kosten in Rechnung zu stellen; für die Eltern bzw. für den Studierenden steht eine einkommenslose Zeit an, und für diesen Verzicht muss über andere Einkünfte oder Kapital Ersatz gefunden werden. Ebenso entstehen indirekte Aufwendungen hinsichtlich eines zu erbrin-

---

84 Nach Esser (1999b, 247ff.) lassen sich diese Faktoren mit der Wert-Erwartungstheorie gewichten.

genden sozialen Vertrauens oder emotionaler Zuwendungen, die die Familie ihrem Sprössling entgegenbringen; auch mit derartigen sozialen ‚Aufwendungen' gilt es, die einkommenslose Zeit zu überbrücken (a.a.O., 218). Nach der RCT wäre dann die Einschätzung der Bildungskosten wie folgt zu bestimmen: „Der Gesamtpreis der Bildungsinvestitionen pro Jahr Ausbildung [...] gleich dem unmittelbaren Aufwand plus den indirekten Kosten in Abhängigkeit des Zinssatzes für den benötigten Kredit." (Ebd.) Esser bemerkt weiter, dass die Nachfrage nach Bildung steigen würde, würde der Preis für das Bildungsgut sinken. Er folgert jedoch: „Wenn das alles nur so einfach wäre!" (Ebd.) In Wirklichkeit hätten die Akteure weitaus größere Schwierigkeiten, die künftigen Kosten bei der Investition in Bildung angemessen einzuschätzen, ebenso wie entgangenen Gewinne (sowie die sich künftig einstellenden). In dieser Situation der Unsicherheit werden, so Esser, vor allem Vergleichsmöglichkeiten aus der unmittelbaren Umgebung genutzt, z.B. Geschwister und Freunde, unter denen vielleicht auch Studierende sind; ebenfalls kann beobachtet werden, was Generationen, die etwa in der Mitte ihres Lebens stehen, verdienen; es gibt also genügend „halbwegs verlässliche Referenzpunkte" (a.a.o., 219), die aus einem „*augenscheinlichen* Alltag" (ebd.; Herv.i.O.) herangezogen werden. Diese Referenzpunkte sind umso wichtiger, je mehr Unsicherheiten bei Entscheidungen bestehen, wie sie für Bildungsfragen typisch sind.

Ganz entscheidend ist nun – wie Esser argumentiert –, dass die Vorbilder und Modelle aus dem augenscheinlichen Alltag selbst dann bevorzugt werden, wenn objektiv andere Chancen für einen Akteur bestehen; die Sinn- und Kulturelemente aus der jeweils eigenen Milieuwelt, Klasse oder Schicht sieht Esser als die ausschlaggebenden Faktoren an, die die Situationswahrnehmung der Akteure und damit das Ergreifen von Bildungschancen respektive das Einschätzen von Bildungskosten bestimmen (ebd.). Das Resümee bei der Einschätzung von Bildungskosten im Speziellen (sowie bei der Einschätzung von Fragen der Bildung im Allgemeinen) lautet nach Esser: „Der Apfel fällt nicht weit vom Stamm; denn seinen Baum kennt der Apfel ganz gut, den Rest der Welt weit weniger." (Ebd.). Mit anderen Worten führt der methodologische Individualismus, auf den sich Boudon und Esser stützen, wenn sie Haltungen der Akteure gegenüber Bildung erklären, dazu, dass ein großer Einfluss der jeweiligen – man könnte sagen: kulturellen – Klassenzustände konstatiert wird. WissenschaftlerInnen in der Argumentationslinie von Boudon kommen also zu sehr ähnlichen Befunden wie die Klassentheoretiker (Bourdieu), nur erklären sie sie anders, nämlich über das individuelle Entscheiden (während von Bourdieu der Habitus herangezogen wird). Aus dem Grund, dass sich die Akteure bei der unsicheren Einschätzung von Bildungsinvestitionen und des Ertrages auf Erfahrungen ihres sozialen Nahfeldes ihrer Klasse verlassen, erklären sich nach Esser die Unterschiede des Bildungsverhaltens zwischen den sozialen Schichten – und lassen ebenfalls daran zweifeln, dass eine Öffnung des Bildungssystems fruchtet (ebd.). Auch bei den zu erwartenden *Bildungsrenditen* erfolgen die Einschätzungen von den jeweiligen Familien jeweils klassenspezifisch. Wenn in der Familiengeschichte bereits zuvor andere Familienmitglieder Aufstiegsdistanzen durch höhere Bildungsabschlüsse bewältigt haben, dürfte die Einschätzung der Rendite anders ausfallen, als wenn dies nicht der Fall ist (Vester 2006, 16). Schließlich ist auch die Einschätzung der *Erfolgswahrscheinlichkeit* – das dritte Element, mit der eine Bildungssituation eingeschätzt wird – unterschiedlich. Wie Vester an dieser Stelle verschiedene andere Untersuchungen zusammenfasst, wird von ihnen nicht nur (wie zu erwarten) eine höhere Unterstützung bei der Einschätzung dieser Frage in höheren Schichten festgestellt; eine größere Erfolgseinschätzung bestehe in diesen Schichten auch deshalb, weil gemerkt werde, „dass man gar nicht besonders clever sein muss, um es an der Universität zu schaffen" (Müller/Pollak 2006, 314; zit. n. Vester 2006, 17). Nach Ansicht von Vester wird in solchen Einschätzungen deutlich, dass der RC-Ansatz, dem es um das Nachzeichnen der Situationseinschätzung von einzelnen Akteuren geht, hier gewissermaßen durch Heranziehung von kulturellen Erfahrungen, wie sie Bourdieu zu erfassen sucht, erweitert oder ergänzt wird (Vester 2006, 17).

Allerdings widme man sich derzeit kaum ausführlich der „generationenübergreifenden Akkumulation von Ressourcen, Kompetenzen, Wahrnehmungs- und Geschmacksmustern und Strategien der Reproduktion des Klassenstatus" (ebd.). Stattdessen wird in der Argumentationslinie von Boudon mit idealtypischen Modellen gearbeitet. Hierbei werden zwei Idealtypen gegenübergestellt – was zwar einerseits, wie bei jeder Idealtypenbildung, an vielen Aspekten der Wirklichkeit vorbeigeht, andererseits jedoch gute Möglichkeiten bietet, das Modell für quantitative Forschungen zu operationalisieren. In dem Modell wird zum einen eine Dienstklasse angenommen, wobei ihre Strategie sei, „zur Sicherung ihres Statuserhalts von vornherein auf die Karte hoher Bildung ihrer Kinder zu setzen" (Vester 2006, 17, zitiert hier Müller/Pollak 2006, 314). Zum anderen werde von einer Arbeiterklasse ausgegangen, „bei der die Logik der Situation die Wahl weniger anspruchsvoller, weniger kostspieliger und weniger riskanter, mittlerer Bildungspfade nahe legt, die aber dennoch den Zugang zu qualifizierten Erwerbspositionen ermöglichen und vor Abstieg in ungelernte Arbeit und Arbeitslosigkeit schützen" (Vester ebd., der wiederum Müller/Pollak 2006, 314 zitiert).

Vester
Im Kontrast zu diesen zwei Idealtypen entwickelt Michael Vester einen Milieuansatz, mit dem er zeigen möchte, dass sich die Bildungsaspirationen in ver-

schiedenen Milieus ausdifferenzieren. Bei den Milieus z.B., die an Macht und Besitz orientiert sind, sei das Ziel von Bildung die exklusive Statussicherung und -vererbung, während in linken Milieus eine asketische Leistungs- und Bildungsethik Autonomiegewinne einbringen solle; wieder anders seien Milieus der Unterprivilegierten; bei ihnen symbolisiere Bildung „das Mithalten mit der ‚respektablen' übrigen Gesellschaft" (Vester 2004, 39). Weitere Charakterisierungen von Milieus will ich hier fortlassen, um stattdessen auf eine methodische Erweiterung dieses Ansatzes hinzuweisen. Sie besteht darin, dass Vester – gemäß der ‚Natur' von Milieuansätzen – auch gleichsam horizontale Verschiebungen, d.h. *Umstellungen* in den *Bildungsstrategien* beobachten kann, ohne dass damit gleich Aufstiegsaspirationen verbunden sind. So musste nach seiner Auffassung das Bürgertum Ende der 1950er Jahre seine „Erbregel" ändern, d.h. die Kinder Universitätsdiplome erwerben lassen, da es weniger Privatunternehmen zu vererben gab (ebd.). Damit wurde jedoch kein höherer Status gewonnen, sondern die Akteure des Milieus stellten ihre Strategien um, um den eigenen Status zu erhalten. In diesem Sinne plädiert Vester dafür bzw. arbeitet selbst daran, das vertikale Modell in der Argumentationslinie von Boudon zu einem Zweiachsenmodell (vertikal, horizontal) zu erweitern, wie er es in Bourdieus Konzept des sozialen Raumes vorhanden sieht; diesbezüglich versucht er die beiden Ansätze von Boudon und Bourdieu zu verbinden (Vester 2006). Damit lassen sich differenzierter Bildungsaspirationen einzelner Milieus erklären, die nach Vester nicht von der Hand zu weisen sind und die es nach seiner Ansicht unmöglich machen, noch von einer über eine gesamte Klasse sich erstreckenden Vererbung von Benachteiligung auszugehen (a.a.O., 21). Diesbezüglich möchte Vester seinen Milieu-Ansatz als Erweiterung einerseits von Bourdieu verstanden wissen – andererseits aber auch von Boudon, denn, wie gezeigt, in der Diskussionslinie dieses Ansatzes sind längst Türen für die Berücksichtigung von Erklärungsvariablen wie ‚Kultur' und ‚Erfahrung' aufgestoßen worden, die es überholt erscheinen lassen, rein von einer individuellen Logik der Situation einzelner Familien auszugehen (ebd.).

Fazit

Insgesamt stehen Vester's Versuche der Erweiterung dafür, dass weder die Argumentationslinie von Boudon, noch die von Bourdieu die „black box" der Familie, in der gesellschaftliche Strukturen intergenerationell weitergegeben werden, also eine Transformation zwischen Makro- und Mikroebene stattfindet, hinreichend erklärt haben. Den Link zwischen diesen beiden Ebenen zu schließen sehen auch Becker/Lauterbach (2006, 13) als das künftig vordringliche Erklärungsproblem. *Dass* Familien ein entscheidender ‚Transformationsriemen' bei der Reproduktion von Klassenstrukturen sind, ist der Forschung zwar hinlänglich bekannt. Unbekannt ist jedoch genau *wie* sich Transformationen im Einzelnen vollziehen bzw. gestalten. Auf der einen Seite sind quantitative Forschungen, die sich an Boudon orientieren, hier an eine gewisse Grenze gestoßen, wenn sie mit einfachen Idealtypen arbeiten; damit können neue Strategien von Akteuren, ihren Status zu erhalten oder zu erweitern, kaum angemessen berücksichtigt werden. Auf der anderen Seite muss man jedoch auch Vesters Ansatz, auf Milieus überzuschwenken, kritisch begleiten; denn derartige Ansätze können zwar gut horizontale Positionierung von Akteuren im gesellschaftlichen Raum wiedergeben, neigen jedoch dazu, vertikale Positionierungen und damit den Klassenansatz generell in den Hintergrund zu stellen (vgl. Burzan 2007, 114-137).

Auch das grundlegende erklärende Modell, welches Boudon und andere verwenden, nämlich eine Logik der Situation nachzuzeichnen und damit (zusammen mit der Logik der Selektion und der Aggregation) eine Handlungswahl sowie die Effekte des Handelns zu erklären, sollte keinesfalls über Bord geworfen werden, weil es sich für Fragen der Bildung gerade hinsichtlich der Möglichkeiten der Operationalisierung bewährt hat, wie Vester selbst hervorhebt (2006, 18). Dies bedeutet jedoch wiederum nicht, dass für empirische Untersuchungen nicht geprüft werden könnte, die zwei idealtypisch kenntlich gemachten Schichten hinsichtlich erweiterter Schichtmodelle zu überschreiten. Der Erklärungsansatz von Boudon, der an Bildungsentscheidungen von Familien ansetzt, könnte vielmehr auch in einer Analyse differenzierter sozialer Milieus oder Felder verwendet werden. Von solchen künftigen Erweiterungen oder Ergänzungen abgesehen, hat die von und im Anschluss an Boudon entfaltete Argumentationslinie einen aktuell nicht wegzudenkenden Stellenwert in der Bildungsforschung, konkret in der Bildungssoziologie und Ungleichheitsforschung sowie auch in der PISA-Forschung erlangt (vgl. zusammenfassend Vester 2006, 16-21).

4.2 Schütz: phänomenologische Perspektive

Im nun vorliegenden Abschnitt widme ich mich einem weiteren Ansatz für die Mikroebene, der insbesondere qualitativen Methoden der Bildungsforschung eine Basis liefert. Angesprochen ist die Denktradition des Symbolischen Interaktionismus, für den u.a. Konzepte von Alfred Schütz (1899-1959) genutzt wurden, die hier vorzustellen sind. Anders als Boudon setzt Alfred Schütz in seinem phänomenologischen Zugang nur vermittelt an Entscheidungen (und auch nicht an Familien), sondern an Erlebnissen des Einzelnen und lebensweltlichen Erfahrungen an.[85] Ich gehe wiederum von der Situation aus, dass sich ein Akteur im Rahmen von Bildung zu etwas entschließen muss. Handlungsprozesse, die von Alfred Schütz in den Blick genommen werden, hängen hierbei von einer inneren Organisation der Handlungsantriebe ab.[86] Es wird nach einer „Verteilung der Aufmerksamkeit"[87] gefragt.

Die zentrale soziologische Frage lautet, wer oder was Aufmerksamkeiten organisiert. Zwei Antwortrichtungen werden von der phänomenologischen Soziologie gegeben. Wie in diesem Kapitel zu zeigen sein wird, verweist die erste, mehr von Alfred Schütz vertretene, darauf, dass und wie Situationen vom Handeln aus aufgebaut werden, indem Akteure Situationen definieren. Die zweite hebt stärker hervor, dass sich in Gesellschaften typische Situationen schon konstituiert haben, in die Akteure freiwillig oder unfreiwillig hineingeraten. Berger und Luckmann, die hier nochmals aufgegriffen seien (ich hatte sie in Kapitel 3.1.3 angesprochen), kennzeichnen Handeln von diesen zwei Polen her, wobei der zweite bei ihnen stärkeres Gewicht hat. Sie sehen Akteure vor Entscheidungen gestellt, die sozialstrukturell vorgegeben sind. Die Gesellschaftsmitglieder müssen pointiert gesagt im Grunde nichts mehr entscheiden, da sie mit einer bereits existierenden „Wirklichkeitsordnung" rechnen können, deren Muster „vor-arrangiert" sind (Berger/Luckmann 1994, 24). Die Soziologie hat entsprechend die Aufgabe, nach der „gesellschaftlichen Konstruktion" der Wirklichkeit, ja sogar nach „universalen Strukturen" der Erlebnisorganisation zu fragen, die unabhängig von den empirischen Variationen einzelner Erlebnisweisen sind (vgl. Luckmann 1979, 198; Luckmann 1989). Umgekehrt ist Alfred Schütz stärker daran interessiert, wie die Akteure im Einzelnen auf sozial vorstrukturierten Feldern situationsabhängig agieren[88], was sich auch als direkter Aufruf zur empirischen Forschung verstehen lässt. Damit spannt die phänomenologische Soziologie die Frage, wer oder was Aufmerksamkeiten organisiert, zwischen zwei

---

85 Ein Aspekt, der auch von RC-Theoretikern aufgegriffen wird; vgl. Esser 1991. – Ich nutze zur Kennzeichnung von Schütz ebenfalls den Begriff der Entscheidung, obwohl Schütz keinen solchen Begriff entwickelt. Der Entscheidungsbegriff ist jedoch eine Erkenntnishilfe, um die Konstruktion von Aussagen in der Theorie von Schütz besser zu sehen.
86 Zur Kritik vgl. Meyer-Drawe 1987, 132f.
87 Schütz 1993, 97. Schütz spricht in Anlehnung an Husserl auch von „attentionalen Modifikationen" (ebd.).
88 Zwar besitzt auch Alfred Schütz (1971c, 68) die Problemperspektive von Berger und Luckmann: „Es ist […] die erste Aufgabe der Methodologie der Sozialwissenschaften, die allgemeinen Prinzipien zu erforschen, nach denen der Mensch im Alltag seine Erfahrungen und insbesondere die Sozialwelt ordnet". Schütz erkennt jedoch sofort im Anschluss an diese Bemerkung bezüglich der Handlungswahl an: „[…] die Wahl hängt von meinem praktisch oder theoretisch ‚vorliegenden Problem' ab" (ebd., 69). Damit werden auch gesellschaftliche Typisierungen durch individuelle Situationsdefinitionen gebrochen. Nur Akteure entscheiden, wann sie eine Typisierung anwenden oder nicht (vgl. ebd.).

4.2 Phänomenologische Perspektive

Polen auf. Der erste Pol zielt auf eine Wissenssoziologie der Gesellschaft, die herausarbeitet, „dass" es prinzipiell eine gesellschaftliche Organisation individueller Aufmerksamkeiten überhaupt gibt. Der zweite Pol regt zu empirischen Untersuchungen an, um herauszufinden, „wie" eine individuelle Organisation der Aufmerksamkeit und daran gebundene Entscheidungen im Einzelfall beschaffen sind.

Dafür spielt der Begriff des Erlebens eine wichtige Rolle. In der Tradition von Schütz werden zwei Aspekte des Erlebens betont: Es besitzt einen Außenhorizont sowie einen Innenhorizont. Erlebt werden soziale Objekte und das eigene Erleben:

> „Verschiedene Sorten von Objekten verlangen verschiedene Grade der Anspannung und Beachtung von meinem Bewußtsein. Es ist [...] in der Lage, sich von einer Art Wirklichkeit zur anderen zu bewegen. Anders ausgedrückt: ich bin mir der Welt als einer Vielfalt von Wirklichkeiten bewußt. Wenn ich mich von einer zur anderen bewege, so wird mir der Übergang nach Art eines Schocks bewußt. Es ist die Umstellung meines Aufmerkens, als die dieser Schock zu verstehen ist" (Berger/Luckmann 194, 24).

Zu den thematischen Aufmerksamkeitswechseln in der Zuwendung zu verschiedenen Sinnbezirken kommt ein „Wie der Zuwendung zum eigenen Erleben" hinzu (Schütz 1993, 83). Akteure erleben eine Umwelt, und sie erleben Wechsel ihrer Aufmerksamkeit auf sie. Damit müssen nicht unbedingt neue Thematiken in der sozialen Wirklichkeit für das Erleben verantwortlich sein. Auch die Veränderung der Aufmerksamkeit auf ein bekanntes Objekt ist eine Erlebnisdimension. Insbesondere sind es jedoch Wechsel zwischen „Sinnprovinzen" (Berger/Luckmann 1994, 28) und dem Alltag als oberster Sinnprovinz, die Aufmerksamkeit und damit ein Erleben anregen.

In der Erlebnisperspektive der Lebenswelt besitzt Berger und Luckmann zufolge das Erleben einer Angst oder eines Gebäudes keinen Unterschied. Beides ist den Akteuren „gewiss" (a.a.O., 23). Ich muss nicht entscheiden, was wirklich ist, sondern es ‚ist' wirklich. Erleben in der Lebenswelt ist eine fortlaufende Reduktion von Komplexität, werden doch Entscheidungen über den Sinn und den Status von Objekten immanent gefällt. Alltägliches Erleben enthält sich gleichsam kausaler oder genetischer Hypothesen, fragt nicht, warum etwas wirkt oder bewirkt wird (ebd.). Akteure müssen erst dann über den Status ihrer Wirklichkeitswahrnehmung entscheiden, wenn sie von einem geschlossenen Sinnbezirk zum anderen hinüberwechseln (a.a.O., 28). Im Alltag ist dagegen die Aufmerksamkeit eingespielt. Hans Georg Soeffner (1983, 21) kennzeichnet dies als kognitiven Stil der Praxis. Er zeichnet sich dadurch aus, dass Akteure kaum motiviert sind, Bedingungen von Problemlösungen zu formulieren, solange sie funktionieren.

In der Regel gelingt es schnell, zur Entscheidungsimmanenz des Alltags und vorhandenen Typisierungen zurückzukehren.[89] Typisierungen in verschiedenen Anonymitätsgraden geben einem Akteur implizite Begründungen für Handlungen in Situationen an die Hand bzw. „überblenden" damit verbundene Entscheidungsalternativen als Gewissheiten. Nach Schütz und Luckmann bietet dies einen Situationsvorteil, zeichnen sich Typisierungen doch dadurch aus, dass Problemauslegungen an bestimmten Stellen nicht mehr weitergetrieben werden und so eine Komplexität von Sinn reduzieren: „Unser Wissensvorrat und dessen korrelative Typisierungsschemata resultieren aus dem Abbruch von Auslegungsprozessen" (Schütz/Luckmann 1979, 35). Neue Situationen, so Schütz und Luckmann, können jedoch „ontologisch, biographisch und sozial bestimmte Aspekte haben, die mir an einer aktuellen Erfahrung die bisher ausreichende Typisierung unzureichend erscheinen lassen und mich dazu motivieren, an Hand der aktuellen Erfahrung zu Neuauslegungen zu schreiten. [...] In diesen Fällen handelt es sich um eine Weiterauslegung des Horizonts" (ebd.).

Alfred Schütz sieht die Verwendung von Typisierungen wiederum abhängig von einer Situation, und wie sie biographisch wahrgenommen wird: „ [...] die Wahl hängt von meinem praktisch oder theoretisch ‚vorliegenden Problem' ab. Dieses ‚vorliegende Problem' gründet aber seinerseits in den Umständen, in denen ich mich selbst in jedem Augenblick meines täglichen Lebens vorfinde, nämlich in meiner biographisch bestimmten Situation" (Schütz 1971c, 69).

Wie ich mich in der Situation verhalte, wird nach Schütz (und Luckmann) von der „Motivationsrelevanz" bestimmt (Schütz/Luckmann 1979, 253ff.). Motivationsrelevanzen sind unterteilt in Um-zu- und Weil-Motivation. Um-zu-Motive beziehen sich auf Entwürfe. Sie sind Bestimmungsgründe des Handelns. In sie gehen zugleich Erfahrungen, Weil-Motive, ein. Sie sind Bestimmungsmomente des Entwurfs eines Handelns (Schütz 1993, 123). Zur Wirklichkeitskonstitution gehört darüber hinaus eine thematische Relevanz, die als solche in die Aufmerksamkeit rückt, wenn sich die Wirklichkeit nicht an die ‚automatischen Erwartungen' hält. In diesem „aufgezwungenen Themenwechsel, der infolge eines Bruchs in den automatischen Erwartungen [...] zustande kommt" (Schütz/Luckmann 1979, 232), kann ein problematischer Gegenstand ins Bewusstsein rücken: „Er rückt aus dem Horizont des Erfahrungsablaufs, in dem er bliebe, wenn er sich in die automatischen Erwartungen einfüge, in den Kern des Erfahrungsablaufs" (a.a.O., 231). Mit „Interpretationsrelevanz" (a.a.O., 241ff.)

---

89 Der Begriff der Typik muss in der Soziologie von Alfred Schütz doppelt verstanden werden, als individuelle Erlebnistypisierung sowie als kollektive Überformung dieser Erlebnisse in Überlieferungen. Zu dieser Durkheimschen Perspektive bei Schütz vgl. Coenen 1985, 81ff.

4.2 Phänomenologische Perspektive

bezeichnen Schütz und Luckmann darüber hinaus die Möglichkeit, nach einem aufgezwungenen Themenwechsel ein Situationsthema erneut in „Beziehung zu anderen Erfahrungen" (a.a.O., 241) zu setzen. Schütz macht Typisierungen dabei von einer Individualität der Interessen abhängig. Ist sie ausgeprägt, dann beinhaltet dies auch ein individuelles Interesse an der Zukunft und um es zu befriedigen, benötigt ein Akteur eine detaillierte Gegenwartsbetrachtung als Entscheidungsgrundlage, also eine genaue und nicht typisierte Analyse aktueller Situationen. Handeln ist individuell ambitioniert, je eher es Um-zu-Motive aufweist und je deutlicher es von Weil-Motiven unterfüttert ist. Gehen Kontinuitätserlebnisse oder die biographische Geschichte, wie sie von Weil-Motiven repräsentiert werden, in eine Entscheidung ein, ist sie nicht nur sinnhaft, thematisch zusammenhängend, sondern damit auch motivational verankert.[90]

Des Weiteren sind Schütz und Luckmann der Auffassung, dass „Erfahrungen grundsätzlich ‚sozialisiert' und in hochanonyme, idealisierte und – vor allem sprachlich – objektivierte Sinnzusammenhänge eingefügt sind" (a.a.O., 146f.). In der praktischen Verwendung bzw. „Artikulation", wie sie sagen, dominiert jedoch die Biographizität des Wissensvorrats:

> „Mein Gewohnheitswissen ist grundsätzlich biographisch artikuliert. Ich erwerbe zwar verschiedene Fertigkeiten (Gehen, Sprechen etc.), die auch alle anderen erwerben, auch ungefähr in der gleichen Reihenfolge [...]. Jedoch gibt es Fertigkeiten, Gebrauchswissen und Rezeptwissen, das sich spezifisch in ‚privaten' Erfahrungen konstituiert hat. Es geht also als ein hochspezifisches, biographisch artikuliertes Element in die Bestimmung meiner aktuellen Situation ein. Und selbstverständlich ist die *Kombination* von Fertigkeiten, Gebrauchswissen und Rezeptwissen, ganz abgesehen von der Reihenfolge des Erwerbs, biographisch artikuliert und ‚einzigartig'" (a.a.O., 147; Herv.i.O.).

Klammert man allgemeine Sozialisationsbedingungen aus, muss der soziologische Beobachter eine Verhaltensdimension berücksichtigen, die von der biographischen Artikulation abhängt und deshalb in ihrer *praktischen Wirksamkeit* nur fallbezogen und retrospektiv zu erkennen ist. Diese Dimension ist nach Schütz die „Abfolge der einzelnen Erfahrungen" (a.a.O., 146), die für jeden Akteur spezifisch ist. Erst diese Abfolge, die in Weil-Motiven als der Sedimentierung vergangener Situationserlebnisse aufgehoben ist[91], motiviert zu spezifischen Auslegungen der Situation.

---

90 Schütz und Luckmann (1979, 253ff.) stellen diesen Aspekt von Um-zu- und Weil-Motiven unter dem Begriff der „Motivationsrelevanzen" heraus.
91 „Die Situation ist das ‚Resultat' der vorangegangenen Situationen" (ebd., 145).

Für die Erörterung der *praktischen* Organisation des Alltagswissen führen also Sozialisationstheorien oder eine Wissenssoziologie, die auf allgemeine Aspekte einer Wissensverteilung – und damit eines normierten Verhaltens – hinweisen, nicht sehr weit. Richtigerweise können sie aussagen, *dass* Akteure über Typisierungen und soziale Normen verfügen, die denen anderer Gesellschaftsmitglieder gleichen. Für eine empirisch ausgerichtete Sozialforschung beginnen jedoch erst die Fragen, weil sie herausfinden muss, in genau welcher Weise Akteure Typisierungen und Normen jeweils in einer Situation kombinieren oder gewichten und in welcher Weise sie es in früheren Situationen getan haben.

Fazit:
Die phänomenologische Auffassung von Handeln und Entscheiden ist für den Aufbau der qualitativen Forschung wichtig gewesen; neben der Ethnomethodologie und weiteren Ansätzen ist die Phänomenologie eine ihrer Basistheorien (vgl. Flick/Kardorff/Steinke 2000, 18f.). Inhaltlich spannt diese Perspektive ein Spektrum auf, wie Handeln gesehen werden kann. Solange sich ein Akteur in abgegrenzten Sinnprovinzen routinisiert bewegt, sind Handlungen möglich, die wenig Aufmerksamkeit verlangen. Im Kontrast dazu sind Akteure aus der theoretischen Perspektive der phänomenologischen Soziologie vor Probleme gestellt, wenn in neuen Situationen gehandelt werden muss. Dann können Sinnaspekte im Innenhorizont des Erlebens auftauchen, welche die Sinnzusammenhänge im Außenhorizont des Erlebens vielleicht sogar überlagern. Hierbei wird methodologisch davon ausgegangen: Es muss nachgezeichnet werden, wie aus Sicht eines Akteurs Situationen vom Handeln her aufgebaut und interpretiert werden; eine Konzeption, die das Interpretative Paradigma des symbolischen Interaktionismus mit begründet. So schreibt Blumer: „Die Prämisse, daß soziales Handeln von den handelnden Einheiten durch einen Prozeß der Wahrnehmung, Interpretation und Einschätzung von Dingen und durch den Entwurf einer zukünftigen Handlungslinie aufgebaut wird, beinhaltet einen großen Teil der Aussagen darüber, wie soziales Handeln erforscht werden sollte" (Blumer 1973, 139).

Die Erlebnisdimensionen eines Individuums jeweils empirisch nachzuzeichnen (inklusive der Verbindungen zu gesellschaftlichen Typisierungen und Strukturen) ist nach wie vor eines der Hauptinteressen qualitativer Forschung. Es wird durch zahlreiche qualitative Studien für den Bildungsbereich belegt (vgl. im Handbuch Bildungsforschung den Artikel von Garz/Blömer 2002, im Handbuch der Schulforschung den Aufsatz von Böhme 2004).

4.3 Cicourel, Garfinkel: ethnomethodologische Perspektive

Etwas anders als der phänomenologische Zugang, gleichwohl ebenfalls dem Symbolischen Interaktionismus angehörend, stellt sich das ethnomethodologische Herangehen an die Situation dar. Situationen werden von den Handelnden nicht mit kollektiven Typisierungen oder Idealisierungen schon vor der Situation verstanden, sondern sind gemeinsam zu entschlüsseln. Diese Position zeigt sich z.b. bei Aaron Cicourel, der sich mit dem „Problem sozialer Ordnung" (Cicourel 1973, 176) beschäftigt, ausgehend von Handlungen in der Interaktion. Cicourel sucht nach einem gemeinsamen Bezugsschema, das Akteure in der Situation für ihre Verständigung voraussetzen (ebd.). Dieses Bezugsschema findet Schütz in der gemeinsamen Lebenswelt. Cicourel geht jedoch davon aus, dass das Bezugsschema von den Interaktionspartnern als „Basis- oder interpretative Regel betrachtet und [...] empirisch geprüft werden" soll (ebd.). Damit ist der zentrale Unterschied zu Schütz genannt: Sinnunterstellungen werden in der Perspektive von Cicourel von den Akteuren auch auf ihren Erfolg in der Situation überprüft und nicht nur wie bei Schütz stillschweigend vorausgesetzt.

Individuen begegnen sich nach Cicourel mit impliziten Erwartungen, dass es ein Bezugschema geben muss, ohne es jedoch formulieren zu können. Das Schema ist eine Tiefenregel, die immer nur in Zusammenhang mit gelungenen oder misslungenen Oberflächenregeln (Gesprächs- und Handlungsorganisationen) beobachtbar wird.[92] Würde man die implizite Regel, mit der sich Akteure gemäß Cicourel begegnen, ausformulieren, könnte sie lauten: „Die Aufeinanderfolge von Frage und Antwort macht eine reziproke Regel erforderlich, durch die meine Frage eine Basis (einen Grund) für deine Antwort liefert" (Cicourel 1973, 177). Jeder der Interaktionspartner muss die bruchstückhaften Äußerungen seiner Gegenüber ergänzen, „die Intentionen (die Tiefenstruktur) des anderen rekonstruieren, wenn sich eine koordinierte soziale Interaktion ergeben soll" (ebd.). Cicourel versteht Sinnunterstellungen wie die Reziprozität der Perspektiven als eine Regel der Interaktion, die in jeder Situation scheitern kann. Reziprozität wird zu einem empirischen Frage- und Antwort-Tausch. Während Schütz wissenssoziologisch prinzipiell auf das Vorhandensein eines Reziprozitäts-Mechanismus hinweist (vgl. Schütz/Luckmann 1979, 87-90), sind Ethnomethodologen an der empirischen Anwendung dieses Mechanismus interessiert.

Eine ähnliche Position wie Cicourel vertritt Harold Garfinkel. Akteure praktizieren eine dokumentarische Methode (Garfinkel 1973, 209). „Die dokumentarische Methode besteht im wesentlichen in der rückschauend-vorausschauenden

---

[92] Cicourel hat an anderer Stelle Basisregeln detailliert; vgl. Cicourel 1975, 31-42; vgl. Eickelpasch 1994, 139f.

Auslegung je gegenwärtiger Vorkommnisse" (a.a.O., 207). Die „rückschauend-vorausschauende Sinnorientierung" (ebd.) ermöglicht, Äußerungen noch als Dokument für etwas anderes anzusehen: „Der Sinn des Sachverhaltes, auf den man sich bezieht, wird vom Hörer nicht dadurch entschieden, daß er nur das bereits Gesagte in Betracht zieht, sondern daß er auch dasjenige einbezieht, was im zukünftigen Gesprächsverlauf gesagt sein wird" (ebd.). Man erwartet, dass unvollständige Äußerungen im Gesprächsverlauf geklärt werden. Das erfordert von den Interaktionsteilnehmern den Verzicht auf starre Sinnfestlegungen in der Situation (vgl. Bergmann 1988, Kurseinheit 1, S. 39). Paradoxerweise wissen die Akteure in dieser Vagheit, „worüber sie sprechen" (a.a.O., 40) Die unabgeschlossenen Interaktionsbeiträge sind nach Garfinkel durch die Situation selbst „indexikalisiert".[93] Für die Interaktionspartner beinhaltet dies ein „reflexionsloses ‚Vertrauen' in die Intersubjektivität der Alltagswelt" (Eickelpasch 1982, 21). Garfinkel zeigt, dass die rück- und vorausschauende Auslegung der Interaktionsbeiträge darauf setzen, dass ich Äußerungen des anderen schon verstehen werde (Garfinkel 1973, 205), was möglich ist, weil die Situation selbst eine „Gewissheitswelt" (Eickelpasch 1982, 8) darstellt. Sie besteht aus einer Reihe von „unthematisierten, fraglos angewandten [...] Verfahrens- und Begründungsstrategien" (ebd.).

Im Kontrast zu der Soziologie von und im Anschluss an Durkheim, die eine Sozialität als existent voraussetzt, wollen Ethnomethodologen die Konstitution der sozialen Welt im Vollzug der Interaktion erklären.[94] Während Ethnomethodologen nicht bestreiten, dass es Typisierungen von Wissen, damit vorgegebene Definitionen von Situationen gibt, gehen sie stärker als Alfred Schütz auch von dem Problem aus, unter welchen situativen Bedingungen dieses Wissen zur Anwendung kommen kann. Dieses „Wie" der Anwendung zu erklären stellt sich die Ethnomethodologie als zentrale Aufgabe (Patzelt 1987, 12). Dafür können nach der Ansicht von Garfinkel die ForscherInnen Krisenexperimente verwenden (Garfinkel 1967, 35-75). In inszenierten Abweichungen von vertrauensvollen Einstellungen gegenüber dem Interaktionspartner ist dieser zum Beispiel hartnäckig zur Klärung seiner Äußerungen aufgefordert. Damit ist symbolisiert,

---

93   Vgl. zu diesem Begriff, der die kontextabhängige Manifestation und wechselseitige Abhängigkeit menschlicher Ausdrücke bezeichnen soll: Garfinkel/Sacks 1976; Garfinkel 1967, 11; Patzelt 1987, 61ff.

94   „In doing sociology [...] every reference to the ‚real world' [...] is a reference to the organized activities of everyday life. Thereby, in contrast to certain versions of Durkheim that teach that the objective reality of social facts is sociology's fundamental principle, the lesson is taken instead, and used as a study policy, that the objective reality of social facts *as* an ongoing accomplishment of the concerted activities of daily life, with the ordinary, artful ways of that accomplishment being by members known, used, and taken for granted, is, for members doing sociology, a fundamental phenomenon" (Garfinkel 1967, S. VII; Herv. i.O.).

4.3 Ethnomethodologische Perspektive

dass es kein vorauslaufendes Verstehen gibt (Bergmann 1988, 1:41 ff.). Durch die penetrante Nachfrage, was der andere mit seiner Äußerung meine, ist er aus seiner gewohnten Einstellung zur alltäglichen Kommunikation herausgerissen. Die Gesprächspartner reagieren, so fasst Eickelpasch (1982, 21) Garfinkels Krisenexperimente zusammen, „mit Erstaunen [...] oder Agressionen". Offensichtlich überfordert die Abkehr von der Unterstellung, der andere werde schon verstehen, worauf auch emotional reagiert wird. Akteure sind kaum in der Lage, Mechanismen für die Störung, noch Gründe für das vorangehende Gelingen der Interaktion angeben zu können. Dies lässt Garfinkel zu der Ansicht kommen, dass die Vertrauen implizierenden Basisregeln der Kommunikation und Interaktion „handlungsanleitend" seien, ohne jedoch „selbst zu Objekten der Aufmerksamkeit zu werden" (Garfinkel 1973, 193). Dies unterscheidet sich gravierend von dem Bemühen der phänomenologischen Soziologie, die Ordnung von Situationen aus Bewusstseinsleistungen oder überlieferten Typisierungen herzuleiten.

Für die Akteure gilt, eine Ordnung erst in der Situation zu finden. Hierzu führt Garfinkel unter dem Stichwort „Alltagssituationen der Entscheidungsfindung" (a.a.O., 190) folgende Aspekte an:[95]

a) Garfinkel geht davon aus, nicht dass sich Individuen mit Hilfe von Typisierungen oder einer idealisierenden Perspektive standardisiert auf Situationen einstellen, sondern dass diese Einstellungen oder Erwartungen in Interaktionssituationen angepasst werden. Entsprechend beginnt er mit folgender Bemerkung: „Viele Situationen [...] sind Alltagssituationen der Entscheidungsfindung, in denen irgendeine Wahl zu treffen ist, über deren Gehalt erst nachträglich eine abschließende Entscheidung herbeigeführt werden kann" (a.a.O., 195). Garfinkel geht hierbei von offenen Situationen aus, die nur zum Teil absehbar sind und zum Teil erst „noch hervorgebracht werden" (a.a.O., 196). Das Problem ist, wie man sich gegenüber solchen Situationen für Erwartungen entscheiden kann. Garfinkel empfiehlt, Erwartungen zu besitzen. Man sollte sie jedoch nicht zu stark festlegen, um sich nicht eine Zukunft zu verstellen, die sich momentan erst abzeichnet. Er plädiert alltagssprachlich gesagt dafür, kein Prinzipienreiter zu sein, der in der Situation an vorab gefassten Grundsätzen festhält, weil die Gefahr droht, sich selbst Steine in den Weg zu legen.

b) Ebenfalls ist Garfinkel der Ansicht, dass es gut ist, eine Reihe von „vorentschiedenen Fall-Strategien" (a.a.O., 197) zu entwickeln, die die Frage beantworten helfen, was man „im Falle eines Falles tun soll" (ebd.). Aber diese Vorbereitung auf die Zukunft darf nicht total sein, denn Programme für Eventualitäten seien detailliert „einer Ausarbeitung gar nicht fähig" (ebd.). Die starke Aus-

---

[95] Garfinkel hat hierbei offene Situationen im Blick, die variabel sind für individuelle Zielfindungen. Unter dieser Bedingung machen die dokumentarischen Methoden, die Garfinkel Akteuren empfiehlt, Sinn.

leuchtung der Zukunft, um sich vor ihrer Ungewissheit zu schützen, könnte sogar kontraintentional werden, weil man seine Aufmerksamkeit von der Gegenwart ablenkt und damit die Entwicklung der Zukunft im Hier und Heute verpasst. Garfinkel spricht damit das Problem einer angemessenen Verteilung der Aufmerksamkeit auf verschiedene Zeitperspektiven an. Würde man nur daran denken, was die Zukunft bringt, um zu wissen, was man im Falle des Falles tun könnte, würde vielleicht die Gegenwart aus dem Blick geraten. So würde das eigene, aus guten Absichten entworfene Handeln unbemerkt zur Generierung einer unerwünschten Zukunft führen. Garfinkel empfiehlt stattdessen eine Balance zwischen aufmerksamer Zukunftsbeobachtung und deren Nichtbeobachtung, also Gelassenheit.

c) Eine kräftesparende Organisation der Aufmerksamkeit, in einer Mischung aus Beobachtung und Gelassenheit, empfiehlt Garfinkel auch, „wo eine bestimmte Zukunft in einer definitiven Weise bekannt ist" (a.a.O., 196). Während im ersten Fall vor einer vorschnellen Ziel- oder Erwartungsfestlegung des Handelns gewarnt wird, da zukünftige Situationen unklar sind, geht es nun darum, für Handlungsziele in absehbaren Situationen alternative Strategien zu entwerfen und so eine Offenheit und Variabilität zu erreichen.

d) Des Weiteren erörtert Garfinkel, wie Entscheidungen bei der Gestaltung von Handlungszielen und -strategien abzukürzen sind. Er empfiehlt, eine beliebige Aktion zu starten und ihre Wirkung zu beobachten (a.a.O., 197). Man lässt bildlich gesprochen einen Versuchsballon steigen. Zerplatzt er, ergibt dies Informationen über die Umwelt, was dem künftigen „echten" Handeln den Weg bereiten kann.

e) Der Beobachtung einer äußeren Umwelt sollte sich eine Selbstbeobachtung anschließen. In Versuchs- oder Probehandlungen kann man sich selbst austesten und so sicherer Erwartungen gegenüber dem eigenen Handeln aufbauen. So wird die Überraschung über die eigene Spontaneität in der Situation verringert und das Verhalten formalisiert. Voraberkundungen über das innere und äußere Ausland können nach Garfinkel über Folgen des eigenen Handelns aufklären (ebd.).

f) Über Dimensionen des Handelns informiert man sich nach Garfinkel noch einmal mit Hilfe dokumentarischer Methoden am Ende des „tatsächlichen […] Ereignisablaufes" (a.a.O., 198). „Die Aufgabe, die Lebensgeschichte einer Person oder die Vergangenheit einer gesellschaftlichen Einrichtung in Geschichtenschreibung einzugießen, besteht in der Anwendung der dokumentarischen Methode, um vergangene Vorkommnisse auszuwählen und zu ordnen und dadurch den gegenwärtigen Zustand der Angelegenheiten mit seiner relevanten Vergangenheit und seinen relevanten Zukunftsaspekten auszustatten" (a.a.O., 200). Ziele, Strategien und Konsequenzen des Handelns können dann „als die eigentlich erstrebenswerten Zustände" betrachtet werden, denen man „‚schon immer' oder ‚im Grunde'" nachgegangen sei (a.a.O., 198).

Fazit
Garfinkel belegt für die ethnomethodologische Position, mit welchen „Tricks" wir im Alltagshandeln bzw. in der Praxis unser Tun (nachträglich) rationalisieren – mit Erfolg, weil damit Vieles, was in einer Situation unbekannt ist oder Hürden darstellt, einfach umschifft wird. Entscheidend für diese Perspektive auf das Handeln von Akteuren ist, dass die „Lösungen" interaktiv, in der Situation ‚erfunden' werden. Obwohl nicht der einzelne Akteur der hauptsächliche Bezugspunkt dieses Theorieansatzes ist, sondern die Herausbildung interaktiver Ordnungen, lässt sich auch ein solcher einzelner Akteur gemäß den Ethnomethodologen analytisch kennzeichnen. Mit der dokumentarischen Methode hat er die Fähigkeit, in der Situation vorauszuschauen sowie nach der Situation Erfahrungen zu protokollieren. Er ist in dieser Hinsicht extrem flexibel für Situationen. Dabei wird er und die übrigen Interaktanden von Basis- oder Tiefenregeln begleitet, die jedoch von ihnen in der Situation nicht thematisiert werden müssen und auch nicht angesprochen werden können, da sie von den Ethnomethodologen als Tiefenregeln verstanden werden.

Auch die Ethnomethodologie hat zu zahlreichen qualitativen Forschungsbemühungen angeregt, mit denen Bildungsprozesse untersucht wurden. Insbesondere sind als Methoden eng mit ihr verbunden die Konversationsanalyse (vgl. Brüsemeister 2000, 235-252) sowie die Dokumentarische Methode (Bohnsack u.a. 2001), mit der u.a. schulische Rituale, Konstruktionsprozesse von Geschlecht und Jugend, Mediennutzung und Bilder interpretiert werden (vgl. ebd., sowie dort weitere Beispiele). Die gemeinsame Herstellung von Ritualen oder einer kollektiven Praxis bildet einen Analyseschwerpunkt, wobei sich auch Veröffentlichungen in der Pädagogik, wenn auch nicht ausschließlich, auf ethnomethodologische Grundlagen stützen (vgl. zu Untersuchungen der ritualisierten Praxis: Wulf u.a. 2004).

5. Mesoebene der Organisationen

In den folgenden Kapiteln ist die *Mesoebene von Bildungsorganisationen* angesprochen. Auf der Organisationsebene werden nicht allein, jedoch in einem unverkennbaren Maße Ungleichheiten erzeugt. Dies liegt gleichsam in der Natur von Organisationen. Sie werden als selektive Assoziationen (Kreckel 1992, 83ff.) bezeichnet, denn Leistungen der Organisationen werden teilweise für alle Gesellschaftsmitglieder erbracht, teilweise sind sie jedoch nur für bestimmte Akteure; und, wie Luhmann (1997, 843) betont: Organisationen tauschen sich gern untereinander aus, demgegenüber andere soziale Gebilde (Professionen, Netzwerke, Interaktionen) leicht das Nachsehen haben. Im Zusammenhang mit derartigen allgemeinen Kennzeichen von Organisationen überrascht es nicht, wenn Organisationen für Bildungsungleichheiten verantwortlich gemacht werden. Selektive Prozesse können dabei in „weicher" Form vorliegen, wie es Clark, den ich unten vorstelle, im Rahmen von Abkühlungsprozessen für die Universität sieht. Oder Organisationen diskriminieren auf die „harte" Art und Weise, wie Helena Flam hervorhebt, die ich ebenfalls unten anführe. Kurz: In den Blick gerät erstens ein ganzes Spektrum von *selektiven Praktiken* von Organisationen.

Zweitens werden Organisationen als Agenturen der Gestaltung wahrgenommen. Historisch gesehen waren bürokratische Bildungsorganisationen als Anbieterinnen öffentlicher Leistungen überaus erfolgreich. Es erscheint fraglich, ob andere gesellschaftliche Agenturen je in der Lage gewesen wären, der Gesellschaft Bildung flächendeckend bereit zu stellen (Kussau/Brüsemeister 2007a, 159). Spätestens der historische Blick macht deutlich, dass Organisationen natürlich und vor allem *Gestaltungsagenturen* für Bildung sind. Dennoch können Gestaltungsversuche fehl laufen, was sogar so weit gehen kann, dass negative Effekte größer sind als die eigentliche Zielerreichung.

Aus dem mittlerweile beinahe unüberschaubaren „Strauß" von Organisationstheorien in der Soziologie stelle ich eine kleine Auswahl vor, von der ich meine, dass sie für die Bildungsforschung relevant ist. Ich kann mich hierbei begrenzen, da u.a. Bernhard Miebach (2007) jüngst in dieser Buchreihe einen Überblick zu soziologischen Organisationstheorien dargelegt hat. Die hiesige Auswahl von Texten beschäftigt sich zuerst mit Ungleichheitseffekten, die von Bildungsorganisationen ausgehen. Bourdieu/Passeron verzeichnen eher summativ für die schulische Bildungsorganisation den Effekt der Illusionierung. Clark erörtert dies für die Universität differenzierter und wendet dabei eine Binnensicht auf Bildungsorganisationen an, wobei er für Studierende den Effekt der

„Abkühlung" hervorhebt. Des Weiteren gehe ich auf Ansätze ein, die davon ausgehen, dass Bildungsorganisationen diskriminieren können. In Kapitel 5.2.2 benenne ich Theorieansätze, die den Aufbau und die Struktur von Bildungsorganisationen untersuchen.

5.1 Effekte und Wirkungen von Bildungsorganisationen

5.1.1 Clark; Bourdieu/Passeron: Abkühlung und Illusion; klassentheoretische Perspektive

Als ersten bildungssoziologischen Zugang zu Organisationen stelle ich zwei Ansätze hintereinander vor, nämlich Burton R. Clark „Die ‚Abkühlungs'-Funktionen in den Institutionen höherer Bildung" sowie Pierre Bourdieu und Jean-Claude Passeron „Die Illusion der Chancengleichheit". Beide Ansätze machen die klassenspezifische Analyseperspektive deutlich, die es in der Bildungssoziologie bezüglich Organisationen gibt. Schon die Titel der beiden Ansätze machen die Richtung der Argumentation klar: Die untersuchten Organisationen entsprechen nicht einem wie immer gearteten rationalen Zweck, sondern beinhalten Illusionen (Bourdieu/Passeron) bzw. kühlen Aspirationen der Bildungsnutzer herunter (Clark). Diese beiden Teile des Kapitels 5.1.1 wurden von Tim Unger verfasst.

Tim Unger: Burton R. Clark „Die ‚Abkühlungs'-Funktionen in den Institutionen höherer Bildung"
Burton R. Clark (Emeritus der University of California, Los Angeles) verfasste seine Analyse Anfang der 1960er Jahre.[96] Zu der damaligen Zeit gab es in den Vereinigten Staaten einen deutlich höheren Zulauf an die Universitäten von Studierenden aus Schichten, deren Eltern zuvor nicht in den Genuss von höherer Bildung kamen. Clark beschäftigt sich nun damit, wie die Universitäten mit dem großen Zulauf der Studierenden umgehen und wie die Studierenden reagieren. Entlang der Anomie-These von Merton – ein Akteur akzeptiert zwar gesellschaftliche Ziele, verfügt jedoch nicht über Mittel, sie zu erreichen – deutet der Autor das Ergebnis seiner Untersuchung an: „Ein Hauptproblem demokratischer Gesellschaften ist der Widerspruch zwischen der Aufforderung zu Leistung und der Realität beschränkter Möglichkeiten." (Clark 1974, 379) Auf Grund der Tatsache, dass sowohl zur Statuserhöhung bzw. -aufrechterhaltung, als auch zur

---

96 Der Aufsatz „The ‚Cooling-Out'-Function in Higher Education" erschien im American Journal of Sociology, 1960 (65), 569-576.

Erlangung zunehmend spezialisierter und professionalisierter (höherer) Berufspositionen ein College-Abschluss elementar ist – gleichzeitig aber der Zugang zu öffentlichen Colleges frei ist – werden hohe Aspirationen geschürt und die Nachfrage nach College-Plätzen ungeachtet der tatsächlichen Schulnoten erhöht (a.a.O., 380). Zudem sorge auch die erhöhte Nachfrage der expandierenden Wirtschaft nach Spezialisten für eine erhöhte Anzahl an Colleges. Der College-Besuch gelte nicht nur in einigen Teilen der Gesellschaft als notwendiges Attribut, sondern darüber hinaus auch noch als Alternative zur Karriere in der Armee oder zum direkten Berufseintritt (a.a.O., 381).

Dem verbreiteten Wunsch, eine College-Ausbildung möge von bester Qualität sein, da die Absolventen Führungspositionen in Öffentlichkeit, Wirtschaft und Verwaltung einnehmen werden, läuft jedoch der freie College-Zugang zuwider. Gestartet mit hohen Aspirationen, scheitern viele Studenten an der Diskrepanz zwischen den hohen Leistungsansprüchen am College und ihren eigenen akademischen Fähigkeiten. Folglich wird die Ablehnung hinausgeschoben, obwohl sie bereits vor dem Eintritt ins College hätte erfolgen können, wodurch die Studierenden weniger frustriert worden wären (ebd.).

Clark verwendet nun den von Goffman eingeführten Begriff der Abkühlung, wobei er folgende Mechanismen an Universitäten beobachtet:

Die erste Verfahrensweise stellt die „harte Reaktion" dar: Der direkte Rauswurf, der sog. *drop out*, der insbesondere von staatlichen Universitäten zum Schutz ihrer Leistungsstandards verwendet wird, sorgt speziell im ersten Jahrgang bei bis zu einem Drittel der Studenten für eine Ausselektion. Auf diese Weise wird das Versagen der Studenten klar definiert und gleichsam öffentlich als solches wahrgenommen, was Clark dramatisch als „‚Hinschlachten von Unschuldigen'" bezeichnet (a.a.O., 383).

Eine alternative Vorgehensweise stellt die „weiche Reaktion" dar. Sie ersetzt das Scheitern durch ein ausgeklügeltes Abschiebeverfahren der Studenten, z.B. in allgemeine weiterbildende Ausbildungsstätte und in „leichte" Studienfächer wie Erziehungs-, Sozial- oder Wirtschaftswissenschaften. Auch hierfür wählt Clark (mit Pierson) eine drastische Formulierung, die jedoch nicht diskriminieren, sondern verdeckte Zustände sichtbar machen soll („Abfallgrube für Studenten, die es auf den technischen oder philosophischen Fakultäten nicht schaffen"; Pierson, zit. n. Clark, ebd.).

Die geläufigste Version der weichen Vorgehensweise ist jedoch das öffentliche Junior College, das sich über zwei statt vier Jahre erstreckt und seine Klientel in erster Linie aus Studenten rekrutiert, die am ehesten am Ziel-Mittel Konflikt scheitern und das „reguläre" College alsbald verlassen (ebd.). Wie wird nun innerhalb des Junior College mit „latenten Kurzzeitstudenten" im Zuge eines Abkühlungsprozesses verfahren? Nach Clark geschieht dies in mehreren Stufen:

Auf der ersten Stufe werden diejenigen Studenten, die beim Leistungstest vor Eintritt ins Junior College schlechte Werte erzielen, in Nachhilfekurse, eine Art Vor-College, umgeleitet, wodurch der direkte Weg in Kurse, die zum Senior College leiten, gehemmt wird. Diese Ergebnisse werden in einem Studentenbescheinigungsbogen festgehalten, der eine objektive Dokumentation der (Fehl-) Leistungen darstellt (ebd.)

Stufe zwei sieht ein Beratungsgespräch vor jedem Semester vor, das Hilfestellung bei der Kurswahl gemäß der Ziele, Testergebnisse und Schulleistungen des Studenten leisten soll. Dabei wird insbesondere im ersten Beratungsgespräch den Wünschen des Studenten ein hohes Gewicht beigemessen und im Gegensatz zu späteren Gesprächen allenfalls ein indirekter Steuerungsversuch hin zu einem Kurzprogramm unternommen (a.a.O., 385).

Der Kurs „Orientierung im College" stellt die dritte und für die Umorientierung wesentliche Stufe dar. Dieser obligatorische Kurs zielt auf die Beratung der Studenten ab, die ihre Fähigkeiten und Interessen richtig einzuschätzen lernen sollen. In einer obligatorischen Arbeit führen die Studenten dann die erforderliche Ausbildung und Selbstdarstellung ihrer persönlichen Eignung bezüglich des gewählten Berufes aus, um anschließend mit den Tests und Arbeiten konfrontiert zu werden. Das Ziel dieses Vorgehens ist eindeutig: Den Studenten soll das Verhältnis von eigener Kapazität und Berufswahl bewusst gemacht werden, um ihnen somit auf unpersönliche Weise zu verdeutlichen, dass sie ihre Aspirationen dämpfen und ihre Berufswahl ihren Fähigkeiten entsprechend anpassen sollen (a.a.O., 386). Dazu werden in einem Orientierungskurs der „Aufbau eines Studienprogramms" zur Planung des Übertritts ins Senior College bzw. zur Planung eines Kurzstudiums vorgenommen und den Studenten die Anforderungen bei einem möglichen Übertritt vor Augen geführt (ebd.).

In der vierten Phase, den Rückverweisungen, werden Studenten zu einer neuerlichen Beratung gebeten, falls schlechte Leistungen auftreten. Zwar kann die Beratung abgelehnt werden, so dass ein erneuter Gesprächswunsch an den Studenten herangetragen wird. Dessen abermalige Ablehnung kann jedoch zu Disziplinarmaßnahmen durch den Dekan führen (ebd.). Zusätzlich werden die Mitteilungen hinsichtlich der Verbesserungsbedürftigkeit des Studenten in einer Akte festgehalten, wodurch zweierlei Ziele intendiert sind: Einerseits wird der Student zunehmend mit seinen (Fehl-)Leistungen konfrontiert, andererseits bietet gerade diese bürokratische Herangehensweise die Chance einer späteren, unpersönlichen Bezugnahme (a.a.O., 387).

Der Weg der Abkühlung führt schließlich in die fünfte Phase, die Bewährung. Liegen die Durchschnittsnoten der Studenten in einem Semester unter 2,0, i.e. Note C des amerikanischen Systems, so wird eine Bewährungsfrist ausgesprochen; nach neuerlichem Versagen gibt es eine weitere Bewährungsphase; bei einem dritten Versagensfall kann empfohlen werden, das College zu verlassen. Mit diesem Vorgehen wird jedoch nicht intendiert, Studenten in großem Umfang vom College zu entfernen, sondern vielmehr, ihnen in ihrem Versuch beizustehen, ihr Hauptfach auf einem Erfolg versprechenden Niveau abzuschließen (ebd.). Da allerdings für den Übertritt ins Senior College ein Notendurchschnitt von C oder höher notwendig ist, wird durch die Bewährung den z.t. hartnäckigen Aspirationen potenzieller Übertrittsstudenten ein Riegel vorgeschoben (ebd.).

Im Optimalfall bewirkt der Abkühlungsprozess, dass die hochgesteckten Aspirationen der Studenten auf sanfte Art heruntergeschraubt und berufliche wie akademische Ziele neu definiert werden, so dass eine erfolgreiche, hinausgezögerte Ablehnung an die Stelle einer harten, persönlichen Abweisung tritt (a.a.O., 388).

Das Verbergen der Abkühlungsaufgabe der Junior Colleges zu Gunsten der Betonung der Überleitungs- und Kurzstudiumsaufgabe ist elementar. Auch wird der Abkühlungsprozess insofern positiviert, als der erfolgreiche Fortgang von Studenten mit schlechten sozio-ökonomischen Voraussetzungen oder High-School Noten im System höherer Bildung als Argument für Junior Colleges vorgetragen wird. Somit könne durch den unbeschränkten Zugang jeder Bewerber zum Junior College zugelassen werden und durch das Aufdecken und Fördern individueller Talente zu einem erfolgreichen Abschluss gelangen. Auch von Seiten der Studenten findet eine Verdrängung des Abkühlungsprozesses statt, dergestalt, dass sie auf diese Weise ihr Selbstwertgefühl sichern (a.a.O., 390f.).

Pierre Bourdieu und Jean-Claude Passeron: Die Illusion der Chancengleichheit
Auch der theoretische Ansatz von Pierre Bourdieu und Jean-Claude Passeron aus dem Jahr 1964 (deutsch 1971)[97] beschreibt eine Art von Abkühlung und weist dadurch prinzipielle Ähnlichkeit zum vorstehend dargelegten Ansatz von Clark auf, ohne dass Bourdieu und Passeron auf Clark explizit Bezug nehmen. Ich stelle erst ihren Ansatz vor, um ihn am Ende mit Clark zu vergleichen.

Den Ausgangspunkt für die Analyse von Bourdieu/Passeron bildet die folgende Feststellung: „Zweifellos drückt sich auf Hochschulniveau die ursprüngliche Ungleichheit der Bildungschancen vor allem in der Tatsache aus, dass die verschiedenen sozialen Klassen sehr ungleich vertreten sind." (Bourdieu/Passeron 1971, 20) In Korrelation mit dem Beruf des Vaters werden die Chancen auf einen Hochschulbesuch signifikant determiniert. Die Eliminierung der unterprivilegierten Schichten (i.e. Landarbeiter, Bauern, Arbeiter und Dienst-

---

[97] Die neue Übersetzung eines Teils des Werkes (Bourdieu/Passeron 2007) konnte aus Zeitgründen nicht berücksichtigt werden.

leistungspersonal) belegen Bourdieu/Passeron mit folgender Statistik: Während Kinder aus der unterprivilegierten Klasse mit unter 5% allenfalls eine symbolische Chance auf einen Hochschulbesuch haben, liegt die Chance bei bestimmten mittleren Schichten (Angestellte, Handwerker, Kaufleute) immerhin zwischen 10 und 15%, mittlere Kader erreichen 30%, während Freiberufler und Führungskader mit 60% doppelt so hoch abschneiden (ebd.).

Diese unterschiedlichen Zugangschancen haben weit reichende Folgen für die Einschätzung des Studiums. Während es bei den unterprivilegierten Schichten einen Nimbus der Unerreichbarkeit bekommt, stellt es für höhere Schichten eine mögliche oder sogar normale Zukunftsoption dar, so dass korrespondierende Ausbildungsgänge aspiriert werden (a.a.O., 22). Währenddessen wirkt sich die herkunftsbedingte Benachteiligung gravierend auf die Chancen der Kinder aus unterprivilegierten Klassen aus: Sie werden dergestalt eliminiert, dass sie nicht nur einen erschwerten Zugang ins Hochschulsystem erfahren, sondern – so ihnen dieser überhaupt gelingt – auch in ihrer Wahlmöglichkeit weitgehend auf zwei Fakultäten (i.e. Philosophie und Naturwissenschaften) beschränkt. Auch ist gerade bei Studenten aus unterprivilegierten Schichten eine verstärkte Unsicherheit bezüglich des Studiengangs feststellbar, während sich gleichzeitig ihre Studienzeiten verlängern (a.a.O., 25). In der philosophischen Fakultät sehen Bourdieu/Passeron den Einfluss der sozialen Herkunft am deutlichsten. Es kommt zu einem Zusammenspiel negativer Faktoren: Die Phänomene der Eliminierung, Abdrängung und Studienzeitverlängerung sind gerade in den Fächern, in die die kulturell Benachteiligten abgedrängt werden, am häufigsten (a.a.O., 28).

Gemäß Bourdieu/Passeron sind für die hohe Variabilität der „,Sterblichkeitsrate' im Bildungssystem" (ebd.) nach sozialer Schicht kulturelle Faktoren ausschlaggebend, die auf der Ebene der Hochschule für signifikante Verhaltensunterschiede der Studenten sorgen. Die Autoren verweisen darauf, dass die soziale Herkunft der Studenten für den gesamten Bildungsgang und speziell für dessen elementare Wendepunkte essentiell ist. Es findet eine Beeinflussung durch kulturelle Vorbilder statt: durch ungleiche Informationsverteilung hinsichtlich der Berufsmöglichkeiten, durch die Verbindung bestimmter Fächer (z.B. Latein) mit bestimmten sozialen Milieus sowie durch die Fähigkeit, sich den im Bildungssystem herrschenden Vorbildern, Regeln und Wertvorstellungen anzupassen (a.a.O., 31). Aus diesen Faktoren resultiert die Fremd- bzw. Eigenbeurteilung der Studierenden, „fehl oder richtig am Platz" zu sein (ebd.). Des Weiteren ist die kulturelle Herkunft bei gleicher Befähigung ausschlaggebend für eine, durch die jeweiligen Gesellschaftsklassen induzierte, ungleiche Erfolgsquote, speziell in den Fächern, die kulturelle Gewohnheiten, finanzielle Möglichkeiten oder intellektuelles Vorwissen erfordern (ebd.). Aus dem Herkunftsmilieu übernommene kulturelle Gewohnheiten werden durch frühzeitige Orientierungen verstärkt, wodurch es gemäß Bourdieu/Passeron zu Kettenreaktionen kommt, die die soziale Ungleichheit zusätzlich verstärken (a.a.O., 32). Während bis zu 83% der Kinder aus dem Führungskader an der philosophischen Fakultät Latein beherrschen, sind es lediglich 41% der Arbeiter- und Bauernkinder, wodurch der kumulierte Studienvorteil aus humanistischer Bildung und sozialer Herkunft offensichtlich wird (ebd.). Auch ist der Einfluss der Eltern auf die Wahl des Studiengangs bei Kindern von Führungskadern größer, ebenso wie die Überzeugung von der eigenen Begabung, die Willkürlichkeit des intellektuellen Engagements und die Begeisterung für exotische Modethemen.

Bourdieu/Passeron sind überzeugt, dass das kulturelle Erbe meist diskret und indirekt qua „diffuser Reize", d.h. ohne explizite Methodik oder Maßnahmen, vermittelt wird. Angehörigen der unterprivilegierten Klassen bleibt dagegen keine andere Alternative als schulmäßiges Lernen und Bemühen (a.a.O., 38f.). Folglich wird auch verständlich, dass der Schulunterricht einen wichtigen Teil zur Reproduktion der Ungleichheit beiträgt, wird doch das in ihm vermittelte Wissen gegenüber dem Wissen, das familiär übertragen wird, geringer geschätzt und somit die Besserbehandlung der kulturell Privilegierten im Schulunterricht gefördert (a.a.O., 40f.).

Vergleich und Fazit
Prinzipiell lässt sich zunächst eine Ähnlichkeit dahingehend feststellen, dass sich beide Theorien mit einer Art Abkühlung befassen: Bourdieu und Passeron untersuchen aus einer Makroperspektive heraus, wie sich kulturelle Privilegien auf den systematischen Ausschluss bzw. die Benachteiligung unterprivilegierter – vormals von höherer Bildung abgeschnittener – Klassen im Bezug auf die Teilhabe an höherer Bildung auswirken. Die Universität als Organisation tritt hierbei als Ort von Effekten, konkret der Illusionierung von Bildungschancen, in Erscheinung.

Clark geht dagegen eher mikroanalytisch vor und widmet sich einzelnen Verfahrensweisen genauer. Es wird nachgezeichnet, wie in der Universität als Organisation durch das Prinzip der Abkühlung stufenweise Studenten, bei denen Ansprüche und Möglichkeiten zu weit auseinanderklaffen, von ihren ursprünglich aspirierten Zielen – bei einer Minimalisierung von Versagensstress – entfernt werden und letztlich eine statusniedrigere Lösung akzeptieren. Mit den Worten Clarks (1974, 391) zielt der von ihm beschriebene Abkühlungsprozess also darauf ab, „dass die Gesellschaft weiterhin zu maximalen Anstrengungen ermutigen kann, ohne wesentliche Störungen durch unerfüllte Versprechen und Erwartungen hinnehmen zu müssen." Im klassentheoretischen Ansatz von Bourdieu und Passeron wird beschrieben, wie untere Klassen durch ihr kulturelles Erbe eine Benachteiligung im Studienerfolg erfahren. Dieser Vorgang findet gemäß Clark nicht zwingend auf Grund mangelnder kultureller Privilegierung statt, sondern wegen des Auseinanderklaffens von Zielen und Mitteln, auf das die Universität als Organisation reagiert.

Die beiden Ansätze kommen somit zu ähnlichen Ergebnissen, argumentieren jedoch anders. Bourdieu/Passeron heben schichtinduzierte Faktoren kultureller Privilegierung hervor; Clark betont neben der klassentheoretischen Perspektive ebenfalls in konflikttheoretischer Manier die organisatorischen Mittel, mit denen versucht wird, den Schein der Chancengleichheit zu wahren – während gleichzeitig hinter den Kulissen ein ausgefeilter Mechanismus dafür sorgt, dass über verschiedene Stufen Studenten mit hohen Aspirationen gesellschaftsverträglich in niedrigere Bildungsgänge umgeleitet werden.[98]

5.1.2 Mackert u.a., Flam: Institutionelle Diskriminierung; konflikttheoretische Perspektive

Die nun anzusprechenden AutorInnen untersuchen das Schulsystem unter dem Gesichtspunkt der institutionellen Diskriminierung, wie sie insbesondere im Kontext von Migration sichtbar wird. In den Argumentationen steht eine *konflikttheoretische Perspektive* im Vordergrund. Analysiert wird, wie wohlfahrtsstaatliche Organisationen im Allgemeinen bzw. Bildungsorganisationen im Besonderen mittels organisatorischer Maßnahmen Zugänge zu (begehrten) Ressourcen regulieren. Diese konflikttheoretische Sicht von Organisationen hebt hervor, dass Organisationen von gesellschaftlichen Gruppen verwendet werden, um Ein- und Ausschlüsse, Inklusion und Exklusion vorzunehmen, um Ressourcen zuzuteilen oder vorzuenthalten – mit dem Ziel, eigene Privilegien zu erhalten oder auszubauen. Es entsteht das Bild einer (Organisations-)Gesellschaft als eines Kampfplatzes um knappe Ressourcen; es geht um Verteilungsfragen, die auch vor Bildungsorganisationen nicht Halt machen.

Mit der konflikttheoretischen Perspektive wird ein etwas anderes Bild zu möglichen Ursachen von Bildungsungleichheiten entwickelt. In dieser Hinsicht

---

98 Bezüglich des Gegenwartsbezug von Clark lässt sich auf Grubb (1989) verweisen, der sich ebenfalls mit der Bedeutung der zweijährigen Colleges beschäftigt. Er betont deren enorme Expansion (1960: 14% der Einschreibungen, 1970: 24%, 1980: 41%), bei gleichzeitiger, stärkerer Zuwendung zur Berufs(aus)bildung. Folglich hat nicht nur eine Entfernung von der noch von Clark beschriebenen Aufgabe des Community College, Studenten auf ein vierjähriges College zu überführen, stattgefunden. Viel mehr vollzog sich auf diese Weise auch eine Zweiteilung der höheren amerikanischen Bildung in einen vierjährigen und einen zweijährigen Zweig, wobei letzterer nochmals in einen akademischen und einen dominierenden beruflichen Zweig unterteilt ist (Grubb 1989, 350).

setzt die konflikttheoretische Perspektive Diskussionen, die in Kapitel 3.3 zur ungleichheitstheoretischen Perspektive der Bildungssoziologie angeführt wurden, fort. Bildungsungleichheiten werden jedoch nicht auf ein mangelndes kulturelles Erbe (Bourdieu) bezogen, also auf Seiten der *Bildungsnutzer* verortet, sondern werden in der diskriminierenden Praxis der Bildungsorganisationen bzw. der *Bildungsanbieter* gefunden. In diesem Zusammenhang wird auch die differenzierungstheoretische Perspektive von Inklusion – die Thema in Kapitel 3.4 war – nochmals berührt.

Mackert, Bommes, Halfmann
Es ist vor allem die Anerkennung der Migration, die dem Nationalstaat und dem Schulsystem Probleme bereitet. Wie im 19. Jahrhundert der Kampf der Arbeiterbewegung und im 20. Jahrhundert der Emanzipationskampf von Frauen, so wird von Mackert (1999) und Bommes (1999) die derzeitige nationalstaatliche Inklusion von Migranten unter Gesichtspunkten politischer Beteiligungskämpfe gesehen. Der Nationalstaat kann über die Vergabe von Staatsbürgerschaften entscheiden und knappe Zugänge erzeugen. Dies deuten Bommes und Halfmann (1998, 28) als Institutionalisierung sozialer Ungleichheiten. Im Einzelnen können Behörden des Nationalstaates staatsbürgerliche Rechte nach dem Prinzip des kollektivistischen Ausschlusses regulieren, so auch Jürgen Mackert. Politik, Staat und Recht eines Nationalstaates in der Europäischen Union z.B. formulieren nach seiner Ansicht einen abgestuften Bürgerstatus für verschiedene soziale Gruppen, zum Beispiel „der EU-Bürger, Nicht-EU-Bürger, Flüchtlinge und Illegalen" (Mackert 1999, 171). Dies beinhaltet unterschiedliche Aufenthaltsgenehmigungen und damit auch Unterschiede im Recht auf eine Beschulung. Neben solchen Begrenzungen von Inklusion werden andere Gruppen von Staat und Recht positiv sanktioniert, etwa wenn der Staat Deutschkurse für Russlanddeutsche anbietet. Dem einzelnen Migranten bleibt nach Mackert nur, Rechte individuell einzuklagen (a.a.O., 172). Aber auch dies bleibt abhängig von einem Staat, der die Regeln des Ein- und Ausschlusses festlegen kann. Die Organisationen des Wohlfahrtsstaates werden so zu Einrichtungen, die Exklusion und damit soziale Ungleichheiten institutionalisieren, so lässt sich die argumentative Position von Bommes, Halfmann und Mackert zusammenfassen.

Diese Perspektive, in der staatliche Organisationen gegenüber bestimmten Sozialgruppen negative und gegenüber anderen Sozialgruppen positive Sanktionen aussprechen, ließe sich fortsetzen. Aber es ist offensichtlich, dass Mackert, Bommes und Halfmann mit den staatlichen Einrichtungen Sozialsysteme auf der Ebene der Organisation ansprechen, bei denen es nicht überrascht, dass sie per Definition nicht nur für Inklusion, sondern auch für die Konstituierung knapper

Mitgliedschaften, also für Exklusion zuständig sind.[99] Zwar wird von Bommes zugestanden, dass die Adressierung von Personen, d.h. Inklusion und Exklusion eine Sache sind, dagegen Verteilungsfragen, die über Organisationen des Nationalstaates geregelt werden, eine Zweite (Bommes 2001, 245). Trotz dieses Zugeständnisses, dass differenzierungstheoretische Aspekte von Inklusion nicht gleichzusetzen sind mit Verteilungsfragen des Nationalstaates, die per Definition die Regulierung knapper Mitgliedschaften beinhalten, ist aber die genauere konzeptionelle Verbindung zwischen Ungleichheits- bzw. Verteilungsfragen einerseits sowie Differenzierungsfragen andererseits eine offene Forschungsperspektive.[100] Es müssen dabei zwei verschiedene theoretische Sichtweisen zu Organisationen erklärt werden, nämlich erstens, dass, wie die genannten Autoren herausstellen, Organisationen soziale Schließungen vornehmen und selektiv sind, und zweitens umgekehrt in der systemtheoretischen Perspektive, dass Organisationen gerade Kommunikationen mit anderen Sozialsystemen ermöglichen bzw. Respezifikationen zwischen Umwelt und einem System–inneren vornehmen können; darauf gehe ich in Kap. 5.2.1 weiter ein. Hier sei vielmehr auf eine andere Sichtweise aufmerksam gemacht: Die oben angeführte Argumentation, die die Selektionspraxis von Organisationen herausstellt, lässt außer Acht, dass Inklusion über den quasi-normativen Code eines Teilsystems sowie asymmetrische Rollendifferenzierung keine Stoppregeln für spezifische Sinnzusammenhänge kennt und dadurch, als kultureller Imperativ, Steigerungslogiken des Fortschritts und der sozialen Gleichheit in Gang setzt. Dieser kulturelle und differenzierungstheoretisch formulierte Imperativ ist Verteilungsfragen, bei denen es immer – außer man habe unendliche Ressourcen – um Fragen der Knappheit geht, offensichtlich entgegengesetzt. Kulturelle Imperative der Gleichheit und des Fortschritts gehören zur Realität funktional differenzierter Gesellschaften und werden auch durch noch so restriktive Praktiken von Organisationen – hier sind es Staatsorganisationen – nicht einfach zum Verschwinden gebracht. Vielmehr sind es gerade in den einzelnen Teilsystemen spezifizierte kulturelle Imperative der Gleichheit, die Anlass für Kritik an ungenügenden Verteilungen, staatlichen Praktiken und selektiven Programmen bieten. Wo immer zum Beispiel Migration als Problem wahrgenommen wird, ob bei der Staatszugehörigkeit oder in Schu-

---

99 Vgl. Luhmann 1997, 844; Kronauer 1998, 2002; Roche/van Berkel 1997; Esser 2000a, 233ff.
100 Vgl. zu den derzeit kaum bestehenden Verbindungen zwischen Differenzierungs- und Ungleichheitsansätzen in der Soziologie: Schimank 1998. Bommes versucht eine Spezifizierung zwischen Differenzierungs- und Verteilungs-, d.h. Ungleichheitsfragen, insofern er den Wohlfahrtsstaat als einen „politischen Moderator der Inklusionsverhältnisse" begreift, der seine Aufmerksamkeiten auf Organisationen richte „und von ihrem Inklusionsmodus ausgehend die sozialen Teilnahmechancen von Individuen" moderiere (ebd., 247).

len, geschieht dies nicht ohne den kulturellen Imperativ der Vollinklusion als Gleichheits- und Fortschrittsgedanken.

Flam
Auf diesen Gedanken baut ein Buch zur Migration auf, das Helena Flam (2007) von der Universität Leipzig mit ihrem Team geschrieben hat und das auf einem mehrjährigen Forschungsprojekt basiert. Ihr geht es darum zu zeigen, dass Bildungsungleichheiten im Rahmen von Migration kein Tatbestand von Benachteiligung sind, deren Gründe in den Migrantenfamilien zu finden wären, sondern ein teils alltäglicher, teils ‚professioneller' Rassismus in den schulischen Einrichtungen vorherrscht – in dessen Folge nicht die Maßnahmen ergriffen werden, um Migrantenkinder angemessen zu fördern.[101] Bildungsungleichheiten sind demzufolge nicht in Eigenarten von Migrantenfamilien zu suchen, wie Flam der „quantitativen Mainstream-Soziologie" inklusive der PISA-Forschung vorwirft (a.a.O., 46-63). Vielmehr wird auf den Rassismus der Bildungsanbieter bzw. der Bildungsorganisationen selbst abgestellt.

Er beinhaltet – hier rekurriert Flam auf internationale Ansätze – ein ganzes Spektrum von Handlungsweisen, angefangen von unterlassener Hilfeleistung bis zu alltäglichen Formen der Diskriminierung (a.a.O., 12-17). Diese Konzepte, die seit längerem in der englischsprachigen Rassismus- und Geschlechterforschung sowie von der EU verwendet werden, wurden bislang in Deutschland kaum genutzt.

Der analytische Diskriminierungsansatz untersucht vereinfacht gesagt einseitige Zuschreibungsprozesse von Bildungsorganisationen – seien sie rassistischer oder nationalistischer Art oder durch wissenschaftliche Befunde hervorgerufen –, die eine gesellschaftliche Gruppe mit bestimmten Attributen belegen. Wie ich weiter unten zeigen möchte, richten sich Flam und MitarbeiterInnen dagegen, Lernschwierigkeiten in der Schule auf kulturelle Eigenarten von Migrantenfamilien zurückzuführen. Demgegenüber wird hervorgehoben, dass Gruppen bzw. Personen unabhängig von ihrer Herkunft Anrechte besitzen – und Organisationen ihre Leistungen für Jedermann anbieten müssen. Geschieht dies nicht, wird mittels Organisationen diskriminiert. Sie diskriminieren dabei kaum jemals mittels offizieller Regeln – dies ist ihnen rechtlich und/oder via Satzung verboten –, sondern im Zuge der mehr oder weniger informellen Auslege- und Interpretationspraxis der Mitglieder (so ähnlich auch für die Ämterpraxis in der Sozialhilfe gezeigt von Maeder/Nadai 2004).

---

101 Flam (2007, 32) berührt dabei die Perspektive von Inklusion, indem sie Bürgerrechte für MigrantInnen anspricht.

In diesem Zusammenhang führt Helena Flam Beispiele für schulische Diskriminierung an, die sie bei der ersten großen Untersuchung zu diesem Thema in Deutschland gefunden hat; die Untersuchung stammt von Mechthild Gomolla und Frank-Olaf Radtke (2002) und hat den Ansatz der institutionellen Diskriminierung in Deutschland bekannt gemacht. Für die beiden AutorInnen bestehen die Gründe für die Diskriminierung, die sie in Grundschulen gefunden haben, vor allem in institutionellen Deutungsmustern und Ressourcen, die in der jeweiligen Schule greifen. Flam (2007, 94) liest dagegen die gleichen Befunde so, dass die „Entscheidungsträger ganz einfach auch vom Alltagsrassismus geprägt sind", wobei sie gleichzeitig herausstellt, dass sich dieser aus den Diskursen nährt, die sich auf „höheren" Ebenen des Bildungssystems finden lassen, inklusive auch der pädagogischen Diskurse (ebd.). Nun zu den Befunden von Gomolla/Radtke, die Helena Flam anführt und als Diskriminierung deutet. Zur Information sei angeführt: Gomolla und Radtke beobachten, dass Lehrkräfte in der Grundschule Migrantenkinder signifikant häufiger zu Sonderschulen überweisen (alle folgenden Beispiel zitiert nach Flam 2007, 95):

- Bemerkt wird, dass, wenn sich die Lehrer unsicher sind, wie sich ein sprachliches Defizit bei einem Migrantenkind entwickeln wird, sie annehmen, dass sich die Defizite zu einem *allgemeinen Lernversagen* verstetigen werden. Am Fall eines Schülers wurde von Gomolla/Radtke beobachtet, dass er trotz guter Sprachkenntnisse die sprachlogischen Aufgaben und Arbeitsanweisungen nicht nachvollziehen konnte. Darin sahen die Lehrkräfte ein legitimes Kriterium für Lernbehinderung.
- Wenn die Lehrkräfte Sprachprobleme eines Schülers bemerken, führen sie sie darauf zurück, dass der Schüler aufgrund seiner (in diesem Fall: türkischen) Herkunft zusätzliche Lernschwierigkeiten habe; hierbei empfehlen die Lehrkräfte Überweisungen zur Sonderschule, wobei sie nach Flam kulturelle Differenzen als „psychologische Belastungsfaktoren" interpretieren. Kulturelle Andersartigkeit bringen die Lehrkräfte offensichtlich mit Lernschwierigkeiten in Verbindung.
- Wenn Migrantenkinder neben ihrer Heimatsprache sowie Deutsch auch noch eine weitere Sprache sprechen, argumentieren die Lehrer, dass sich parallele Sprachprozesse gegenseitig stören; in dem konkreten Fall wurde von einem Schüler Arabisch in einer Koranschule gelernt. Der Besuch dieser Schule wurde für einen Leistungsabfall des Kindes in der Schule verantwortlich gemacht.
- Des Weiteren bemerken die ForscherInnen, dass, wenn ein Migrantenkind Probleme in der Schule hat, man dies mit der Einbindung des Kindes in das wohnliche und soziale Umfeld in Verbindung bringt. Betont wird das man-

gelnde Wissen der Eltern über die Schule. Es wird von einer fehlenden kulturellen Passung ausgegangen, woraus die Neigung folgt, das Kind nicht für ein Gymnasium zu empfehlen.
• Gleichzeitig interpretieren Lehrkräfte die besseren schulischen Leistungen von Kindern aus dem ehemaligen Jugoslawien und aus Italien „aufgrund von Sprache, Religion und häufigerem Kontakt mit Deutschen".

Zusammengefasst lässt sich erkennen: Bei den Kindern werden Herkunftsfaktoren wahrgenommen und mit psychischen (Lern-)Eigenarten *identifiziert*. Insbesondere türkischen Kindern werden aufgrund ihrer Herkunft geringe psychische Lernfähigkeiten attribuiert. Da Herkunft etwas Unveränderliches ist, macht es aus Sicht der Lehrkräfte kaum Sinn, ein türkisches Kind in seinen Lernfähigkeiten zu fördern. Dies ist in den Worten von Flam nichts anderes als Alltagsrassismus in den Mauern der schulischen Organisation.

Die Möglichkeiten zur Diskriminierung sind dabei teilweise vom geschichtlichen Aufbau her in den Grundfesten der Organisation verankert. So habe sich – Flam stützt sich hierbei auf Hamburger – die einheitliche staatliche Schule seit ihrer Gründung durch Unterdrückung und den Überlebenswillen verschiedener sprachlicher Teilkulturen durchgesetzt (Hamburger 1994, 60f.; zit. n. Flam 2007, 70). Trotzdem Deutschland de facto ein Einwanderungsland sei, stehe dem bis heute ein „monolingualer Schulhabitus" entgegen (a.a.O., 70). Dieser verhindert unter anderem, die Zweisprachigkeit von MigrantInnen zu berücksichtigen. Sie werde für die unteren Schichten zu einem Problem umdefiniert, während sie gleichzeitig für die oberen Schichten im Rahmen internationaler Wirtschaftsverflechtungen und der europäischen Integration hochgehalten wird (Hamburger 1994, 60f.; zit. n. Flam 2007, 71). Insbesondere werde in den Grundschulen auf den monolingualen Habitus gepocht, obwohl hier gerade in der jüngsten Zeit ein Trend in Richtung Fremdsprachenunterricht zu verzeichnen sei (Flam 2007, 71, und Anm. 6). Nach wie vor sei jedoch zu befürchten, dass durch eine Problematisierung von Zweisprachigkeit den Kindern entsprechende Zugänge zu weiterführenden Schulen am Ende der Grundschulzeit verschlossen werden (a.a.O., 71). Die Autorin erwähnt hierbei auch verschiedene Standpunkte in den wissenschaftlichen Disziplinen; während die einen konsequente bilinguale Unterrichtsmodelle befürworten, zähle für andere nur Deutsch (a.a.O., 70f.; siehe hierzu Esser 2006). Flam selbst ist der Ansicht, dass die in der Schulen praktizierten monolingualen Werte strukturell diskriminierend sind, und zwar nicht nur für MigrantInnen, sondern „gegen alle Kinder aus unteren Schichten" (a.a.O., 71), sofern die Schule die Reproduktionsinteressen der Mittelschicht bediene (a.a.O., 71f.). Dieser strukturelle Aspekt sei älter als die aktuellen Diskriminierungen. Flam will dabei die schulischen Strukturen dahingehend beobachten, ob die

Zweisprachigkeit der Migrantenkinder deswegen diskriminiert wird, um Konkurrenz um weiterführende Schulen und gute Arbeitsplätze auszuschalten, was den konflikttheoretischen Ansatz der Autorin belegt.
Darüber hinaus untersucht sie, wie verschieden schulische Programme zur Migration in den deutschen Bundesländern umgesetzt werden. Dabei lassen sich natürlich nicht im Schulrecht, jedoch in der *Praxis* Anhaltspunkte für Diskriminierungen finden, wie Flam z.B. anhand von Modellen für die Einrichtung von Integrationsklassen, Lehrplänen, von Programmen der interkulturellen Pädagogik und bei der Beratung von MigrantInnen zeigt (a.a.O., 87ff.). Methodisch stellt sie auf verschiedene „gate keeper" ab, die es auf der Bundes- und Landesebene in der Hand haben, im Rahmen ihrer Entscheidungsgewalt und ihrer Ermessensspielräume Programme für MigrantInnen zu realisieren (und nicht nur auf dem Papier stehen zu lassen). Weil, wie gesagt, eine rechtliche Diskriminierung via Gesetzgebung ausgeschlossen ist, liegt auf diesen Ebenen vielleicht nur eine indirekte Diskriminierung vor, wie Flam betont (a.a.O., 72). Es bleibt in einer konflikttheoretischen Lesart jedoch auch der Verdacht, dass sich über den Ausschluss von MigrantInnen Vorteile beschaffen lassen:

> „Wenn wir aber in Betracht ziehen, mit welcher tiefsitzenden Gleichgültigkeit die Politik den Ressourcenmängeln und der reformbedürftigen Verfassung der deutschen Schule begegnet, scheint es gerechtfertigt zu behaupten, dass diese Diskriminierung heute vielleicht doch nicht ganz unerwünscht bzw. unintendiert ist, sondern vielmehr einen Versuch darstellt, absichtlich Migrantenkinder und ihre Eltern der Unterschicht zuzuführen, sie zu marginalisieren und auszuschließen (dazu schon Hamburger 1994, 14, 49, 59-61, 86)." (Flam 2007, 72)

Gate keeper verortet Flam nicht nur auf den bildungspolitischen und schulischen Verwaltungsebenen, sondern auch in der einzelnen Schule; angesprochen sind die Lehrkräfte. Zwar sieht die Autorin sie wesentlich von vorgegebenen bildungspolitischen Programmen sowie von wissenschaftlichen und „alltagsrassistischen" Diskursen beeinflusst. Dennoch will sie sie nicht von der Verantwortung von diskriminierenden Entscheidungen entlasten, die vor Ort in der Schule getroffen werden (a.a.O., 19).[102] Insbesondere die oben angeführten Deutungsmus-

---

102 Als Entscheidungsträgern will Flam den Lehrkräften in ihrer Untersuchung „eine genauso große Bedeutung" zukommen lassen wie den Entscheidungsträgern auf anderen Ebenen (ebd., 19). Damit bezieht sie Diskriminierungen auch auf der Ebene der einzelnen Schule mit ein. Insofern erscheint es unverständlich, warum sich Flam von der Forschungsperspektive von Gomolla/Radtke absetzen will, die sich nach ihrer Ansicht nur auf die Ebene der einzelnen Schule konzentrieren (ebd., 19); statt dieser Perspektive auf die *Organisation* Schule will die Autorin eine *institutionelle* Analyse von Diskriminierungen auch auf anderen schulischen Ebenen durchführen, was ihr m.E. auch gelingt. Jedoch ist ihre Analyse, vor allem was das Nachzeich-

5.1 Effekte & Wirkungen von Bildungsorganisationen

ter, mit denen z.B. Zweisprachigkeit in eine Lernbelastung umdefiniert wird, zeigen, dass Lehrkräfte im Rahmen von Ermessenspielräumen ihren Anteil an der Diskriminierungspraxis haben. Über Flam hinausgehend kann man in diesem Punkt organisationssoziologisch von einer „zone of indifferenz" (Barnard 1938, 167-169) sprechen, die jede Organisation aufweist; d.h. es sind Verhaltensweisen und Interpretationen möglich, die nicht von den Zielen einer Organisation gedeckt sind. Dennoch: die Analyse stellt gerade nicht auf einzelne Denkweisen gegenüber MigrantInnen ab, sondern sieht diese im Zusammenhang mit der Praxis der Gesamtorganisation der Schule.

Fazit

Organisationen des Wohlfahrtsstaates verwehren bestimmten Sozialgruppen wohlfahrtstaatliche Leistungen, so kurz gefasst Mackert, Bommes und Halfmann. Dies beinhaltet eine konflikttheoretische Lesart, insofern mit diesen Strategien Privilegien und Monopolstellungen behauptet werden (so auch Flam 2007, 30). Ähnliche konflikttheoretische Perspektiven stellt Flam für die Schule heraus. Der Ansatz der Diskriminierung unterstellt – gemäß dem Inklusionsgedanken moderner Gesellschaften berechtigterweise –, dass Gesellschaftsmitglieder nach ihren jeweiligen Fähigkeiten beschult werden müssen. Wenn die Leistungen ungleich sind, wird dies nicht den einzelnen und deren Familien zugeschrieben, sondern mangelnden Bemühungen der Institutionen. Dies wird als Diskriminierung aufgefasst. Gemäß Flam muss man nach der Kultur der gesamten Bildungsorganisation fragen, um Gründe für Diskriminierungen zu erkennen. Offensichtlich wurde in der Organisation des deutschen Schulsystems historisch gesehen keine Möglichkeit eingerichtet, lernschwierigen in- und ausländischen Kindern sofort und vor Ort, d.h. in der jeweiligen Schulklasse, zu helfen, wie dies beispielsweise in Schweden und Finnland geschieht.[103] Wenn dies durch mangelnde Ressourcenausstattung oder mangelnden bildungspolitischen Willen nicht möglich ist, scheinen Lehrkräfte mit – in ihren Augen: zusätzlichen – Aufgaben überlastet. Es liegt in dieser Situation vielleicht nahe, dass sie dann Grün-

---

nen der Wahrnehmungs- und Entscheidungsmuster der Lehrkräfte angeht, nicht nur als eine institutionelle, sondern eben auch als eine Organisationsanalyse zu bezeichnen, weswegen sie auch in diesem Kapitel vorgestellt wird.

103 Vgl. den Überblick zu Maßnahmen der Sprachförderung in ausgewählten Ländern der OECD, die an PISA teilgenommen haben: Stanat/Christensen 2006, Kap. 5. – Würde es in Deutschland keine Möglichkeiten geben, schwächere Schüler an andere Schulformen bzw. besondere Instanzen zu überweisen, dann würden Lernschwierigkeiten unabhängig von den derzeit unterstellten kulturellen Herkunftsgründen direkt in der jeweiligen Klasse behoben. Gerade im deutschen Schulsystem wurden jedoch die Möglichkeiten, sich in seiner Klasse *nicht* mit Lernschwierigkeiten – oder man kann sagen: mit Heterogenität – zu befassen, fest verankert (Prengel 2005; Tillmann 2004b).

de für die Nichtunterstützung bei anderen suchen, d.h. bei den Kindern selbst bzw. den Kulturen ihrer Familien. Die Mitarbeiter der Organisation Schule, d.h. die Lehrkräfte, haben sich jedoch offensichtlich nicht nur einmal aus Versehen im Tonfall vergriffen und diskriminiert. Vielmehr scheint zumindest ein Teil der Lehrerschaft daran zu *glauben*, dass Kinder anderer Herkunftskulturen (mit Ausnahmen wie den Kindern aus Jugoslawien oder Italien) Lernschwierigkeiten haben und dass diese anderen Kulturen der Familien der Grund dafür sind. Dieser Glaube ist nach Ansicht von Flam Produkt des institutionellen Arrangements, inklusive der Diskurse der Organisation Schule. Die Analyse institutioneller Diskriminierungen gibt in diesem Sinne „der außerordentlichen Bedeutung des Gesetzlich-Amtlichen für die Herstellung und Aufrechterhaltung der [...] Grenzen" (Flam 2007, 23) zwischen Inländern und MigrantInnen Ausdruck.

Literaturempfehlungen
Für die klassentheoretische Perspektive empfehle ich von Bourdieu/Passeron die „Illusion der Chancengleichheit", nun in der verfügbaren Ausgabe (Bourdieu/Passeron 2007). Für das Nachvollziehen der konflikttheoretischen Perspektive ist Flam 2007 gut geeignet.

5.2 Theorien zu Eigenarten von Bildungsorganisationen

Wie im vorigen Kapitel sichtbar wurde, analysiert die Bildungssoziologie *Ungleichheitseffekte*, die im Zusammenhang mit Bildungsorganisationen stehen. Ein weiterer Bereich der Forschung bezieht sich auf den *Aufbau* und die *Struktur* von Bildungsorganisationen. Dabei werden mit der hiesigen Auswahl von Texten unterschiedliche Bereiche in den Blick genommen, insbesondere die Doppelrolle der Lehrkräfte zwischen Organisation und Profession, ebenso wie Merkmale der Arbeitsorganisation der Lehrkräfte sowie Beziehungen von Bildungsorganisationen zur gesellschaftlichen Umwelt. In enger Anlehnung an die Organisationssoziologie hat die Bildungssoziologie für die Beobachtung dieser und anderer Bereiche verschiedene Modelle entwickelt, die es erlauben, Elemente des Aufbaus und der Struktur von Bildungsorganisationen zu beleuchten.

In der Erziehungswissenschaft sind die Merkmale des Bildungswesens vor allem mit Aspekten der Profession in Verbindung gebracht worden. Mittel der Analyse aus Bildungssoziologie und Organisationssoziologie fristeten lange Zeit eher ein Randdasein. In der jüngeren Zeit nehmen jedoch Rezeptionen organisationssoziologischer Ansätze zu (wie ich am Ende der jeweiligen Textabschnitte mit kurzen Verweisen auf Literatur belegen möchte).

5.2 Theorien zu Eigenarten von Bildungsorganisationen

Nachfolgend (Kap. 5.2.1) sei eine selektive Auswahl grundlegender Positionen aus Soziologie und Bildungssoziologie vorgestellt. Es handelt sich

- um das Modell der *Expertenorganisation*, mit dem eine Doppelrolle der Lehrkräfte als Organisationsmitglieder und als Angehörige einer Profession untersucht wird;
- um die Sichtweise der Schule als *Arbeitsorganisation* für die Lehrkräfte;
- um das *systemtheoretische Modell* schulischer Organisationen von Luhmann, mit der Vermittlungsleistungen von Organisationen zwischen personaler Interaktion und Gesellschaft sowie die Eigenlogiken von Organisations- und Interaktionssystemen im Bildungsbereich hervorgehoben werden;
- um den *Soziologischen Neo-Institutionalismus*, der vor allem Umweltbeziehungen von Organisationen zu betrachten erlaubt.

Die Abfolge der Darstellung geht damit von den Beziehungen in der inneren Umwelt einer Bildungsorganisation zu Beziehungen in ihrer äußeren Umwelt über. Den Blick auf Umweltbeziehungen setze ich in Kapitel 5.2.2 mit verwandten Fragen fort, nämlich Fragen der *Steuerung* und *Gestaltung* von Bildungsorganisationen. Diese Fragen spreche ich im Rahmen der neuen Analyseperspektive von Educational Governance an.

5.2.1 Theoriespektrum: Zwischen Expertenorganisation und Soziologischem Neo-Institutionalismus

Scott: Expertenorganisation
Ein erstes organisationssoziologisches Modell richtet den Blick auf die Lehrkräfte, die innerhalb der bürokratischen Schulorganisation handeln.[104] Für Expertenmitglieder machte Richard W. Scott (1971) schon in den 1970er Jahren eine doppelte Mitgliedschaft im professionellen und im bürokratischen System fest, was sich auf Lehrkräfte übertragen lässt. In diesem Zusammenhang lässt sich auch an die obige Darstellung von Flam die Frage richten, welche *Organisationsart* der Schule eigentlich die diskriminierenden Praktiken hervorbringt. Diese Frage ist nach Scott komplizierter, als es den Anschein hat, so dass unklar ist, wie das ‚Gesetzlich-Amtliche', wie es Flam hervorhebt, eigentlich die Lehrkräfte erreicht. Wie wir sehen werden, sind hiermit Aspekte der beruflichen Organisation der Lehrkräfte berührt, die gleichsam zwischen Organisation und Profession pendeln und die die Bildungsforschung bis heute beschäftigen.

---

104 Die folgenden Erörterungen gehen zurück auf Kussau/Brüsemeister 2007a, 107-113.

Das professionelle und das bürokratische System, in dem Lehrkräfte tätig sind, beinhalten nach Scott unterschiedliche Organisationsprinzipien. Angehörige der Profession werden in professionellen Schulen ausgebildet, verfügen über Spezialwissen (weshalb Scott sie Spezialisten nennt), komplexe Fertigkeiten und internalisierte Kontrollmechanismen (Scott 1971, 204). Der Bürokrat arbeitet dagegen in einer hierarchischen Struktur und übt unter einem System formaler Regeln eine eng umschriebene Funktion aus (ebd.). Zudem gelte, dass die bürokratische Organisation die Macht haben müsse, „Mitglieder selber auszuwählen und deren Beiträge so zu steuern, dass die Systemziele verwirklicht werden" (a.a.O., 201). Die Organisation kann jedoch Spezialisten (Professionelle) nicht voll bestimmen, da „die Spezialisten in diesen Dingen mitreden wollen" und da sie sich weiterhin mit ihrer Berufsgruppe identifizieren „und an deren Normen und Standards festzuhalten versuchen" (a.a.O., 202). Von daher überrasche nicht ein wiederkehrender Konfliktbereich: der Widerstand der Spezialisten gegen bürokratische Regeln, die Zurückweisung bürokratischer Standards, der Widerstand gegen bürokratische Überwachung und die bedingte Loyalität der Spezialisten gegenüber der Bürokratie (a.a.O., 205).

Allgemein lässt sich eine Widerständigkeit der Lehrkräfte nicht nur speziell gegenüber einer bürokratischen, sondern generell gegenüber einer organisationalen Verfasstheit des Schulegebens konstatieren, die aus einer primären inneren Orientierung an Standards der Profession resultiert. Gleichzeitig definiert die Organisation fortlaufend Kontextbedingungen für die professionelle Leistungsausübung, die innerhalb der Arbeitsorganisation für die Lehrkräfte unhintergehbar sind – es sei denn, sie reagieren mit „exit", d.h. mit dem Verlassen der Arbeitsorganisation.

In einer grundlagentheoretischen Fassung sehen Differenzen zwischen Rollen der Profession und der Organisation wie folgt aus (vgl. umseitig Tab. 1). Mittels einer bewusst auf Zuspitzung angelegten Darstellung lässt sich erkennen,

- dass sich Lehrkräfte in ihrer Professionsrolle intern mittels besserer Argumente austauschen, SchülerInnen zu adressieren. Innerhalb von Organisationsrollen kann der Austausch dagegen auf *verschiedene,* von der Organisation gesetzte Zwecke bezogen sein. Zudem ist der Austausch vermittelt; er erfolgt anhand von Daten oder Berichten, entweder in der bürokratischen Organisation mittels Aktenführung, oder in neuen, von mehr Management geprägten Organisationen anhand von Prozess- und Ergebnisdokumenten.
- In der Organisationsrolle sind Berichte Medien, die Beobachtungen von Leistungen (Outputs) festhalten, die auf vorangehende Entscheidungen zurückgehen und Folgeentscheidungen möglich machen (vgl. Luhmann 2000).

5.2 Theorien zu Eigenarten von Bildungsorganisationen

Tab. 1: Professionsrollen/Organisationsrollen

Professionsrollen	Organisationsrollen
– Inputorientiert: Die gute pädagogische Absicht – Input-Vorschuss an Vertrauen, Interaktion mit Schülern angemessen zu gestalten	– Ergebnisorientiert – Faktische Leistungs-Outputs beobachten
– Interaktion	– Entscheidung
– Mündlichkeit (keine schriftliche Berufskultur der Lehrkräfte)	– Schriftlichkeit (Aktenführung, Prozess- und Ergebnisdokumente)
– Bezugnahme auf situative (gegenwartsbezogene) Unterrichtserfordernisse	– Bezugnahme auf eine Geschichte vorangehender Entscheidungen
– Involviertsein der ganzen Person	– Mitgliedschaftsrollen
– direkte Adressierung der SchülerInnen	– Leistungsdokumente zu SchülerInnen
– Person-Person Verhältnis	– Verhältnis Person-Dokument-Person
– „Ich bin immer ansprechbar" (Buchen 1991)	– Arbeitsteiliges Funktionsgefüge
– Belastungen	– Management
– Fiktionen kollegialer Gleichheit	– horizontale und vertikale Koordination – (Gleichheit) ungleicher Funktionsrollen
– Informelle Normen der Nichteinmischung zwischen KollegInnen (Terhart 1987)	– Mitgliedschaftsrollen, die zueinander organisiert werden
– Belohnung: sich einer Wertegemeinschaft zugehörig fühlen	– Kooperation im Rahmen individueller Nutzenerwartungen
– Orientierung an Inhalten/Argumenten	– Materielle Anreize/Gratifikationen
– Homo Sociologicus	– Homo Oeconomicus

Diesen ergebnisorientierten Formen der Kommunikation stehen in der Professionsrolle die „gute Absicht", ein (Input-)Vorschuss an Vertrauen gegenüber, jeweils immer neu stattfindende Interaktionen mit SchülerInnen angemessen gestalten zu können.

- Dies beinhaltet, dass in Professionen eine Schriftlichkeit der Leistungsausübung nicht vorkommen muss, während in der Perspektive von Organisation Schriftlichkeit ein Konstitutionsmerkmal ist (Aktenführung oder Prozess- und Ergebnisdokumente). Dies bedeutet: Eine Organisation lässt sich als Kette von (dokumentierten) Entscheidungen verstehen, während sich eine Profession ohne schriftliche Dokumente mittels einer situativen Problembearbeitung immer wieder herstellt.[105]
- Innerhalb von Professionsrollen wird auf situative Erfordernisse – Belange der SchülerInnen – eingegangen; SchülerInnen werden im Zuge eines Person-Person-Verhältnisses direkt adressiert, was die Anstrengung einer ‚allzuständigen Aufmerksamkeit' als Standarderwartung beinhaltet. Entspre-

---

105 Sieht man von der politischen Sonderaufgabe ab, dass sich Professionen als gesellschaftlicher Stand in der Öffentlichkeit vertreten, was ich hier explizit ausklammere, da davon nicht die eigentlichen Prozesse der Arbeitsausübung berührt sind.

chend verwundert nicht, dass Belastungsbefunde zum fixen Bestandteil der Diskurse über den Lehrberuf gehören.
- In der Organisationssoziologie wird demgegenüber davon ausgegangen, dass ein Standardprozedere innerhalb von Mitgliedschaftsrollen ist, Leistungsdokumente zu benutzen, die immer nur einen Teil der Person erfordern und distanziert bearbeitet werden können. Damit verbunden ist in Organisationen ein arbeitsteiliges Vorgehen, ein Management voneinander abgrenzbarer Aufgaben; zudem ist ein Austausch *zwischen* Organisationen leicht möglich. Mitgliedschaftsrollen und Koordinationsformen, die innerhalb sowie zwischen Organisationen arbeitsteilig organisiert werden können, finden in der Professionsrolle keinerlei Entsprechung. In ihr dominieren Fiktionen kollegialer Gleichheit, die allein schon durch informelle Normen der Nichteinmischung in Belange anderer KollegInnen geschützt sind (Terhart 1987). Die professionelle Tätigkeitsausübung weist überhaupt starke ‚blanks' in der Beobachtung der eigenen Leistungsrolle auf, denn diese Form der gesellschaftlichen Leistungsanbietung ist gerade deshalb erfunden worden, um sich auf Belange eines Gegenüber, eines Schülers, eines Klienten, konzentrieren zu können. Dies führt so weit, dass eine Profession *im Prozess der Leistungsausübung* blind ist für ihr gesellschaftliches Ansehen bzw. für sonstige Umweltgeschehnisse, die außerhalb des Interaktionsmoments liegen. Nach Stichweh – der sich in diesem Punkt auf Abbott (1988) stützt – ist eine Profession kaum an gesellschaftlichem Status interessiert; stattdessen erfolgt eine Konzentration nach innen, im Sinne einer „professional purity". Stichweh deutet dies als „‚Regression' auf einen professionellen Kernbestand" (Stichweh 1994, 304). Dies bedeutet auch, dass Professionen mit Selbstevaluationen – gleich welcher Couleur – wenig anfangen können: so lange sich ihre Zwecke nicht *in Belange der KlientInnen* ummünzen lassen, deren Perspektive die Professionellen stellvertretend einnehmen.
- Während Organisationsrollen über materielle Anreize und Gratifikationen, durch Angebote für einen individuellen Nutzenmaximierer[106] gesteuert bzw. beeinflusst werden können, ist eine solche Von-Außen-Beeinflussung der Professionsrolle kaum möglich, da eine ‚innere' Wertegemeinschaft vorherrscht, deren Prinzipien vornehmlich normativ (Rollenmodell Homo Sociologicus) oder symbolisch (Rollenmodell des Identitätsbehaupters) strukturiert sind. Entsprechend ist es schwierig, wenn nicht so gut wie ausgeschlossen, über Nutzenprogramme kooperative Formen zwischen KollegIn-

---

106 Homo Oeconomicus; vgl. zu diesem und zu den beiden nachfolgend genannten Rollenmodellen: Schimank 2000.

5.2 Theorien zu Eigenarten von Bildungsorganisationen

nen erzeugen zu wollen. Sämtliche Kooperationsformen müssen sich hingegen in die Normen der Profession einklinken, wenn eine Koordination der Professionellen erreicht werden soll.

Dies scheint nicht immer beabsichtigt zu sein. Offenbar gibt man sich teilweise mit einer bloß „mechanischen Addition", einem äußerlichen „Ankleben" von Segmenten aus Organisationsrollen an Professionsrollen zufrieden, z.B. in schulischen Steuergruppen oder anderen OE-Prozessen. Lehrkräfte sitzen dann zwar in Organisationsentwicklungsrunden mit am Tisch oder lassen sich in organisationalen Kriterien schulen, und regelmäßig wird auch der Erfolg dieser Programme evaluiert. Nicht evaluiert wird aber, was in Stress- und Entscheidungssituation des Unterrichts mit diesen neuen Rollensegmenten geschieht.

Demzufolge kranken Bemühungen um eine schulische Organisationsentwicklung, Lehrerkollegien zu einer Kultur der Evaluation zu bringen, daran, dass sie kaum über Hebel verfügen, aus dem unverbundenen Nebeneinander einzelner Personen einer Wertegemeinschaft ein auf Organisation basiertes, arbeitsteiliges Gefüge zu machen, das Prinzipien von Organisationen übernimmt: dies wären Mitgliedschaftsrollen, die von einander *abgegrenzte* Aufgaben haben, also unterschieden sind; die sich zueinander (arbeitsteilig, netzwerkförmig) organisieren lassen; die sich zu kollektiven Entscheidungen aggregieren lassen; die herausgehobene und akzeptierte Führungspositionen möglich machen; die auf Schriftlichkeit basieren; die Empfindlichkeiten von *Person-Person*-Arrangements ersetzen durch mehr Distanz und Verobjektivierung erlaubende *Person-Dokument-Personen*-Arrangements; die interne Leistungsvergleiche und -differenzen nicht nur zulassen, sondern als antreibende Mittel nutzen; die sich mit der Umwelt nach eigenen Kriterien, die selektiert werden, austauschen, statt eine ‚professional purity' zu pflegen.

Gleichwohl bleiben Lehrkräfte über ihre Arbeitsorganisation – dazu gleich mehr – dienstrechtlich beeinflussbar. Aber so lange dabei nicht die bislang voneinander abgeschotteten Bereiche der arbeitsorganisatorischen Rollen einerseits und der Professionsrolle andererseits aufgehoben sind, können arbeitsorganisatorische Reformen regelmäßig durch eine Professionsrolle ausgebremst werden. Für die Bildungsforschung ist es dabei eine offene Frage, ob die gegenwärtigen schulischen Reformen – wie Bildungsstandards und darauf bezogene flächendeckende Systeme der Evaluation, die ich in Abschnitt 5.2.2 kurz anspreche – an den getrennten Professions- und arbeitsorganisatorischen Rollen etwas verändern. Auf jeden Fall sind die beruflichen Mischungsgefüge der Lehrkräfte zwischen Profession und Organisation ein gegenwärtiges Thema der Bildungsforschung (vgl. Böttcher/Terhart 2004; Klatetzki/Tacke 2005).

Schule als Arbeitsorganisation

Ein ähnlicher Ansatz zur Beschreibung und Erklärung von Bildungsorganisationen setzt wiederum bei den Lehrkräften an, diesmal an ihrer *Arbeitsorganisation*. Das Berufsfeld der Lehrer wird in formaler Hinsicht durch eine „von oben", durch die Bildungshoheit der Länder konstituierte Arbeitsorganisation bestimmt. Im Gegensatz zu einer Interessenorganisation, in der Individuen zur Erhöhung ihrer Einflussstärke Ressourcen zusammenlegen (Schimank 2002, 32-33) und damit eine Organisation bottom-up ausbilden, ist die bisherige Lehrerorganisation eine staatliche und von oben konstituiert. Entsprechend einer Arbeitsorganisation bringt der einzelne Lehrer Leistungen ein und erhält dafür finanzielle Gegenleistungen (a.a.O., 34). Schimank notiert dazu:

> „Was der ‚Ressourcenzusammenlegung' in Arbeitsorganisationen, verglichen mit Interessenorganisationen, [...] fehlt, ist der Nexus zwischen Einbringung der je individuellen Einflusspotentiale und deren Einsatz im Sinne geteilter substantieller Interessen. Stattdessen beschaffen sich die Träger einer Arbeitsorganisation die Fügsamkeit der Mitarbeiter durch finanzielle Gegenleistungen. Damit lässt sich in Arbeitsorganisationen auf der Basis dieses Tausches eine reine Hierarchie als zentrale Struktur der Konstellation der Mitglieder aufbauen. Auf der Grundlage der ursprünglichen binären Ungleichheit zwischen Trägern und Mitarbeitern werden vielfältige abgestufte organisatorische Ränge etabliert. In Interessenorganisationen besteht demgegenüber eine ursprüngliche Ranggleichheit der Mitglieder." (A.a.O.)

Die bisherige Schulorganisation ist eindeutig keine Interessenorganisation *der* Lehrer, sondern eine Arbeitsorganisation *für* die Lehrer, die den Einzelnen formal gesehen an Weisungen bindet. Die bürokratische Organisation gibt damit den Entscheidungsbefugnissen der Lehrer Rahmenbedingungen vor.

An die grundlegenden Kennzeichnungen einer Arbeitsorganisation Schule lassen sich weitere Befunde aus der Schulforschung anführen; diese wurden meist nicht auf den Aspekt der Arbeitsorganisation bezogen, sondern dienten der Kennzeichnung der Berufspraxis; inhaltlich machen sie jedoch Konturen der arbeitsorganisatorischen Praxis kenntlich und weisen auch methodisch einen engen Bezug zur Erforschung von Arbeitsorganisationen im Bildungsbereich auf:

- Im Berufsfeld des Lehrers dominiert eine „hochindividualisierte Arbeitssituation" (Arnold u.a. 1999, 114; auch Terhart 2001b, 50). Die Schulorganisation sieht keinen systematischen Austausch zwischen Kolleginnen und Kollegen vor. Die Lehrkraft ist vor Einmischung gegenüber Dritten, und seien es Kollegen, auf der einen Seite formell geschützt, sofern eine eigenverantwortliche Erziehung als Berufsaufgabe verankert ist. Auf der anderen Seite schützen vor

5.2 Theorien zu Eigenarten von Bildungsorganisationen

der Nichteinmischung informelle Normen (Terhart 1987). Angesichts des Fehlens einer Erfahrungsgemeinsamkeit oder eines kollektiv Geltenden stehen die Aktivitäten der Kollegen relativ unverbunden nebeneinander (Arnold u.a. 1999, 114f.). Oelkers spricht an dieser Stelle von einem intransparenten Habitus des einzelnen Lehrers (Oelkers 1995, 8), was darauf zurückzuführen ist, dass es der Lehrer kaum gewohnt ist, von Kollegen Feedbacks zu erhalten.
– In diesem Kontext ist es schwer, dass sich ein „kommunizierbares Bild der schulspezifischen Leistungen der Lehrerarbeit" entwickelt (Arnold u.a. 1999, 118). Es gibt ein Repräsentationsproblem von Lehrer-Leistungen, d.h. Lehrkräfte können sich offensichtlich nur schwer ihr „doing organization" – so ließe sich in einer ethnomethodologischen Sichtweise auf die Schulorganisation sagen (Garfinkel/Sacks 1976, 130-176) – vergewissern.
– Zudem gibt es im Berufsfeld diffuse Rollenerwartungen, die zwischen einer Zuständigkeit des Lehrers für die Arbeit am Gemeinwesen einerseits sowie eine Begrenzung auf die Kerntätigkeit Unterricht andererseits pendeln (vgl. zur Übersicht Bastian/Helsper 2000, 172-173).
– In diesem Zusammenhang werden regelmäßig hohe persönliche Belastungen der Lehrkräfte genannt (Oelkers 1995, 7), die von einer Fülle von Literatur über Burnout belegt werden (vgl. nur Vandenberghe/Huberman 1999; Schaarschmidt/Fischer 2001).
– Im Erleben der Lehrer dominiert zudem eine „erziehungsstaatliche Engführung" (Bastian/Helsper 2000, 171), d.h. Lehrer sehen sich einer Verbürokratisierung ihrer Berufsarbeit ausgesetzt. Zugleich weist die Forschung darauf hin, dass sich Lehrer mitunter „reflexhaft in die Hierarchie der administrativen Kontrolle durch Schulverwaltung und Politik" einordnen (Arnold u.a. 1999, 119). Ein Habitus, der darauf gerichtet ist, bei der Schulverwaltung erst nachzufragen, bevor man etwas tut, oder der beinhaltet, allenfalls als Beschwerdeführer oder Bittsteller gegenüber der Schulverwaltung aufzutreten, wird in Zusammenhang mit einem ‚dem Lehrberuf Jahrhunderte lang auferlegtem Kontrollparadigma' gesehen (a.a.O., 121).
– Auf der anderen Seite wird von der Erziehungswissenschaft und der Soziologie gezeigt, dass Lehrkräfte Freiräume im Klassenzimmer haben, die Arbeit mit Schülern auszugestalten (vgl. Schönknecht 1997, 42-57; Händle 1989). Auch aus einer generelleren organisationssoziologischen Perspektive ist formuliert worden, dass Arbeitsorganisationen „die Art des Beitrags der Mitarbeiter zur organisatorischen Leistungsproduktion nicht präzise spezifizieren", sondern lediglich eine „zone of indifference" umreißen (Schimank 2002a, 34-35). Das heißt, der Lehrer hat erhebliche Freiräume für die Interaktion im Unterricht. Terhart resümiert (1987), dass wir im Prinzip nicht wissen, was vor sich geht, sobald der Lehrer die Tür zum Klassenraum hinter sich schließt.

Individuelle Freiräume und die „zone of indifference" deuten an, dass die Leistung von Schule nicht durch Organisation, sondern durch Interaktion reguliert wird; es findet sich Parsons und Luhmanns Vorstellung von Inklusion wieder, die sich zwischen Leistungs- und Publikumsrollen im Interaktionsbereich abspielt. Organisationsprinzipien spielen dafür nur in losen Kopplungen eine Rolle (Terhart 1986; Cohen/March/Olsen 1972; Weick 1976; Meyer/Rowan 1977).

Die Schulforschung (vgl. exemplarisch Fend 1998) zeigt, dass als Ersatz für eine Orientierung der Lehrkräfte an einer Organisation Schule Erwartungen über Schulkulturen normiert werden (Terhart 1997). Es zählt hier die lokale Schule als eine pädagogische Handlungseinheit (Fend 1987) und die lokale Konstellation zwischen verschiedenen Akteuren der Einzelschule (Schulleitung, Lehrer, Schüler, Eltern; vgl. Fend 1998). In dieser Sicht ist Schule eher ein loser Verband, der aus vielfältigen Interaktionsbeziehungen resultiert, als eine Organisation. Vor diesem Hintergrund überrascht es nicht, dass sich das Schulsystem und Lehrerleistungen entlang von Schulkulturen diversifizieren, wobei Unterschiede innerhalb eines formal gleichen Schultyps groß sein sowie Gemeinsamkeiten zwischen Schulen verschiedenen Typs bestehen können.

Für die Arbeitsbedingungen der Lehrkräfte gesehen sind ebenfalls Kommunikations- und Entscheidungskulturen von Kollegien wichtig. Sie sind so vielfältig wie Einzelschulen selbst, d.h. manchmal sehr gut entwickelt und im Prinzip als eine Mitgliedschaftsorganisation der Lehrkräfte arbeitend, manchmal aber auch „schismatisch" und sich selbst blockierend (vgl. Fend 1998) oder einfach als Entscheidungsinstanz nicht vorkommend. Dadurch werden die Arbeitsbedingungen der Lehrkraft entscheidend beeinflusst.

Insgesamt ist die Perspektive der Arbeitsorganisation als ein Blickwinkel der Bildungsforschung erstaunlicherweise erst wenig verbreitet. In jüngerer Zeit steigt jedoch das Interesse an dieser Perspektive, wie Schriften für den Hochschulbereich (Stölting/Schimank 2001) sowie für das Schulsystem belegen (Sigrist u.a. 2005). In diesen hier exemplarisch genannten Schriften werden Auswirkungen von bildungspolitischen Reformen zumindest ansatzweise auch hinsichtlich der jeweiligen Arbeitsplatzbedingungen untersucht, wobei nicht nur aus Sicht der Soziologie, sondern auch aus den Politikwissenschaften und der Psychologie heraus argumentiert wird sowie vielfältige Überlappungen (für den Bereich der Schule gesehen) hinsichtlich der Schulforschung und der Berufsforschung der Lehrkräfte bestehen.

Luhmann: Systemtheoretisches Modell
Die funktional differenzierte Gesellschaft konstituiert sich Luhmann (1997) zufolge aus verschiedenen Leitunterscheidungen gesellschaftlicher Teilsysteme. Von der Grundposition geht Luhmann davon aus, dass in der funktionalen Diffe-

renzierung kein Teilsystem Aufgaben eines der anderen Teilsysteme übernehmen kann. Sobald sich gesellschaftliche Kommunikationen zu einem Teilsystem verdichtet haben, operiert jedes Teilsystem im Sinne einer Autopoiesis seine Reproduktion und seinen Funktionsbeitrag für die Gesellschaft nach eigenen Belangen. Kommunikationen eines jeden Teilsystems sind nach Luhmann durch zweiseitige Codes organisiert, was beinhaltet, dass ein Teilsystem die eine oder die andere Seite einer von ihm selbst eingeführten Unterscheidung beobachtet, auf vorangehende Unterscheidungen bezieht sowie künftige Unterscheidungen daran orientiert. Das System schließt immer wieder an sich selbst an, indem es entweder den Negativ- oder den Positivwert seines Codes beobachtet.

Im Bildungsbereich unterscheidet Luhmann Systeme der Interaktion – das ist der Unterricht – und der Organisation; darunter versteht er insbesondere bildungspolitische Programme und Reformen; mit administrativen Dimensionen hat sich Luhmann kaum beschäftigt.

Schulische Leistungsfunktionen werden nach Luhmann im Rahmen einer „organisierten Interaktion" (Luhmann 1996, 28) gestaltet. Der Mechanismus der Leistungsübertragung ist die direkte Interaktion zwischen Schüler und Lehrer, die sich so gut wie nicht technologisieren lässt (zum Technologiedefizit des Erziehungssystems aus Sicht von Luhmann s.u.). Die Schule als Organisation spielt bislang nur eine randständige Rolle für diesen über die Interaktion verlaufenden Mechanismus der Inklusion.[107] Für einen „Organizational Man" werden funktionale Äquivalente gefunden: Der Lehrer als „Professional Man" wird von Professionen unterstützt (Kurtz 2000).

Über Luhmann hinaus lässt sich anführen, dass es in der Umwelt der Schule Interaktionen gibt, mit denen permanent Erziehungsvorstellungen thematisiert und als Ansprüche an Lehrer gerichtet werden – jedermann hat selbst eine Erziehung genossen und weiß daher mindestens ebenso gut wie ein Lehrer, was für die Erziehung am besten ist. Im Modell der interaktionsbasierten Profession muss sich jede einzelne Lehrkraft, abgetrennt von anderen KollegInnen, vieler externer Interaktionsansprüche erwehren. Gemäß einer „Anspruchsinflation" (Luhmann 1983), die Luhmann im Gesundheitssystem am Werk sieht, die sich aber auch für das Bildungswesen bemerken lässt, steht die Lehrerschaft unter der permanenten Beweisführung ihrer Leistungsfähigkeit. Weil jedoch einzig die Ressource „Person" und nicht die Ressource einer eigenen Lehrer-Organisation zur Verfügung steht, droht in der derzeitig vorherrschenden Orientierung des Lehrers an einer Profession eine „personale Falle", eine strukturelle Überforderung der Person. Würde dagegen Schule nicht interaktionsbasierte Profession,

---

107 Ganz anders als z.B. im Wirtschaftssystem oder im politischen System, wo Inklusionsleistungen über aggregierte Publikumsstimmen und Organisationen bereitgestellt werden (vgl. Stichweh 1988).

sondern Organisation sein, würden Umwelterwartungen von einer Mitgliedschaftseinrichtung abgepuffert werden. Eine Organisation Schule würde mit ihrer Umwelt nur über bestimmte Erwartungen sprechen, nämlich solche, die sie nach eigenen Rationalitätsstandards kollektiv als für sich sinnvolle definiert.

Luhmann zufolge spielt eine Organisation Schule als Vermittlungsebene zwischen der Makroebene des Schulsystems, den gesellschaftlichen Erwartungen sowie der Mikroebene der Schule, den Erwartungen bezogen auf die Unterrichtsinteraktion, eine entscheidende Rolle, indem sie diese beiden Erwartungen zueinander vermittelt, „re-spezifiziert" (s.u.). Eine Organisation nimmt erstens Erwartungen der Gesellschaft auf und bearbeitet sie im Blick auf Unterricht; und sie nimmt zweitens Unterrichtsinteraktionen auf und vermittelt sie gegenüber der Gesellschaft. Im Einzelnen beinhaltet dies:

a) Vermittlung gesellschaftlicher Erwartungen: Die Erwartungen der Gesellschaft, die an das Schulsystem gerichtet werden, bestehen grundsätzlich darin, Lebenschancen zu selektieren, insofern für Schüler der Grad der Teilhabe an gesellschaftlichen Kommunikationen bestimmt wird. Organisationen haben diesbezüglich eine gesellschaftliche Relevanz, indem sie die Last tragen, die gesellschaftliche Bedeutung von Schule zu verarbeiten. Dabei sind die gesellschaftlichen Erwartungen an Schule zu groß, um sie im Unterricht behandeln zu können. Organisationen nehmen diesbezüglich Respezifikationen vor (Luhmann 2002, 143f.), indem sie Unterrichtsinteraktionen aufgreifen. Diese werden nicht vollständig nach außen kommuniziert, da sie fachspezifischen Kriterien folgen, d.h. anderen Rationalitätsstandards, als es sie in der gesellschaftlichen Umwelt gibt.

Organisationen haben Möglichkeiten, mit Umwelten zu kommunizieren, was auch heißt, gesellschaftliche Erwartungen intern zu verarbeiten. Dies geschieht mit Hilfe von Programmen. Die Schulorganisation legt Ordnungsnotwendigkeiten fest, indem sie Schulgebäude bereitstellt, in denen Unterricht zeitlich, sachlich und in sozialer Hinsicht spezifiziert wird. In zeitlicher Hinsicht wird Unterricht im Rahmen des 45-Minuten-Taktes mit einem relativ einheitlichen Anfang und Ende versehen; in sachlicher Hinsicht werden über Lehrpläne gesellschaftliche Themen eingeführt, z.B. das „Dritte Reich", politische Parteien oder das Geldwesen; und in sozialer Hinsicht wird Inklusion organisiert, sofern im Rahmen der Notengebung Beteiligungen der Schülerschaft festgelegt werden, die – bei einem bestimmten Notenstand – Überweisungen zu anderen Schulstufen sowie generell die Teilhabe an gesellschaftlichen Kommunikationen ermöglichen. Programme von Organisationen kopieren damit gesellschaftliche Erwartungen in den Unterricht hinein und ermöglichen Schülern eine Kommunikation über diese Erwartungen. Gleichzeitig gilt, dass Programme die Autonomie des Schulsystems retten, indem sie fremde Relevanzen anerkennen. Es findet die Annahme und Zurückweisung gesellschaftlicher Erwartungen statt, insofern über die gesellschaftlichen Erwartungen in bestimmten Formen kommuniziert wird, nämlich die des Unterrichts.

b) Vermittlung von Unterrichtserwartungen: Die zweite Vermittlungsleistung von Organisationen gibt es mit Blick auf Unterrichtsinteraktionen. Ausgangspunkt ist ihre Beschaffenheit. Es wird berücksichtigt, dass im Unterricht in die werdende Person eines Schülers interveniert werden soll, wobei anerkannt wird, dass die Adressaten nicht über Kausallogiken erreicht werden können (a.a.O., 77). Luhmann spricht hier negativ von einem Technologiedefizit (a.a.O., 157). Positiv gesehen kann eine Organisation jedoch die im Unterricht vorkommenden spontanen Kommunikationen, eine Situationsabhängigkeit der Adressierung sowie persönliche Erfahrungen auf der Seite von Leistungs- und Publikumsrollen berücksichtigen. Durch Programmsteuerungen werden solche Eigenarten von Unterrichtsinteraktionen bearbeitet; sie loten grundsätzlich die Rationalisierbarkeit von Unterricht aus. So wird z.B. eine Reflexionsbereitschaft bei den Adressaten geschaffen; Schüler werden mit einer Erwartung konfrontiert, die darauf zielt, dass es Unterrichtsleistungen geben soll, die über Noten spezifiziert werden. Gleichzeitig werden Spielräume im Unterricht anerkannt, d.h. die Kommunikation zwischen Lehrern und Schülern wird nicht im Rahmen von Mitgliedschaftsrollen übermäßig generalisiert. Historisch gesehen wird dies – für die Seite der Lehrkräfte gesehen – durch eine Orientierung an Profession erreicht. Sie ermöglicht, im Unterricht situationsadäquat auf Belange der Schüler individuell einzugehen.

Zusammengefasst stellt Luhmann vor allem heraus: Unterrichtsinteraktionen sind eigenständige Systeme, die bislang kaum „technologisiert" werden konnten. Trotzdem erkennt Luhmann eine grundsätzliche „Organisiertheit" des Schulsystems an. Es gibt Interaktionen in der Umwelt, mit denen das Schulsystem und insbesondere Lehrkräfte dauernd konfrontiert sind. Angesichts dessen ermöglicht die Organisiertheit des Schulsystems, über Erwartungen in spezifischer Weise zu kommunizieren. Über die Art der Organisiertheit sagt Luhmann jedoch wenig. Nicht nur, aber auch die Educational Governanceforschung (Kap. 5.2.2) greift dies als Forschungsproblem auf. Insgesamt eröffnen Luhmanns grundlagentheoretische Erörterungen zu verschiedenen Feldern des Bildungswesens, die er teilweise schon seit den 1970er Jahren (mit Schorr; Luhmann/Schorr 1979; siehe auch Luhmann 1992; 1996) unternimmt, wichtige Fragen zu den verschiedenen „Rationalitäten" einzelner Bildungsbereiche. Dies regt wiederum auch andere AutorInnen an (vgl. die Beiträge in Ehrenspeck/Lenzen 2006).

Soziologischer-Neo-Institutionalismus
Auch aus dem Blickwinkel des soziologischen Neo-Institutionalismus verbietet sich die Annahme, dass Bildungssysteme einer einzigen Rationalitätslogik fol-

gen. Aus der Sicht dieses Ansatzes wird Rationalität nicht nur an *Effizienz*, sondern auch an *Legitimation* bemessen. Es geht vereinfacht gesagt darum, dass sich Bildungseinrichtungen nach aussen hin gut darstellen wollen (vgl. Hasse/Krücken 1999). Organisationen wissen sich einem äußeren Legitimationsdruck anzupassen, indem sie veränderte Formalstrukturen ausbilden. Aber dies muss nicht zu einer höheren Effizienz auf der Ebene von Aktivitätsstrukturen führen. Meyer/Rowen (1977) beschreiben in diesem Sinne, dass Organisationen zwischen einer nach außen sichtbaren Formalstruktur und einer inneren Aktivitätsstruktur – auf der „business as usual" gemacht werden kann – trennen. Ein Beispiel lässt sich im oben (5.1.1) mit Clark skizzierten Mechanismus des cooling-out finden, wobei sich hinter der Fassade einer demokratischen Universität schleichende Selektionsprozesse abspielen.[108]

Wenn sich Organisationen neue formale Organisationsstrukturen geben, bringen sie nach Meyer/Rowen „Mythen zum Ausdruck […], die in ihrer gesellschaftlichen Umwelt institutionalisiert sind" (Hasse/Krücken 1999, 13). Wenn städtische Behörden z.B. Stellen für Frauenbeauftragte schaffen oder Organisationen Experten zu Rate ziehen, tun sie dies nicht unbedingt, um ihre Effektivität zu steigern, sondern um eine Modernität zu demonstrieren, die interne und externe Loyalität sichern kann und insgesamt die Legitimität der Organisation beweist (a.a.O., 14). Dies beinhaltet eine Entkopplung der „nach außen sichtbaren Formalstruktur […] und der inneren Aktivitätsstruktur" (a.a.O., 14f.).

DiMaggio und Powell (1983) spezifizieren im Anschluss an Meyer/Rowen genauer, wie Organisationen auf Umwelten eingehen. Es werden zwischen der Umwelt und der Organisation isomorphe, d.h. strukturähnliche Bedingungen geschaffen, wenn Organisationen, um ihre Legitimität zu stützen, erfolgreiche Muster von anderen Organisationen kopieren. Sie tun dies im Zuge dreier Mechanismen: a) Über „coercive isomorphism" werden Organisationen eines Feldes mit Zwang konfrontiert. Hier sind vor allem Eingriffe durch den Staat und rechtliche Rahmenbedingungen zu nennen (Hasse/Krücken 1999, 16). b) Mit Hilfe von „mimetic isomorphism" können sich Organisationen eines Feldes untereinander angleichen. Hier sind metaphorisch gesprochen Blaupausen gemeint, welche Organisationen untereinander kopieren, um sich über unsichere Umwelterwartungen sowie uneindeutige Problemlösungsstrategien hinweg zu helfen (a.a.O., 16f.). c) Schließlich gibt es „normative isomorphism", normativen Druck (DiMaggio/Powell 1983, 150ff.; nach Hasse/Krücken 1999, 17). Dieser wird vor allem von Professionen ausgeübt.

---

108 Ähnlich ließe sich auch die Unterscheidung von Brunsson (1989) zwischen talk und action anschließen (vgl. auch Hasse/Krücken 1999, 29).

Entscheidungsinstanzen können intern sowie extern bei anderen kollektiven Akteuren ähnliche Strukturmuster beobachten. Werden sie nachgeahmt, kann die einzelne Organisation Legitimationsgewinne verbuchen, ohne dass die Organisationsstruktur jenseits ihrer Formalstruktur berührt sein muss. In diesem Zusammenhang sind Meyer und Ramirez (2005) der Ansicht, dass sich schon seit Längerem über die einzelnen Nationalstaaten hinweg, d.h. im Massstab der Weltgesellschaft, bestimmte Auffassungen, die auf eine Standardisierung von Bildungssystemen zielen, ausgebreitet haben. Eine aktuelle Ausprägung davon sind die PISA-Untersuchungen.

Zusammengefasst: Der Soziologische Neo-Institutionalismus hat als ein Forschungsansatz für den Bildungsbereich vor allem im angloamerikanischen Raum einen Platz erobert. Studien beginnen jedoch auch im deutschsprachigen Raum (vgl. zu Hochschulen: Krücken 2004; für Schulen: Brüsemeister 2005). Die Beobachtungsmöglichkeiten dieses Ansatzes erstrecken sich sowohl in die (weltgesellschaftliche) Breite als auch in die Tiefe, d.h. gehen über die Betrachtungen organisationaler Felder bis hin zur Analyse einzelner Organisationen und Bildungseinrichtungen. Dabei stehen die Umweltbeziehungen von Bildungsorganisationen sowie die Herausbildung von Legitimitätsstrukturen im Vordergrund.

Fazit
Die in der Bildungssoziologie genutzten Organisationsmodelle verweisen auf Schwierigkeiten einer gezielten Gestaltung von Organisationen gemäß bestimmten Rationalitätskriterien. Für Expertenorganisationen z.B. werden Schwierigkeiten genannt, sofern eine Lehrkraft gleichzeitig zwei „Herren" (Organisations- und Professionsrollen) zu dienen hat; ähnliches wird für die Perspektive der schulischen Arbeitsorganisation formuliert. Noch weiter aus holen die Systemtheorie und der soziologische Neo-Institutionalismus. Diese Theorien sind geeignet, Eigenlogiken von Bildungsorganisationen zu untersuchen, wobei unterschiedliche Theoriearchitekturen verwendet werden.

Im Weiteren führt der Nachweis der Eigenlogik von Bildungsorganisationen zu der Frage, wie man diese Organisationen bildungspolitisch beeinflussen bzw. steuern kann. Mit diesem Aspekt beschäftigt sich u.a. die Perspektive von Educational Governance.

5.2.2 Educational Governance

Im deutschsprachigen Raum ist jüngst die Perspektive von Educational Governance aufgenommen worden (Altrichter/Brüsemeister/Wissinger 2007; Kussau/Brüsemeister 2007a; 2007b), die international seit längerem verwendet wird.

Der Ansatz besteht aus dem interdisziplinären Zusammenspiel von Erziehungswissenschaft, Bildungssoziologie, Psychologie, Politikwissenschaft u.a. Educational Governance beschäftigt sich mit der analytischen Frage, wie man Bildungsorganisationen gezielt gestalten kann, wenn gleichzeitig gilt, dass Akteure Leistungen nur in Interdependenz mit anderen erbringen können. Die analytische Perspektive richtet sich auf Fragen der gesellschaftlichen Ordnungsbildung, die durch das Wirken verschiedener Akteure aus Staat, Wirtschaft und Zivilgesellschaft zustande kommt sowie den Auswirkungen dieser Ordnung auf Leistungsstrukturen. Für das Schulsystem ist in diesem Zusammenhang die Frage der Steuerung aufgeworfen: Wie können „Spezialisten" wie LehrerInnen, die Schulleitung, die Schulverwaltung, neue Schulinspektion, externe BeraterInnen, SchülerInnen, Eltern und die Bildungspolitik innerhalb ihrer jeweils spezifischen Sichtweise ein „kollektives Gut" wie die schulische Bildung auch nur einigermaßen zielgerichtet herstellen?

Praktische Aspekte
Nach dem Zweiten Weltkrieg hat sich die Diskussion um die schulische Steuerung verändert. In den 1970er Jahren wurde nach einer anfänglichen Euphorie der Planung eine Krise staatlicher Steuerung und Planung wahrgenommen. Der anschließende Gegendiskurs der 1980er Jahre, stark auf den Markt zu setzen, zeigte ebenfalls wenig befriedigende Ergebnisse und wurde zudem im deutschsprachigen Raum weitaus schwächer rezipiert. Zu Beginn der 1990er Jahre erwachten dann mit dem „New Public Management (NPM)" stärkere strategische Zielvorgaben des Staates. Sie beinhalten die gleichzeitige Begrenzung und Erweiterung staatlicher Aufgaben.

Die Erweiterung ist: Der Staat engagiert sich für strategische Ziele, beansprucht damit die Förderung des öffentlichen Wohls. Die Begrenzung ist: Der Staat überlässt die Zielerfüllung autonomen System- oder Handlungseinheiten. Bildungsstandards, die flächendeckende Evaluationen nach sich ziehen – im Rahmen von regelmäßigen Schülerleistungstests, zentralen Abschlussprüfungen und Schulinspektionen (van Ackeren 2003) – sind heute im Schulwesen der sichtbarste Ausdruck dieser doppelten Konzeption von Erweiterung und Begrenzung staatlichen Handelns. Standards sollen in den Schulen in methodischer und operativer Autonomie erfüllt werden.

In der internationalen sowie nun auch verstärkt in der deutschsprachigen Bildungsforschung und Bildungspolitik werden also Änderungen der Auffassung deutlich, wie man Schulen steuern kann. Aufgegriffen werden hierbei für die Ebenen des Schulsystems unterschiedliche Entwicklungen:

5.2 Theorien zu Eigenarten von Bildungsorganisationen

- auf der Ebene der Zentrale (vgl. zu dieser Ebenendifferenzierung: OECD 1997; 2004b): insbesondere Fragen der staatlichen Steuerung und Planung, heute vor allem in Form von Bildungsstandards und damit verbundenen, neu eingeführten flächendeckenden Evaluationen (van Ackeren 2003; Altrichter/Heinrich 2006);
- auf intermediären Ebenen Funktionen neuer oder umgebauter Evaluationsinstanzen; als Trend finden sich hier insbesondere neu aufgebaute Schulinspektionen, die Aufgaben der konventionellen Schulaufsicht ersetzen oder zumindest ergänzen;
- auf der Ebene der einzelnen Schule finden sich vielfältige Entwicklungen, unter anderem die Aufwertung der Schulleitung als Management- und Führungsinstanz und den Trend zu einer kollektiven Professionalisierung der Lehrkräfte;
- auf der Ebene der Zivilgesellschaft finden wir immer wichtiger werdende lokale Beteiligung, insbesondere durch die Eltern. Nicht nur in Ganztagsschulen wird dieser Faktor bedeutsam.

Diese erneuerte Governance der Schule zielt darauf, die verschiedenen Maßnahmen auf den Ebenen in einem Gesamtzusammenhang zu regulieren und damit Effizienz und Qualität schulischer Lehr-Lernprozesse zu erhöhen. Schulische Governanceforschung hat diesbezüglich die Aufgabe, das Ineinandergreifen (oder Nichtineinandergreifen) verschiedener Maßnahmen zu begleiten und aus kritischer Distanz wissenschaftliches Orientierungswissen zu bieten, insbesondere durch Vergleiche, welche Maßnahmen in welchen Ländern/Bundesländern/Kantonen welche Effekte zeigen.

Analytische Aspekte
In der klassischen Sicht von Steuerung führt diese einen herausgehobenen Akteur ein, der die Beliebigkeit der Handlungen anderer Akteure einzuschränken sucht. Damit ist die Differenz zwischen einem Steuerungssubjekt gegenüber einem Steuerungsobjekt gesetzt. Diese Differenz führt dann in praktischer Hinsicht regelmäßig zu Problemen der Implementierung, die durch „Widerständigkeiten" so genannter Steuerungs„objekte" mit bedingt sind. In analytischer Hinsicht rechnet dagegen Governance von vornherein mit der Selbsttätigkeit und der Ko-Produktion von Leistungen anderer Akteure (von einer Ko-Produktion spricht Fend 2000, 58). Entsprechend gilt: „Steuerung und Kontrolle sind nicht einseitige Tätigkeiten einer zuständigen Institution (etwa des Staates), sondern Prozesse der Interaktion zwischen kollektiven Akteuren, wobei zwischen Steuerungssubjekt und Steuerungsobjekt nicht mehr eindeutig unterschieden werden kann." (Benz 2004a, 17) Gerade im Schulsystem begründet eine solche Ko-

Produktion von Leistungen – nicht nur unter Beteiligung der Zentrale, sondern auch intermediärer Ebenen, bis hin zur Zivilgesellschaft – eine Blickveränderung. Es wird davon ausgegangen, dass der Output des Schulsystems – Leistungen der Schülerinnen und Schüler – multikausal erzeugt ist, durch administrative, pädagogische und zivilgesellschaftliche Beiträge. Entsprechend spielen in analytischer Hinsicht ‚Interaktionen zwischen Akteuren' (Benz) die zentrale Rolle.[109]

Entsprechend sind nicht nur *administrative Dimensionen* einer „richtigen" Programmierung einzelner sowie die Orchestrierung mehrerer Steuerungsmaßnamen bedeutsam. Der Fokus richtet sich vielmehr auf Formen der Koordination, die überwiegend mehrere Akteure auf verschiedenen Ebenen des Schulsystems betreffen.

Die Analyse derartiger interdependenter Geschehnisse beginnt in den Sozialwissenschaften etwa in den 1930er Jahren (vgl. Berle/Means 1968), indem verschiedene institutionalisierte Formen der Koordination zwischen Akteuren – Hierarchie, Markt, Gemeinschaft sowie Netzwerke – herausgearbeitet wurden (Wiesenthal 2006). Analytisch gesehen beruht Interdependenz auf der Differenz zwischen Akteur A, der die Ressourcen kontrolliert, an denen Akteur B interessiert ist, um seine Ziele zu erreichen. Entsprechend kann B seine Ziele nur unter der Bedingung gegebener Abhängigkeiten realisieren (Coleman 1990, 29; Esser 1999a, 342f.). Würde ein Akteur vollständig über alle Ressourcen verfügen und sie kontrollieren, könnte er seine Ziele unabhängig von anderen Akteuren verwirklichen und ihm würde sich das Problem der Interdependenz nicht stellen. Der Regelfall sind dagegen zunehmende Handlungsketten und -verflechtungen.

Die daraus entstehenden Abhängigkeiten sind in modernen Gesellschaften in *rechtlich normierte, organisatorische* und *kulturelle* Bedingungen eingebettet. Gleichzeitig finden sich immer wieder Anstrengungen der Akteure, Interdependenzbeziehungen zu ihren Gunsten zu beeinflussen:

a) Manche AutorInnen sehen die Durchsetzung des öffentlichen Schulsystems vor allem als Ergebnis *rechtlicher Institutionalisierung* an (so Fend 2006a; 2006b). In der normativ-rechtlichen Perspektive wird festgelegt, was Schule ist, nach welchen Programmen (der Ausbildung, der Lehrpläne, der Prüfungen) sie funktionieren soll. Die Befolgung von Normen geht mit positiven, eine Abweichung mit negativen Sanktionen einher. Rechtliche Institutionen lassen sich zwar als Folge und Ausdruck gegebener sozialer Interdependenzen begreifen, jedoch werden rechtliche Normen regelmäßig in gestaltender Absicht verändert. So haben Bildungspolitik und -administration in vielen Bundesländern ein Schul-

---

109 Auch wenn wir es im Schulsystem nicht allein, wie Benz für das System der Politik unterstellen kann, mit kollektiven Akteuren zu tun haben.

programm rechtlich verankert. Jedoch antworten Schulen darauf auf ganz unterschiedliche Weise, z.b. durch die penible Dokumentation bisheriger Aktivitäten bis hin zu bloßen Erklärungen, was man künftig zu tun beabsichtige (Holtappels/Müller/Simon 2002). Rechtliche Regelungen sind also Anlass für die Interpretation und „Rekontextualisierung" (Fend 2006a, 174-178).

b) Ähnliche Deutungsprozesse und teilweise auch handfeste Auseinandersetzungen lassen sich beobachten, wenn man die Schule und ihre *organisatorischen Rahmenbedingungen* als *politische Konstellation* sieht. Die Hauptbeteiligten an der öffentlichen Schule – SchülerInnen, Eltern, Lehrkräfte, Politik und die Verwaltung – kontrollieren dabei jeweils nur bestimmte Ressourcen (vgl. Kussau/Brüsemeister 2007a).[110] Trotz der dadurch bestehenden wechselseitigen Abhängigkeiten verharren die Akteure Staat und Schule keineswegs in der „gegebenen" Interdependenz, sondern suchen sie zu ihren Gunsten zu beeinflussen. Der Staat setzt heute z.B. auf verschiedene Evaluationsmaßnahmen (wie z.B. die Schulinspektion), um Lehrkräfte auf bestimmte Maßnahmen zur Steigerung von Kompetenzen der SchülerInnen verpflichten zu können. Und Lehrkräfte führen ihre Überlastung ins Feld, um solche Maßnahmen zurückzuweisen.

c) Auch die „Kultur" einer Schule schafft verfestigte und geltende „Vereinbarungen" (Altrichter/Posch 1996; Fend 1998). Anders als bei der Analyse rechtlicher Vereinbarungen und bei der Sichtweise von Schule als politischer Konstellation stehen in kultureller Hinsicht kleinteiligere Aushandlungen und konfliktive Prozesse zwischen Akteuren im Vordergrund, innerhalb derer sie ebenfalls Interdependenz zu beeinflussen suchen.

Normen und Ressourcen
Welche konkrete Form Interdependenz annimmt, hängt neben normativen Regeln von den Ressourcen ab, über die Akteure verfügen. Während man noch in der Nachkriegszeit und bis weit in die 1970er Jahre hinein von einer disziplinierenden und kontrollierenden Vergesellschaftung ausgehen konnte, die sich an Normbindung orientierte – so seinerzeit z.B. der Strukturfunktionalismus (Parsons 1972) –, stehen heute autonomisierende, reflexive, „selbstsozialisierende" Formen der Vergesellschaftung im Vordergrund (Veith 2004; vgl. oben Kap. 3.1.5). Dabei wird teilweise der Begriff der Gesellschaft samt ihrer normierenden Vorgaben durch den Begriff der Umwelt ersetzt, zugleich mit der Aufwertung individueller Erfahrungsbezüge und Entscheidungsfähigkeiten. Die Subjekte suchen in der Umwelt nach Gelegenheitsstrukturen, ihre Ziele zu realisieren und Interdependenz zu bewältigen:

---

110 Wenn von Ressourcen die Rede ist, wird hier und nachfolgend ein erweiterter Begriff verwendet, der nicht nur materielle Ressourcen umfasst, wie z.B. Finanzen, sondern auch immaterielle Ressourcen, wie z.B. spezifische Fähigkeiten des Interpretierens, Kompetenzen oder Wissen.

„Weil die Umwelt, anders als die Gesellschaft, nicht durch die Brille der sie konstituierenden normativen Ordnungen betrachtet wird, sondern als Gegebenheit mit potentiellem Ressourcencharakter, genügt es, ihre konditionalen Qualitäten als Gelegenheiten für Eigenaktivitäten zu beschreiben. [...] Dabei schrumpfen die kulturellen Wertbindungen und sozialen Einflüsse, die Durkheim und die anderen Sozialisationstheoretiker als Ergebnis gesellschaftlicher Lernerfahrungen innerhalb der Psyche in Form eigenständiger ‚sozialer Ichstrukturen' ausfindig gemacht haben, zu einem teils habituellen, teils strategischen Hintergrundwissen." (Veith 2004, 366)

Normative und rechtliche Verbindlichkeiten werden damit nicht bestritten, jedoch in Relation gesetzt zu Nutzenüberlegungen von Akteuren und ihre Verfügung über Ressourcen. Eine Erforschung der sich daraus ergebenden Handlungsmöglichkeiten und -restriktionen einzelner Akteurgruppen steht für den Bildungsbereich erst am Anfang. Trotzdem erscheint es plausibel, dass sich eine Analyse heutiger Bildungseinrichtungen nicht mehr allein auf eine normative Perspektive stützen kann.

Mehrebenensystem
Formale Beschreibungen von Ebenen im Bildungssystem stoßen an Grenzen, wenn es gilt, die empirisch vorfindbaren Interdependenzen und Beeinflussungen zwischen Akteuren auf verschiedenen horizontalen und vertikalen Ebenen zu erfassen. Zwar gilt rechtlich gesehen, dass Zuständigkeiten und Ressourcen gesonderten Ebenen zugewiesen sind. Realiter sind jedoch vielfach die Probleme und die daraus entstehenden Aufgaben der Problembearbeitung miteinander „grenzüberschreitend" verflochten. Dies wird im Begriff des „Mehrebenensystems" berücksichtigt. Dazu lautet eine Formulierung in der Politikwissenschaft: „Mehrebenensysteme [...] entstehen, wenn zwar die Zuständigkeiten nach Ebenen aufgeteilt, jedoch die Aufgaben interdependent sind, wenn also Entscheidungen zwischen Ebenen koordiniert werden müssen" (Benz 2004b, 127). Der Begriff des Mehrebenensystems ist damit im Kern analytischer Platzhalter für grenzüberschreitende Koordinationen. Sie erstrecken sich sowohl auf vertikale Beziehungen von Akteuren eines Handlungssektors, als auch auf horizontale Beziehungen zwischen Akteuren *verschiedener* Handlungssektoren.

Verfügungsrechte
Das Konzept der „Verfügungsrechte zum Treffen von Entscheidungen" (Braun 2001, 247) erlaubt, die Analyse eines Mehrebenensystems weiter zu differenzieren. Verfügungsrechte sagen etwas aus über (im empirischen Fall) unterschiedliche Beteiligungs- und Einflusschancen, eine Akteurkonstellation mittels Entscheidungen zu eigenen Gunsten beeinflussen zu können. Es geht darum, Entscheidungen zu treffen, mit denen der eigene Handlungsraum gegenüber anderen

5.2 Theorien zu Eigenarten von Bildungsorganisationen

Akteuren erhalten oder ausgebaut werden kann. Dies muss nicht ausschließlich durch Ausweitung von Verfügungsrechten geschehen. Verfügungsrechte können auch beinhalten, Entscheidungsbefugnisse, die einem auferlegt werden, zurückzuweisen.

Weiter differenzieren lassen sich Verfügungsrechte (a) hinsichtlich der Normen, auf die sich Akteure beziehen und (b) hinsichtlich der Ressourcen, die sie nutzen können.

(a) Verfügungsrechte, als Normen verstanden, können in unterschiedlichem Grade institutionalisiert sein, von rechtlichen Normen, über informelle „Rechte" bis hin zu bloßen Gepflogenheiten. In der Perspektive von Normen („Sollen"[111]) besteht eine Verpflichtung, sich an rechtliche Normen zu halten, die der Gesetzgeber oder Vorgesetze beschließen. Verfügungsrechte sind hierbei in der Regel asymmetrisch verteilt. So ist der Staat legitimiert und berechtigt, Lehrkräften Handlungsanweisungen zu geben.

b) Bezogen auf Ressourcen – der zweiten Interpretationsart von Verfügungsrechten („Können") – kann sich eine Asymmetrie, die hinsichtlich einer ungleichen Verteilung von normativen Anforderungen besteht, umkehren. Weil der Staat nicht über die Ressourcen verfügt, selbst zu unterrichten, können sich Lehrkräfte Verfügungsrechte *nehmen*, indem sie ihre exklusiven pädagogischen Vermittlungsfähigkeiten ausspielen und die staatliche Kontrollschwäche ausnutzen. Organisationstheoretisch drückt sich darin die Chance der Mitglieder aus, auch unterhalb der offiziellen Regelbefolgung verschiedene Sinnressourcen und Handlungspotenziale zu entdecken und einzusetzen.

Regelungs- und Leistungsstrukturen
In bisherigen Governance-Analysen wurden zumeist die Makro- und die Mesoebene gesellschaftlicher Ordnungsbildung und Handlungsabstimmung in den Blick genommen, um zu untersuchen, wie Akteure aus den Bereichen der Politik, der Verwaltung, der Wirtschaft, der Zivilgesellschaft zusammen- und teilweise auch gegeneinander wirken und damit die *Regelungsstruktur* eines Mehrebenensystems begründen und beeinflussen. Eine zentrale Frage der Governanceforschung ist jedoch, wie sich eine veränderte *Regelungsstruktur* auf die *Leistungsstruktur* im Mehrebenensystem auswirkt (Schimank 2007). Im Schulbereich ist dies die Frage, wie systemische Steuerungsimpulse innerschulisch aufgenommen werden und welche Effekte sie für den Unterricht haben; im Universitätswesen geht es um Effekte veränderter Regelungsstrukturen für die Leistungserbringung in Forschung und Lehre.

---

111 Zur Unterscheidung von Sollen, Können und Wollen vgl. Schimank 1996, 241-267.

Die School-Effectiveness und -Improvement-Forschung (Wissinger 2007) hat bereits seit den 1980er Jahren das Bewusstsein dafür geschärft, dass systemische Neuerungen nicht direkt zu verbesserten unterrichtlichen Ergebnissen führen, sondern dass diese erst auf Schulniveau in geeignete strukturelle Vorkehrungen und diese wiederum in entsprechende Unterrichtshandlungen von LehrerInnen und SchülerInnen übersetzt werden müssen (vgl. Holtappels/Höhmann 2005). Es wäre nun vermessen, von der Educational Governanceforschung den Schlüssel für die Lösung dieses Problems zu erwarten. Dennoch eröffnet diese Forschungsrichtung eine spezifische neue Perspektive.

Die Frage der Abstimmung und des Zusammenwirkens verschiedener Systemebenen wird in der Sicht von Governance als Problem der Handlungskoordination gedeutet. Bildlich formuliert wird nun diese theoretische Linie auch bis zu innerschulischen Modi der Handlungskoordination zwischen Schulleitung, LehrerInnen und anderen MitspielerInnen, d.h. also für die Mikroebene weitergezogen. Mit dem von den konstruktivistischen Lerntheorien forcierten Bild des Lernens, das Eigenaktivitäten von Schülern betont, wird in diesem Zusammenhang ebenfalls der Unterricht unter Gesichtspunkten der Handlungskoordination begriffen. Gelernt wird, weil verschiedene Umgebungsbedingungen, z.B. die Lehrenden, aber auch die Peers und das schulische Umfeld beobachtet werden, weil es Beeinflussung und Verhandlung gibt (vgl. Voß 2005; Peschel 2005).[112] Lehrkräfte, die die Lernaktivitäten ihrer Klasse an Bildungsstandards orientieren wollen, müssen z.B. nicht nur in ihrer eigenen Unterrichtsplanung und Leistungsbeurteilung darauf Rücksicht nehmen; sie haben ganz wesentlich ein Koordinationsproblem, weil sie dazu beitragen müssen, dass sich die Lernaktivitäten der Lernenden an diesen neuen Orientierungsmarken ausrichten.

Beobachtung, Beeinflussung und Verhandlung
Für die empirische Analyse lassen sich Formen der Koordination, die Akteure im Rahmen von Akteurkonstellationen hervorbringen, weiter spezifizieren. Begriffliches Hilfsmittel dafür ist z.B. die Unterscheidung von „Beobachtungs-", „Beeinflussungs-" und „Verhandlungskonstellationen" (vgl. Lange/Schimank 2004, 19-23):

- In *Beobachtungskonstellationen* findet „die Handlungsabstimmung allein durch einseitige oder wechselseitige Anpassung an das wahrgenommene Handeln der anderen" statt (a.a.O., 20). Zum Beispiel kann eine Schulin-

---

112 Vgl. ebenfalls die Beiträge im Themenheft der „Schweizerischen Zeitschrift für Bildungswissenschaften" (28/2006), unter dem Titel „Klassenführung – Konzepte und neue Forschungsbefunde".

5.2 Theorien zu Eigenarten von Bildungsorganisationen

spektion allein durch ihr Auftreten in einer Schule Veränderungen auslösen, z.B. da Lehrkräfte wissen, dass sie beobachtet werden.
- In *Akteurkonstellationen der Beeinflussung* erfolgt (auf Basis wechselseitiger Beobachtung) die Handlungskoordination „durch den gezielten Einsatz von Einflußpotentialen", wie z.b. „Macht, Geld, Wissen, Emotionen, moralischer Autorität etc." (a.a.O., 20f.). So stellt die aktuell einsetzende evaluationsbasierte Steuerung einen massiven Beeinflussungsversuch durch Berichtsformen und Berichtspflichten dar.
- In *Verhandlungskonstellationen* basiert die Handlungskoordination – gestützt auf wechselseitige Beobachtung und Beeinflussung – auf der gegenseitigen Ausarbeitung von Vereinbarungen, die ihre bindende Wirkung auch ohne die Aktualisierung von Macht entfalten können (a.a.O., 22). Im Schulbereich etwa finden wir ein Beispiel in Verträgen oder Leistungsvereinbarungen, die zwischen verschiedenen „SchulpartnerInnen" geschlossen werden (Füssel 2003).

Mit den Begriffen Beobachtungs-, Beeinflussungs- und Verhandlungskonstellation lassen sich die vielen empirisch möglichen Koordinationsformen zunächst grob unterscheiden. Im konkreten Fall werden dabei die Koordinationsformen in einem je besonderen Mischungsverhältnis vorliegen.

So sind z.B. Schulprogramme, folgt man Intentionen der Bildungspolitik, vornehmlich auf Verhandlungskoordinationen ausgerichtet: innerschulische Akteure sollen sich auf ein Programm verständigen. Damit einher geht die Erwartung, eine einzelne Schule als einen *kollektiven Akteur* zu konstituieren, der zusammen mit der unteren Schulaufsicht Verpflichtungen auf bestimmte Qualitätsmerkmale aushandelt. In Organisationen agieren jedoch nicht alle Mitglieder im gleichen Koordinationsmodus. Manche haben vielleicht von den Verhandlungen kaum etwas mitbekommen und orientieren sich durch Beobachtung erst einmal daran, was andere tun; wieder andere Akteure müssen beeinflusst werden, damit sie sich am Entwurf eines Schulprogramms beteiligen. Beobachtung und Beeinflussung werden wiederum in verschiedenen schulischen Gremien und Organen relevant, damit die Abstimmungsarbeit nicht nur punktuell, sondern möglichst dauerhaft verläuft und um Effekte für die Schul- und Unterrichtsentwicklung zu erzielen – wofür teilweise auch Verhandlungen notwendig werden. Um ein Schulprogramm wirksam werden zu lassen, sind also alle drei Formen der Handlungskoordination noch zusätzlich zu koordinieren.

Hierzu ist zu bemerken, dass die Unterscheidung zwischen Beobachtung, Beeinflussung und Verhandlung nicht normativ zu verstehen ist – so als wäre eine Verhandlung der „Königsweg" zur Koordination. Die Educational Governanceforschung will vielmehr Formen der Koordination und ihre Kombinationen für den einzelnen empirischen Fall erst einmal identifizieren. Dabei könnte sich erweisen, dass allein schon durch Beobachtungen – z.b. im Rahmen der Schulinspektion – koordinative Effekte entstehen (vorausgesetzt die Akteure wissen, dass sie beobachtet werden). Auf empirischer Basis identifiziert werden muss ebenfalls, wie Beeinflussungschancen mit der Position eines Akteurs in einer Konstellation, zusammen mit seinen Ressourcen und Verfügungsrechten, variieren. Schließlich interessiert empirisch, welche Mühen Akteure haben, um überhaupt Zugang zu Verhandlungen zu finden, und welche Selbstverpflichtungen daraus entstehen, wenn Abmachungen eingegangen werden – selbst dann, wenn die Beziehungen zwischen „VerhandlungspartnerInnen" asymmetrisch sind.

Fazit:
Educational Governance ist eine interdisziplinäre Analyseperspektive – unter Einschluss der Bildungssoziologie –, die für den Bildungsbereich Geschehnisse wechselseitiger Abhängigkeiten, Interdependenzen, Koordination im methodischen Rahmen von Mehrebenensystemen untersucht. In diesem Rahmen werden die Gelingens- und Scheiternsbedingungen bildungspolitischer Steuerung und Gestaltungsaufgaben gesehen. Der derzeit wichtigste Anwendungsbereich ist die in den Bundesländern sowie auch international praktizierte evaluationsbasierte Steuerung. Zwar überlässt der Staat, teilweise an Modellen des „New Public Management" anknüpfend (Schedler/Proeller 2000), die Zielerfüllung autonomen Handlungseinheiten. Bildungsstandards, die im Rahmen von regelmäßigen Schülerleistungstests, zentralen Abschlussprüfungen und Schulinspektionen flächendeckende Evaluationen nach sich ziehen (van Ackeren 2003), zeugen jedoch davon, dass auf Mittel der Beeinflussung gesetzt wird. Das relative Eigenleben von Systemen – z.B. der intransparente Habitus der Lehrkräfte (s.o.) – gilt bildungspolitisch als kaum mehr erwünscht. Ob sich jedoch engere Beziehungen zwischen den Ebenen des Schulsystems allein auf Basis von Evaluationsdaten werden herstellen lassen, ist mehr als fraglich. Als Forschungsperspektive will Educational Governance zeigen, unter welchen Umständen und mit welchen Effekten und Wirkungen versehen bewusste Gestaltungen von Koordinationen zwischen Akteuren möglich sind und wo die Grenzen für verschiedene Formen der Koordination liegen.

Literaturempfehlungen
Zum Überblick über verschiedene Organisationstheorien ist geeignet Miebach 2007; Anwendungsbeispiele für pädagogische Felder geben Böttcher/Terhart 2004. Die Perspektive von Educational Governance wird programmatisch sowie mit Beispielen vorgestellt in Altrichter/Brüsemeister/Wissinger 2007 sowie Kussau/Brüsemeister 2007a.

6. Zum Schluss: Wissen und soziale Ungleichheiten

Zum Ende des Buches ist es angebracht, zum einen zumindest einige der Befunde der Bildungssoziologie zu schulischen Ungleichheiten, die hier vornehmlich fokussiert wurden, nochmals anzuführen; dies soll zum anderen so geschehen, dass ein neuer Akzent hinzugefügt wird, der für die künftige Forschung eine Rolle spielt. Es ist dies der Akzent der Wissensanalyse, der in Soziologie und Bildungssoziologie eine Tradition hat. In Soziologie und Bildungssoziologie werden enge Zusammenhänge zwischen Wissen und gesellschaftlichen Regulationsstrukturen konstruiert. Beispielsweise bringt Bourdieu bringt Wissen mit gesellschaftlichen Ordnungs- und Kapitalstrukturen in Verbindung, die institutionalisierte Formen des Wissens und ebenfalls körperliche und habituelle Ordnungen umfassen. Wissen und regulative Ordnungen sind zudem ein ausgeprägtes Thema in der Institutionenanalyse, wozu vorangehend Berger und Luckmann vorgestellt wurden.

Auch wenn unklar ist, in welchem Ausmaß sich eine behauptete Wissensgesellschaft faktisch schon eingestellt hat, so erscheint doch unabhängig davon die Frage relevant, wer in der Gesellschaft welches Wissen herstellt und wie die Verteilung von Wissen aussieht. Wissen wird dabei in verschiedenen gesellschaftlichen Feldern oder Systemen offensichtlich ungleich produziert und verteilt. Dies zeigt sich beispielsweise, wenn man – wie im Folgenden – mit der Educational Governanceforschung verschiedene Ordnungsgebilde unterscheidet. Ich stütze mich hierbei auf Oberbegriffe wie z.B. „Staat", „Organisation/Profession" und „Markt/Interaktion" (Lange/Schimank 2004, 22f.; Klatetzki/Tacke 2005; Brüsemeister 2004a; zu weiteren Regulationsstrukturen wie z.B. Netzwerken siehe Wiesenthal 2006). Diese Regulations- und Ordnungsstrukturen unterstellen, dass verschiedene Akteure untereinander auf eine je spezifische Weise interdependent sind, im Staat z.B. durch Recht und Vertragsmöglichkeiten, in Professionen durch Versuche der professionellen Begutachtung und Beeinflussung, auf dem Markt z.B. durch wechselseitige Beobachtung (von MarktteilnehmerInnen).

Diese drei Ebenen Staat, Profession/Organisation und Markt/Interaktion lassen sich wiederum mit den Begriffen Makro-, Meso- und Mikroebene in Verbindung bringen. Wie oben gezeigt (siehe hier im Buch S. 16f.) versucht die Bildungsforschung insgesamt, verschiedene Befunde zu Bildungsungleichheiten, die man auf diesen Ebenen feststellt, durch ein Modell der Tiefenerklärung enger miteinander zu verbinden. Es wird gefragt:

1) Wie werden Faktoren auf der Makroebene der Gesellschaft und der Mesoebene der Organisationen des Bildungswesens mittels *situationaler Mechanismen*, d.h. auf der Ebene der einzelnen Akteure auf der Mikroebene aufgegriffen und bedeutsam gemacht? (Becker/Lauterbach 2006, 23)
2) Im Zuge welcher *transformierender Mechanismen* stellen sich Verbindungen zwischen der Mikro- und der Makroebene her, d.h. wie verwandeln sich die Bildungsentscheidungen der einzelnen in das kollektive Phänomen soziale Ungleichheit? (A.a.O., 23)
3) Welche „handlungsformierenden Mechanismen" (ebd.) auf der Individualebene gibt es, d.h. in welcher Art und Weise wirken z.b. die Schichtzugehörigkeit des Elternhauses und die individuellen Bildungsaspirationen und Bildungsentscheidungen zusammen?

In diese drei offenen Fragen zu den Links zwischen den Erklärungsebenen Makro, Meso und Mikro sollen nachfolgend erstens einige Befunde aus der vorwiegend soziologischen Bildungsforschung eingetragen werden. Zweitens lassen sich die einzelnen Befunde mit verschiedenen Wissensformen in Verbindung bringen, die sich innerhalb der Ordnungsstrukturen Staat, Profession/Organisation und Markt/Interaktion vermuten lassen. Es geht nachfolgend um die Skizzierung einer Wissensanalyse, um erste Hinweise zu geben, wie Wissen auf verschiedenen Ebenen gesellschaftlich ungleich produziert und distribuiert wird. Um aktuelle Tendenzen der Bildungsverteilung herauszustellen, arbeite ich heuristisch mit der Unterscheidung zwischen Klassen- und Wissensgesellschaft. Die Ausarbeitung einer solchen wissensanalytischen Skizze obliegt der weiteren Forschung.[113]

Staat
Unzweifelhaft ist die *staatliche Bildungspolitik* ein entscheidender Faktor, der beeinflusst, welche gesellschaftlichen Akteure in welcher Weise von Bildungsangeboten profitieren, je nach dem, welche Akteure in Bildungsprogrammen adressiert werden und wie offen oder geschlossen diese Programme sind, d.h. wie selektiv sie gehandhabt werden und welche Wissensarten sie favorisieren.
In der Schicht- und Klassengesellschaft der bundesrepublikanischen Nachkriegszeit war ein wesentlicher Zielpunkt der Adressierung das ‚katholische Arbeitermädchen vom Lande'. Damit reagierte die Bildungspolitik auf schicht- und klassenspezifische, konfessionelle sowie räumliche Unterschiede in der Bildungsnutzung, denen gemäß dem Gebot der Chancengleichheit mit einer *rechtlichen Institutionalisierung* von Bildungsangeboten für alle BürgerInnen

---

113 Das Nachfolgende basiert auf Brüsemeister 2007, 629ff.

begegnet wurde (Fend 2006b), was zu erheblichen Leistungsverbesserungen im allgemeinschulischen und im Hochschulbereich geführt hat.

Im Zuge politischer Planung wird ebenfalls angenommen, dass Bildungszertifikate und -qualifikationen eine Passung zu Arbeitsmärkten aufweisen; das dreigliedrige Schulsystem beispielsweise wird so gedacht und legitimiert, dass seine Abschlüsse auf Qualifikationsanforderungen verschiedener Arbeits- und Beschäftigungsmärkte abgestellt sind. Damit werden die Qualifizierungsleistungen des staatlichen Bildungssystems in relativ engen Verbindungen zu Märkten gesehen.

In der Wissensgesellschaft werden die Organisationen des Staates, ihre Planungs- und Steuerungsaktivitäten von der Bildungsforschung als mit Risiken behaftet verstanden und treten mehr als eigendynamische Sphären in den Blick. Eine Passung zwischen den Anbietern (Staat) und den Nutzern von Bildungsleistungen auf Märkten und in der (Zivil-)Gesellschaft erscheint entsprechend schwieriger herstellbar. Dabei zeichnet sich gegenwärtig ein Verständnis von politischer Steuerung im Allgemeinen sowie bildungspolitischer Steuerung im Besonderen ab, das aus den zuvor als bloßen Adressaten oder Steuerungsobjekten gedachten EmpfängerInnen von Bildungsleistungen tätige Mitwirkende macht. Für diesen Formwandel der (Bildungs-)Politik (Mayntz 1996, 159) lassen sich sowohl endogene Faktoren ausmachen, d.h. Veränderungen, die die (Bildungs-)Politik als gesellschaftliches Teilsystem selbst vollzieht, teils weil seit den 1970er Jahren politische Offensiven der Gesellschaftsplanung als gescheitert gelten, teils weil die Politik seit den 1980er Jahren verstärkt Kostengesichtspunkte berücksichtigen muss, die von Nutzern oder ‚Kunden' mit zu tragen sind. Ebenfalls finden sich exogene Veränderungen in der Umwelt des (bildungs-)-politischen Systems; teils wurden z.B. seit den 1970er Jahren demokratische Mitbestimmungsrechte errungen, teils kennzeichnet Bildungsabnehmer ein Kultur- und Wertwandel, der mit höheren Ansprüchen an Bildungs- und Sozialleistungen einhergeht (Gerhards 2001; siehe oben Kap. 3.4.3). In diesem Zusammenhang wird aktuell stärker bemerkt, dass staatliche Dienstleistungen nur noch im Zuge engerer Interdependenzen und ‚Vorleistungen' der Zivilgesellschaft und der Wirtschaft erbracht werden können (Kussau/Brüsemeister 2007a). In diesem Kontext steigt ebenfalls das *Nichtwissen* über Wirkungen und Effekte von Wissensformen (vgl. generell Wehling 2006).

Eine Reaktion der Bildungspolitik ist, die Qualität von Bildungsangeboten durch Evaluation und Formen des Berichtswesens zu erheben (Böttcher/Holtappels/Brohm 2006), um Leistungen von Bildungsangeboten und auch die Bildungspolitik selbst besser öffentlich darstellen zu können. In diesem Zusammenhang werden von der Bildungspolitik und der -administration teilweise Qualitätszirkel, öffentliche Foren und runde Tische etabliert, um Leistungsangebote in kleinteiligeren Prozessen zusammen mit den NutzerInnen besser abstimmen zu können. In der Bildungsforschung wird entsprechend auf Modelle der Aushandlung (Angebots-Nutzungs-Modell; vgl. Fend 2004) und auf eine akteurzentrierte Institutionenanalyse abgestellt (im Rahmen der Educational Governanceforschung vgl. Altrichter/Brüsemeister/Wissinger 2007; Kussau/Brüsemeister 2007a). Es wird hierbei ebenfalls problematisiert, inwiefern bildungspolitische Maßnahmen und Praktiken der Evaluation zwar einerseits die gesellschaftliche Berichterstattung über Bildungsungleichheiten verbessern, darin jedoch andererseits auch eine Selbstbezüglichkeit der Bildungsanbieter liegt, sich öffentlich legitimieren zu müssen. In dieser Hinsicht wird erörtert, dass z.b. Evaluation und Bildungsberichterstattung ihrerseits selektive Formen des Wissens und der Wissensverwendung beinhalten können, und dass neues Wissen im Rahmen von Evaluationen mitunter unsicheres Anschlusswissen, mithin Nichtwissen erzeugt (Brüsemeister/Eubel 2008).

So erscheint die Wissensform Evaluation als eine ambivalente. Mit Evaluationsverfahren können auf der einen Seite „dichte" Interaktionen zustande kommen, die den Akteuren der staatlichen Regulationsstruktur genauere Eingriffsmöglichkeiten und Hilfen für Bildungseinrichtungen eröffnen, also z.B. lokale Schulentwicklungspotenziale haben. Auf der anderen Seite beinhalten Evaluationen Standardisierung (vgl. generell Ortmann 2003, 241-246). Die potentiell dichte Interaktion, z.b. zwischen der neuen Schulinspektion und den Lehrkräften, kann zu einem Ritual verkommen bzw. ausbleiben, wenn Evaluatoren ihre Beobachtungen in ihren Checklisten wortlos abhaken und es zu keinem weitergehenden Austausch vor Ort kommt. Die Wissensform Evaluation kann im Zuge von Ritualisierung, Standardisierung, einer Externalisierung von Verantwortung und einer Verkognitivierung (durch abfragbare kognitive Kompetenzen) sogar die Leistungsstruktur eines Teilsystems empfindlich stören (zur Differenz zwischen Regulations- und Leistungsstruktur vgl. Schimank 2007). Dies wirft insgesamt die Forschungsfrage auf, wie die Wissensformen aussehen, die zwischen der konventionellen Staatlichkeit und staatlichen Steuerungsprogrammen einerseits sowie neuen evaluationsbasierten Programmen andererseits gelagert sind.

Organisation/Profession
In enger Verbindung zur staatlichen Regulationsstruktur werden von der Bildungsforschung auf der Mesoebene einzelne organisierte Bildungsgänge und dafür zuständige einzelne Bildungsorganisationen untersucht, die zusammen ein verzweigtes Netz von Schul- und Ausbildungsgängen eröffnen. In der Bildungsforschung interessiert hierbei sowohl die Zahl der Bildungsgänge wie auch die Höhe „der zu überwindenden Barrieren" (Becker/Lauterbach 2006, 26). Den Individuen stehen, je nach den mitgebrachten und erworbenen Kompetenzen, der

individuellen Kumulation von Titeln und ihren Entscheidungsverhalten (Hillmert 2006, 78) unterschiedliche Möglichkeiten für das Durchlaufen von Bildungsgängen sowie Bildungsübergänge offen, von der vorschulischen Erziehung bis zur Weiterbildung. In den einzelnen Bildungsorganisationen sind dabei *institutionalisierte Entscheidungsverfahren* und das *Entscheidungsverhalten von Gatekeepern* (Behrens/Rabe-Kleberg 2000) bedeutsam, mit denen Individuen ‚Berechtigungen' für Titel und Bildungsübergänge eröffnet oder verschlossen werden, je nach dem, welche Bildungsgänge Individuen zuvor durchlaufen haben. Das Modell der Sequenzierung im Rahmen von Entscheidungen der Bildungsnutzer lässt sich jedoch nur bedingt auf das Bildungssystem anwenden, da z.B. das deutsche dreigliedrige Schulsystem per se als eine Parallelstruktur von Bildungswegen entworfen ist (Schimpl-Neimanns 2000; Breen/Jonsson 2000). Müller und Pollack (2006, 314f.) resümieren, dass Deutschland weder besonders große Ungleichheiten der Familieneinkommen oder besonders hohe Armutsquoten hat, sondern „das größte Potenzial zur Erklärung des hohen Grades sozialer Ungleichheiten der Bildungsbeteiligung und der Bildungsergebnisse […] in der Ausgestaltung des Bildungssystems und in den institutionellen Rahmenbedingungen des Bildungserwerbs (liegt), die die Wahlentscheidungen zwischen alternativen Bildungspfaden strukturieren." Nivellierungen von herkunftsbedingten Ungleichheiten, die etwa durch die Grundschule möglich wären, werden in Deutschland statistisch gesehen spätestens „am Ende der Grundschulzeit zunichte gemacht" (Becker/Lauterbach 2006, 27). Die frühe Förderung ist in Deutschland institutionell schwach, d.h. zeitlich zu kurz und die Selektion zu früh; und im Vergleich zu anderen Ländern sind die Bildungsausgaben im frühkindlichen Bereich deutlich geringer (Baumert/Artelt 2003; OECD 2004a, b). Manche Strukturen, werden sie einmal beschritten, können so kaum verlassen werden. So „schwindet nach einer ersten Bildungsentscheidung beim Übergang von der Grundschule auf die Sekundarschule I die Zeit für einen zu revidierenden oder nachzuholenden Schulformwechsel" (Becker/Lauterbach 2006, 26, Anm. 8). Die Verzweigung der Schulstruktur führt des Weiteren zu einer „sozialen Homogenisierung sozial benachteiligter Schulkinder in der Hauptschule" (a.a.O., 32). In diesem Zusammenhang erklären die frühen Weichenstellungen teilweise, warum in Deutschland so wenige Arbeiterkinder auf der Universität sind (a.a.O., 33; Müller/Pollack 2006, 315).

Die institutionellen Rahmenbedingungen des Bildungserwerbs sind darüber hinaus erstens mit kleinteiligeren Organisationsprogrammen und Entscheidungen des administrativen Personals, zweitens mit Beurteilungs- und Bewertungspraktiken von Professionellen verbunden. Angesprochen sind z.B. Entscheidungen der Schulverwaltung und der Schulträger, welche Schulen in welchen Stadtteilen errichtet werden dürfen, wie die Einzugsgebiete (Schulsprengel) beschaffen sind und wie viele Ausnahmen (Gestattungen) zum Wechsel eines Schulsprengels eine Behörde genehmigt. Hierbei stellen sich teilweise ‚strukturelle Bündnisse' (Mechanismen) zwischen Mittelschichtseltern, die ihr Kind nicht in eine Schule mit einem hohen Ausländeranteil schicken wollen, und den Behörden ein, wenn sie Gestattungsanträge zum Wechsel des Schulsprengels systematisch genehmigen (so empirisch belegt an Zahlen aus Darmstadt und Wiesbaden: Radtke/Hullen/Rathgeb 2005).

Auch auf der Ebene der einzelschulischen Organisation finden sich derartige Mechanismen der institutionellen Diskriminierung (Gomolla/Radtke 2002; vgl. auch oben Kap. 5.1.2 zu Flam), die heute vor allem in der Unterlassung einer ausreichenden Förderung von Lernschwachen gesehen wird, neben Faktoren wie dem „frühen Zeitpunkt der Selektion für den weiteren Bildungsweg, Ausleseverhalten von Lehrkräften, Vergabe von sozial selektiven Bildungsempfehlungen, schulische Selektion durch Klassenwiederholungen und schulische Rückstufungen." (Becker/Lauterbach 2006, 32f.)

Diese kursorischen Befunde zu den Wissensformen Organisation und Profession, den ihnen eigenen Entscheidungen und Arten der professionellen Begutachtung und Bewertung sollen andeuten, welche institutionell-diskriminierenden Mechanismen diese Wissensformen beinhalten können. Die Eigenarten, Sinnunterscheidungen via Entscheidungen zu treffen, machen nach Luhmann Organisationen in vielen gesellschaftlichen Teilsystemen ‚schlagkräftig', sofern sie erlauben, ansonsten unwahrscheinliche Sinnalternativen zu verstetigen (Luhmann 1997, 826-846). Im Bildungsbereich kann jedoch institutionelle Diskriminierung angesichts einer gesellschaftlichen Verpflichtung auf Chancengleichheit nur wenig toleriert werden. Eine offene Forschungsfrage ist, wie weit Professionen – z.B. in der Evaluation durch peers, die Empfehlungen für den weiteren Bildungsverlauf beinhalten – immer mehr Entscheidungsmuster von Organisationen übernehmen und sich so klassische Grenzziehungen zwischen Organisation und Profession verlieren (Klatetzki/Tacke 2005). Professionelle Begutachtung wird immer mehr Teil von organisationalen Entscheidungen, die im Bildungsbereich direkt oder indirekt die weitere Vergabe von Ressourcen beeinflussen. Professionelle sind dabei nicht nur wegen ihrer Begutachtung gefragt, sondern stehen selbst unter Entscheidungsdruck, angesichts offenkundiger Bildungsungleichheiten Entscheidungen öffentlich nachvollziehbar darzulegen. Die Entscheidungsförmigkeit der Profession steigt (Brüsemeister 2004b) und zunehmend werden Professionelle wie andere Berufe evaluiert, offensichtlich weil Staat und Gesellschaft der professionellen Selbstkontrolle nicht mehr bedingungslos vertrauen. Es sind offene Forschungsfragen, welche veränderten Mischformen sich hierbei zwischen Profession und Organisation ergeben, welche Wissensformen sie beinhalten, und welche Selektivität des Wissens diesen Formen eigen ist.

Markt/Interaktion
Die Regulationsform des *Marktes* kennzeichnet, dass eine gesellschaftliche Ordnungsbildung und Handlungsabstimmung gleichsam anonym, ‚hinter dem Rücken' der Beteiligten erfolgt (‚invisible hand'), allein im Zuge der Beobachtung der Einzelnen im Hinblick auf das antizipierte Handeln vieler anderer Akteure. Es kommt zu einer „fast gleichzeitigen Reaktion vieler auf das, was viele als Reaktion anderer unterstellen" (Luhmann 1996, 102f.). In nicht wenigen gesellschaftlichen Bereichen ermöglicht eine anonyme Handlungsabstimmung auf Märkten den Individuen, ihre Lebenschancen ‚auf eigene Faust' zu verbessern, d.h. innerhalb einer Konkurrenz von Marktanbietern das eigene Glück zu suchen. Hierbei sind die Differenz und die Unterschiedlichkeit der (individuellen, kollektiven) Handlungseinheiten konstitutiv, um eine Konkurrenz auf Märkten aufrechtzuerhalten. Eine solche Differenzkonstruktion von Märkten ist nur begrenzt auf Erziehungssysteme übertragbar, da sie sich historisch gesehen auf ein hohes Maß an Gleichheit verpflichtet haben (Brüsemeister 2006).

Sieht man Entscheidungen von Individuen zunächst einmal nicht im Kontext von Märkten, sondern generell, dann soll die analytische Beschäftigung mit Entscheidungen einen Beitrag für die theoretische Erklärung von Bildungsungleichheiten innerhalb des oben angesprochenen Makro-*Mikro*-Makro-Links leisten. Die individuellen Entscheidungen auf der Mikroebene aktualisieren gleichsam die Strukturen mitsamt ihrer institutionellen Diskriminierung; sie bestätigen sie oder ändern sie teilweise auch ab (zu einer derartigen Rekontextualisierung vgl. Fend 2006a, 174-178). Für den Bildungsbereich werden individuelle Bildungsentscheidungen beinahe durchgängig mit einer Verstetigung sozialer Ungleichheiten in Verbindung gebracht. Es gibt kein Argumentationsmuster wie für Märkte, dass die Erfolgssuche oder Strategien der Einzelnen gleichzeitig eine ‚gute' Bildungsstruktur befördern würden. In der Argumentation werden Schicht- und Klassenstrukturen ins Spiel gebracht, verbunden mit einem Kampf um Bildung. Inhaltlich wird davon ausgegangen, dass gerade die Mittelschicht die Selektionsmuster und die bisherige Kostenlosigkeit öffentlicher Bildungseinrichtungen für sich nutzen kann, zu Lasten von Investitionen, die für Benachteiligte hätten getätigt werden können.

Zudem werden von der Bildungsforschung Entscheidungen vieler, als Aggregationseffekte, beobachtet, die im Bildungsbereich Quasi-Märkte entstehen lassen (Weiß 2002). Solche Marktgeschehnisse werden teils von der Bildungspolitik nach internationalen Trends (Arnott/Raab 2000) in die staatliche Steuerung eingebaut, dies jedoch in kontinentaleuropäischen Ländern deutlich vorsichtiger als z.B. seit den 1980er Jahren in England, Australien oder Neuseeland. Teils entstehen Quasi-Märkte als Aggregations- und Nachfrageeffekte bei den Bildungsnachfragern. Für die relative Entwertung von Bildungstiteln, wenn diese von zu vielen Akteuren angestrebt werden, wurde dies bereits untersucht (Bourdieu/Passeron 1971). Wissenschaftlich kaum erforscht ist die Alltagserfahrung, dass mittlerweile Eltern für ‚gute' Schulen umziehen und mancherorts die Grundstückspreise an entsprechenden Schulstandorten ‚explodieren'. Es findet eine ‚Abstimmung mit den Füssen' statt. Dies bedeutet, dass Bildungssysteme neben der Tatsache, dass sie Normensysteme sind, die Programme mit Sanktionsgewalt (Selektionsgewalt) nach dem Gebot der Chancengleichheit festlegen, aus Sicht des Publikums auch als eine Umwelt verstanden werden, die Gelegenheitsstrukturen für eigene Nutzenüberlegungen und die Vorteilssuche abgeben. Diese Vorteilssuche ist im Bildungsbereich auf die langfristige Auszahlung getätigter Bildungsentscheidungen für die eigenen Kinder ausgerichtet. Eine solche Ressourcensicht wird nicht nur entscheidungstheoretisch (Boudon 1974; Hillmert 2006), sondern in der jüngeren Zeit auch sozialisationstheoretisch begründet. Im letzteren Fall wird teilweise der Begriff der Gesellschaft samt ihrer normierenden Vorgaben durch den Begriff der Umwelt ersetzt, zugleich mit der Aufwertung von Erfahrungsbezügen und Entscheidungsfähigkeiten der Individuen. Während sich in der Perspektive der Schule als einer nach Normen geregelten Einrichtung der Blick von einer Regel auf das Subjekt richtet, lässt sich mit dem Blick auf Ressourcen ein umgekehrter Vorgang bemerken: Die Subjekte suchen in der Umwelt – inklusive der Schule – nach Gelegenheitsstrukturen, ihre Ziele zu realisieren und die Interdependenz mit anderen Akteuren zu bewältigen (vgl. erneut Veith 2004, 366). Auch die Educational Governanceforschung will künftig die Frage untersuchen, wie normative und rechtliche Verbindlichkeiten von Bildungssystemen von den Akteuren in Relation gesetzt werden zu Nutzenüberlegungen und zur Verfügung über Ressourcen (Kussau/Brüsemeister 2007a). Hierbei ist wiederum eine offene Forschungsfrage, wie neue Wissensform beschaffen sind, die zwischen normativen und marktbezogenen Orientierungen entstehen.

Die Bildungsforschung im Allgemeinen sowie die Bildungssoziologie im Speziellen haben es – nur allein hinsichtlich der hier nur angerissenen Erörterung sich abzeichnender neuer gesellschaftlicher Wissensformen – mit einer Vielzahl von Erklärungsproblemen zu tun. Einige Theoriebausteine der Bildungssoziologie stehen bereit, ihre Hilfe für Erklärungen von Phänomenen zu geben, die auf der Makro-, Meso- und der Mikroebene einsetzen. Die Perspektiven der Bildungssoziologie sind hierbei nicht festgestellt, sondern entwickeln sich, unter anderem in Richtung von Wissensanalysen, die die ungleiche Produktion und Verteilung von Wissen in der Gesellschaft in den Blick zu nehmen suchen.

Literaturverzeichnis

Abbott, Andrew (1988): The System of Profession. An Essay on the Division of Expert Labour. Chicago, London.
Abraham, Ulf/Kepser, Matthis (2005): Literaturdidaktik Deutsch. Eine Einführung. Berlin.
Ackeren, Isabell van (2003): Evaluation, Rückmeldung und Schulentwicklung. Erfahrungen mit zentralen Tests, Prüfungen und Inspektionen in England, Frankreich und den Niederlanden. Münster, u.a.
Allmendinger, Jutta/Dietrich, Hans (2004): PISA und die soziologische Bildungsforschung. In: Zeitschrift für Erziehungswissenschaft, 7. Jg. Beiheft 3, 201-210.
Allmendinger, Jutta/Aisenbrey, Silke (2002): Soziologische Bildungsforschung. In: Tippelt, Rudolf (Hg.): Handbuch Bildungsforschung. Opladen, 41-60.
Altrichter, Herbert/Brüsemeister, Thomas/Wissinger, Jochen (Hg.) (2007): Educational Governance – Handlungskoordination und Steuerung im Bildungssystem. Wiesbaden.
Altrichter, Herbert/Heinrich, Martin (2006): Evaluation als Steuerungsinstrument im Rahmen eines „neuen Steuerungsmodells" im Schulwesen. In: Böttcher, Wolfgang/Holtappels, Heinz Günter/Brohm, Michaela (Hg.): Evaluation im Bildungswesen. Eine Einführung in Grundlagen und Praxisbeispiele. Weinheim, München, 51-64.
Altrichter, Herbert/Posch, Peter (1996): Mikropolitik der Schulentwicklung. Förderliche und hemmende Bedingungen für Innovationen in der Schule. Innsbruck, Wien.
Argyris, Chris/Schön, Donald A. (1999): Die lernende Organisation. Grundlagen, Methoden, Praxis. Stuttgart.
Arnold, Eva/Bastian, Johannes/Combe, Arno/Leue-Schack, Kerstin/Reh, Sabine/Schelle, Carla (1999): Schulentwicklung und Wandel der pädagogischen Arbeit. Arbeitssituation, Belastung und Professionalisierung von Lehrerinnen und Lehrern in Schulentwicklungsprozessen. In: Carle, Ursula/Buchen, Sylvia (Hg.): Jahrbuch für Lehrerforschung. Band 2. Weinheim, München, 97-122.
Arnott, Margaret A./Charles D. Raab (Hg.) (2000): The Governance of Schooling. Comparative studies of devolved management. London, New York.
Baumert, Jürgen/Artelt, Cordula (2003): Bildungsgang und Schulstruktur. In: Pädagogische Forschung 4, S. 188-192.
Baumgart, Fransjörg (Hg.): Theorien der Sozialisation. Erläuterungen, Texte, Arbeitsaufgaben. Bad Heilbrunn/Obb.
Bauer, Karl-Oswald (2000): Konzepte pädagogischer Professionalität und ihre Bedeutung für die Lehrerarbeit. In: Bastian, Johannes/Helsper, Werner/Reh, Sabine/Schelle, Carla (Hg.): Professionalisierung im Lehrberuf. Opladen, 55-72.
Bauer, Karl-Oswald/Kopka, Andreas/Brindt, Stefan (1999): Pädagogische Professionalität und Lehrerarbeit. Eine qualitativ empirische Studie über professionelles Handeln und Bewusstsein. Weinheim, München.
Barlösius, Eva (2006): Pierre Bourdieu. Frankfurt a.M./New York: Campus.
Barlösius, Eva (2005): Die Macht der Repräsentation. Common Sense über soziale Ungleichheiten. Wiesbaden.
Barlösius, Eva (2004): Kämpfe um soziale Ungleichheit. Machttheoretische Perspektiven. Wiesbaden.
Barnard, Chester I. (1938): The Functions of the Executive. Cambridge: Harvard.

Bastian, Johannes/Helsper, Werner (2000): Professionalisierung im Lehrberuf – Bilanzierung und Perspektiven. In: Bastian, Johannes/Helsper, Werner/Reh, Sabine/Schelle, Carla (Hg.): Professionalisierung im Lehrberuf. Opladen, 167-192.

Becker, Rolf (2006): Soziale Ungleichheit von Bildungschancen und Chancengleichheit. In: Becker, Rolf/Lauterbach, Wolfgang (Hg.): Bildung als Privileg? Erklärungen und Befunde zu den Ursachen der Bildungsungleichheit. Wiesbaden, 161-193.

Becker, Rolf/Lauterbach, Wolfgang (2006): Dauerhafte Bildungsungleichheiten – Ursachen, Mechanismen, Prozesse und Wirkungen. In: Becker, Rolf/Lauterbach, Wolfgang (Hg.): Bildung als Privileg? Erklärungen und Befunde zu den Ursachen der Bildungsungleichheit. Wiesbaden, 9-40.

Becker, Rolf/Lauterbach, Wolfgang (Hg.) (2006): Bildung als Privileg? Erklärungen und Befunde zu den Ursachen der Bildungsungleichheit. Wiesbaden.

Behrens, Johann/Rabe-Kleberg, Ursula (2000): Gatekeeping im Lebensverlauf – Wer wacht an Statuspassagen? In: Hoerning, Erika M. (Hg.): Biographische Sozialisation. Stuttgart, 101-135.

Bender, Christiane (1989): Identität und Selbstreflexion. Zur reflexiven Konstruktion der sozialen Wirklichkeit in der Systemtheorie von N. Luhmann und im Symbolischen Interaktionismus von G.H. Mead, Frankfurt a.M. u.a.

Benz, Arthur (2004a): Einleitung: Governance – Modebegriff oder nützliches sozialwissenschaftliches Konzept? In: Benz, Arthur (Hg.): Governance – Regieren in komplexen Regelsystemen. Eine Einführung. Wiesbaden, 11-28.

Benz, Arthur (2004b): Multilevel Governance – Governance in Mehrebenensystemen. In: Benz, Arthur (Hg.): Governance – Regieren in komplexen Regelsystemen. Eine Einführung. Wiesbaden, 125-146.

Berger, Peter A./Kahlert, Heike (Hg.) (2005): Institutionalisierte Ungleichheiten. Wie das Bildungswesen Chancen blockiert. Weinheim, München.

Berger, Peter L./Luckmann, Thomas (1994): Die gesellschaftliche Konstruktion der Wirklichkeit, Frankfurt a.M.

Bergmann, Jörg R. (1988): Ethnomethodologie und Konversationsanalyse, Studienbrief der Fern-Universität Hagen, Hagen.

Berle, Adolf A./Means, Gardner C. (1968): The Modern Corporation and Private Property. New York.

Bernstein, Basil (1988): Social Class, codes and communication. In: Ammon, Ulrich/Dittmar, Norbert/Mattheier, Klaus (Hg.): Soziolinguistik II. Berlin, New York, 563-578.

Bernstein, Basil (1972): Studien zur sprachlichen Situation. Düsseldorf.

Bernstein, Basil (1959): A public language: Some sociological implications of a linguistic form. In: The British Journal of Sociology 10 (4), 311-326

Blossfeld, Hans-Peter/Shavit, Yossi (1993): Dauerhafte Ungleichheiten. Zur Veränderung des Einflusses der sozialen Herkunft auf die Bildungschancen in dreizehn industrialisierten Ländern. In: Zeitschrift für Pädagogik, Heft 1, 25-52.

Blumer, Herbert (1973): Der methodologische Standort des symbolischen Interaktionismus, in: Arbeitsgruppe Bielefelder Soziologen (Hg.): Alltagswissen, Interaktion und gesellschaftliche Wirklichkeit. Bd. 1, Reinbek bei Hamburg, 80-146.

Böhme, Jeanette (2004): Qualitative Schulforschung auf Konsolidierungskurs. In: Helsper, Werner/Böhme, Jaenette (Hg.): Handbuch der Schulforschung. Wiesbaden, 127-158.

Böttcher, Wolfgang/Holtappels, Heinz G./Brohm, Michaela (Hg.) (2006): Evaluation im Bildungswesen. Eine Einführung in Grundlagen und Praxisbeispiele. Weinheim/München: Juventa.

Böttcher, Wolfgang/Terhart, Ewald (Hg.) (2004): Organisationstheorie in pädagogischen Feldern. Wiesbaden.

Bohnsack, Ralf/Nentwig-Gesemann, Iris/Nohl, Arnd-Michael (Hg.) (2001): Die dokumentarische Methode und ihre Forschungspraxis. Grundlagen qualitativer Sozialforschung. Opladen.

Literaturverzeichnis

Bommes, Michael (2001): Organisation, Inklusion und Verteilung. Soziale Ungleichheit in der funktional differenzierten Gesellschaft. In: Tacke, Veronika (Hg.): Organisation und gesellschaftliche Differenzierung. Wiesbaden, 236-258.
Bommes, Michael (1999): Migration und nationaler Wohlfahrtsstaat. Ein differenzierungstheoretischer Entwurf. Wiesbaden.
Bommes, Michael/Halfmann, Jost (1998): Migration in nationalen Wohlfahrtsstaaten. Theoretische und vergleichende Untersuchungen. Osnabrück.
Bora, Alfons/Dresel, Thomas/Sutter, Tilmann/Weisenbacher, Uwe (1991): Die Methode der Sozialisation. Eine Fallanalyse zum Zusammenhang von Konstitution und Rekonstruktion der Moral, in: Garz, Detlef/Kraimer, Klaus (Hg.): Qualitativ-empirische Sozialforschung. Konzepte, Methoden, Analysen. Opladen, 61-91.
Boudon, Raymond (1974): Education, Opportunity, and Social Inequality. New York.
Bourdieu, Pierre (2005): Was heißt sprechen? Zur Ökonomie des sprachlichen Tausches. Wien.
Bourdieu, Pierre (2004): Der Staatsadel. Konstanz.
Bourdieu, Pierre (1998a): Praktische Vernunft. Zur Theorie des Handelns. Frankfurt a.M..
Bourdieu, Pierre (1998b): Gegenfeuer. Wortmeldungen im Dienste des Widerstands gegen die neoliberale Invasion. Konstanz.
Bourdieu, Pierre (1993): Sozialer Sinn. Kritik der theoretischen Vernunft, Frankfurt a.M.
Bourdieu, Pierre (1992): Rede und Antwort, Frankfurt a.M.
Bourdieu, Pierre (1989): How Schools Help Reproduce the Social Order, in: Current Contents/Social and Behavioral Sciences 21, Nr. 8, S. 16.
Bourdieu, Pierre (1987): Die feinen Unterschiede, Frankfurt a.M.
Bourdieu, Pierre (1985): Sozialer Raum und Klassen. Lecon sur la lecon. Zwei Vorlesungen, Frankfurt a.M.
Bourdieu, Pierre (1983): Ökonomisches Kapital, kulturelles Kapital, soziales Kapital. In: Kreckel, Reinhard (Hg.): Soziale Ungleichheiten, Soziale Welt, Sonderband 2. Göttingen, 183-198.
Bourdieu, Pierre/Passeron, Jean-Claude (2007): Die Erben. Studenten, Bildung und Kultur. Konstanz (1964 „Les héritiers. Les étudiants et la culture").
Bourdieu, Pierre, u.a. (1997): Das Elend der Welt. Zeugnisse und Diagnosen alltäglichen Leidens an der Gesellschaft. Konstanz.
Bourdieu, Pierre/Passeron, Jean-Claude (1971): Die Illusion der Chancengleichheit. Untersuchungen zur Soziologie des Bildungswesens am Beispiel Frankreichs. Stuttgart.
Brandt, Willy (2001): Mehr Demokratie wagen. Innen- und Gesellschaftspolitik 1966-1974. Bonn.
Braun, Dietmar (2001): Regulierungsmodelle und Machtstrukturen an Universitäten. In: Stölting, Erhard/Schimank, Uwe (Hg.): Die Krise der Universitäten. Leviathan Sonderheft 20. Wiesbaden, 243-262.
Breen, Richard/Jonsson, Jan O. (2000): Analyzing educational careers: a multinomial transition model. In: American Sociological Review 65: 754-772.
Brose, Hanns-Georg/Holtgrewe, Ursula/Wagner, Gabriele (1994): Organisationen, Personen und Biographien: Entwicklungsvarianten von Inklusionsverhältnissen. In: Zeitschrift für Soziologie 23, Heft 4, 255-274.
Brunsson, Nils (1989): The Organization of Hypocrisy: Talk, Decisions and Actions in Organizations. Chichester.
Brüsemeister, Thomas (2007): Soziale Ungleichheiten und Bildung. In: Schützeichel, Rainer (Hg.): Handbuch Wissenssoziologie und sozialwissenschaftliche Wissensforschung. Konstanz, 623-638.
Brüsemeister, Thomas (2005): „Wo Interaktion ist, soll Organisation werden" – Zur Einführung von Qualitätsmanagement in Schulen. In: Jäger, Wieland/Schimank, Uwe (Hg.): Organisationsgesellschaft. Facetten und Perspektiven. Wiesbaden, 313-343.

Brüsemeister, Thomas (2004a): Schulische Inklusion und neue Governance – Zur Sicht der Lehrkräfte. Münster.
Brüsemeister, Thomas (2004b): Beratung zwischen Organisation und Profession. In: Schützeichel, Rainer/Brüsemeister, Thomas (Hg.): Die beratene Gesellschaft. Zur gesellschaftlichen Bedeutung von Beratung. Wiesbaden, 259-271.
Brüsemeister, Thomas (2002): Transintentionalität im Bildungssystem. Bourdieus Gegenwartsdiagnose zu LehrerInnen im Neoliberalismus. In: Wingens, Matthias/Sackmann, Reinhold (Hg.): Bildung und Beruf. Ausbildung und berufsstruktureller Wandel in der Wissensgesellschaft. Weinheim, München, 241-254.
Brüsemeister, Thomas (2000): Qualitative Methoden: Ein Überblick. Wiesbaden.
Brüsemeister, Thomas/Eubel, Klaus-Dieter (Hg.) (2008): Evaluation, Wissen und Nichtwissen. Wiesbaden (im Erscheinen).
Büchner, Peter/Brake, Anna (Hg.) (2006): Transmission von Bildung und Kultur im Alttag von Mehrgenerationenfamilien. Wiesbaden.
Bühl, Walter L. (2007): Begriff Institution. In: Fuchs-Heinritz, Werner, u.a. (Hg.): Lexikon zur Soziologie. Wiesbaden, S. 299.
Burzan, Nicole (2007): Soziale Ungleichheit. Eine Einführung in die zentralen Theorien. Wiesbaden.
Cicourel, Aaron (1975): Sprache in der sozialen Interaktion. München.
Cicourel, Aaron (1973): Basisregeln und normative Regeln im Prozess des Aushandelns von Status und Rolle. In: Arbeitsgruppe Bielefelder Soziologen (Hg.): Alltagswissen, Interaktion und gesellschaftliche Wirklichkeit. Bd. 1, Reinbek bei Hamburg, 147-188.
Claessens, Dieter (1967): Familie und Wertsystem. Eine Studie zur „zweiten, sozio-kulturellen Geburt" des Menschen. Berlin.
Clark, Burton R. (1974): Die ‚Abkühlungs'-Funktionen in den Institutionen höherer Bildung. In: Hurrelmann, Klaus (Hg.): Soziologie der Erziehung. Weinheim, Basel, 379-391.
Clark, Burton R. (1960): „The ‚Cooling-Out'-Function in Higher Education". In: American Journal of Sociology 65, 569-576.
Coenen, Herman (1985): Diesseits von subjektivem Sinn und kollektivem Zwang. Schütz – Durkheim – Merleau-Ponty, München.
Cohen, Michael D./March, James D./Olsen, Johan P. (1972): A Garbage Can Model of Organizational Choice. In: Administrative Science Quarterly 17, 1-15.
Coleman, James S. (1990): Foundations of Social Theory. Cambridge.
Coleman, James S. (1986): Social Theory, Social Research, and a Theory of Action. In: American Journal of Sociology 91, 6, 1309-1335.
Dahrendorf, Ralf (1965): Bildung ist Bürgerrecht. Plädoyer für eine aktive Bildungspolitik. Osnabrück.
Degele, Nina (2000): Informiertes Wissen. Eine Wissenssoziologie der computerisierten Gesellschaft. Frankfurt am Main, New York.
Deutsches PISA-Konsortium (Hg.) (2001): Pisa 2000. Basiskompetenzen von Schülerinnen und Schülern im internationalen Vergleich. Opladen.
DiMaggio, Paul J./Walter W. Powell (1983): The Iron Cage Revisited: Institutional Isomorphism and Collective Rationality in Organizational Fields. In: American Sociological Review 48, 147-160.
Eberwein, Hans (Hg.) (1999): Integrationspädagogik. Kinder mit und ohne Behinderung lernen gemeinsam. Ein Handbuch. Weinheim, Basel.
Ehrenspeck, Yvonne/Lenzen, Dieter (2006): Beobachtungen des Erziehungssystems. Systemtheoretische Perspektiven. Wiesbaden.
Eickelpasch, Rolf (1994): Handlungssinn und Fremdverstehen. Grundkonzepte einer interpretativen Soziologie. In: Kneer, Georg/Kraemer, Klaus/Nassehi, Armin (Hg.): Soziologie, Zugänge zur Gesellschaft. Geschichte, Theorien und Methoden. Bd. 1, München, 119-144.

Eickelpasch, Rolf (1982): Das ethnomethodologische Programm einer ‚radikalen' Soziologie. In: Zeitschrift für Soziologie, Nr. 1, 7-27.
Engler, Steffani/Krais, Beate (2004): Vorwort der Herausgeberinnen. In: dies. (Hg.): Das kulturelle Kapital und die Macht der Klassenstrukturen. Sozialstrukturelle Verschiebungen und Wandlungsprozesse des Habitus. Weinheim, München, 7-11.
Engler, Steffani/Krais, Beate (Hg.) (2004): Das kulturelle Kapital und die Macht der Klassenstrukturen. Sozialstrukturelle Verschiebungen und Wandlungsprozesse des Habitus. Weinheim, München.
Esser, Hartmut (2006): Sprache und Integration. Die sozialen Bedingungen und Folgen des Spracherwerbs von Migranten. Frankfurt a.M.
Esser, Hartmut (2000a): Soziologie: Spezielle Grundlagen. Bd. 2: Die Konstruktion der Gesellschaft. Frankfurt a.M., New York.
Esser, Hartmut (2000b): Soziologie: Spezielle Grundlagen. Bd. 5: Institutionen. Frankfurt a.M., New York.
Esser, Hartmut (2000c): Soziologie: Spezielle Grundlagen. Bd. 4: Opportunitäten und Restriktionen. Frankfurt a.M., New York.
Esser, Hartmut (1999a): Soziologie. Allgemeine Grundlagen. Frankfurt a.M., New York.
Esser, Hartmut (1999b): Soziologie. Spezielle Grundlagen. Bd. 1: Situationslogik und Handeln. Frankfurt a.M., New York.
Esser, Hartmut (1991): Alltagshandeln und Verstehen. Zum Verständnis von erklärender und verstehender Soziologie am Beispiel von Alfred Schütz und „Rational Choice", Tübingen.
Faust, Michael (2002): Der „Arbeitskraftunternehmer" – eine Leitidee auf dem ungewissen Weg der Verwirklichung. In: Kuda, Eva/Strauß, Jürgen (Hg.): Arbeitnehmer als Unternehmer? Herausforderungen für Gewerkschaften und berufliche Bildung. Hamburg, 56-80.
Faust, Michael (2000): Warum boomt die Managementberatung? Und warum nicht zu allen Zeiten und überall? In: Sofi-Mitteilungen Nr. 28, 59-85.
Fend, Helmut (2006a): Neue Theorie der Schule. Einführung in das Verstehen von Bildungssystemen. Wiesbaden.
Fend, Helmut (2006b): Geschichte des Bildungswesens. Der Sonderweg im europäischen Kulturraum. Wiesbaden.
Fend, Helmut (2004): Was stimmt mit den deutschen Bildungssystemen nicht? Wege zur Erklärung von Leistungsunterschieden zwischen Bildungssystemen. In: Schümer, Gundel/Tillmann, Klaus-Jürgen/Weiß, Manfred (Hg.): Die Institution Schule und die Lebenswelt der Schüler. Vertiefende Analysen der PISA-2000-Daten zum Kontext von Schülerleistungen. Wiesbaden, 15-38.
Fend, Helmut (2001): Bildungspolitische Optionen für die Zukunft des Bildungswesens. Erfahrungen aus der Qualitätsforschung. In: Zeitschrift für Pädagogik, 43. Beiheft. Weinheim, Basel, 37-48.
Fend, Helmut (2000): Qualität und Qualitätssicherung im Bildungswesen. In: Helmke, Andreas/Hornstein, Walter/Terhart, Ewald (Hg.): Qualität und Qualitätssicherung im Bildungsbereich: Schule, Sozialpädagogik, Hochschule. 41. Beiheft der Zeitschrift für Pädagogik. Weinheim, 55-72.
Fend, Helmut (1998): Qualität im Bildungswesen. Schulforschung zu Systembedingungen, Schulprofilen und Lehrerleistung. Weinheim, München.
Fend, Helmut (1987): „Gute Schulen – schlechte Schulen" – Die einzelne Schule als Pädagogische Handlungseinheit. In: Steffens, Ulrich/Bargel, Timo (Hg.): Erkundungen zur Wirksamkeit und Qualität von Schule (Beiträge aus dem Arbeitskreis Qualität von Schule, Hessisches Institut für Bildungsplanung und Schulentwicklung, Heft 1), 55-79.
Fend, Helmut (1981): Theorie der Schule. München, Wien, Baltimore.
Flam, Helena (Hg.) (2007): Migranten in Deutschland. Statistiken – Fakten – Diskurse. Konstanz.

Flick, Uwe/Kardorff, Ernst von/Steinke, Ines (2000): Qualitative Forschung. Ein Handbuch. Reinbek bei Hamburg.

Friebertshäuser, Barbara/Rieger-Ladich, Markus/Wigger, Lothar (Hg.) (2006): Reflexive Erziehungswissenschaft. Forschungsperspektiven im Anschluss an Pierre Bourdieu. Wiesbaden.

Füssel, Hans-Peter (2003): Verträge – eine neue Regelungsform im Schulrecht. In: Döbert, Hans/von Kopp, Botho/Martini, Renate/Weiß, Manfred (Hg.): Bildung vor neuen Herausforderungen. Historische Bezüge – Rechtliche Aspekte – Steuerungsfragen – Internationale Perspektiven. Neuwied, 70-76.

Garfinkel, Harold (1973): Das Alltagswissen über soziale und innerhalb sozialer Strukturen, in: Arbeitsgruppe Bielefelder Soziologen (Hg.): Alltagswissen, Interaktion und gesellschaftliche Wirklichkeit, Bd. 1, Reinbek bei Hamburg, 189-262.

Garfinkel, Harold (1967): Studies in Ethnomethodology, Englewood Cliffs.

Garfinkel, Harold/Sacks, Harvey (1976): Über formale Strukturen praktischer Handlungen. In: Weingarten, Elmar/Sack, Fritz/Schenkein, Jim (Hg.): Ethnomethodologie. Beiträge zu einer Soziologie des Alltagshandelns. Frankfurt a.M., 130-176.

Garz, Detlef/Blömer, Ursula (2002): Qualitative Bildungsforschung. In: Tippelt, Rudolf (Hg.): Handbuch Bildungsforschung. Opladen: Leske + Budrich, 441-457.

Geißler, Rainer (2006): Die Sozialstruktur Deutschlands. Zur gesellschaftlichen Entwicklung mit einer Bilanz zur Vereinigung. Wiesbaden.

Geoghegan, Miriam (2006): Türken in Deutschland: endogene Integrationsbarrieren, ihre Ursachen und Folgen. Magisterarbeit FernUniversität in Hagen, Ms.

Georg, Werner (2006): Einleitung. In: ders. (Hg.): Soziale Ungleichheit im Bildungssystem. Eine empirisch-theoretische Bestandsaufnahme. Konstanz, 7-12.

Georg, Werner (Hg.) (2006): Soziale Ungleichheit im Bildungssystem. Eine empirisch-theoretische Bestandsaufnahme. Konstanz.

Geulen, Dieter (1989): Das vergesellschaftete Subjekt. Zur Grundlegung der Sozialisationstheorie, Frankfurt a.M.

Geulen, Dieter/Veith, Hermann (Hg.) (2004): Sozialisationstheorie interdisziplinär. Aktuelle Perspektiven. Stuttgart.

Gerhards, Jürgen (2001): Der Aufstand des Publikums. Eine systemtheoretische Interpretation des Kulturwandels in Deutschland. In: Zeitschrift für Soziologie, Heft 3, 163-184.

Göbel, Markus/Schmidt, Johannes F.K. (1998): Inklusion/Exklusion: Karriere, Probleme und Differenzierungen eines systemtheoretischen Begriffspaares. In: Soziale Systeme. Zeitschrift für soziologische Theorie 4, Heft 1, 87-117.

Gogolin, Ingrid/Nauck, Bernhard (Hg.) (2000): Migration, gesellschaftliche Differenzierung und Bildung. Opladen.

Goldthorpe, John H. (2000): On Sociology. Oxford: Oxford University Press.

Gomolla, Mechtild/Radtke, Frank-Olaf (2002): Institutionelle Diskriminierung. Die Herstellung ethnischer Differenz in der Schule. Opladen.

Gomolla, Mechtild/Radtke, Frank-Olaf (2000): Mechanismen institutionalisierter Diskriminierung in der Schule. In: Gogolin, Ingrid/Nauck, Bernhard (Hg.): Migration, gesellschaftliche Differenzierung und Bildung. Opladen, 321-341.

Greshoff, Rainer/Kneer, Georg/Schimank, Uwe (Hg.) (2003): Die Transintentionalität des Sozialen. Eine vergleichende Betrachtung klassischer und moderner Sozialtheorien. Wiesbaden.

Groeben, Norbert/Hurrelmann, Bettina/Eggert, Helmut/Garbe, Christine (1999): Das Schwerpunktprogramm ‚Lesesozialisation in der Mediengesellschaft'. In: Groeben, Norbert (Hg.): Lesesozialisation in der Mediengesellschaft. Ein Schwerpunktprogramm. Tübingen, 1-26.

Grubb, Norton W. (1989): The Effects of Differentiation on Educational Attainment: The Case of Community Colleges. In: Review of Higher Education 12 (4), 349-372.

Günther, Klaus (1988): Der Sinn für Angemessenheit, Frankfurt a.M.

Literaturverzeichnis

Hadjar, Andreas/Becker, Rolf (Hg.) (2006): Die Bildungsexpansion. Erwartete und unerwartete Folgen. Wiesbaden.
Händle, Christa (1997): Qualifizierung für den Beruf in formeller Lehrerbildung und anderen Handlungsfeldern. In: Bayer, Manfred/Carle, Ursula/Wildt, Johannes (Hg.): Brennpunkt Lehrerbildung. Strukturwandel und Innovationen im europäischen Kontext. Opladen, 93-120.
Hamburger, Franz (1994): Pädagogik der Einwanderungsgesellschaft. Frankfurt a.M.
Hansen, Georg/Wenning, Norbert (2003): Schulpolitik für andere Ethnien in Deutschland. Zwischen Autonomie und Unterdrückung. Münster u.a.
Hasse, Raimund/Krücken, Georg (1999): Neo-Institutionalismus. Bielefeld.
Hedström, Peter/Swedberg, Richard (1998): Rational Choice, Situational Analysis, and Empirical Research. In: Blossfeld, Hans-Peter/Prein, Gerald (Hg): Rational Choice Theory and Large-Scale Data Analysis. Boulde, 70-87.
Heinz, Walter R. (2000): Selbstsozialisation im Lebenslauf. Umrisse einer Theorie biographischen Handelns. In: Hoerning, Erika M. (Hg.): Biographische Sozialisation. Stuttgart, 165-186.
Herrlitz, Hans-Georg/Hopf, Wulf/Titze, Hartmut (1998): Deutsche Schulgeschichte von 1800 bis zur Gegenwart. Eine Einführung. Weinheim, München.
Hillebrandt, Frank (1999): Exklusionsindividualität. Moderne Gesellschaftsstruktur und die soziale Konstruktion des Menschen. Opladen.
Hillmert, Steffen (2006): Soziale Ungleichheit im Bildungsverlauf: zum Verhältnis von Bildungsinstitutionen und Entscheidungen. In: Becker, Rolf/Lauterbach, Wolfgang (Hg.): Bildung als Privileg? Erklärungen und Befunde zu den Ursachen der Bildungsungleichheit. Wiesbaden, 69-97.
Holtappels, Heinz Günter/Höhmann, Katrin (Hg.) (2005): Schulentwicklung und Schulwirksamkeit, Systemsteuerung, Bildungschancen und Entwicklung der Schule. Weinheim, München.
Holtappels, Heinz Günter/Müller, Sabine/Simon, Frank (2002): Schulprogramm als Instrument der Schulentwicklung. Inhaltsanalyse aller Hamburger Programmtexte. In: Die Deutsche Schule 94 (2), 217-233.
Hopf, Wulf (2000): Chancengleichheit und Individualisierung. Zur Revision eines bildungspolitischen Ziels. In: Die Deutsche Schule. Zeitschrift für Erziehungswissenschaft, Bildungspolitik und pädagogische Praxis. 6. Beiheft: Differenzen. Über die politische und pädagogische Bedeutung von Ungleichheiten im Bildungswesen, 93-112.
Hurrelmann, Bettina (2004): Sozialisation der Lesekompetenz. In: Schiefele, Ulrich, u.a. (Hg.): Struktur, Entwicklung und Förderung von Lesekompetenz. Vertiefende Analysen im Rahmen von PISA 2000. Wiesbaden, 37-60.
Hurrelmann, Bettina (2002): Sozialhistorische Rahmenbedingungen von Lesekompetenz sowie soziale und personale Einflussfaktoren, in: Groeben, Norbert/Hurrelmann, Bettina (Hg.): Lesekompetenz. Bedingungen, Dimensionen, Funktionen. München, 123-149.
Hurrelmann, Klaus (1998): Einführung in die Sozialisationstheorie. Über den Zusammenhang zwischen Sozialstruktur und Persönlichkeit. Weinheim, Basel.
Hurrelmann, Klaus/Ulich, Dieter (Hg.) (2002): Handbuch der Sozialisationsforschung. Weinheim, Basel.
Jann, Werner (2005): Neues Steuerungsmodell. In: Blanke, Bernhard/Bandemer, Stephan von/Nullmeier, Frank/Wewer, Göttrik (Hg.): Handbuch zur Verwaltungsreform. Wiesbaden, 74-84.
Janning, Frank (1991): Pierre Bourdieus Theorie der Praxis. Analyse und Kritik der konzeptionellen Grundlegung einer praxeologischen Soziologie, Opladen.
Joas, Hans (1996): Die Kreativität des Handelns, Frankfurt a.M.
Joas, Hans (1991): Rollen- und Interaktionstheorien in der Sozialisationsforschung. In: Hurrelmann, Klaus/Ulich, Dieter (Hg.): Neues Handbuch der Sozialisationsforschung. Weinheim, Basel, 137-152.

Joas, Hans (1989): Praktische Intersubjektivität. Die Entwicklung des Werkes von G.H. Mead, Frankfurt a.M.
Kade, Jochen (1997): Vermittelbar/nicht-vermittelbar: Vermitteln: Aneignen. Im Prozess der Systembildung des Pädagogischen. In: Lenzen, Dieter/Luhmann, Niklas (Hg.): Bildung und Weiterbildung im Erziehungssystem. Lebenslauf und Humanontogenese als Medium und Form. Frankfurt a.M., 30-70.
Kaesler, Dorothee (2005): Sprachbarrieren im Bildungswesen. In: Berger, Peter A./Kahlert, Heike (Hg.) (2005): Institutionalisierte Ungleichheiten. Wie das Bildungswesen Chancen blockiert. Weinheim, München, 130-154.
Kaufmann, Franz-Xaver (2002): Sozialpolitik und Sozialstaat: Soziologische Analysen. Opladen.
Kaufmann, Franz-Xaver (1997): Schwindet die integrative Funktion des Sozialstaates? In: Berliner Journal für Soziologie 7, 5-22.
Karakasoglo, Yasemin/Nieke, Wolfgang (2002): Benachteiligung durch kulturelle Zugehörigkeit? In: Weegen, Michael/Böttcher, Wolfgang/Bellenberg, Gabriele/Ackeren, Isabell van (Hg.): Bildungsforschung durch Politikberatung. Schule, Hochschule und Berufsbildung an der Schnittstelle von Erziehungswissenschaft und Politik. Weinheim, München, 199-235.
Keiner, Edwin (2001): Evaluation, Schulentwicklung und Chancengleichheit im europäischen Kontext. In: ders. (Hg.): Evaluation (in) der Erziehungswissenschaft. Weinheim, Basel, 225-237.
Klatetzki, Thomas/Tacke, Veronika (2005): Organisation und Profession. Wiesbaden.
Klemm, Klaus (2000): Bildung. In: Allmendinger, Jutta/Mayerhofer, Wolfgang-Ludwig (Hg.): Soziologie des Sozialstaats. Gesellschaftliche Grundlagen, historische Zusammenhänge und aktuelle Entwicklungstendenzen. München, Weinheim, 145-165.
Klemm, Klaus (1996): Bildungsexpansion und kein Ende? In: Helsper, Werner/Krüger, Heinz-Hermann/Wenzel, Hartmut (Hg.): Schule und Gesellschaft im Umbruch. Theoretische und internationale Perspektiven. Weinheim, 427-442.
Koch, Stefan/Gräsel, Cornelia (2004): Schulreform und Neue Steuerung – erziehungs- und verwaltungswissenschaftliche Perspektive. In: Koch, Stefan/Fisch, Rudolf (Hg.): Schulen für die Zukunft. Neue Steuerung im Bildungswesen. Hohengehren, 4-24.
Kreckel, Reinhard (1997): Politische Soziologie der sozialen Ungleichheit. Frankfurt a.M., New York.
Kromrey, Helmut (2006): Empirische Sozialforschung. Stuttgart.
Kronauer, Martin (2002): Exklusion. Die Gefährdung des Sozialen im hoch entwickelten Kapitalismus. Frankfurt a.M., New York.
Kronauer, Martin (1998): „Exklusion" in der Armutsforschung und der Systemtheorie. In: SOFI-Mitteilungen Nr. 26, 117-125.
Krücken, Georg (2004): Hochschulen im Wettbewerb. In: Böttcher, Wolfgang/Terhart, Ewald (Hg.): Organisationstheorie in pädagogischen Feldern. Wiesbaden, 286-301.
Kuper, Harm (2002): Stichwort: Qualität im Bildungssystem. In: Zeitschrift für Erziehungswissenschaft. Heft 4, 533-551.
Kuper, Ernst (1977): Demokratisierung von Schule und Schulverwaltung. München.
Kurtz, Thomas (2000): Moderne Professionen und gesellschaftliche Kommunikation. In: Soziale Systeme. Zeitschrift für soziologische Theorie 6, 169-194.
Kussau, Jürgen/Brüsemeister, Thomas (2007a): Governance, Schule & Politik. Zwischen Antagonismus und Kooperation. Wiesbaden.
Kussau, Jürgen/Brüsemeister, Thomas (2007b): Educational Governance: Zur Analyse der Handlungskoordination im Mehrebenensystem der Schule. In: Altrichter, Herbert/Brüsemeister, Thomas/Wissinger, Jochen (Hg.): Educational Governance. Handlungskoordination und Steuerung im Bildungssystem. Wiesbaden, 15-54.
Lakatos, Imre (1968): Criticism and the Methodology of Scientific Research Programmes. Proceedings of the Aristotelian Society 69.

Lange, Stefan/Schimank, Uwe (Hg.) (2004): Governance und gesellschaftliche Integration. Wiesbaden.
Langewand, Alfred/Prondczynsky, Andreas von (1999): Lokale Wissenschaftskulturen in der Erziehungswissenschaft. Weinheim.
Lehmann, Rainer H./Peek, Rainer/Gänsfuß, Rüdiger (1997): Aspekte der Lernausgangslage von Schülerinnen und Schülern der fünften Klassen an Hamburger Schulen. Bericht über die Untersuchung im September 1996 (hrsg. von der Hamburger Behörde für Schule, Jugend und Berufsbildung). Hamburg.
Lempert, Wolfgang (1993): Moralische Sozialisation im Beruf. Bedingungsvarianten und -konfigurationen, Prozeßstrukturen, Untersuchungsstrategien. In: Zeitschrift für Sozialisationsforschung und Erziehungssoziologie, Heft 1, 2-35.
Lepsius, M. Rainer (1997): Institutionalisierung und Deinstitutionalisierung von Rationalitätskriterien. In: Göhler, Gerhard (Hg.): Institutionenwandel. Sonderheft Leviathan 16/1996. Opladen, 57-69.
Lévi-Strauss, Claude (1993): Die elementaren Strukturen der Verwandtschaft. Frankfurt a.M.
Lockwood, David (1979): Soziale Integration und Systemintegration. In: Zapf, Wolfgang (Hg.): Theorien des sozialen Wandels. Regensburg, 124-137.
Löw, Martina (2006): Soziologie der Bildung und Erziehung. Opladen, Farmington Hills.
Löw, Martina (2001): Raumsoziologie. Frankfurt a.M.
Luckmann, Thomas (1989): Zum Verhältnis von Alltagswissen und Wissenschaft. In: Rebel, Karlheinz (Hg.): Wissenschaftstransfer in der Weiterbildung. Weinheim, Basel, 28-35.
Luckmann, Thomas (1979): Phänomenologie und Soziologie. In: Sprondel, Walter M./Grathoff, Richard (Hg.): Alfred Schütz und die Idee des Alltags in den Sozialwissenschaften. Stuttgart, 196-206.
Lüde, Rolf von (2001): Webgestütztes Lehren und Lernen im Studium der Soziologie. In: Soziologie. Forum der Deutschen Gesellschaft für Soziologie 3, 24-31.
Luhmann, Niklas (2002): Das Erziehungssystem der Gesellschaft. Frankfurt a.M.
Luhmann, Niklas (2000): Organisation und Entscheidung. Wiesbaden.
Luhmann, Niklas (1997): Die Gesellschaft der Gesellschaft. Frankfurt a.M.
Luhmann, Niklas (1996): Das Erziehungssystem und die Systeme seiner Umwelt. In: Luhmann, Niklas/Schorr, Karl-Eberhard (Hg.): Zwischen System und Umwelt. Fragen an die Pädagogik. Frankfurt a.M., 14-52.
Luhmann, Niklas (1992): System und Absicht der Erziehung. In: Luhmann, Niklas/Schorr, Karl-Eberhard (Hg.): Zwischen Absicht und Person. Fragen an die Pädagogik. Frankfurt a.M., 102-124.
Luhmann, Niklas (1987): Soziale Systeme. Grundriß einer allgemeinen Theorie. Frankfurt a.M.
Luhmann, Niklas (1986): Codierung und Programmierung. Bildung und Selektion im Erziehungssystem. In: Tenorth, Heinz-Elmar (Hg.): Allgemeine Bildung. Analysen zu ihrer Wirklichkeit, Versuche über ihre Zukunft. Weinheim, München, 154-182.
Luhmann, Niklas (1983): Anspruchsinflation im Krankheitssystem. Eine Stellungnahme in gesellschaftstheoretischer Sicht. In: Herder-Dorneich, Philipp/Schuller, Alexander (Hg.): Die Anspruchsspirale. Stuttgart, 28-49.
Luhmann, Niklas (1981): Politische Theorie im Wohlfahrtsstaat. München, Wien.
Luhmann, Niklas (1970): Institutionalisierung, Funktion und Mechanismus. In: Schelsky, Helmut (Hg.): Zur Theorie der Institution. Düsseldorf, 27-41.
Luhmann, Niklas (1965): Grundrechte als Institution. Berlin.
Luhmann, Niklas/Schorr, Karl-Eberhard (1982): Das Technologiedefizit der Erziehung und die Pädagogik. In: dies. (Hg.): Zwischen Technologie und Selbstreferenz. Fragen an die Pädagogik. Frankfurt a.M., 11-40.
Luhmann, Niklas/Schorr, Karl-Eberhard (1979): Reflexionsprobleme im Erziehungssystem. Frank-

furt a.M.
Maasen, Sabine (1999): Wissenssoziologie. Bielefeld.
Mackert, Jürgen (1999): Kampf um Zugehörigkeit. Nationale Staatsbürgerschaft als Modus sozialer Schließung. Opladen, Wiesbaden.
Maeder, Christoph/Nadai, Eva (2004): Organisierte Armut. Sozialhilfe aus wissenssoziologischer Sicht. Konstanz.
Magotsiu-Schweizerhof, Eumorfia (2000): Zur deutschen Debatte um die Schulautonomie und die Folgen für die Chancengleichheit von Migrantenkindern. In: Radtke, Frank-Olaf/Weiß, Manfred (Hg.): Schulautonomie, Wohlfahrtsstaat und Chancengleichheit. Ein Studienbuch. Opladen, 225-255.
Marshall, Thomas H. (1992): Bürgerrechte und soziale Klassen – Zur Soziologie des Wohlfahrtsstaates. Frankfurt a.M. [zuerst 1949].
Mayntz, Renate (1996): Politische Steuerung: Aufstieg, Niedergang und Transformation einer Theorie. In: Beyme, Klaus von/Offe, Claus (Hg.): Politische Theorie in der Ära der Transformation. Sonderheft 26 der Politischen Vierteljahresschrift. Opladen, 148-168.
McClelland, David C. (1967): The Achieving Society. London.
Mead, Georg H. (1988): Geist, Identität und Gesellschaft, Frankfurt a.M.
Mead, Georg H. (1987): Gesammelte Aufsätze, Bd. 1 u. 2, hrsg. v. Hans Joas, Frankfurt a.M.
Meulemann, Heiner (1992): Expansion ohne Folgen? Bildungschancen und sozialer Wandel in der Bundesrepublik. In: Glatzer, Wolfgang (Hg.): Entwicklungstendenzen der Sozialstruktur. Frankfurt a.M., New York, 123-156.
Meulemann, Heiner/Wiese, Wilhelm (1984): Bildungsexpansion und Bildungschancen. In: Zeitschrift für Sozialisationsforschung und Erwachsenensoziologie 4. Heft 2, 287-306.
Meyer, John W./Ramirez, Francisco O. (2005): Die globale Institutionalisierung der Bildung. In: Meyer, John W.: Weltkultur. Wie die westlichen Prinzipien die Welt durchdringen. Frankfurt a.M., 212-234.
Meyer, John W./Rowan, Brian (1977): Institutionalized Organizations: Formal Structures as Myth and Ceremony. In: American Journal of Sociology 83, 340-363.
Meyer-Drawe, Käte (1987): Leiblichkeit und Sozialität. Phänomenologische Beiträge zu einer pädagogischen Theorie der Inter-Subjektivität, München.
Miebach, Bernhard (2007): Organisationstheorie. Problemstellung – Modelle – Entwicklung. Wiesbaden.
Miller, Max (1986): Kollektive Lernprozesse. Studien zur Grundlegung einer soziologischen Lerntheorie, Frankfurt a.M.
Miller, Max/Weissenborn, Jürgen (1991): Sprachliche Sozialisation. In: Hurrelmann, Klaus/Ulich, Dieter (Hg.): Neues Handbuch der Sozialisationsforschung. Weinheim, Basel, 531-549.
Müller, Walter (1998): Erwartete und unerwartete Folgen der Bildungsexpansion. In: Friedrichs, Jürgen/Lepsius, M. Rainer/Mayer, Karl Ulrich (Hg.): Die Diagnosefähigkeit der Soziologie. Wiesbaden, 81-112.
Müller, Walter/Pollak, Reinhard (2006): Weshalb gibt es so wenige Arbeiterkinder in Deutschlands Universitäten? In: Becker, Rolf/Lauterbach, Wolfgang (Hg.): Bildung als Privileg? Erklärungen und Befunde zu den Ursachen der Bildungsungleichheit. Wiesbaden, 311-352.
Münch, Richard (2004): Soziologische Theorie. Band 3: Gesellschaftstheorie. Frankfurt a.M.
Münch, Richard (2002): Soziologische Theorie. Band 1: Grundlegung durch die Klassiker. Frankfurt a.M.
Münch, Richard (1998): Globale Dynamik, lokale Lebenswelten. Der schwierige Weg in die Weltgesellschaft. Frankfurt a.M.
Münch, Richard (1995): Dynamik der Kommunikationsgesellschaft. Frankfurt a.M.
Münch, Richard (1991): Dialektik der Kommunikationsgesellschaft. Frankfurt a.M.
Nassehi, Armin (1999): Differenzierungsfolgen. Beiträge zur Soziologie der Moderne. Wiesbaden.

OECD (2004a): Lernen für die Welt von morgen. Erste Ergebnisse von Pisa 2003. Paris: OECD.
OECD (2004b): Bildung auf einen Blick OECD-Indikatoren 2004. Paris: OECD.
Oelkers, Jürgen (1995): Wie lernt ein Bildungssystem? In: Die Deutsche Schule. Zeitschrift für Erziehungswissenschaft, Bildungspolitik und pädagogische Praxis. Heft 1, 4-20.
Oerter, Rolf (1999): Theorien der Lesesozialisation – Zur Ontogenese des Lesens. In: Lesesozialisation in der Mediengesellschaft. Ein Schwerpunktprogramm, 10. Sonderheft des Internationalen Archivs für Sozialgeschichte der deutschen Literatur. Tübingen, 27-55.
Oevermann, Ulrich (1993): Die objektive Hermeneutik als unverzichtbare methodologische Grundlage für die Analyse von Subjektivität. Zugleich eine Kritik der Tiefenhermeneutik. In: Jung, Thomas/Müller-Doohm, Stefan (Hg.): „Wirklichkeit" im Deutungsprozeß. Verstehen und Methoden in den Kultur- und Sozialwissenschaften. Frankfurt a.M., 106-189.
Oevermann, Ulrich (1991): Genetischer Strukturalismus und das sozialwissenschaftliche Problem der Erklärung und Entstehung des Neuen. In: Müller-Doohm, Stefan (Hg.): Jenseits der Utopie, Frankfurt a.M., 267-336.
Oevermann, Ulrich (1986): Kontroversen über sinnverstehende Soziologie. Einige wiederkehrende Probleme und Mißverständnisse in der Rezeption der ‚objektiven Hermeneutik'. In: Aufenanger, Stefan/Lenssen, Margrit (Hg.): Handlung und Sinnstruktur. Bedeutung und Anwendung der objektiven Hermeneutik, München, 19-83.
Oevermann, Ulrich (1972): Sprache und soziale Herkunft. Frankfurt a.M.
Oevermann, Ulrich/Allert, Tilman/Konau, Elisabeth/Krambeck, Jürgen (1979): Die Methodologie einer „objektiven Hermeneutik" und ihre allgemeine forschungslogische Bedeutung in den Sozialwissenschaften. In: Soeffner, Hans-Georg (Hg.): Interpretative Verfahren in den Sozial- und Textwissenschaften. Stuttgart, 352-433.
Oevermann, Ulrich/Allert, Tilman/Gripp, Helga/Konau, Elisabeth/Krambeck, Jürgen/Schröder-Caesar, Erna/Schütze, Yvonne (1976): Beobachtungen zur Struktur der sozialisatorischen Interaktion. Theoretische und methodologische Fragen der Sozialisationsforschung. In: Auwärter, Manfred/Kirsch, Edit/Schröter, Klaus (Hg.): Seminar: Kommunikation, Interaktion, Identität. Frankfurt a.M., 371-403.
Ortmann, Günther (2003): Regel und Ausnahme. Frankfurt am Main.
Paris, Rainer (1998): Stachel und Speer. Machtstudien. Frankfurt a.M.
Parsons, Talcott (1999): Sozialstruktur und Persönlichkeit. Eschborn bei Frankfurt a.M.
Parsons, Talcott (1975): Gesellschaften. Evolutionäre und komparative Perspektiven. Frankfurt a.M.
Parsons, Talcott (1972): Das System moderner Gesellschaften. Weinheim, München.
Parsons, Talcott (1951): The Social System. London.
Parsons, Talcott/Platt, Gerald M. (1990): Die amerikanische Universität. Ein Beitrag zur Soziologie der Erkenntnis. Frankfurt a.M.
Patzelt, Werner J. (1987): Grundlagen der Ethnomethodologie. Theorie, Empirie und politikwissenschaftlicher Nutzen einer Soziologie des Alltags, München.
Peschel, Falko (2005): Offener Unterricht und sein Potenzial. In: Voß, Reinhard (Hg.): LernLust und EigenSinn. Systemisch-konstruktivistische Lernwelten. Heidelberg, 32-41.
Piaget, Jean (1983): Das moralische Urteil beim Kinde, Stuttgart.
Piaget, Jean (1975): Das Erwachen der Intelligenz beim Kinde. Stuttgart.
Picht, Georg (1964): Die deutsche Bildungskatastrophe. Analyse und Dokumentation. Olten.
Prengel, Annedore (2005): Heterogenität in der Bildung – Rückblick und Ausblick. In: Bräu, Karin/Schwerdt, Ulrich (Hg.): Vom produktiven Umgang mit Gleichheit und Differenz in der Schule. Münster, 19-35.
Quack, Sigrid (2005): Zum Werden und Vergehen von Institutionen. Vorschläge für eine dynamische Governanceanalyse. In: Schuppert, Gunnar Folke (Hg.): Governance-Forschung. Vergewisserung über Stand und Entwicklungslinien. Baden-Baden, 346-370.
Radtke, Frank-Olaf/Hullen, Maren/Rathgeb, Kerstin (2005): Lokales Bildungs- und Integrationsma-

nagement. Bericht der wissenschaftlichen Begleitforschung im Rahmen der Hessischen Gemeinschaftsinitiative Soziale Stadt. Frankfurt a.M. (Ms).

Roche, Maurice/Berkel, Rik van (1997): European Citizenship and Social Exclusion. Research in Ethnic Relations. Aldershot u.a.

Rolff, Hans-Günter (1997): Sozialisation und Auslese durch die Schule. Weinheim, München (zuerst 1967).

Schedler, Kuno/Proeller, Isabella (2000): New Public Management. Bern, u.a.

Schimank, Uwe (2007): Die Governance-Perspektive: Analytisches Potenzial und anstehende konzeptionelle Fragen. In: Altrichter, Herbert/Brüsemeister, Thomas/Wissinger, Jochen (Hg.): Educational Governance. Handlungskoordination und Steuerung im Bildungssystem. Wiesbaden, 231-260.

Schimank, Uwe (2002): Organisationen: Akteurkonstellationen – korporative Akteure – Sozialsysteme. In: Allmendinger, Jutta/Hinz, Thomas (Hg.): Organisationssoziologie. Sonderheft der Kölner Zeitschrift für Soziologie und Sozialpsychologie 42, 29-54.

Schimank, Uwe (2001): Teilsysteminterdependenzen und Inklusionsverhältnisse – ein differenzierungstheoretisches Forschungsprogramm zur System- und Sozialintegration der modernen Gesellschaft. In: Barlösius, Eva/Müller, Hans-Peter/Sigmund, Steffen (Hg.): Gesellschaftsbilder im Umbruch. Soziologische Perspektiven in Deutschland. Opladen, 109-130.

Schimank, Uwe (2000): Handeln und Strukturen. Einführung in die akteurtheoretische Soziologie. Weinheim, München.

Schimank, Uwe (1998): Funktionale Differenzierung und soziale Ungleichheit. In: Giegel, Hans-Joachim (Hg.): Konflikt in modernen Gesellschaften. Frankfurt a.M., 61-88.

Schimank, Uwe (1996): Theorien gesellschaftlicher Differenzierung. Opladen.

Schimank, Uwe/Volkmann, Ute (1999): Gesellschaftliche Differenzierung. Bielefeld.

Schimpl-Neimanns, Bernhard (2000): Soziale Herkunft und Bildungsbeteiligung. Empirische Analysen zu herkunftsspezifischen Bildungsungleichheiten zwischen 1950 und 1989. In: Kölner Zeitschrift für Soziologie und Sozialpsychologie 52: 636-669.

Schlömerkemper, Jörg (2000): Bildung – Gleichheit – Differenz. Gründe und Perspektiven eines „ewigen Streits". In: Die Deutsche Schule. Zeitschrift für Erziehungswissenschaft, Bildungspolitik und pädagogische Praxis. 6. Beiheft: Differenzen. Über die politische und pädagogische Bedeutung von Ungleichheiten im Bildungswesen, 113-131.

Schönknecht, Gudrun (1997): Innovative Lehrerinnen und Lehrer. Berufliche Entwicklung und Berufsalltag. Weinheim.

Schütz, Alfred (1993): Der sinnhafte Aufbau der sozialen Welt, Frankfurt a.M.

Schütz, Alfred (1972): Gesammelte Aufsätze, Bd. II: Studien zur soziologischen Theorie, Den Haag.

Schütz, Alfred (1971a): Gesammelte Aufsätze, Bd. I: Das Problem der sozialen Wirklichkeit, Den Haag.

Schütz, Alfred (1971b): Wissenschaftliche Interpretation und Alltagsverständnis menschlichen Handelns. In: ders.: Gesammelte Aufsätze, Bd. I, 3-54.

Schütz, Alfred (1971c): Begriffs- und Theoriebildung in den Sozialwissenschaften. In: ders.: Gesammelte Aufsätze, Bd. I, 55-76.

Schütz, Alfred/Luckmann, Thomas (1979): Strukturen der Lebenswelt. Bd. 1, Frankfurt a.M.

Schütze, Fritz (1975): Sprache soziologisch gesehen. 2 Bde., München.

Schützeichel, Rainer (Hg.) (2007): Handbuch Wissenssoziologie und Wissensforschung. Konstanz (im Erscheinen).

Schroer, Markus (2001): Das Individuum der Gesellschaft. Frankfurt a.M.

Schwingel, Markus (1993): Analytik der Kämpfe. Macht und Herrschaft in der Soziologie Bourdieus. Hamburg.

Schwinn, Thomas (2001): Differenzierung ohne Gesellschaft. Umstellung eines soziologischen Konzepts. Weilerswist.

Literaturverzeichnis

Schwinn, Thomas (1995): Wieviel Subjekt benötigt die soziologische Theorie? In: Sociologica Internationalis, Heft 1, 49-75.
Scott, W. Richard (1971): Konflikte zwischen Spezialisten und bürokratischen Organisationen. In: Mayntz, Renate (Hg.): Bürokratische Organisation. Köln, Berlin, 201-216.
Sennett, Richard (1998): Der flexible Mensch. Die Kultur des neuen Kapitalismus. Berlin.
Sigrist, Markus/Wehner, Theo/Legler, Anne (Hg.) (2005): Schule als Arbeitsplatz. Mitarbeiterbeurteilung zwischen Absicht, Leistungsfähigkeit und Akzeptanz. Zürich.
Soeffner, Hans Georg (1983): Alltagsverstand Wissenschaft, Studienbrief der FernUniversität Hagen, Hagen.
Stanat, Petra/Christensen, Gayle (2006): Schulerfolg von Jugendlichen mit Migrationshintergrund im internationalen Vergleich. Hrsg. OECD, Bundesministerium für Bildung und Forschung (Bildungsforschung Bd. 19; erhältlich unter www.bmbf.de).
Stehr, Nico (2000): Die Zerbrechlichkeit moderner Gesellschaften. Weilerswist.
Stichweh, Rudolf (2005): Inklusion und Exklusion. Studien zur Gesellschaftstheorie. Bielefeld.
Stichweh, Rudolf (1994): Wissenschaft, Universität, Profession. Soziologische Analysen. Frankfurt a.M.
Stichweh, Rudolf (1992): Professionalisierung, Ausdifferenzierung von Funktionssystemen, Inklusion. Betrachtungen aus systemtheoretischer Sicht. In: Dewe, Bernd/Ferchhoff, Wilfried/Radtke, Frank-Olaf (Hg.): Erziehen als Profession. Zur Logik professionellen Handelns in pädagogischen Feldern. Opladen, 36-48.
Stichweh, Rudolf (1988): Inklusion in Funktionssysteme der modernen Gesellschaft. In: Mayntz, Renate/Rosewitz, Bernd/Schimank, Uwe/Stichweh, Rudolf (Hg.): Differenzierung und Verselbständigung. Frankfurt a.M., 261-293.
Stölting, Erhard/Schimank, Uwe (Hg.) (2001): Die Krise der Universitäten. Leviathan Sonderheft 20. Wiesbaden.
Sutter, Tilmann (1994): Entwicklung durch Handeln in Sinnstrukturen. Die sozial-kognitive Entwicklung aus der Perspektive eines interaktionistischen Konstruktivismus. In: Sutter, Tilmann/Charlton, Michael (Hg.): Soziale Kognition und Sinnstruktur. Oldenburg, 23-112.
Terhart, Ewald (2001a): Zwischen Aufsicht und Autonomie. Geplanter und ungeplanter Wandel im Bildungsbereich. Essen.
Terhart, Ewald (2001b): Lehrerberuf und Lehrerbildung. Forschungsbefunde, Problemanalysen, Reformkonzepte. Weinheim, Basel.
Terhart, Ewald (1997): Berufskultur und professionelles Handeln bei Lehrern. In: Combe, Arno/Helsper, Werner (Hg.): Pädagogische Professionalität. Untersuchungen zum Typus professionellen Handelns. Frankfurt a.M., 449-471.
Terhart, Ewald (1987): Kommunikation im Kollegium. In: Die deutsche Schule 79, 440-450.
Terhart, Ewald (1986): Organisation und Erziehung. Neue Zugangsweisen zu einem alten Dilemma. In: Zeitschrift für Pädagogik 32, Heft 2, 205-223.
Teubner, Gunther/Willke, Helmut (1984): Kontext und Autonomie: Gesellschaftliche Selbststeuerung durch reflexives Recht. In: Zeitschrift für Rechtssoziologie 5, 4-35.
Thiemann, Friedrich (1985): Schulszenen. Vom Herrschen und Leiden. Frankfurt a.M.
Tillmann, Klaus-Jürgen (2004a): Sozialisationstheorien. Eine Einführung in den Zusammenhang von Gesellschaft, Institution und Subjektwerdung. Reinbek bei Hamburg.
Tillmann, Klaus-Jürgen (2004b): System jagt Fiktion. Die homogene Lerngruppe. In: Friedrich Jahresheft 2004, 6-9.
Veith, Hermann (2004): Zum Wandel des theoretischen Selbstverständnisses vergesellschafteter Individuen. In: Geulen, Dieter/Veith, Hermann (Hg.): Sozialisationstheorie interdisziplinär. Aktuelle Perspektiven. Stuttgart, 349-370.

Vester, Michael (2006): Die ständische Kanalisierung der Bildungschancen. Bildung und soziale Ungleichheit zwischen Boudon und Bourdieu. In: Georg, Werner (Hg.): Soziale Ungleichheit im Bildungssystem. Eine empirisch-theoretische Bestandsaufnahme. Konstanz, 13-54.

Vester, Michael (2004): Die Illusion der Bildungsexpansion. Bildungsöffnungen und soziale Segregation in der Bundesrepublik Deutschland. In: Engler, Steffani/Krais, Beate (Hg.): Das kulturelle Kapital und die Macht der Klassenstrukturen. Sozialstrukturelle Verschiebungen und Wandlungsprozesse des Habitus. Weinheim, München, 13-53.

Vester, Michael/Oertzen, Peter von/Geiling, Heiko/Hermann, Thomas/Müller, Dagmar (2001): Soziale Milieus im gesellschaftlichen Strukturwandel. Zwischen Integration und Ausgrenzung. Frankfurt a.M.

Villa, Paula-Irene (2006): Sexy Bodies. Eine soziologische Reise durch den Geschlechtskörper. Wiesbaden.

Villa, Paula-Irene (1996): Spürbare Zugehörigkeiten. Klasse und Geschlecht als zweifache Positionierung des Leibes. In: Fischer, Ute Luise (Hg.): Kategorie: Geschlecht? Empirische Analysen und feministische Theorie. Opladen, 140-162.

Vorderer, Peter/Klimmt, Christoph (2002): Lesekompetenz im medialen Spannungsfeld von Informations- und Unterhaltungsangeboten. In: Groeben, Norbert/Hurrelmann, Bettina (Hg.): Lesekompetenz. Bedingungen, Dimensionen, Funktionen. München, 215-235.

Voß, Reinhard (Hg.) (2005): LernLust und EigenSinn. Systemisch-konstruktivistische Lernwelten. Heidelberg.

Wagner, Peter (1995): Soziologie der Moderne. Frankfurt a.M., New York.

Weber, Max (1972): Wirtschaft und Gesellschaft. Grundriß der verstehenden Soziologie. Tübingen.

Wehling, Peter (2008): Wissen und seine Schattenseite: Die wachsende Bedeutung des Nichtwissens in (vermeintlichen) Wissensgesellschaften. In: Brüsemeister, Thomas/Eubel, Klaus-Dieter (Hg.): Evaluation, Wissen und Nichtwissen. Wiesbaden, 17-34.

Wehling, Peter (2006): Im Schatten des Wissens? Perspektiven der Soziologie des Nichtwissens. Konstanz.

Weick, Karl E. (1976). Educational Organizations as Loosely Coupled Systems. In: Administrative Science Quarterly, Volume 21, 1-19.

Weiß, Manfred (2002): Quasi-Märkte als Steuerungsregime im Schulbereich. Vortrag auf dem Kongress der Deutschen Gesellschaft für Soziologie, Sektion Bildung und Erziehung, am 11. Oktober 2002 in Leipzig. (http://www.soziologie.de/sektionen/b01/beitraege1.pdf.).

Wiesenthal, Helmut (2006): Gesellschaftssteuerung und gesellschaftliche Selbststeuerung. Wiesbaden.

Willis, Paul (1982): Spaß am Widerstand. Gegenkultur in der Arbeiterschule. Frankfurt a.M.

Willke, Helmut (1998): Systemisches Wissensmanagement. Stuttgart.

Wissinger, Jochen (2007): Does School Governance matter? Herleitung und Thesen aus dem Bereich „School Effectiveness and School Improvement". In: Altrichter, Herbert/Brüsemeister, Thomas/Wissinger, Jochen (Hg.): Educational Governance – Handlungskoordination und Steuerung im Bildungssystem. Wiesbaden, 105-129.

Wittpoth, Jürgen (1994): Rahmungen und Sielräume des Selbst. Ein Beitrag zur Theorie der Erwachsenensozialisation im Anschluß an George H. Mead und Pierre Bourdieu, Frankfurt a.M.

Wulf, Christian/Althans, Birgit/Audem, Kathrin/Bausch, Constanze/Jörissen, Benjamin/Göhlich, Michael/Mattig, Ruprecht/Tervooren, Anja/Wagner-Willi, Monika/Zirfas, Jörg (2004): Bildung im Ritual. Schule, Familie, Jugend, Medien. Wiesbaden.

Zollondz, Hans-Dieter (2001): Lexikon Qualitätsmanagement. München, Wien.

Zymek, Bernd (2000): Equality of Opportunity: Expansion of European School Systems Since the Second World War. In: Swing, Elizabeth Sherman/Schriewer, Jürgen/Orivel, Francois (Hg.): Problems and Prospects in European Education. London, 99-117.

Theorie

Dirk Baecker (Hrsg.)
Schlüsselwerke der Systemtheorie
2005. 352 S. Geb. EUR 24,90
ISBN 978-3-531-14084-1

Ralf Dahrendorf
Homo Sociologicus
Ein Versuch zur Geschichte, Bedeutung und Kritik der Kategorie der sozialen Rolle
16. Aufl. 2006. 126 S. Br. EUR 14,90
ISBN 978-3-531-31122-7

Shmuel N. Eisenstadt
Die großen Revolutionen und die Kulturen der Moderne
2006. 250 S. Br. EUR 34,90
ISBN 978-3-531-14993-6

Shmuel N. Eisenstadt
Theorie und Moderne
Soziologische Essays
2006. 607 S. Geb. EUR 49,90
ISBN 978-3-531-14565-5

Rainer Greshoff / Uwe Schimank (Hrsg.)
Integrative Sozialtheorie? Esser – Luhmann – Weber
2006. 582 S. Geb. EUR 39,90
ISBN 978-3-531-14354-5

Axel Honneth / Institut für Sozialforschung (Hrsg.)
Schlüsseltexte der Kritischen Theorie
2006. 414 S. Geb. EUR 29,90
ISBN 978-3-531-14108-4

Niklas Luhmann
Beobachtungen der Moderne
2. Aufl. 2006. 220 S. Br. EUR 24,90
ISBN 978-3-531-32263-6

Uwe Schimank
Differenzierung und Integration der modernen Gesellschaft
Beiträge zur akteurzentrierten Differenzierungstheorie 1
2005. 297 S. Br. EUR 27,90
ISBN 978-3-531-14683-6

Uwe Schimank
Teilsystemische Autonomie und politische Gesellschaftssteuerung
Beiträge zur akteurzentrierten Differenzierungstheorie 2
2006. 307 S. Br. EUR 29,90
ISBN 978-3-531-14684-3

Erhältlich im Buchhandel oder beim Verlag.
Änderungen vorbehalten. Stand: Juli 2007.

www.vs-verlag.de

VS VERLAG FÜR SOZIALWISSENSCHAFTEN

Abraham-Lincoln-Straße 46
65189 Wiesbaden
Tel. 0611.7878-722
Fax 0611.7878-400

Neu im Programm Soziologie

Hans Paul Bahrdt
Die moderne Großstadt
Soziologische Überlegungen
zum Städtebau
Hrsg. von Ulfert Herlyn
2. Aufl. 2006. 248 S. Br. EUR 34,90
ISBN 978-3-531-14985-1

Jürgen Gerhards
**Kulturelle Unterschiede
in der Europäischen Union**
Ein Vergleich zwischen Mitgliedsländern,
Beitrittskandidaten und der Türkei
2., durchges. Aufl. 2006. 316 S.
Br. EUR 27,90
ISBN 978-3-531-34321-1

Andreas Hadjar / Rolf Becker (Hrsg.)
Die Bildungsexpansion
Erwartete und unerwartete Folgen
2006. 362 S. Br. EUR 27,90
ISBN 978-3-531-14938-7

Ronald Hitzler /
Michaela Pfadenhauer (Hrsg.)
Gegenwärtige Zukünfte
Interpretative Beiträge zur sozialwissen-
schaftlichen Diagnose und Prognose
2005. 274 S. Br. EUR 19,90
ISBN 978-3-531-14582-2

Jürgen Mackert /
Hans-Peter Müller (Hrsg.)
Moderne (Staats)Bürgerschaft
Nationale Staatsbürgerschaft und die
Debatten der Citizenship Studies
2007. 416 S. Br. EUR 39,90
ISBN 978-3-531-14795-6

Andrea Mennicken /
Hendrik Vollmer (Hrsg.)
Zahlenwerk
Kalkulation, Organisation
und Gesellschaft
2007. 274 S. (Organisation und
Gesellschaft) Br. EUR 29,90
ISBN 978-3-531-15167-0

Gunter Schmidt / Silja Matthiesen /
Arne Dekker / Kurt Starke
Spätmoderne Beziehungswelten
Report über Partnerschaft und Sexualität
in drei Generationen
2006. 159 S. Br. EUR 21,90
ISBN 978-3-531-14285-2

Georg Vobruba
**Entkoppelung von Arbeit
und Einkommen**
Das Grundeinkommen in der
Arbeitsgesellschaft
2., erw. Aufl. 2007. 227 S. Br. EUR 24,90
ISBN 978-3-531-15471-8

Erhältlich im Buchhandel oder beim Verlag.
Änderungen vorbehalten. Stand: Juli 2007.

www.vs-verlag.de

VS VERLAG FÜR SOZIALWISSENSCHAFTEN

Abraham-Lincoln-Straße 46
65189 Wiesbaden
Tel. 0611.7878-722
Fax 0611.7878-400

The manufacturer's authorised representative in the EU is Springer Nature Customer Service Centre GmbH, Europaplatz 3, 69115 Heidelberg, Germany. If you have any concerns regarding our products, please contact ProductSafety@springernature.com

Printed and bound by CPI Group (UK) Ltd, Croydon, CR0 4YY
23/03/2026
02076741-0001